Jörg Matthes

Framing-Effekte

Reihe **Rezeptionsforschung** Band 13

Herausgegeben von: Carsten Wünsch, Holger Schramm, Helena Bilandzic, Volker Gehrau

Jörg Matthes

Framing-Effekte

Zum Einfluss der Politikberichterstattung auf die Einstellungen der Rezipienten

Verlag Reinhard Fischer

Redaktion: Reihe **Rezeptionsforschung**
Carsten Wünsch
Universität Leipzig
Institut für Kommunikations- und Medienwissenschaft
Burgstraße 21
04109 Leipzig

E-mail: cwuensch@uni-leipzig.de

Frühere Herausgeber der Reihe **Rezeptionsforschung**:
Uwe Hasebrink und Patrick Rössler

Die vorliegende Arbeit wurde von der Philosophischen Fakultät der Universität Zürich im Sommersemester 2007 auf Antrag von Prof. Dr. Werner Wirth und Prof. Dr. Matthias Kohring als Dissertation angenommen.

ISBN 978-3-88927-438-0

ISSN 1612-3697

Druck und Bindung: docupoint, Magdeburg

Vorwort der Reihenherausgeber

Frames sind ein integraler Bestandteil der Kommunikationsforschung, da sie Theorien zur journalistischen Arbeitsweise und Ansätze zum Medieninhalt mit der Publikumsforschung verbinden. Als Frames werden bestimmte inhaltliche Konstellationen verstanden, in denen Informationen typischerweise auftreten.

Ein zentrales Problem der Forschung zu Frames liegt in der unzureichenden definitorischen Klarheit, ein anderes in fehlender Anschlussfähigkeit zwischen Kommunikator-, Medieninhalts- und Publikumsperspektive. Für beide Probleme bietet der vorliegende Band von Jörg Matthes sowohl theoretisch als auch empirisch überzeugende Lösungsvorschläge. Der Autor bereitet praktisch den vollständigen Literaturkorpus zu Framing in einer Metaanalyse auf, unterteilt nach den Forschungsfeldern Kommunikatoren, Journalisten, Medieninhalt und Publikum. Darauf aufbauend wird eine umfassende Definition von Frames vorgelegt sowie die empirische Erfassung von Frames diskutiert. Bestechend an der Darstellung ist nicht nur der umfassende Überblick, sondern vor allem die gelungene Integration unterschiedlicher Perspektiven und Herangehensweisen. Der empirische Teil des Bandes besteht aus einer Inhaltsanalyse von Frames der Medienberichterstattung in Kombination mit einer Panelbefragung in zwei Wellen. Die ermittelten Medien-Frames werden gemäß deren Nutzung individuell dem Publikum zugeordnet und deren Rezeption im Verlauf betrachtet. Damit bewegt sich die Studie von der Anlage sowie der Auswertung her auf analytisch und statistisch höchstem Niveau.

Im Ergebnis entsteht ein Bild von Medien-Frames und deren Verarbeitung beim Publikum, das die Rezeptionsforschung einen entscheidenden Schritt voran bringt. Zum einen werden kognitive Ansätze der Medienrezeption und -wirkung besser anschlussfähig an die Kommunikator- sowie die Medieninhaltsforschung. Zum anderen bieten sich vielfache Anknüpfungspunkte an unterschiedliche Perspektiven der Rezeptionsforschung. Als Beispiele sei hier nur auf mögliche Zusammenhänge zwischen Frames und Rezeptionsmodalitäten (vgl. z.B. Band 4 und 7 dieser Reihe) sowie auf die spezifische Rezeption von Nachrichten (Band 11) oder Unterhaltung (Band 8) verwiesen.

Meinen Eltern gewidmet

Dank

Diese Arbeit entstand während meiner Zeit als wissenschaftlicher Mitarbeiter am Arbeitsfeld Kommunikationswissenschaft der Friedrich-Schiller-Universität Jena und meiner jetzigen Tätigkeit am Institut für Publizistikwissenschaft und Medienforschung (IPMZ) der Universität Zürich. Für die Unterstützung und Förderung, die ich im Laufe dieser Zeit an beiden Standorten erfahren habe, möchte ich meinen Dank aussprechen.

An erster Stelle danke ich meinem Doktorvater Werner Wirth, der mir durch seine Unterstützung und wertvollen Anmerkungen immer wieder neue Impulse gab. Seine Begeisterung und die von ihm geschaffene Atmosphäre in unserer Abteilung haben – nicht nur für meine Dissertation – neue Ideen, Herausforderungen sowie Fortschritte angeregt und ermöglicht. Besonders herzlich danke ich meinem Zweitgutachter Matthias Kohring. Unsere gemeinsame Zeit und Forschungstätigkeit in Jena bleibt mir in wissenschaftlicher und persönlicher Hinsicht unvergessen. Matthias Kohring gab nicht nur den Anstoß zu dieser Arbeit und hat sie über die gesamte Zeit konstruktiv begleitet, sondern er hat mir auch sehr viel mit auf meinen Weg nach Zürich gegeben, wovon ich weit über meine Dissertation hinaus profitieren konnte.

Besonderer Dank gebührt auch meinem Zürcher Kollegen Christian Schemer. Er hat mich immer wieder ermuntert, unterstützt, sich für meine Fragen und Probleme interessiert und den Spaß an der Forschung oft aufs Neue entflammt. Seine zahlreichen Anmerkungen zu dieser Arbeit waren mir eine große Hilfe. Für die tatkräftige Unterstützung bei der Durchführung der Inhaltsanalyse danke ich den Jenaer Studentinnen und Absolventinnen Katrin Feltmann, Anne Friedemann, Theresa Junge, Katrin Klietsch, Franziska Motikat und Arne Zillich. Ihr habt maßgeblich zum Gelingen der Arbeit beigetragen. Ferner danke ich Nicole Diehlmann für ihre Hilfe bei der Beschaffung des Videomaterials und Yvonne Möller-Steinbach sowie Michael Möller für das Korrekturlesen einiger Auszüge der Arbeit. Schließlich danke ich von ganzem Herzen meiner Freundin Kati Korn für ihre mannigfaltige Unterstützung, Zuneigung und Gegenwart in allen Phasen dieser Arbeit.

Zürich, im August 2007

Inhaltsverzeichnis

1. Framing als Forschungsgebiet – eine Hinführung

Einen Tag nach den Terroranschlägen vom 11. September 2001 hat sich US-Präsident George W. Bush mit einer historischen Aussage an das amerikanische Volk und die Weltöffentlichkeit gewandt: "Das war mehr als ein Akt des Terrors, es war ein Akt des Krieges".[1] Wie die Bush Administration die Anschläge gewertet, interpretiert und öffentlich dargestellt hat, zeigt Richard Jackson (2005) in seinem Buch „Writing the War on Terrorism. Language, Politics and Counter-Terrorism“. Der 11. September wurde als ein kriegerischer Akt gedeutet, der von inhumanen Barbaren angezettelt wurde, gegen die mit allen Mitteln vorgegangen werden müsse. Ein Kreuzzug gegen das Böse werde kommen, und der Krieg gegen den Terrorismus sei ein guter und gerechter Krieg, so Bush. Präsident Bush sprach von einem Angriff auf die Freiheit und die Demokratie, und jedes Land müsse sich entscheiden, ob es an „unserer“ Seite oder an der Seite der Terroristen stehe.

In der weltweiten, vor allem aber in der amerikanischen öffentlichen Diskussion ist die Deutung der Terroranschläge als Kriegserklärung gegen die moderne Welt weitestgehend übernommen worden. Im Lichte eines nie zuvor empfundenen Schocks und einer historisch wahrscheinlich einmalig gefühlten Bedrohung Amerikas gab es in der amerikanischen Medienberichterstattung keinen Raum für eine andere Deutung des 11. Septembers. Die amerikanische Regierung konnte ihren Ansatz der Terrorismusbekämpfung, der von den journalistischen Massenmedien und wichtigen gesellschaftlichen Akteuren gleichermaßen getragen wurde, ohne eine nennenswerte Opposition im eigenen Land durchziehen. Sie hatte die Deutungsmacht des 11. Septembers (Entman, 2004). Ähnlich hat auch der damalige Bundeskanzler Gerhard Schröder in einer Regierungserklärung vom 19. September 2001 die Terroranschläge als einen „Krieg gegen die zivilisierte Welt“ bezeichnet.[2] Otto Schily antwortet in einem Interview mit der *Zeit* (vom 20. September 2001) auf die Frage, ob die Bezeichnung „Krieg“ für die Terroranschläge angebracht sei, „Krieg in dem Sinne, dass es eine Kampfansage ist an alle zivilisatorischen Werte, die wir gemeinsam errungen haben“ (Bundesministerium des Inneren, 2004). Nur wenige äußern sich anders: Günter Grass sieht in einem Interview mit den *Lübecker Nachrichten* vom 8. Oktober 2001 die Ursache des Terrorismus in der un-

---

[1] “The deliberate and deadly attacks which were carried out yesterday against our country were more than acts of terror. They were acts of war.” (http://www.whitehouse.gov/news/releases/2001/09/20010912-4.html; letzter Zugriff: 20.07.2007)

[2] http://usa.usembassy.de/gemeinsam/regerklschroe091901d.htm; letzter Zugriff: 20.07.2007.

gerechten Weltwirtschaftsordnung bzw. der Aufteilung der Welt in reiche und arme Länder. Seiner Ansicht nach haben die Gut-oder-Böse-Kategorien des amerikanischen Präsidenten Bush einen religiös-fanatischen Hintergrund. Von einem Kreuzzug zu reden und die Welt in Gut und Böse einzuteilen, sei nicht angebracht.[3] Der damalige Tagesthemen-Moderator Ulrich Wickert äußerte sich in einem Beitrag in der Illustrierten *Max* ähnlich: Der Westen habe die tiefere Ursache für die Terroranschläge noch nicht verstanden.[4] In der *Welt* vom 8.10.2001 heißt es dazu in einer Überschrift: „Während das Volk Solidarität mit den Vereinigten Staaten fühlt und äußert, demonstrieren einige Intellektuelle ihren alten Antiamerikanismus".[5]

Was sollen diese Beispiele zeigen? Die Bedeutungen von Geschehnissen in der „realen" Welt ergeben sich nicht von selbst – sie liegen nicht auf einem Tablett vorformuliert und sind greifbar. Ereignisse werden interpretiert, kontextualisiert und bewertet. Ihre Bedeutung wird zwischen verschiedenen Akteuren ausgehandelt, und das Ergebnis dieser Aushandlung ist zunächst offen. Dazu Benford (1997):

> Meanings are derived (and transformed) via social interaction and are subject to differential interpretations. Hence meaning [...] does not spring from the object of attention into the actor's head, because objects have no intrinsic meaning. Rather, meaning is negotiated, contested, modified, articulated, and rearticulated. (S. 410)

Beim 11. September hat sich vor dem Hintergrund des Schreckenspotenzials der Anschläge die Deutung als „Krieg" weitestgehend durchgesetzt. Dies sah beim zweiten Irakkrieg schon ganz anders aus: Nicht nur gab es eine enorme Opposition seitens der internationalen Staatengemeinschaft, sondern nun auch in den USA. Das zeigt uns: Wie man ein Thema interpretieren, kontextualisieren und bewerten kann, liegt – um es sprichwörtlich auszudrücken – im Auge des Betrachters. Dies lässt sich leicht an anderen aktuellen Themen verdeutlichen.

- Biotechnologie als *menschlicher Fortschritt* oder als *Pandoras Box*?
- Der Krieg im Irak als *Befreiung*, als *Schutz der internationalen Staatengemeinschaft* oder als *unrechtmäßige militärische Besatzung*?
- Soldaten als *Friedenshüter* oder als *Mörder*?
- Abtreibung als *Recht auf Leben* oder als *Recht auf Selbstbestimmung*?

---

[3] http://www.ln-online.de/news/archiv/?id=588834; letzter Zugriff: 20.07.2007.

[4] Zitiert nach der Welt, vom 8.10.2001, http://www.welt.de/data/2001/10/08/525521.html; letzter Zugriff: 20.07.2007.

[5] http://www.welt.de/data/2001/10/08/525512.html; letzter Zugriff: 20.07.2007.

- Arbeitslosigkeit in Deutschland als *Faulheit der Betroffenen*, als *Folge der Wiedervereinigung* oder als *politisches Versagen*?
- Der biometrische Pass als *Sicherheitsmaßnahme in einer gefährlichen Welt* oder als ein Vorbote von „*1984*"?
- Asylpolitik als *humanitärer Akt* oder als *falsche Priorität*?

Je nachdem, welchen dieser Blickwinkel man einnimmt – metaphorisch gesprochen: welchen Rahmen man auf ein Thema legt –, kommt man zu anderen Schlussfolgerungen in Hinsicht auf die Problemdefinition, die Ursachen, die Bewertung und die Lösungsmöglichkeiten. Für Edelman (1993) sind politische Themen eine Art Chamäleon, ein Kaleidoskop von möglichen Interpretationen. Einige Sichtweisen können sich durchsetzen und einen Diskurs oder sogar eine ganze Epoche dominieren, andere „bleiben auf der Strecke". In der Forschungsliteratur wird dies als Kampf um die Deutungshoheit (vgl. Weßler, 1999) – „struggle over meaning" (Stevens, 2006) – bezeichnet. Es ist ein Grundprinzip der modernen Demokratie, dass politische und andere strategische Akteure versuchen, die Öffentlichkeit von ihren Positionen bzw. von ihrem Blickwinkel zu überzeugen und für Unterstützung zu werben. Sie setzen aus ihrer Sicht einen „Rahmen" auf das Geschehene. In diesem Rahmen werden einige Aspekte hervorgehoben und besonders betont und andere ausgeblendet. Ziel einer solchen Rahmung ist es, die Bürgerinnen und Bürger von der Tatsächlichkeit von Tatsachen, der Plausibilität von Erklärungen, der Angebrachtheit von Wertungen und der Notwendigkeit der vorgeschlagenen Maßnahmen zu überzeugen (Weßler, 1999, S. 36; vgl. Gerhards, 1993). Jeder öffentliche Diskurs ist ein Wettbewerb verschiedener Akteure um den dominanten Rahmen. Dieser dominante Rahmen legt den Grundstein für politisches Handeln. Wird beispielsweise Gentechnik dominant unter dem Gesichtspunkt des medizinischen Fortschritts und der damit verbundenen Rettung von Leben diskutiert, so hat dies andere Folgen für die Gesetzgebung, als wenn man Gentechnik als ungerechtfertigten Eingriff in die menschliche Schöpfung rahmt.

Welche Sicht die Deutungshoheit erlangt, hängt maßgeblich davon ab, inwieweit die journalistischen Medien – die wiederum einen eigenen Blickwinkel einbringen können – die Rahmungen von strategischen Kommunikatoren übernehmen. Die Medien[6] können dem Deutungsangebot der strategischen Kommunikatoren andere Sichtweisen gegenüberstellen oder selbst durch die Selektion und Betonung gewisser Aspekte einem

[6] Wenn im Folgenden von „den" Medien oder „den" Massenmedien die Rede ist, meinen wir journalistische Informationsangebote.

Thema einen anderen Anstrich verleihen. Das heißt: Der Journalismus bildet die Realität nicht einfach ab, sondern konstruiert nach eigenen Regeln ein spezifisches Bild der Geschehnisse (vgl. Edelman, 1993; Fortunato, 2005; Früh, 1992; Weischenberg, 1994). Was die Zuschauer und Leser in den Nachrichtensendungen und Zeitungen sehen und lesen, ist damit nicht notwendigerweise ein umfassendes, unbestreitbares Abbild des Geschehens, sondern das Ergebnis eines komplexen Selektionsprozesses. Hinzu kommt: Es ist nicht nur nahezu unmöglich, über jedes potenzielle Thema zu berichten, sondern es können auch nicht alle möglichen Aspekte bzw. alle Sichtweisen eines Themas behandelt werden (Fortunato, 2005), was im eingangs gewählten Beispiel auch der Fall war.[7] Kurz: Medien wählen aus, was sie beobachten und welche Beobachtungen sie vermitteln. Die Medienberichterstattung liefert den Rezipienten damit eine politisch und kulturell wirksame *Rahmung* von komplexen Themen. Wie solche Rahmungen in den Medien entstehen und welche Folgen sie für die Meinungen und Einstellungen der Bürger haben, wird seit einiger Zeit in der kommunikationswissenschaftlichen Forschung sehr prominent mit dem Framing-Ansatz diskutiert.

1.1 Zugriffe des Framing-Ansatzes

Statt von „Rahmen" oder „Rahmung" zu sprechen, verwenden die meisten deutschsprachigen Autoren die englische Übersetzung „Frame" – dementsprechend werden Arbeiten in diesem Bereich auch als Framing-Forschung bezeichnet. Frames werden, so die erste Arbeitsdefinition, als „Sinnhorizonte" von Akteuren verstanden, die *gewisse Informationen hervorheben und andere ausblenden*. Dabei legen sie eine bestimmte Problemdefinition nahe, sie machen Ursachen für Probleme aus, bieten eine Bewertung des Problems und zeigen Lösungsmöglichkeiten auf. Damit orientieren wir uns an der Definition von Entman (1993), die wie keine andere die gesamte Framing-Forschung beeinflusst hat und für einen Großteil der Studien die forschungsleitende Grundlage darstellt:

> To frame is to select some aspects of a perceived reality and make them more salient in a communicating context, in such a way as to promote a particular problem definition, causal interpretation, moral evaluation, and/or treatment recommendation for the item described. (Entman, 1993, S. 52)

Der Frame der amerikanischen Regierung zum 11. September ließe sich also folgendermaßen beschreiben: Der Anschlag ist eine Kriegserklärung, Schuld daran sind allein

---

[7] Eine amerikanische Forschungsgruppe der Sonoma State University veröffentlicht unter den Namen „project censored" seit geraumer Zeit jährlich eine Liste mit Themen, die nach Ansicht einer für diesen Zweck berufenen Jury in der Medienberichterstattung zu kurz kommen: „Censored: The News That Didn't Make the News". Dem Projekt ist es schon mehrfach gelungen, das öffentliche Interesse auf diese vergessenen Themen zu lenken (http://www.projectcensored.org).

islamische Terroristen, die gegen die Demokratie kämpfen; dies ist negativ und die Lösung liegt in einem harten Durchgreifen gegen die Täter und ihre Verbündeten.

Derartige Frames lassen sich bei strategischen Kommunikatoren (z.B. Parteien, Organisationen), bei Journalisten und bei Rezipienten ausmachen. Pan und Kosicki (1993) formulieren drei Fragen für den Framing-Ansatz, die den kommunikationswissenschaftlichen Zugang abstecken:

- Wie gelingt es strategischen Kommunikatoren, ihre Frames in den Medien unterzubringen?
- Wie strukturieren Journalisten ein Thema, und welche Frames lassen sich in der Medienberichterstattung ausmachen?
- Welche Rahmung eines Themas nehmen die Rezipienten unter Berücksichtigung der Medienberichterstattung und ihres eigenen Erfahrungshorizontes vor?

Das Framing-Konzept hat in den letzten zehn Jahren in verschiedenen Forschungsdisziplinen wie Soziologie, Politikwissenschaft, Psychologie und nicht zuletzt in der Kommunikations- und Medienwissenschaft deutlich an Popularität gewonnen (vgl. Iyengar, 1991; Entman, 1993; D. Scheufele 1999; für den deutschsprachigen Raum vgl. Baumann, Harden, Scherer, 2003; Bonfadelli, 2002; Brosius, 2005; Brosius & Eps, 1995; Dahinden, 2006; Esser, Schwabe & Wilke, 2005; Fröhlich & Rüdiger, 2006; Harden, 2002; Kepplinger, Maurer & Roessing 1999; Leonarz, 2006; Matthes & Kohring, 2004; Rössler, 2001; Ruhrmann, 2005; Schenk, 2003; Scherer, 1998; Scherer, Fröhlich, B. Scheufele, Dammert & Thomas, 2005; B. Scheufele, 2003; Weßler, 1999). Die Zunahme an Forschungsarbeiten ist zunächst ein Zeugnis für die Relevanz und Aktualität des Ansatzes. Zugleich zeigt sich aber auch, dass derzeit weder ein theoretischer Konsens in der Framing-Forschung existiert, noch überhaupt der Stellenwert des Ansatzes innerhalb der Kommunikationswissenschaft geklärt ist. Der Framing-Ansatz wird deshalb auch als zerstreutes Forschungsgebiet bezeichnet (Entman, 1993, S. 51; D. Scheufele, 1999, S. 118). Wie der Forschungsüberblick in Kapitel 2 zeigen wird, liegt die Hauptschwierigkeit eines einheitlichen Zugriffs darin begründet, dass nicht nur unterschiedliche Forschungsobjekte (Kommunikatoren, Journalisten oder Rezipienten) untersucht werden, sondern auch unterschiedliche Wissenschaftsdisziplinen beteiligt sind. Der Framing-Ansatz ist ein interdisziplinäres Forschungsfeld. Dies ist eine *Chance*, aber auch das *Verhängnis* der Framing-Forschung. Wir sehen mit Entman (1993) und D. Scheufele (1999) in dieser Vielfalt jedoch zunächst eine Chance für die Kommunikationswissenschaft, die Erkenntnisse verschiedener Forschungsrichtungen zu integrieren und weiter zu entwickeln.

In der Framing-Forschung lassen sich sehr unterschiedliche Auffassungen von und unterschiedliche Zugänge zu Frames finden (vgl. Kohring & Matthes, 2002). Abbildung 1 zeigt die Zugriffe des Framing-Ansatzes (vgl. vereinfachter auch Entman, 2004; D. Scheufele, 1999). Frames lassen sich bei Kommunikatoren wie etwa Parteien, sozialen Bewegungen, Kirchen oder Regierungen ausmachen. Diese versuchen, ihre eigene Sicht zu einem Thema in der Öffentlichkeit durchzusetzen, und sie stehen dabei mitunter in einer wechselseitigen Konkurrenz. Ihre Deutungsmuster oder Frames lassen sich in Pressemitteilungen, öffentlichen Reden oder historischen Dokumenten ausmachen und messen. Hierunter fallen sämtliche Formen von Öffentlichkeitsarbeit und PR. Journalisten greifen diese auf – sie entscheiden, über welche Themen berichtet wird und welche Sichtweisen dabei in der Medienberichterstattung zur Sprache kommen. Die Pfeile „Selektion" und „Einfluss" in Abbildung 1 verdeutlichen, dass Journalisten nicht einfach die Frames der Kommunikatoren übernehmen, sondern diese erst einmal die Selektionsgrenze überwinden müssen. Darüber hinaus können Journalisten auch eigene Themen einbringen (Stichwort: investigativer Journalismus) oder selbst Sichtweisen hinzufügen.

Abbildung 1: Zugriffe des Framing-Ansatzes

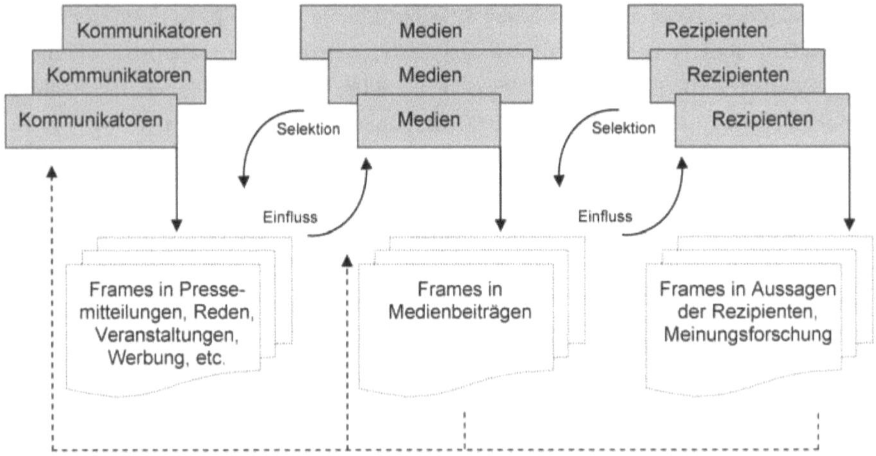

Ähnlich selektiv gehen die Rezipienten mit den dargebotenen Medieninhalten um: Zum einen können sie die Sichtweisen aus den Medien übernehmen, zum anderen selektieren sie aber nur bestimmte Punkte und vernachlässigen andere. Die Medienberichterstattung betrachten sie vor dem Hintergrund ihres eigenen Rahmens bzw. ihrer eigenen Einordnung und Interpretation eines Problems.[8] Beispielsweise können viele Bürgerinnen und Bürger im heutigen Ostdeutschland die Berichterstattung über die damalige DDR nicht nachvollziehen und betrachten sie als unangebracht oder verzerrt. Daraus wird deutlich: Keiner der drei dargestellten Akteure spielt eine passive Rolle – alle sind aktiv am Prozess des Framings beteiligt und können eigene Sichtweisen beisteuern. Schließlich gibt es auch Feedbackschleifen vom Publikum zurück zu den Medien (Leserbriefe; Journalisten als Publikum), von den Medien zu den Kommunikatoren (so genanntes Issue Monitoring, vgl. Imhof & Eisenegger, 2001) und natürlich auch von den Rezipienten zu den Kommunikatoren (Bevölkerungsumfragen, politische Eingaben etc.). Das Schaubild zeigt auch, dass die Bürgerinnen und Bürger sich vor allem durch die Massenmedien über strategische Kommunikatoren informieren – einen direkten Zugang zu den Frames der Kommunikatoren (z.B. in Pressemitteilungen) haben sie in der Regel nicht.[9]

Wie Abbildung 1 verdeutlicht, hat der Framing-Ansatz den Anspruch, den gesamten Kommunikationsprozess zu beschreiben – von den strategischen Kommunikatoren bis zu den Bürgerinnen und Bürgern. Dazu lässt sich mittlerweile eine nahezu unüberschaubare Anzahl an Studien finden.[10] Von einer ausgearbeiteten Theorie, die klare Kernannahmen formuliert und sich dezidiert nach ihrer empirischen Überprüfbarkeit ausrichtet, kann derzeit nicht die Rede sein.[11] Daher halten wir zunächst an der Begrifflichkeit „Framing-Ansatz“ fest. Zudem bezeichnen wir Frames als Resultat des Framing-Prozesses, also als empirisch erfassbares Ergebnis. „Framing“ beschreibt den aktiven Prozess der Deutungskonstruktion einzelner Akteure. Um diesen dynamischen Aspekt festzuhalten, wählen wir daher im Folgenden die Begrifflichkeiten „*Framing-Ansatz*“ und „*Framing-Effekte*“.

[8] Der Begriff des Frame-Settings, der als Pendant zum Agenda Setting gehäuft in der Literatur zu finden ist (z.B. D. Scheufele, 1999), ist daher nicht angebracht.

9 Jarren (1996) zeigt in einer historischen Analyse, wie sich die Bedeutung der Massenmedien in der Gesellschaft gewandelt hat: Die Medien haben sich zu einem eigenständigen Akteur entwickelt, die sich von ihren traditionellen Trägerinstitutionen weitestgehend entkoppelt haben. Aufgrund dieser Entkopplung sind die traditionellen Trägerinstitutionen (wie etwa Parteien oder Kirchen) stark auf die „Gunst“ der Massenmedien angewiesen, um ihre „Zielgruppen“ zu erreichen.

[10] Wir werden die einzelnen theoretischen Hintergründe, methodischen Vorgehensweisen und empirischen Ergebnisse ausführlich in Kapitel 2, *Framing im Kommunikationsprozess*, beschreiben.

[11] Für eine andere Auffassung vgl. aber Dahinden (2006), der Framing als integrative *Theorie* der Massenkommunikation beschreibt.

1.2 Erkenntnistheoretischer Hintergrund

Wir haben bereits angedeutet, dass die Grundpfeiler des Framing-Ansatzes Selektion und Betonung (Salienz) sind. Mechanismen wie Selektivität, Unausgewogenheit und Wertung erscheinen aus dieser Sichtweise nicht als unerwünschte Verzerrung, sondern als funktional notwendige Bedingungen und Begleiterscheinungen von Kommunikation. Journalisten strukturieren soziale Ereignisse in einer Art und Weise, die nicht vollständig von den Ereignissen selbst impliziert ist (Hackett, 1984; Weischenberg, 1994).

Damit lassen sich Parallelen des Framing-Ansatzes zu konstruktivistischen (vgl. für einen Überblick Jensen, 1999; Merten, 2005; Schmidt, 1992; Rusch & Schmidt, 1999) und systemtheoretischen (vgl. Luhmann, 1988; für die Kommunikationswissenschaft Blöbaum, 1994; Görke, 1999; Kohring, 2005; Marcinkowski, 1993) Überlegungen ausmachen, obwohl dies in kaum einer Arbeit explizit thematisiert und als Prämisse diskutiert wird.[12] Kernpunkt ist die Ablehnung der Objektivitätsnorm: Aus einer konstruktivistischen und auch systemtheoretischen Sicht ist Objektivität nicht möglich, da zu jedweder Informationsvermittlung Selektion gehört: Selektion selbst aber ist schon eine Bewertung, da sie eine Präferenz für etwas (dadurch) Bestimmtes ausdrückt und alles andere in diesem Moment ignoriert.[13] Dazu deutlicher Ruhrmann (1994):

> So werden nicht alle widerstreitenden Standpunkte dargestellt, Aussagen bestimmter Quellen weggelassen. Oder es werden die eine Präsentation stützenden „Fakten" durch journalistische Bewertungen dieser Fakten ersetzt, Themen werden künstlich aktualisiert. Durch diese journalistischen Strategien kann die im Journalismus institutionalisierte Differenzierung von Nachrichten und Kommentaren [...] aufgehoben werden. (S. 45)

Auf diese Weise betrachtet kann auch die Informationsvermittlung nicht unter eine Objektivitätsnorm fallen. Diese greift noch nicht einmal dort, wo es nach der Auswahl eines Themas um die Auswahl weiterer erläuternder „Fakten" geht, denn auch hier spielen Bewertungsprozesse eine Rolle (Kohring, 2001, S. 44). Eine objektive Realität ist von den Medien nicht abbildbar, da die Realität nur in Form „subjektiver Wahrnehmungen und deren Mitteilung" (ebd., S. 42) sozial relevant wird und eine Differenz zwischen der objektiven Realität und einer subjektiven oder sozial konstruierten Wahrnehmung nicht messbar ist.[14] Auch Schulz (1989) bezeichnet es als ein "epistemologi-

---

[12] Wir differenzieren hier nicht weiter zwischen Konstruktivismus und Systemtheorie, da dies in dieser Arbeit nicht zentral ist. Auch gibt es nicht den „Konstruktivismus", sondern mehrere Auslegungsformen konstruktivistischer Ideen, die sich in ihrer „Radikalität" unterscheiden. Die Ausführungen an dieser Stelle können freilich nur kursorisch sein und sprechen daher allgemein von „Konstruktivismus", ohne den Begriff weiter zu differenzieren.

[13] Dies ist vielleicht die am häufigsten zu hörende Beschwerde an die journalistische Berichterstattung.

[14] B. Scheufele (2003), der keinem konstruktivistischen Ansatz folgt und davon ausgeht, dass eine der Realität angemessene Berichterstattung realisierbar ist, hält den Abgleich der Realität mit Realitätsindikatoren für ein

sches Dilemma" (S. 143), dass sich der Anteil der Verzerrung seitens der Medien nicht genau bestimmen lässt, da Realität immer nur über Informationsverarbeitungsprozesse konkret erfahrbar ist. Somit ist eine von subjektiver Informationsverarbeitung, Selektion und Strukturierung unbeeinflusste Realitätswahrnehmung nicht möglich. Zwar gibt es allgemeine Indikatoren wie beispielsweise die Quellenangabe, allerdings stehen keine beobachterunabhängigen Indikatoren für die Nicht-Verzerrung der Berichterstattung zur Verfügung (vgl. ausführlich Kohring, 2001, 2004). Schmidt und Weischenberg (1994) fordern generell eine Entmythologisierung dieser Objektivitätsdebatte, da dem Ideal der Wahrheitswiderspiegelung zu viel Bedeutung beigemessen werde. Fruchtbarer sei ein funktionales Verständnis des Objektivitätsbegriffes: Es gelte, danach zu fragen, welche Leistungen die Objektivitätskategorie erbringen solle.

In der Kommunikationswissenschaft wurden diese Fragen vor allem Mitte der neunziger Jahre in der viel beachteten „Konstruktivismusdebatte" diskutiert. Obwohl „[v]ieles von dem, was der Konstruktivismus behauptet [...] ohnehin längst – wenngleich in anderer Terminologie – Gegenstand kommunikationswissenschaftlicher Überlegungen gewesen [ist]" (Burkhart, 1999, S. 62), gab es auch heftige Kritik am konstruktivistischen Theoriekorpus (vgl. Bentele, 2005; Kepplinger, 1993; Neuberger, 2005; Saxer, 1993). Die für das Fach zentrale Diskussion kann nicht an dieser Stelle aufgerollt, geschweige denn gelöst werden. Entscheidend ist vielmehr, die hinter dem Framing-Ansatz stehenden erkenntnistheoretischen Grundannahmen bzw. Prämissen herauszustellen: Die Brücke zwischen konstruktivistischen bzw. systemtheoretischen Überlegungen und dem Framing-Ansatz besteht in dem Gedanken der *Selektivität* und damit der *Konstruiertheit* der Medienberichterstattung. Die Medienberichterstattung wählt einige Rahmen von Kommunikatoren aus und *lässt andere außen vor* (Entman, 1993). Ein Anspruch auf Vollständigkeit, wie er in objektivitätsorientierten Ansätzen erhoben wird (vgl. Bentele, 1988a, b; 1994), schließt sich damit aus. Vielmehr leisten Journalisten eine Reduktion von Komplexität. Aus Sicht des Framing-Ansatzes geht es ja gerade um diesen selektiven, komplexitätsreduzierenden Zugriff. Schon der Begriff des Frames impliziert, dass ein Sachverhalt nicht vollständig, sondern nur aus einem Blickwinkel betrachtet wird. Somit wird im Framing-Ansatz zumeist vom Postulat der Überprüfbarkeit der Objektivität Abstand genommen (Hackett, 1984). Diese Einsicht muss man jedoch nicht automatisch mit *radikal* konstruktivistischen Gedanken in Verbindung bringen. Beispielsweise ist der Selektivitätsgedanke in Beneteles (2005) „rekonstrukti-

erhebliches forschungspraktisches Problem: „Spätestens bei der Frage nach Realitätsindikatoren für Ursachen stoßen wir an Grenzen" (S. 98). Ähnlich Zelizer, Park und Gudelunas (2002): „research on journalism has long wrestled with the limitations of objectivity in reporting" (S. 302).

vem Ansatz“ (der sich von konstruktivistischen und systemtheoretischen abgrenzt) „im Wahrnehmungs- und Erkenntnisprozess wie auch im Kommunikationsprozess ein [...] fundamentales Prinzip und eine konstitutive Notwendigkeit“ (S. 153). Auch Neuberger (2005) hält in Abgrenzung zum radikalen Konstruktivismus einen moderateren sozialen Konstruktivismus für sinnvoll, der das Erkennen der Realität für möglich hält, dennoch Selektivität eingesteht.

Die erkenntnistheoretischen Annahmen des Framing-Ansatzes sind daher eine notwendige, aber keine hinreichende Bedingung für ein konstruktivistisches Theoriegebäude. Zudem werden in manchen Arbeiten konstruktivistische Ideen stark betont (vgl. Gamson, 1989), in anderen jedoch nur impliziert (vgl. Entman, 1993).[15] Vor einer Pauschalisierung ist freilich zu warnen: Selbst wenn es Parallelen zum Konstruktivismus gibt, so kann man dem Framing-Ansatz nicht alle Annahmen unterstellen, die mit dem Konstruktivismus in Verbindung gebracht werden. Beispielsweise meint Pasternack (1995, S. 41), der Konstruktivismus und die Methoden der empirischen Sozialforschung seien unverträglich. Dies lässt sich keineswegs für den Framing-Ansatz sagen und ist auch generell diskussionswürdig (Loosen, Scholl & Woelke, 2002). Auch bedeutet das Selektivitätsprinzip und damit die Ablehnung des Objektivitätsgedankens nicht, dass ein Medientext „keinerlei Einfluss hat und jede beliebige Reaktion durch ihn erklärt werden könnte“ (Harden, 2002, S. 60). Halten wir also fest: Der Framing-Ansatz setzt als Prämisse die Selektivität und damit die Unvollständigkeit und Konstruiertheit der Medienberichterstattung. Damit finden sich *Parallelen* zum konstruktivistischen Denken. Da es sich um eine *Prämisse* handelt, wird diese Annahme in den meisten Studien vorausgesetzt und muss folglich auch in dieser Arbeit nicht umfassend diskutiert werden. Sie bildet den *Ausgangspunkt* für die folgenden Überlegungen.

1.3 Öffentlichkeitstheoretischer Hintergrund

Aus der Makroperspektive lassen sich die bisherigen Ausführungen an öffentlichkeitstheoretische Modelle anbinden, die hier ebenfalls nur einleitend angerissen werden (vgl. auch Gerhards & Schäfer, 2006; Jarren & Donges, 2002; Marcinkowski, 2002). Der heutige Mensch lebt in einer komplexen und multiperspektivistischen Gesellschaft. Die Auswirkungen und Umgestaltungen der modernen Zeit werden von dem Soziologen Anthony Giddens (1997) als ein Fortreißen von allen traditionellen Formen des sozialen Lebens und der sozialen Ordnung umschrieben. Ferner bringt der Übergang von der traditionellen zur modernen Gesellschaft mit sich, dass direkte Beziehungen zwi-

[15] In den experimentellen Frame-Wirkungsstudien spielen diese Ideen gar keine Rolle.

schen Menschen zunehmend depersonalisierten Beziehungskonstellationen weichen. Der persönliche Zugang, der vielen traditionellen Beziehungen gemein war, wird durch abstrakte Systeme ersetzt.

Als eine Ursache dieser Depersonalisierung sozialen Handelns spielt die sogenannte *funktionale Differenzierung* einzelner gesellschaftlicher Teilsysteme wie beispielsweise Wissenschaft, Recht, Wirtschaft oder Journalismus eine entscheidende Rolle (Luhmann, 1988). Damit ist gemeint, dass sich autonome Funktionssysteme herausbilden, die sich auf die Bearbeitung eines jeweiligen gesellschaftlichen Problems konzentrieren. So ist beispielsweise ausschließlich das Rechtssystem damit beauftragt, über Recht und Unrecht zu entscheiden (vgl. Luhmann, 1988). Die Konsequenz dieser funktionalen Differenzierung ist, dass es die moderne Gesellschaft nicht nur mit einer Realität zu tun hat, sondern mit vielen unterschiedlichen Beobachterperspektiven und damit auch mit sich möglicherweise widersprechenden Rationalitäten. Infolgedessen kommt es zu einem Verlust gesellschaftlicher Einheit, da es nunmehr keinen für die gesamte Gesellschaft gültigen Beobachterpunkt gibt (wie es in traditionellen Gesellschaften die Religion war), der allgemein verbindliche Sinndeutungen vermitteln kann (Kohring, 2005).[16] Das heißt: Aufgrund der Ausdifferenzierung der Gesellschaft ist es nahezu unmöglich für die Bürger, alle gesellschaftlichen Teilsysteme zu beobachten. Um diese Beobachtung zu gewährleisten, sind die Menschen auf Massenmedien angewiesen. Massenmedien beschreiben die Gesellschaft und ihre Teilsysteme durch einen *komplexitätsreduzierenden* Zugriff und stellen diesen Zugriff den anderen Teilsystemen wiederum zur Verfügung: „Die Bürger und die Akteure der anderen Teilsysteme erfahren von dem, was in den jeweiligen Teilsystemen passiert, durch die Beobachtung der Öffentlichkeit" (Gerhards & Schäfer, 2006, S. 19).

Die Medienöffentlichkeit als dritte Ebene der Öffentlichkeit neben der so genannten Encounter-Ebene und der Themenöffentlichkeit (vgl. Jarren & Donges, 2002, S. 119ff) – ist von besonderer Relevanz: Medien erreichen nicht nur die Rezipienten, sondern auch die gesellschaftlichen Eliten, deren Handeln sie wieder beeinflussen. Pauschalisierend lässt sich sagen: In modernen Gesellschaften sind massenmediale Diskurse politi-

[16] Da in der modernen Gesellschaft einheitliche Erwartungsstrukturen schwächer ausgebildet sind, ist das Handeln eines sozialen Akteurs durch Ungewissheit bzw. Kontingenz geprägt: „Kontingent ist etwas, was weder notwendig ist noch unmöglich ist; was also so, wie es ist (war, sein wird), sein kann, aber auch anders möglich ist" (Luhmann, 1988, S. 152). Das bedeutet, dass alles, was geschieht, auch anders möglich ist oder von anderen Standpunkten aus anders betrachtet werden kann. Wird diese Ungewissheit von beiden Akteuren einer sozialen Handlung wahrgenommen, spricht man von doppelter Kontingenz.

schen Entscheidungen (z.B. Gesetzgebungen) vorgelagert. Erneut treffen wir auf den *Gedanken der Selektivität*:

> Wie jedes andere System auch selektiert die gesellschaftliche Öffentlichkeit und selektieren insbesondere die Massenmedien nach einer eigenen Sinnrationalität. Sie bilden die Gesellschaft nicht einfach ab, sondern sie konstruieren nach eigenen, massenmedialen Regeln ein spezifisches Bild der Gesellschaft. Massenmedien müssen angesichts ihrer begrenzten Verarbeitungs- und Präsentationskapazitäten auswählen, was sie beobachten und welche ihrer Beobachtungen sie der Gesellschaft dann wieder zurückspiegeln. (Gerhards & Schäfer, 2006, S. 20)

Systemtheoretisch gesprochen stehen einzelne gesellschaftliche Teilbereiche in einem interdependenten Verhältnis (z.B. Wirtschaft und Politik). Dies hat einen erhöhten Orientierungsbedarf dieser Systeme zur Folge, d. h. ein System muss systemspezifische Erwartungen über seine gesellschaftliche(n) Umwelt(en) aufbauen. Die Funktion des Journalismus versteht Kohring (2001, 2004, 2005) dabei in der Orientierung der Gesellschaft über diese wechselseitigen Abhängigkeits- und Beeinflussungsverhältnisse zwischen verschiedenen gesellschaftlichen Systemen: Der Journalismus thematisiert die Ereignisse, die jenseits des eigenen Entstehungsbereiches Bedeutung für andere gesellschaftliche Handlungsbereiche aufweisen könnten (vgl. ausführlich Kohring, 2005). Mit anderen Worten, journalistische Kommunikation „redet stets über solche Ereignisse, die über den Bereich hinaus, in dem sie passiert sind“ (Kohring, 2001, S. 79), potenziell relevant erscheinen.

Aus Sicht des Framing-Ansatzes heißt das: Die Bürgerinnen und Bürger orientieren sich durch die journalistischen Massenmedien über die Frames, die in anderen gesellschaftlichen Teilsystemen kommuniziert werden. Politische Akteure versuchen wiederum, ihre Frames öffentlich zu kommunizieren, um bei den potenziellen Wählern Zustimmung zu erzeugen. Die in der (Medien-)Öffentlichkeit hergestellte Rahmung von politischen Themen bildet eine zentrale Einflussgröße für die Entscheidungen des politischen Systems. Öffentliche Debatten, in denen die Rahmung eines Themas ausgehandelt wird, sind erstens bedeutsam, „weil sie Einfluss auf die Bürger haben“ (Gerhards & Schäfer, 2006, S. 24) und zweitens „beobachten die politischen Entscheidungsträger die anderen Teilsysteme [...] durch die Beobachtung der Öffentlichkeit“ (Gerhards & Schäfer, 2006, S. 25).

1.4 Ursprünge der Framing-Forschung

In nahezu jeder Arbeit zum Framing-Ansatz werden zum einen auf die soziologische Arbeit von Erving Goffman (1980; erste Auflage 1974) und zum anderen auf die psychologischen Studien von Kahneman und Tversky (1981) als Ursprünge bzw. wissenschaftlicher Hintergrund der Framing-Forschung verwiesen (vgl. stellvertretend Entman, 1993). Obwohl sie nur einen geringen Bezug zum Vorangegangenen aufweisen, sollen beide Ansätze aufgrund ihrer historischen Bedeutung in einem Exkurs an dieser Stelle kurz gestreift werden.[17]

Goffman (1980) widmet sich in seinem Buch „Rahmenanalyse. Ein Versuch über die Organisation von Alltagserfahrungen" menschlichem Verhalten und Wahrnehmungsprozessen in natürlichen Situationen. Ausgangspunkt seiner Analyse ist die Annahme, dass eine Person die erlebten Ereignisse sinnvoll strukturieren muss, um sie zu verstehen.

> Ich gehe davon aus, dass Menschen, die sich gerade in einer Situation befinden, vor der Frage stehen: Was geht hier eigentlich vor? Ob sie nun ausdrücklich gestellt wird, wenn Verwirrung und Zweifel herrschen, oder stillschweigend, wenn normale Gewissheit besteht – die Frage wird gestellt, und die Antwort ergibt sich daraus, wie die Menschen weiter in der Sache vorgehen. (S. 16)

Wie sich eine Person in einer Situation verhält, hängt von der Wahrnehmung bzw. Interpretation der Situation ab. Diese Definition von Situationen geschieht anhand von so genannten Rahmen (Frames). Einen Rahmen kann man begreifen als eine „mehr oder weniger komplexe generelle (Meta-)Verstehensanweisung" (Willems, 1997, S. 35), eine Art Grammatik von Situationen. Anders ausgedrückt, ein Rahmen kann als eine Sinnstruktur verstanden werden, die es einem Akteur ermöglicht, eine Situation zu erkennen und seine Handlung daraufhin auszurichten, was eigentlich los ist (Willems 2000, S. 216). Da aber eine komplexe Situation mehrere Rahmen bereitstellen kann, können seitens der Person auch mehrere Rahmen gleichzeitig angewandt werden. Das Erkennen des gültigen Rahmens ist entscheidend für den Handlungserfolg, denn das Verfehlen des Rahmens macht es unmöglich, „angemessen zu deuten, zu planen, zu agieren." (Willems, 1997, S. 40). Mit anderen Worten, die Rahmen verleihen den Situationen den Sinn.

Mit der Rahmenanalyse Goffmans lässt sich erklären, warum Menschen alltagsweltliche Darstellungen wie Grüße oder gutes Benehmen und auch absichtsvolle Inszenierungen wie das Theater oder Täuschungen erkennen und intuitiv verstehen. Auch Medienerzeugnisse wie Werbung oder Nachrichten können als Genre-Rahmen begriffen werden, die dem Rezipient Aufschluss darüber geben, was eigentlich vor sich geht (Willems, 2000, S. 119). Allerdings unterscheidet sich nicht nur der Untersuchungsgegenstand

[17] Beide Ansätze werden bewusst nicht in Kapitel 2, *Framing im Kommunikationsprozess*, behandelt, da sie sich schwer in den Kommunikationsprozess und damit in das kommunikationswissenschaftliche Framing-Verständnis einordnen lassen.

und die verwendeten Methoden deutlich vom aktuellen Framing-Ansatz, sondern auch die Definition eines Frames. Goffman versteht Frames als Metaverstehensanweisungen, durch die eine Person eine Situation erkennt. Im aktuellen Framing-Ansatz wird allerdings betont, dass einzelne Aspekte aus der Realität ausgewählt und in einem kommunikativen Kontext salient gemacht werden. Die Begriffe Selektion und Salienz spielen bei Goffman keine direkte Rolle. Bei Goffman geht es um das Erkennen von Situationen im Alltag der Menschen – der medial vermittelte Kommunikationsprozess wird nicht thematisiert. Überdies verbleibt der Frame-Begriff bei Goffman auf einer sehr allgemeinen und teilweise unspezifischen Ebene, die einen empirischen Zugang zu den beschriebenen Phänomenen deutlich erschwert.[18]

Die zweite, historisch bedeutende Konzeption zum Framing-Ansatz sind die viel beachteten entscheidungspsychologischen Arbeiten von Kahneman und Tversky (1981). Kahneman und Tversky (1981) widmen sich der Frage, warum identische Informationen, die in verschiedenen Kontexten präsentiert werden, zu unterschiedlichen Entscheidungen führen können. Die Autoren konnten in Experimenten zeigen, dass die Art der Präsentation einen Einfluss darauf hat, ob Menschen entweder ein risikosuchendes oder ein risikovermeidendes Verhalten wählen. Das Entscheidungsverhalten hängt davon ab, ob ein Problem in einer Gewinnperspektive (positiver Frame) oder in einer Verlustperspektive (negativer Frame) dargestellt wird. Eine viel zitierte Demonstration dieses Framing-Effektes ist das so genannte asiatische Krankheitsproblem: Die Versuchspersonen erhalten die Information, dass die amerikanische Regierung sich auf den Ausbruch einer ungewöhnlichen Krankheit vorbereitet, welcher wahrscheinlich 600 Menschen zum Opfer fallen werden. Anschließend werden den Versuchspersonen zwei unterschiedliche Interventionsprogramme präsentiert. Bei Anwendung von Programm A werden 200 Menschenleben gerettet und bei Anwendung von Programm B werden unter der Wahrscheinlichkeit von 1/3 600 Menschen gerettet und unter der Wahrscheinlichkeit von 2/3 werden keine Menschen gerettet. Die Mehrheit der Versuchspersonen (72%) bevorzugen Programm A vor Programm B. Das gleiche Problem wird weiteren Versuchspersonen vorgelegt, allerdings werden nun die zwei Wahlmöglichkeiten nicht aus der Gewinnperspektive, sondern aus der Verlustperspektive dargestellt. Programm C führt dazu, dass 400 Personen sterben und Programm D bietet eine 1/3 Wahrscheinlichkeit, dass niemand stirbt und eine 2/3 Wahrscheinlichkeit, dass 600 Personen sterben. Wenn die Informationen aus der Verlustperspektive gezeigt werden,

18 Unserer Ansicht nach wird die Relevanz Goffmans für die Framing-Forschung überschätzt – Goffman wird teilweise sehr ausführlich angeführt (z.B. Dahinden, 2006), jedoch werden kaum Annahmen oder Erkenntnisse daraus abgeleitet.

entscheiden sich 78% der Personen für Programm D. Erstaunlich ist dieses Ergebnis deshalb, weil bei diesem Problem die Rettung von 200 Leben bedeutet, 400 zu verlieren bzw. der Verlust von 400 Leben wiederum impliziert, 200 zu retten. Folglich sind Programm A und C sowie Programm B und D logisch äquivalent. Die Wahl der Befragten hängt vom Rahmen ab, in dem die Informationen präsentiert werden.[19] Die Befunde erklären die Autoren anhand der „Prospekt-Theorie“, welche davon ausgeht, dass eine riskante Entscheidung auf der subjektiven Repräsentation von relativen Gewinnen oder Verlusten beruht. Entscheidungsoptionen werden nicht absolut, sondern in Abhängigkeit eines Referenzpunktes bewertet. Die gleiche Konsequenz kann je nach subjektivem Referenzpunkt einen unterschiedlichen Wert haben (vgl. Jungermann, Pfister & Fischer, 1998, S. 227). Nach der Prospekt-Theorie verhalten sich Menschen bei potenziellen Gewinnen risikoaversiv und bei potenziellen Verlusten risikosuchend. Bei einem Gewinn-Frame gilt der Referenzpunkt von 600 Toten, die Konsequenzen der beiden Programme werden als Gewinne wahrgenommen. Umgekehrt entscheiden sich die Probanden bei einem Verlust-Frame für die riskante Option, da der Referenzpunkt von 0 Toten die Konsequenzen der beiden Programme als Verluste erscheinen lässt.

Die Arbeiten von Kahneman und Tversky wurden in zahlreichen Studien und in unterschiedlichen Kontexten repliziert (vgl. Jungermann et al., 1998, S. 228-229). Neuere Arbeiten beschäftigen sich beispielsweise mit dem kognitiven Mechanismus, der den Framing-Effekt verursacht (Jou, Shanteau & Harris, 1996), mit unterschiedlichen Typen des Framings (Attribute-Framing, Goal-Framing, Risk-Framing) (vgl. Levin, Schneider & Gaeth, 1998) oder alternativen Erklärungen für derartige Effekte (Stocké, 2002).

Aus Sicht der Informationsverarbeitung handelt es sich bei Kahneman und Tverskys Framing-Effekten um die Manipulation der Salienz von verschiedenen Aspekten einer Information. Ein Aspekt wird in den Vordergrund gerückt und ein anderer unterdrückt (Jou et al., 1996, S. 9). Framing-Effekte, wie sie von Kahneman und Tversky beobachtet werden, werden allerdings der Komplexität des Medienproduktions- und Medienrezeptionsprozesses nicht gerecht und sind daher für die kommunikationswissenschaftliche Framing-Forschung kaum brauchbar (vgl. für diese Einschätzung auch Callaghan & Schnell, 2005; Cappella & Jamieson, 1997, S. 50; B. Scheufele, 2003, S. 34).

Damit sind beide Konzepte aus historischer Sicht zwar wichtig für den kommunikationswissenschaftlichen Framing-Ansatz, jedoch lassen sich die Gemeinsamkeiten zwischen Goffman/Kahneman und Tversky und dem Framing-Ansatz eher auf einer metaphorischen Ebene ausmachen.

---

[19] Der Effekt ist selbst dann stabil, wenn die Probanden beide Versionen des Problems vorgelegt bekamen.

1.5 Ziel, Relevanz und Aufbau der Arbeit

Ziel der vorliegenden Arbeit ist es, die Wirkungen der politischen Medienberichterstattung auf die Einstellungen der Bürger[20] zu untersuchen. Als forschungsleitende Perspektive wird der Framing-Ansatz gewählt. Ein Grund für diese Wahl ist sicherlich, dass es sich um einen für die kommunikationswissenschaftliche Forschung sehr wichtigen Ansatz handelt: „[O]ne of the most fertile areas of current research in journalism and mass communication involves the concept of 'framing'" (Riffe, 2004; vgl. auch Bryant & Miron, 2004).[21] In der Literatur werden mehrere Vorzüge des Ansatzes genannt: An erster Stelle steht hier natürlich das integrative Potenzial des Ansatzes, was Leonarz (2006, S. 85) als einen „bestechenden Mehrwert" bezeichnet. Der Vorteil ist, dass Medieninhalte anhand der Kategorien beschrieben werden, die auch gleichzeitig für Journalisten, Kommunikatoren und Rezipienten ausschlaggebend sind. Der Ansatz verpflichtet geradezu, integrativ vorzugehen. Eine derartige Verknüpfungsmöglichkeit zwischen verschiedenen Teilbereichen hat es vor dem Framing-Ansatz nicht gegeben.[22] Nur eine einheitliche Begrifflichkeit ermöglicht es, die Aussagen von Kommunikatoren, Journalisten und Rezipienten zu vergleichen.[23] Entman (1993, S. 51) sowie D. Scheufele (1999, S. 104) gehen noch einen Schritt weiter und sehen in dieser Vielfalt eine Chance für die Kommunikationswissenschaft, denn wenn die Erkenntnisse verschiedener Forschungsrichtungen integriert werden könnten, so könnte auch die Kommunikationswissenschaft zu einer Schlüsseldisziplin innerhalb der Sozialwissenschaft heranreifen. Diesem Anspruch ist der Ansatz aber bis heute noch nicht gerecht geworden. Die Probleme, die bei der Integration von verschiedenen Forschungszugängen entstehen, haben wir eingangs ja auch als Hauptschwierigkeit des Framing-Ansatzes bezeichnet.

Neben diesen übergreifenden Vorzügen des Ansatzes kommen noch weitere hinzu, die sich jedoch nur auf einzelne Teilbereiche der Framing-Forschung beziehen. Beispielsweise erklärt der Framing-Ansatz bei der Nachrichtenselektion mehr als bisherige Selektionsansätze (Brosius & Eps, 1993 bzw. B. Scheufele & Brosius, 1999). Esser et al. (2005) nennen als weiteren Vorteil, dass der Framing-Ansatz über das theorielose Erheben von Texteinheiten hinausgeht, indem er die kleinsten Kodiereinheiten als Bau-

[20] Bei derartigen Bezeichnungen sind immer beide Geschlechter gemeint.

[21] Nicht nur lässt sich eine deutliche Zunahme an kommunikationswissenschaftlichen Forschungsarbeiten zu diesem Thema ausmachen (vgl. für diese Einschätzung Matthes, 2007a), das Verb „framen" wird auch zunehmend gern von Kommunikationswissenschaftlern in der Alltagssprache gebraucht. Die oben beschriebene Grundidee des Framing-Ansatzes hat eine hohe intuitive Plausibilität und lässt sich leicht auf den Alltag übertragen.

[22] Lediglich die Agenda Setting Forschung ist ähnlich integrativ.

[23] Dass die Forschungspraxis hinter diesem Anspruch zurück bleibt, ist eine andere Frage, der wir uns später widmen werden.

stein größerer, bedeutungstragender Elemente (Frames) auffasst. Dem gibt die empirische Praxis anscheinend Recht: In der inhaltsanalytischen Forschung zu politischen Medieninhalten gewinnen Framing-Studien immer mehr die Oberhand (vgl. Matthes, 2007a, 2008). Der Gedanke, dass die Bestimmung eines Medien-Frames selbst wieder ein selektiver Zugriff auf den Medieninhalt ist, wird uns später noch beschäftigen (vgl. Kap. 3.2). Hier nur so viel: Offenbar erweist es sich sowohl für den Leser als auch die Autoren als Vorteil, den Verlauf eines komplexen Themas durch die Verwendung von komplexitätsreduzierenden, schlagkräftigen Kategorien zu beschreiben, anstatt mit mehreren Einzelvariablen zu arbeiten, die sich dann schwer auf einen Nenner bringen lassen. Ein Frame jedoch bringt die Essenz eines Themas auf den Punkt und erleichtert damit die Vergleichbarkeit und wohl auch Kommunizierbarkeit wissenschaftlicher Ergebnisse.

Der wichtigste Grund für die Wahl des Framing-Ansatzes sind aber die Forschungslücken und offenen Fragen, die diese Arbeit notwendig erscheinen lassen. Wie zu zeigen sein wird, können aus kommunikationswissenschaftlicher Sicht vor allem drei Hauptdesiderate der Framing-Forschung ausgemacht werden. Dementsprechend werden auch drei Leitziele für die vorliegende Arbeit formuliert. Zunächst ist nicht die Vielfalt der Konzepte an sich problematisch, sondern vielmehr das daraus resultierende Verwenden von letztlich vollkommen unterschiedlichen und unvereinbaren Frame-Begriffen. Die Erarbeitung einer integrativen, aber dennoch empirisch umsetzbaren Definition wird daher als erstes Leitziel der Arbeit ausgemacht. Die Konturen einer noch ausstehenden Framing-Theorie sollen dabei sichtbar gemacht werden. Das zweite Problem besteht in der empirischen Erfassung von Medien-Frames. Dies haben wir schon in vorangegangen Arbeiten angegangen (vgl. Kohring & Matthes, 2002; Matthes & Kohring, 2004, 2006a). Aber auch hier sind nicht alle Fragen gelöst. Das dritte Desiderat ist, dass der Framing-Ansatz noch nicht umfassend für die Medienwirkungsforschung aufbereitet wurde. Hier mangelt es zunächst an überzeugenden empirischen Umsetzungen mit realistischen, extern validen Designs: „Cross-lagged-Panel-Designs oder Zeitreihenanalysen, die synthetische Kausalnachweise erlauben würden, fehlen völlig" (B. Scheufele, 2003, S. 81) und „selbst Feldstudien bieten kaum überzeugende Längsschnittdesigns" (B. Scheufele, 2003, S. 215; für die gleiche Einschätzung siehe Dahinden, 2006, S. 321). Zudem gibt es auch theoretische Erklärungslücken, wie wir ebenso schon an anderer Stelle herausgearbeitet haben (Matthes, 2007b). Die bisherigen Erklärungen für Framing-Effekte zeichnen, wie wir zeigen werden, ein verkürztes Bild von Urteilsprozessen. Schließlich werden in der bisherigen Forschung kaum die Bedingungen für derartige Effekte, geschweige denn Prädiktoren ausformuliert und empirisch überprüft. Grund genug also, um diesen Fragen nachzugehen.

Die vorliegende Arbeit ist wie folgt gegliedert: Zunächst wird ein Überblick zur gesamten Forschungsliteratur bzw. eine Verortung von Frames und Framing-Prozessen erfolgen (Kapitel 2). Zu jedem Forschungsbereich wird der Anspruch auf Vollständigkeit erhoben, so dass wir die Forschungslandschaft feingliedriger als bisher aufteilen und diskutieren. Dabei wird großer Wert darauf gelegt, auch bei den Bereichen des Framing-Ansatzes, die eine geringere kommunikationswissenschaftliche Aufmerksamkeit erlangt haben, ausführlich und vollständig zu sein. In Kapitel 3 entwickeln wir unsere gewonnenen Einsichten zur Definition, Messung und Wirkung von Medien-Frames. Dieses Kapitel mündet in eine Eingrenzung des Untersuchungsgegenstandes und in unsere konkreten Fragestellungen und Hypothesen (Kap. 4). Anschließend werden in Kapitel 5 die methodischen Zugänge, die Auswertung der inhaltsanalytischen Daten, die Verknüpfungslogik der Datensätze und die Auswertung der Paneldaten beschrieben. Die Ergebnisse werden in Kapitel 6 vorgestellt. Das letzte Kapitel fasst die gewonnen Erkenntnisse zusammen und gibt einen Ausblick.

2. Framing im Kommunikationsprozess

Gemäß den eingangs formulierten Forschungsfragen des Framing-Ansatzes stellen wir die vier zentralen Teilbereiche des Ansatzes vor: das strategische Framing von Kommunikatoren, das journalistische Framing, Frames in Medientexten und die Wirkung von Frames. Das meiste wissenschaftliche Interesse haben dabei Frames in Medientexten und die Wirkung von Frames hervorgerufen. Daher fallen diese Abschnitte auch ausführlicher aus. Um die zahlreichen Studien und Erkenntnisse zu bündeln, fassen wir die Hauptpunkte nach jedem Kapitel noch einmal stichpunktartig zusammen. Zudem werden in einer Zusammenfassung des Forschungsstandes (vgl. Kap. 2.5) die wichtigsten Desiderate des Framing-Ansatzes herausgearbeitet.

2.1 Strategisches Framing von Kommunikatoren

Beim so genannten strategischen Framing stehen die Kommunikatoren wie z. B. politische Eliten, Parteien oder soziale Bewegungen im Mittelpunkt (Fröhlich & Rüdiger, 2006; Gamson & Meyer, 1996; McAdam, 1994; Gerhards & Rucht, 1992; Zoch & Moleda, 2006; Zald, 1996). Kommunikatoren sind damit Akteure, „who struggle for access to and influence on the media" (Habermas, 2006, S. 417):

> Those actors enter the stage from three points: Politicians and political parties start from the center of the political system; lobbyists and special interest groups come from the vantage point of the functional systems and status groups they represent; and advocates, public interest groups, churches, intellectuals, and moral entrepreneurs come from backgrounds in civil society. (Habermas, 2006, S. 417)

Das strategische Ziel der Kommunikatoren ist es, den eigenen Frame und damit die eigene Sicht der Dinge zu vermitteln und in der öffentlichen Diskussion zu etablieren (Pan & Kosicki, 2001). Framing beinhaltet aus dieser Perspektive aber nicht nur das Aushandeln der eigenen Sichtweise, sondern auch einen Wettbewerb mit den Frames anderer Kommunikatoren. Es wird davon ausgegangen, dass es zu fast allen Themen immer mehrere Frames gibt, die sich in einem strategischen Wettkampf befinden. Callaghan und Schnell (2005) bringen dies so auf den Punkt:

> Although each player tries to persuade other elites and the mass public to adopt his or her issue frames, in a true pluralistic fashion, the competition among groups, as well as their relative strength and resources, restricts the ability of one side to dominate the framing process. On most issues, highly vocal and well-organized promoters appear on both sides of a debate; therefore, one group's frame will almost certainly be "countered" by another, in true Hegelian fashion. (S. 6)

In diesem Wettbewerb „kämpfen" die Teilnehmer um das Erreichen von strategischen Zielen: Jeder Akteur – wie beispielsweise eine politische Partei – will seine Sichtweise kommunizieren und die eigenen Argumente in der Öffentlichkeit in den Vordergrund rücken. Das Ziel des Framings ist damit letztlich das Ausweiten des strategischen Einflusses, das Werben von neuen Unterstützern, das Mobilisieren von kollektiven Handlungen, und schließlich das „Gewinnen" der strategischen Debatte.

Die verschiedenen Frames stellen ein Repertoire von Interpretationen bereit und begrenzen somit auch gleichzeitig den Raum des Diskurses (Pan & Kosicki, 2001, S. 41). Die Akteure unterscheiden sich dabei in ihrer Fähigkeit, ihren eigenen Frame durchzusetzen. Pan und Kosicki (2001, S. 44) machen drei Quellen für die Durchsetzungskraft von Frames verantwortlich:

- Zugang zu und Kontrolle von materiellen Ressourcen
- Strategische Allianzen
- Wissen und Können bei der Unterstützung des Frames

Durch die Verknüpfung dieser drei Ressourcen weben die Akteure ein „Netz von Subventionen" („web of subsidies"; Pan & Kosicki, 2001, S. 44), welches die Verbreitung und Durchsetzung des eigenen Frames vorantreibt. Die Akteure unterscheiden sich hierbei in ihrem Ausmaß, in dem sie über derartige materielle, sozial strukturelle, institutionelle oder kulturelle Mittel verfügen (vgl. Kap. 2.1.3). Auch die Massenmedien spielen hierbei eine wichtige Rolle: Sie sind keine passiven Vermittler von Frames, sondern selbst als Akteure am Prozess des Framings beteiligt. Die Akteure können aber die Medienberichterstattung beeinflussen, so Pan und Kosicki (2001) weiter, in dem sie die „Kosten" einer Frame-Subventionierung minimieren: Sie können die Informationen entsprechend den Nachrichtenwerten auswählen, zusammenfassen und aufbereiten und damit die Verwendung der Informationen beeinflussen. Diese Strategien verdeutlichen, dass das Framing nicht als Einbahnstraße aufgefasst werden kann, in dem Akteure die öffentliche Meinung direkt und unvermittelt manipulieren können. Frames können von jedem Teilnehmer zu jedem Zeitpunkt des Diskurses eingebracht werden (Habermas, 2006). Weder werden Frames von den Medien gesetzt, noch können Eliten – zumindest in Demokratien – ihre Frames uneingeschränkt vermitteln.[24]

[24] Es sei denn, eine prinzipielle Unabhängigkeit der Mediensystems vom politischen System ist nicht gewährleistet. In die Kritik geraten ist beispielsweise der frühere italienische Ministerpräsident Silvio Berlusconi, der durch seinen Besitz einer Fernsehgesellschaft einen großen Einfluss auf die italienische Fernsehlandschaft ausüben konnte.

In den folgenden Abschnitten wird auf die Kernpositionen und Ergebnisse dieses Forschungsfeldes eingegangen. Zunächst widmen wir uns dem Feld Public Relations (PR) und gehen dann auf das wohl etablierteste Forschungsgebiet ein, das sich dem Framing von Kommunikatoren widmet: den Arbeiten zu den sozialen Bewegungen. Nach einer kurzen Diskussion des Machtaspektes von Kommunikator-Frames beleuchten wir die Methoden dieses Forschungszweiges und fassen die Einsichten zusammen.

2.1.1 Framing und PR

In jüngeren Arbeiten wird der Framing-Ansatz auch in der Literatur zu Public Relations verwendet (vgl. Fröhlich & Rüdiger, 2006; Hallahan, 1999; Wimmer, 2004; Zoch & Molleda, 2006). Dieses vor allem in den letzten Jahren stark aufblühende kommunikationswissenschaftliche Forschungsgebiet kann hier nur mit Bezug auf die Framing-Forschung gestreift werden (vgl. für einen generellen Überblick Bentele, Fröhlich & Szyszka, 2005).[25] In einer der ersten Versuche, den Framing-Ansatz für die PR-Forschung fruchtbar zu machen, stellt Hallahan (1999) die Relevanz des Framing-Ansatzes folgendermaßen heraus:

> Implicitly, framing plays an integral role in public relations. If public relations is defined as the process of establishing and maintaining mutually beneficial relations between an organisation and publics on whom it depends [...], the establishment of common frames of references about topics or issues of mutual concern is a necessary condition for effective relations to be established. (S. 207)

Die Hoffnung auf eine systematische Eingliederung und empirische Überprüfung des Framing-Ansatzes muss aber in Kenntnis des bisherigen Literaturstandes vorerst zurückgestellt werden. Lediglich der Grundgedanke, dass durch das strategische Streuen und Pushen von Informationen gute Öffentlichkeitsarbeit betrieben werden kann, lässt sich mit Framing in Verbindung bringen (vgl. etwa die Arbeiten von Esrock, Hart, D'Silva & Werking, 2002; Fröhlich & Rüdiger, 2006; Hiebert, 2003; Knight, 1999; Perkins, 2005; Reber & Berger, 2005).

Im Rahmen der Organisationsforschung ist in diesem Zusammenhang von Issue Management die Rede, d.h. das Steuern, Definieren und Kontrollieren von Themen, so

[25] Der Einfluss von PR auf den Journalismus wird auf verschiedenen Ebenen (Makro, Meso und Mikro) und mit unterschiedlichen Vorstellungen entweder als Determination, Intereffikation oder als strukturelle Kopplung (vgl. Scholl, 2004) modelliert. Eine Auseinandersetzung mit diesem Themenfeld, das hier nicht aufgearbeitet werden kann, findet sich in den Übersichtswerken von Altmeppen, Röttger und Bentele (2004), Bentele, Fröhlich und Szyszka (2005) oder dem Aufsatz von Löffelholz (2004).

dass sie den Zielen des Unternehmens zuträglich sind (Hallahan, 1999).[26] Das Ziel von erfolgreicher PR besteht nach Fröhlich und Rüdiger (2006) nicht nur in der Schaffung von öffentlicher Aufmerksamkeit für das eigene Handeln, sondern auch in der Durchsetzung von Sichtweisen, Lösungen und Interpretationen und in der Beeinflussung der Medienberichterstattung. Kern des Framings ist damit das Durchsetzen des Frames, also letztlich Persuasion. In Bezug auf die politische PR stellen Fröhlich und Rüdiger (2006) heraus: „[T]he ability of the political players in bringing their frames unaltered into the media is an indicator of PR success" (S. 19). Zoch und Molleda (2006) beschreiben die Schritte für ein erfolgreiches Kreieren und Durchsetzen von PR-Frames wie folgt: ständiges Scannen von Umweltinformationen über die eigene Organisation, Sammeln von Informationen und Argumenten innerhalb und außerhalb der Organisation. Danach wird ein Frame erstellt, der eine eigene Problemdefinition ausformuliert, kausale Schlussfolgerungen tätigt, eine Bewertung sowie Lösungen präsentiert, gewisse Informationen hervorhebt und andere weglässt, Schlagwörter, Kernsätze, Bilder, Metaphern sowie Quellen bereitstellt. Nun gilt es, diesen Entwurf von der eigenen Organisation „genehmigen" zu lassen. Anschließend wird der Medienkontakt hergestellt und die Reaktion der Medien – also die Medienberichterstattung – wird ständig überwacht. Dabei wird besonderes Augenmerk auf andere, konkurrierende Frames (z.B. von anderen Organisationen) gelegt[27] und evtl. darauf reagiert. Am Ende wird der gesamte Prozess evaluiert.

Jüngst wurde mit dem Begriff des *Second-Level Agenda Buildings* die Idee des Second-Level Agenda Settings (vgl. Kap. 2.4.1) auf die PR-Forschung übertragen (Kiousis, Mitrook, Wu & Seltzer, 2006). Ähnlich wie beim Second-Level Agenda Setting wird davon ausgegangen, dass sich die Salienz von Attributen in PR-Aussagen auf die Salienz dieser Attribute in der Medienberichterstattung auswirkt. Damit werde PR nicht auf den Einfluss der Themensetzung beschränkt, sondern auch die Frage, wie die Themen in der Öffentlichkeit dargestellt werden, tangiert. Empirische Hinweise für diese Sicht finden sich bei Tedesco (2001) und Kiousis et al. (2006).

Ingesamt stellt die Analyse von Frames eine Methode dar, um den Erfolg von PR-Aktionen zu bestimmen (vgl. auch Wimmer, 2004). Empirisch werden meist in Input-

---

[26] Issue Management lässt sich als „eine organisationsbezogene Technik kommunikativer Vorgänge begreifen, mit der eine Organisation versucht, politische, wirtschaftliche oder gesellschaftliche Issues (Themen, Probleme oder Ereignisse) und die dazu einsetzende Meinungsbildung in der Öffentlichkeit zu identifizieren oder zu implementieren, mit dem Ziel, Nutzen für eine Organisation zu vermehren und/oder Schaden von ihr abzuwenden" (Merten, 2001, S. 42).

[27] Man spricht in diesem Zusammenhang auch von Issue Monitoring (vgl. Imhof & Eisenegger, 2001).

Output-Analysen die PR-Frames mit denen der Medienberichterstattung in Beziehung gesetzt (Fröhlich & Rüdiger; 2006; Kiousis et al., 2006; Perkins, 2005; Wimmer, 2004). Beispielsweise vergleichen Fröhlich & Rüdiger (2006) das Framing von politischen Parteien mit den Frames in den Medien. Sie machen dabei Framing auf zwei Ebenen fest: Auf einer thematischen Ebene geht es um einzelne Aspekte eines Themas bzw. Subthemen, die eine Problemdefinition bereitstellen. Auf der zweiten Ebene, den „position frames“ stehen Aussagen zu politischen Plänen, Lösungen und ideologische und politische Positionen im Vordergrund. Untersucht wurden Pressemitteilungen deutscher, im Bundestag vertretener Parteien und die Berichterstattung von zwei überregionalen Zeitungen in einem Zeitraum von ca. zwei Jahren. Um die Korrespondenz zwischen beiden Frame-Arten zu überprüfen, wurden die Frames nach ihrer Häufigkeit gerankt und Korrelationen zwischen den Rängen berechnet. Ingesamt zeigt sich eine hohe Korrelation zwischen den Frames in den Pressemitteilungen und den Medien-Frames, obwohl die Autoren einräumen, dass Journalisten die Frames nicht ungefiltert übernehmen, sondern auch eigene Frames zum Material ergänzen. Letzteres zeigt sich auch in der Studie von Perkins (2005), in der nur eine geringe Korrespondenz zwischen PR-Frames und journalistischen Frames ausgemacht werden kann. Wimmer (2004) findet wiederum in seiner Studie zum G8-Gipfel in Genua einen „gewisse[n] PR-Erfolg“ (S. 178). Miller, Andsager und Riechert (1998) zeigen in einer ähnlich angelegten Arbeit, dass das Framing von politischen Akteuren nur teilweise von den Medien wiedergegeben, zum Teil aber auch konterkariert wird (vgl. ähnlich Andsager, 2000). Kiousis et al. (2006) finden auch nur einen teilweisen Einfluss: Bei den Wahlen in Florida lässt sich für den Kandidaten Jeb Bush ein starker Einfluss der PR-Frames auf die Medien-Frames aufzeigen, beim anderen Kandidaten Mill McBride jedoch nicht.

Schließlich gibt es Arbeiten, die sich nur auf Pressemitteilungen konzentrieren, um die PR-Frames zu ermitteln (z.B. Barnett, 2005). Wiederum andere Arbeiten beschränken sich auf Medien-Frames (z.B. Esrock et al., 2002) und andere verwenden nur die Frame-Metapher (Hiebert, 2003), um die PR-Strategien zu analysieren.

Zusammenfassend betrachtet liegt der Fokus dieses Forschungsfeldes aus Sicht des Framing-Ansatzes vielmehr auf einzelnen Fallstudien und weniger auf einer systematischen Theorieentwicklung.[28] Dies wird auch nicht unbedingt als problematisch erach-

[28] Dies gilt sicherlich nicht für die gesamte PR-Forschung, sondern nur für die hier dargestellten Arbeiten, die auf den Framing-Ansatz rekurrieren. Der Mehrwert des Framing-Ansatzes aus Sicht der PR-Forschung wurde nach unserem Kenntnisstand in den kommunikationswissenschaftlichen Arbeiten zur PR noch nicht zusammenfassend diskutiert. Dies kann auch nur in Abgleich des gesamten Theoriebestandes des PR-Forschungsfeldes erfolgen, was allerdings hier nicht zu leisten ist.

tet.[29] Die Ergebnisse zum Einfluss der PR-Frames auf Medien-Frames können als widersprüchlich bezeichnet werden – eine Diagnose, die sich auch insgesamt mit der Determinationsforschung deckt (vgl. für einen Überblick Altmeppen et al., 2004): Mal zeigt sich ein starker Einfluss der PR-Frames, mal ein sehr schwacher und mal sind die Ergebnisse durchmischt. Sicherlich: Ob strategische Kommunikatoren es schaffen, die Medien-Agenda stark zu beeinflussen, hängt von einer Vielzahl von Variablen ab. Dies macht es nach bisherigem Forschungsstand schwierig, von den konkreten Fallstudien zu abstrahieren.

Aus theoretischer Sicht liefert der Framing-Ansatz gewissermaßen selbst einen theoretischen Rahmen, mit dem man den Erfolg von PR-Maßnahmen untersuchen kann. Ähnlich hält auch Dahinden (2006) fest, dass „Framing nicht als Theorie, sondern als Technik und Instrument verstanden [wird], mit dem PR-Inhalte gestaltet werden" (S. 65). Methodisch handelt es sich meist um induktive Inhaltsanalysen der Medienberichterstattung sowie des Pressematerials und somit lassen sich auch die gleichen methodischen Vorgehensweisen (und die damit verbundenen Probleme) wie in der inhaltsanalytischen Framing-Forschung vorfinden. Diese werden in Kap. 2.3. umfassend diskutiert und bleiben daher an dieser Stelle zunächst außen vor.

2.1.2 *Soziale Bewegungen*

Eine weitaus bedeutendere Rolle kommt dem Framing Ansatz bei der Erforschung sozialer Bewegungen zu (Benford & Snow, 2000; McAdam, 1994) – Noakes und Johnston (2005) bezeichnen die Framing-Forschung sogar als „one of the central approaches to understanding social movements" (S. 3). Dieser Forschungsansatz ist in der politischen Soziologie verankert und geht auf die Arbeiten von Goffman (1980), aber vor allem auf Snow und Benford (1992) und Gamson (1992) zurück (vgl. McAdam, McCarthy & Zald, 1996; Noakes & Johnston, 2005; Williams & Benford, 2000).[30] Mit dem Begriff „framing" meinen Snow und Benford (1992) bewusste Strategien von sozialen Bewegungen, die darauf abzielen, die eigene Sicht auf ein Problem oder einen sozialen

[29] „Although some scholars complain that most public relations research is simply descriptive, we believe that with the dearth of research in this area, even descriptive studies will contribute if they are theoretically based" (Zoch & Molleda, 2006, S. 302).

[30] In der kommunikationswissenschaftlichen Literatur werden diese Ansätze nur selektiv diskutiert (Harden, 2003; Leonarz, 2006). Meist wird nur auf die Hauptvertreter wie Gamson (1992) verwiesen. Ein Grund könnte sein, dass die Diskussion dieser Ansätze in Zeitschriften stattfindet, die in der kommunikationswissenschaftlichen Framing-Forschung kaum rezipiert werden und damit leider aus dem Blick geraten (vgl. die etwa die Studien von Cress & Snow, 2000; Fisher, 1997; Mooney & Hunt, 1996; Triandafyllidou & Fotiou, 1998; – um nur einige zu nennen). Zudem sind die Studien für das sozialwissenschaftliche Auge „schwer zugänglich", da es sich oft um ethnologische, historische oder diskurstheoretische Arbeiten handelt.

Sachverhalt darstellen und somit die angestrebten Aktivitäten zu legitimieren: „[S]trategic framing is not so much about the creation of new ideas or the presentation of the greatest truth, but splicing together of old and existing ideas and the strategic punctuating of certain issues, events, or beliefs" (Noakes & Johnston, 2005, S. 8). Der Framing-Ansatz ist in diesem Forschungsgebiet eine Ergänzung des „Resource Mobilization"-Ansatzes und des „Political Opportunity Structures"-Ansatzes (vgl. Noakes & Johnston, 2005).

Frame-Theoretiker versuchen die Frage zu beantworten, wie soziale Bewegungen es schaffen, ihre inhaltliche und personelle Basis zu erweitern, um sich selbst zu legitimieren und andere erfolgreich zu mobilisieren. In diesem Kontext können soziale Bewegungen als „Produzenten und Träger von kollektiv geteilten Bedeutungen und Überzeugungen" aufgefasst werden (Kreissl & Sack, 1998, S. 43).

Wie die Wiedervereinigung oder die Castor-Transporte beispielhaft zeigen, spielen soziale Bewegungen für die gesellschaftliche Aushandlung neuer und brisanter Themen eine maßgebliche Rolle. Sie nehmen am gesellschaftlichen Diskurs teil, indem sie die Themen definieren, interpretieren und prägen, um letztendlich Unterstützung für ihre Ziele zu mobilisieren und ihre Antagonisten zu schwächen (Snow & Benford, 1992). Soziale Bewegungen stehen somit gewissermaßen in einem ständigen Kampf um die Konstruktion von Wirklichkeit (Kreissl & Sack, 1998, S. 42) – mit den Worten Noakes (2000), „the struggle for cultural supremacy" (S. 669). Frames werden in diesem Zusammenhang definiert als „action oriented sets of beliefs and meanings that inspire and legitimate the activities and campaigns of a social movement organisation" (Benford & Snow, 2000, S. 614). Die Frames zielen demnach auf ein geteiltes Verständnis eines Kernproblems ab, dem sich die Bewegung widmet und schlussendlich dienen sie der Persuasion von potenziellen Anhängern. Frames sind abzugrenzen von allgemeinen Ideologien, die einen größeren Geltungsbereich haben und themenübergreifende Aussagen erlauben (Zald, 1996; vgl. zum Verhältnis von Frames und Ideologie Snow & Benford, 2005). Snow und Benford (1992) unterscheiden in diesem Zusammenhang drei wichtige Komponenten von Frames, die vorhanden sein müssen, um erfolgreich zu mobilisieren:

- "Diagnostic Framing": Ein Zustand oder eine Begebenheit wird als problematisch und als änderungswürdig angesehen. Gleichzeitig werden Schuldige für den Zustand identifiziert. Eine Weltbank-Tagung an sich ist ein harmloses Ereignis – sie wird dann zu einem Problem von öffentlichem Interesse, wenn die

Akteure der Tagung als Verursacher für eindeutig identifizierbare soziale Missstände (z.B. Weltarmut) gesehen werden (vgl. dazu Gerhards, 1993).

- "Prognostic Framing": Logischerweise kann eine soziale Bewegung nur dann erfolgreich sein, wenn sie nicht nur kausal auf Missstände hindeutet, sondern auch Lösungen anbietet. Darunter fällt auch, dass Prognosen über den Verlauf des Problems gegeben werden. Beispielsweise werden von Abtreibungsgegnern konkrete Regularien oder Gesetzesänderungen vorgeschlagen und gefordert.

- "Motivational Framing": Es werden Gründe für das Teilnehmen an der Bewegung genannt, denn meist ist die Diagnose eines Problems und die Prognose von Lösungsstrategien nicht ausreichend, um Menschen für die Teilnahme an sozialen Bewegungen zu gewinnen. Es handelt sich daher vor allem um das Sicherstellen von Engagement und Handlungsbereitschaft. Beispielsweise wird beim Protest gegen die Weltbank-Tagung die Problemdefinition moralisiert, indem auf Ausbeutung, Armut und Hunger hingewiesen wird (vgl. dazu Gerhards, 1993).

Die Komponenten stehen in einem logisch konsistenten Zusammenhang. In ähnlicher Weise hat Gamson (1988, 1992) auf drei weitere zentrale Eigenschaften von Frames verwiesen: Die Komponente „injustice“ meint das Gefühl, dass Unrecht geschehen ist; die Komponente „agency“ beschreibt die Möglichkeit von Änderungen und unter der Komponente „identity“ wird das „Wir-Gefühl“ verstanden, welches sich aus einer gemeinsamen Identität der Bewegungsmitglieder speist. Frames von sozialen Bewegungen lassen sich nach der Richtung der Problemdefinition und Kausalattribution, der Rigidität bzw. der prinzipiellen Veränderbarkeit des Frames, des Geltungsbereiches des Frames (d.h. wie weitreichend ist der Erklärungsanspruch) und nach ihrer Resonanz bzw. ihrem Erfolg differenzieren (Benford & Snow, 2000). In erster Linie sind zwei Faktoren für das erfolgreiche Durchsetzen eines Frames verantwortlich: die *Glaubwürdigkeit* und die *Salienz des Frames*. Die Glaubwürdigkeit hängt ab von der Konsistenz der Argumentation, der Glaubwürdigkeit des Argumentierenden und der empirischen Glaubwürdigkeit, also der Verifizierbarkeit und tatsächlichen Verifizierung der von der Bewegung vorgeschlagenen Ursachen und Lösungen.[31] Die Salienz hingegen speist sich aus der Zentralität der Mobilisierungsziele für die zu erreichenden Menschen, der Nähe

[31] Streng genommen können die Lösungen und Prognosen natürlich nicht immer eindeutig verifiziert werden: „Hypothetically, the more culturally believable the claimed evidence, and the greater the number of slices of such evidence, the more credible the framing and the broader its appeal“ (Benford & Snow, 2000, S. 620).

zu und der Übereinstimmung mit der Erfahrungswelt der zu erreichenden Menschen sowie der Übereinstimmung mit kulturellen Begebenheiten einer Gesellschaft.

Die strategische Ausrichtung eines Frames kann nach vier Prinzipien erfolgen (vgl. ausführlicher Benford & Snow, 2000; Noakes & Johnston, 2005): „Frame bridging" meint den Brückenschlag zu anderen Frames, beispielsweise den Frames von anderen Bewegungen oder den Frames von Bevölkerungsteilen, die erst mobilisiert werden sollen. „Frame amplification" bezieht sich auf das Hervorheben von Werten, die von breiten Teilen der Bevölkerung als wichtig erachtet werden. „Frame extension" bezeichnet die Ausweitung des Frames auf andere Themen, die aber für die zu erreichende Gruppe von Bedeutung sind. Schließlich wird unter „frame transformation" die Neudefinition eines Problems aus Sicht der Bewegung verstanden.

Wie bereits erwähnt, findet die Entwicklung und Ausbreitung eines Frames im Wettbewerb mit anderen Frames statt, so dass die Wirkung eines Frames erheblich eingeschränkt oder sogar verhindert werden kann. Die Forschungsliteratur unterscheidet daher drei Formen des Wettbewerbs, dem sich soziale Bewegungen stellen müssen (Benford & Snow, 2000, S. 626-627): Zum ersten kann das Gegen-Framing (counterframing) von anderen Bewegungen, Akteuren oder den Massenmedien eine starke Einschränkung oder Behinderung mit sich bringen. Zum zweiten spielt sich dieser Wettbewerb innerhalb einer sozialen Bewegung ab, da auch dort beispielsweise über Lösungsvorschläge Uneinigkeit bestehen kann. Schließlich ist entscheidend, wie die Aktionen einer sozialen Bewegung mit den Frames abgestimmt und aufeinander ausgerichtet werden. Zudem können Framing-Prozesse durch den soziokulturellen Kontext eingeschränkt werden. Lassen sich Frames von verschiedenen sozialen Bewegungen auf einen übergeordneten Nenner bringen, der sie verbindet, spricht man von „Master-Frames" (Williams & Benford, 2000): „[T]he master frame is found by examining the specific frames used my many [social movement organizations] within a given protest cycle and discerning the general meanings they have in common (S. 135). Ein Beispiel hierfür ist der Frame „Ideologie des Imperialismus", der im Falle des IWF- und des Weltbank-Treffens von verschiedenen Gruppierungen verwendet wurde (vgl. Gerhards, 1993).

Nach B. Scheufele (2003, S. 89) werden Massenmedien in den öffentlichkeits- und bewegungstheoretischen Studien lediglich als einfacher Vermittler betrachtet. Die Berichterstattung diene „als Indikator für öffentliche Diskurse" und dies sei „kommunikationswissenschaftlich unbefriedigend" (B. Scheufele, 2003, S. 89). In der Tat ignorieren manche Autoren (z.B. McAdam, 1994), dass sich ihre historischen Fallstudien auch auf die Medienberichterstattung als zentrale Quelle stützen, die selbst nur einen selektiven Zugriff hat.[32] Auf der anderen Seite lassen sich aber zahlreiche Autoren anführen, die über die einfache Vermittlungsrolle der Medien hinausgehen (Fisher, 1997; Gamson & Meyer, 1996; Noakes & Johnston, 2005; Schmitt-Beck, 1998; Walgrave & Manssens, 2005; Zald, 1996). Soziale Bewegungen haben a) damit zu kämpfen, überhaupt von den Medien wahrgenommen und für die Berichterstattung selektiert zu werden und b) müssen sie bei der zentralen Problemdefinition eines Medienbeitrages die Oberhand gewinnen. Kurz: „Frames are [...] reframed in the *mass media*" (Zald, 1996, S. 261, Hervorhebung im Original). Nach Walgrave und Manssens (2005) ist die Medienberichterstattung über soziale Bewegungen automatisch eine – aus Sicht der Bewegung – verzerrte Berichterstattung. Die Medien sind, so weiter, als eigenständige Akteure zu verstehen, die nicht automatisch auf Seite der sozialen Bewegung stehen und sich daher nicht als bloßer Vermittler oder als automatische Mobilisierungsagentur einbeziehen lassen: „The media have their own agenda, and they must be considered as political actors in their own right, engaged just like other political actors in a fight to control the construction of social meaning" (Walgrave & Manssens, 2005, S. 117). Schmitt-Beck (1998) gibt zu bedenken, dass die Massenmedien selbst ein Teil der sozialen, ökonomischen und politischen Ordnung sind, welche oft von sozialen Bewegungen attackiert wird.

2.1.3 Framing und Macht

Einige Autoren betrachten den Kampf um die öffentliche Deutung von Themen, der von politischen Eliten, den Medien, sozialen Bewegungen und anderen Gruppierungen ausgetragen wird, als eine Frage der Machtsicherung und Machterhaltung (Carragee & Roefs, 2004; Entman, 2003; Entman, 2004; Gitlin, 1980; Phalen & Algan, 2001). Dieser Gedanke soll hier jedoch nur angerissen werden. Ausgangspunkt ist die Forderung, dass sich die Framing-Forschung nicht nur auf die Analysen von Medien-Frames und Rezipientenwirkungen konzentrieren sollte, sondern dass jegliche Framing-Prozesse aus dem Blickwinkel der Verteilung und Aufrechterhaltung von Macht betrachtet werden sollten. Bei manchen empirischen Arbeiten (z.B. Gitlin, 1980) ist sogar eine negative Bewertung bzw. generell eine normative Perspektive zu erkennen, die eine Ungleichverteilung der Macht oder eine Verzerrung der Realität diagnostiziert (vgl. für diese Einschätzung auch Dahinden, 2006, S. 315). Gitlin hat bereits im Jahr 1980 die einseitige Darstellung von sozialen Bewegungen unter dem Gesichtspunkt der Macht diskutiert

[32] Soziale Bewegungen, die ihren Frame nicht medial verbreiten können, werden wahrscheinlich auch vom Forscher seltener wahrgenommen.

und kritisch bewertet. Der Autor geht davon aus, dass die Medien entscheiden, welche Ereignisse wie in der Öffentlichkeit diskutiert werden und dass sich soziale Bewegungen an die Arbeitsroutinen der Journalisten anpassen müssen, um überhaupt wahrgenommen zu werden. Schließlich arbeitet Gitlin (1980) heraus, dass soziale Bewegungen nur sehr beschränkten Einfluss auf ihre Mediendarstellung haben.[33] In den Elitezeitungen und im Fernsehen würden eher die dominanten Frames verbreitet, was dazu führe, dass der politische Status Quo gesichert würde und systemkritische Stimmen gar nicht zu Wort kämen (Gitlin, 1980, S. 52). Carragee und Roefs (2004) gehen noch einen Schritt weiter: Sie argumentieren, dass die Möglichkeiten für das erfolgreiche Sponsoring des eigenen Frames ungleich unter den gesellschaftlichen Akteuren verteilt sind:

> A meaningful examination of frame sponsorship acknowledges that access to news as a political resource is distributed inequitably with American society and that this inequality has profound implications for the framing of issues. (S. 220)

Dass manche Frames im Kampf um die öffentliche Deutung eines Themas die Oberhand gewinnen, läge, so weiter, an den ungleichen Ressourcen der Akteure – ein Punkt, der auch in der Literatur zu sozialen Bewegungen diskutiert wird (vgl. etwa Noakes & Johnston, 2005). Zudem sind politische Eliten immer daran interessiert, mit der Streuung und Deutung von Werten und Informationen ihre Macht zu erhalten. Potenzielle Herausforderer der politischen Ordnung, so Carragee und Roefs (2004), werden aber meistens von den Medien ignoriert. Für Habermas (2006) lassen sich die „Players" im öffentlichen Diskurs nach ihrem Einflusskapital klassifizieren: „The stratification of opportunities to transform power into public influence through the channels of mediated communication thus reveals a power structure" (S. 419). Das politische System übt, so Habermas, den stärksten Einfluss auf die Auswahl und Strukturierung von medial vermittelten Inhalten aus – Interessengruppen stehen in der schwächsten Position.[34] Auch Entmans (2003, 2004) „Cascading activation"-Modell geht davon aus, dass in allererster Linie politische Eliten das Framing eines Themas bestimmen. Andere Akteure, wie beispielsweise konkurrierende politische Eliten, die Medien oder das Publikum, können wiederum nur auf die einmal ins Spiel gebrachten Frames reagieren. Entman (2003, 2004) verwendet dabei die Metapher eines Wasserfalls: Zwar kann jede Ebene den Verlauf des Wassers leicht ändern – doch das Wasser kommt immer noch

[33] Dies zeigt auch eine Studie zur Frauenbewegung von Ashley und Olson (1998).

[34] Jedoch fügt Habermas (2006) hinzu: „The common construct of public opinion certainly invites actors to intervene strategically in the public sphere. However, the unequal distribution of the means for such interventions does not necessarily distort the formation of considered public opinions" (S. 419). Wichtiger, so Habermas weiter, ist die Unabhängigkeit des Mediensystems vom politischen System zum einen und die Partizipation der Bürger im öffentlichen Diskurs zum anderen: „then even the powerful actors *will only contribute* to the mobilization of relevant issues, facts, and arguments" (S. 420, eigene Hervorhebung).

von oben und nicht von unten: „Ideas that start at the top level, the *administration*, possess the greatest strength“ (Entman, 2003, S. 420, Hervorhebung im Original).[35]

Derart dezidiert medienkritische Stimmen sind in der kommunikationswissenschaftlichen Framing-Forschung eher rar gesät. Allerdings gibt es einige empirische Arbeiten, die sich durchaus im Sinne der Ausführungen von Gitlin (1980) oder Carragee und Roefs (2004) lesen lassen. Beispielsweise zeigen Reese und Buckalew (1995) wie sich die Nachrichtenroutinen nach den Interessen der Regierung ausrichten. Entman (1991, vgl. auch 2004) zeigt, dass zwei identische Ereignisse – ein Flugszeugabschuss der USA und der Sowjetunion – in den amerikanischen Medien entweder als unglücklicher Umstand (im Falle der USA) oder als Anschlag (im Falle Russlands) gerahmt wird.

2.1.4 Methodologie der Forschung zum strategischen Framing

„The terms 'frame' and 'ideology' always refer to the cultural level-that is, we know them from cultural texts, not by asking people what they think“ (Gamson, 2006, S. 461). Das Statement von Gamson macht eine Besonderheit dieses Forschungszweiges deutlich, und zwar, dass Frames als kollektiv geteilte Muster gemessen werden und nicht als individuelle Konstruktion (wie etwa in der Wirkungsforschung). Wie kann aber ein solches, für verschiedene Individuen repräsentatives Muster erfasst werden? In der Framing-Literatur lassen sich weder dezidierte methodische Überlegungen zu diesem Problem finden, noch werden die methodischen Zugänge diskutiert und systematisiert. Als einzige Ausnahme ist hier Johnston (1995, 2002, 2005) zu nennen: Nach Johnston (1995) ist eine Frame-Analyse eine Analyse des „Diskurses“. Unter Diskurs wird die „summation of symbolic interchange, of what is being talked and written about, of the interrelations of symbols and their systematic occurence“ (S. 218) verstanden. Anders ausgedrückt: Es handelt sich um die Summe aller Materialien, die dem Forscher zu einem Akteur wie beispielsweise einer sozialen Bewegung oder einer politischen Partei zur Verfügung stehen. Wenn man die Arbeiten verdichtet, lassen sich drei verschiedene Zugänge in der Literatur finden, die hier kurz vorgestellt werden sollen.

Eine erste und die gebräuchlichste Methode besteht in der *Analyse von Dokumenten* über einen Akteur oder eine sozialen Bewegung (vgl. Barnett, 2005; Fröhlich & Rüdiger, 2006; Gerhards, 1993; Perkins, 2005). Dies können Pressemitteilungen, Flyer oder historische Dokumente sein. Da es sich in den meisten Arbeiten um eine Diskursanaly-

[35] Andere Autoren setzen dem jedoch entgegen, dass weitere Akteure durchaus eigene Frames erfolgreich durchsetzen können, welche nicht auf die strategische Selektionen der politischen Eliten zurückzuführen sind (Weßler, 1999).

se handelt, geht die Methode über ein Kodieren des Inhaltes – wie wir es aus der (quantitativ orientierten) Medieninhaltsforschung kennen – hinaus: „The fundamental task in the microanalysis of discourse and text is the specification of all sources of meaning—all that is left implicit in a text, and all that is taken for granted in its interpretation“ (Johnston, 1995, S. 220). Beispielsweise analysiert Gerhards (1993) zunächst die Themenlisten, die auf öffentlichen Veranstaltungen der Bewegungen traktandiert werden und geht dann aber in eine ausführlichere Deutung von Flugblättern über, die als Aufruf zur Teilnahme zu Demonstrationen verteilt wurden. Ziel der Analyse ist es, ein Muster von Einstellungen und Kognitionen („belief systems“, Converse, 1964), das von allen Bewegungsanhängern geteilt wird, zu diagnostizieren. Der Autor macht selbst auf das Problem aufmerksam, dass der Gegenstand der Analyse Texte sind und dass damit streng genommen nur der Frame eines Textes gemessen werden kann. Dennoch ist die Logik Gerhards nachvollziehbar, dass ein Aufruf zu einer Demonstration, an der ja die Teilnehmenden selbst anwesend sein werden, ein „valider Indikator des zentralen Deutungsmusters“ (S. 127) ist. Die Argumentationsstruktur des Flugblatts wird graphisch visualisiert und als Frame interpretiert. Gerhards (1993) geht dabei ausführlich auf die diagnostizierenden, prognostizierenden und motivierenden Elemente ein, die wir bereits oben kennen gelernt haben. McAdam (1994) analysiert die Demonstrationen, Störaktionen und Reden der amerikanischen Bürgerrechtsbewegung um Martin Luther Kings Organisation „Southern Christian Leadership Conference“. McAdam stützt sich dabei auf Ansprachen und Texte von Martin Luther King, auf den Symbolwert von initiierten Aktionen und misst als abhängige Variable die Mobilisierung öffentlicher Unterstützung mit der Medienresonanz. Schließlich gibt es Arbeiten (z.B. Barnett, 2005; Fröhlich & Rüdiger, 2006; Perkins, 2005), die Pressemitteilungen oder Internetbotschaften untersuchen, um die strategischen Frames der Akteure zu ermitteln.

In anderen Studien – und das ist der zweite Zugang – werden Interviews mit einzelnen Akteuren und Mitgliedern von Gruppen geführt und daraus die Frames ermittelt (vgl. ausführlicher für einzelne Auswertungsstrategien derartiger Interviews Johnston, 1995). Beispielsweise stützen sich Cress und Snow (2000) in ihrer Studie über Obdachlosenorganisationen auf Interviews mit einzelnen Obdachlosen und den „Targets“ der Obdachlosenorganisationen, also Polizei, Stadtverwaltungen und staatliche Behörden. Die Forscher nahmen im Feld je nach Gesprächspartner unterschiedliche Rollen an: als „buddy“ im Gespräch mit den Betroffenen und als Experte im Gespräch mit Repräsentanten von Organisationen, Behörden und Einrichtungen. Ähnlich führten Triandafyllidou und Fotiou (1998) Interviews mit wirtschaftlichen Akteuren, Umweltorganisationen und Abgeordneten der Europäischen Kommission durch. Die Frames der einzelnen Akteure wurden durch eine Analyse der rhetorischen und argumentativen Struktur der Interviewpartner ermittelt. Eher quantitativ orientiert stützten Marullo, Pagnucco und Smith (1996) ihre Frame-Analyse der amerikanischen Friedensbewegung auf eine Panelbefragung von Anhängern der Bewegung. Eine Faktorenanalyse von Items über die Ziele, Strategien und Werte der Anhänger führte zur Identifikation von sechs Frames.[36]

In einem dritten methodischen Ansatz werden die Frames von Akteuren durch die Analyse des Medieninhalts erfasst (Esrock et al., 2002; Walgrave & Manssens, 2005). Die Berichterstattung gilt folglich als Indikator für die Strategien eines Akteurs, was mit B. Scheufele (2003, S. 89) als „kommunikationswissenschaftlich unbefriedigend" kritisiert werden muss.

2.1.5 Zwischenfazit

Insgesamt treffen wir auf ein Begriffsverständnis von Frames, das stark den kommunikationswissenschaftlichen Frame-Konzeptualisierungen ähnelt und damit durchaus mit unserem Verständnis kompatibel ist: Frames diagnostizieren und definieren Probleme, sie schlagen potenzielle Lösungen für diese Probleme vor und sie fordern die Teilnahme an einer Handlung (Benford & Snow, 2000; Gerhards, 1993; Knight, 1997; Kreissl & Sack, 1998; Noakes & Johnston, 2005; Snow und Benford, 1988). Frames haben ein strategisches Ziel und zwar die Persuasion von Nicht-Mobilisierten und die öffentliche Salienz der eigenen Position. Bedeutend ist vor allem die Erkenntnis, dass ein Diskurs nicht immer von einem Frame dominiert werden muss, sondern dass mehrere strategische Frames um die öffentliche Aufmerksamkeit und damit um die Medienpräsenz kämpfen: „Thus, no theme emerges without a *countertheme*" (Callaghan & Schnell, 2005, S. 6, Hervorhebung im Original).[37] Folgt man diesem Gedanken, so hat dies auch Konsequenzen für die Analyse des Medieninhaltes, dem wir uns in Kapitel 2.3 widmen werden. Bei einem Frame handelt es sich – vereinfacht gesprochen – um die Sichtweise eines Akteurs und in der Medienberichterstattung stehen diese Frames in einem Konkurrenzverhältnis. Entgegen der Forschungspraxis bisheriger inhaltsanalytischer Studien müssten sich demnach mehrere Frames in einem journalistischen Text manifestieren. Diesem Punkt wurde bisher zu wenig Augenmerk geschenkt (vgl. dazu die Ergebnisse

---

[36] Eine Reliabilitätsanalyse ist für diese (für dieses Forschungsfeld gehobene methodische) Anlage allerdings nicht zu finden.

[37] Ähnlich Weßler (1999): „Nahezu jeder öffentliche Diskurs ist durch Konfliktlinien strukturiert, an denen sich verschiedenen Lager gegenüberstehen" (S. 20).

von Matthes, 2007a, 2008). Wichtig ist auch die Erkenntnis, dass die Elemente eines Frames in einer logisch konsistenten Art und Weise miteinander verknüpft sind.

Im Vergleich zu kommunikationswissenschaftlichen Konzeptualisierungen werden Frames in diesem Forschungsfeld fast durchgehend als sehr dynamisch und wandelbar aufgefasst, was durchaus Konsequenzen für die empirische Erfassung mit sich bringt: „This approach requires the methodological artifice of freezing the ongoing negotiation and emergence of collective action frames“ (Johnston, 2002, S. 66). Das heißt: Frames werden in einem Diskurs erkämpft, neu definiert oder sogar je nach Erfolg im Verlauf der Zeit angepasst und ausgetauscht. Ein Zeitvergleich bzw. eine dynamische Sichtweise drängt sich geradezu auf. Zudem werden zahlreiche kontextuelle Faktoren thematisiert, wie das Ausmaß der politischen Möglichkeiten (vgl. Gamson & Meyer, 1996) oder kulturelle Rahmenbedingungen (Fisher, 1997). Schließlich sind Frames in diesem Ansatz auf der kollektiven Ebene zu verorten.

Benford (1997) diskutiert in seiner „insider's critique“ die Probleme der Framing-Forschung über soziale Bewegungen, die im Grunde auch stellvertretend für die gesamte Forschung über das strategische Framing von Kommunikatoren zu begreifen sind. Die wichtigsten Punkte lassen sich wie folgt zusammenfassen:

- Das Fehlen von systematischen empirischen Studien, die über einzelne Fallbeschreibungen und -beispiele hinausgehen bzw. der deskriptive Bias eines Großteils der Forschung.
- Die statische Operationalisierung von Frames, obwohl Frames in diesem Gebiet als überaus dynamisch und wandelbar angesehen werden.
- Das „Reification“-Problem: Damit ist gemeint, dass soziale Bewegungen als handelnde, reelle Akteure aufgefasst werden, obwohl nicht Bewegungen an sich handeln, sondern einzelne, zueinander in Beziehung stehende Menschen.
- Schließlich nennt Benford die Vernachlässigung von Emotionen, welche bei sozialen Bewegungen eine bedeutsame Rolle spielen sollten (vgl. für die Bedeutung von Emotionen in der Kommunikationswissenschaft Wirth & Schramm, 2005).

Für die drei dargestellten Methoden in der kommunikatorbezogenen Literatur lassen sich folgende Kritikpunkte ausmachen:

- Nur wenige Arbeiten reflektieren die Wahl und die Angemessenheit der Methode (Benford, 1997). Dies führt dazu, dass die Gütekriterien dieser Arbeiten schwer zu beurteilen sind. Es entsteht der Eindruck, das Problem der Reliabilität und Validität entstünde gar nicht, da sich Ereignisse, Aktionen und Informationen von sozialen Bewegungen objektiv analysieren ließen.

- Probleme bei der reliablen und validen Operationalisierung von Frames, und damit verknüpft, das Fehlen von operationalen Definitionen (vgl. auch Fisher, 1997; B. Scheufele, 2003, S. 90). Kurz: „[T]here is too much loose interpretation taking place too far from the data“ (Johnston, 1995, S. 241).
- Hauptproblem dabei ist, dass nicht immer offen gelegt wird, aus welchen einzelnen Elementen sich ein Frame zusammensetzt und wie diese messbar sind. Bei manchen Studien dient der Frame nur als Oberbegriff, um die Aktionen, Texte und Ideologien eines Akteurs auf einen Nenner zu bringen (z.B. McAdam, 1994).
- Auch die Auswahl der einzelnen Dokumente und Quellen – d.h. die Stichprobenziehung – wird nur selten diskutiert und problematisiert (Johnston, 1995).
- Schließlich wird selten die Übertragbarkeit von Makroergebnissen auf Mikrophänomene diskutiert, wie sich das beim Schluss von Dokumenten auf die mentalen Strukturen von einzelnen Individuen aufdrängen würde.

Es ist erstaunlich, dass sich ähnliche Kritikpunkte bei kommunikationswissenschaftlichen Autoren finden lassen, die diese entsprechend für das eigene Teilgebiet monieren, obwohl die Bereiche weitgehend unabhängig voneinander sind. Dies verdeutlicht einmal mehr die starke Verzweigung und Ausdifferenzierung der Framing-Forschung.

2.2 Framing beim Journalisten

Wie wir bereits gesehen haben, wird der Medieninhalt nicht nur durch strategische Kommunikatoren, sondern auch durch die journalistische Rahmung eines Themas beeinflusst. Das Framing eines Themas durch den Journalisten kann dabei auf zwei Ebenen stattfinden: der Auswahl eines Themas und der inhaltlichen Strukturierung des Themas (Dunwoody, 1992). Der Framing-Ansatz leistet durchaus einen Beitrag zur Erklärung dieser Phänomene, obwohl dieses Themenfeld traditionell aus Sicht der Gatekeeper-Forschung (vgl. Galtung & Ruge, 1970), der News-Bias-Forschung (vgl. Hagen, 1992) und der Nachrichtenwert-Forschung (Eilders & Wirth, 1999) angegangen wird. Zu allen drei Bereichen finden sich zahlreiche Studien und Überblicksarbeiten, so dass sie hier nicht umfassend aufgerollt und erklärt werden müssen (vgl. einleitend z.B.

Harden, 2002, S. 21-31; ebenso Donsbach, 2004). Daher wird hier nur kurz auf die Punkte verwiesen, die aus Sicht der Framing-Forschung relevant sind: die Konzeptualisierung von journalistischen Frames, die Abgrenzung zu anderen Ansätzen und das journalistische Framing vor und nach Schlüsselereignissen.

2.2.1 *Konzeptualisierung von journalistischen Frames*

Wie wir bereits festgestellt haben, liegt die Hauptfunktion von Frames in der Selektion und Strukturierung von Informationen. Diese Punkte lassen sich auch auf journalistische Arbeitsprozesse übertragen. Obwohl der Korpus der Journalismusforschung immens ist und hier nicht erörtert werden kann, gibt es bis anhin kaum Arbeiten, die Frames aus einer journalistischen Perspektive beleuchten bzw. die Arbeitsweise von Journalisten frame-theoretisch erklären.[38] Zu nennen sind lediglich die Arbeiten von Dunwoody (1992), B. Scheufele (2003) sowie Brosius und Eps (1993; bzw. B. Scheufele & Brosius, 1999), auf die sich die folgenden Ausführungen in erster Linie beziehen.

Aus Sicht der Journalismusforschung erleichtern Frames die Arbeit von Journalisten. Journalisten können nicht für jeden Beitrag alle Begleitumstände und Eventualitäten erörtern, sondern sie greifen auf bestimmte Schemata zurück, wie ein Thema zu bearbeiten ist (Dunwoody, 1992; Tuchman, 1976). Schon Gitlin (1980) stellte fest, dass Frames es den Journalisten ermöglichen, große Mengen an Informationen schnell in einen entsprechenden Kontext einzuordnen und für das Publikum angemessen umzusetzen. Bei Dunwoody (1992) sind Frames eine Art Überbegriff für verschiedene mentale Konstrukte, die die Arbeit von Journalisten steuern: „[A] frame is a schema or heuristic, a knowledge structure that is activated by some stimulus and is then employed by a journalist throughout story construction“ (S. 78). Tuchman (1976) beschreibt Frames als eine Art Bewältigungsstrategie, die Journalisten anwenden, um mit der Flut von Informationen zu Recht zu kommen. Fast alle Arbeiten in diesem Bereich rekurrieren auf die Schema-Theorie als zentrale theoretische Basis von journalistischen Frames.

[38] Beispielsweise vergleicht Dahinden (2006) in seiner Arbeit den Framing-Ansatz mit dem Nachrichtenwert- und dem Bias-Ansatz nach globalen Eigenschaften der Ansätze (z.B. arbeitet der Framing-Ansatz sowohl induktiv als auch deduktiv, der Nachrichtenwert-Ansatz nur deduktiv), eine Konzeptualisierung von journalistischen Frames lässt sich aber nicht finden. Auch bei Harden (2002), der sich ja primär Medieninhalten widmet und den integrativen Charakter der Framing-Forschung wiederholt betont, werden journalistische Frames nahezu völlig ausgeklammert.

Die bisher umfassendste Konzeptualisierung von journalistischen Frames hat B. Scheufele (2003) vorgelegt. Der Autor sieht den journalistischen Framing-Ansatz mit bisherigen Selektionsanätzen vereinbar und versteht Frames als

> konsistentes System einzelner kognitiver Schemata, Scripts usw., die sich im redaktionellen Diskurs herausbilden, im Austausch mit anderen (medialen) Diskursen verändern und die journalistische Nachrichtenproduktion beeinflussen. (S. 105)

Auf Basis schema-theoretischer Überlegungen setzt sich für B. Scheufele ein Frame aus einem Bündel von Schemata zusammen und wird auf folgende Objektklassen angewendet: Ereignisse, Akteure, Handlungen, Interaktionen, Probleme sowie Ursachen und Folgen. Das heißt: Ein journalistischer Frame besteht aus der Verknüpfung von mehreren Schemata zu diesen unterschiedlichen Objektklassen. Nach dem journalistischen Framing-Ansatz wählen Journalisten Informationen dergestalt aus, dass sie sich mit ihren bereits bestehenden Frames decken: „Je mehr Attribute eines Anschlages in die Slots des journalistischen Anschläge-Schemas fitten, desto eher wird der Journalist über den Anschlag berichten" (B. Scheufele, 2003, S. 102). B. Scheufele (2003) überprüft in einer umfassenden empirischen Analyse die Wirkungsweise von journalistischen Frames. In einem ersten Schritt ermittelt der Autor journalistische Frames anhand meinungsbetonter Artikel (in denen sich ja die journalistischen Frames äußern müssten) für einen Startzeitraum der Berichterstattung. In einem zweiten Schritt prüft der Autor den Einfluss der journalistischen Frames auf Medien-Frames für einen folgenden Zeitraum der Berichterstattung. Die zahlreichen Ergebnisse lassen sich aufgrund der Detailliertheit hier nicht näher ausführen (vgl. aber die detaillierte Zusammenfassung von Dahinden, 2006, S. 152-158). Besonders relevant ist jedoch der Befund, dass journalistische Frames einen zusätzlichen Erklärungswert zu Nachrichtenfaktoren besitzen. Auch die starke Reflektiertheit beim methodischen Vorgehen ist beachtenswert.

2.2.2 *Abgrenzung zu anderen Ansätzen der Selektionsforschung*

Was leistet nun die Annahme journalistischer Frames im Vergleich zu den klassischen Ansätzen der Nachrichtenselektion? Die Selektionsforschung hat eine Reihe von Erkenntnissen hervorgebracht, wie Journalisten Nachrichten und Informationen für die Berichterstattung auswählen (vgl. Harden, 2002, S. 21-31; B. Scheufele, 2003, S. 100-106). Als wichtigste Faktoren gelten die ereignisimmanenten Nachrichtenfaktoren, die Einstellungen von Journalisten sowie organisatorische Rahmenbedingungen. Im Grunde lassen sich zwei Unterschiede zur Framing–Forschung ausmachen:

- Erstens finden sich Unterschiede im Erklärungsgegenstand. Die Gatekeeper-Forschung beschäftigt sich mit der Auswahl von Nachrichten seitens der Journalisten, die Nachrichtenwert-Forschung untersucht Merkmale von Ereignissen und damit verbunden deren mediale Durchschlagskraft. Beide beschäftigen sich letzten Endes mit der Selektion von Themen. Der Fokus der Framing-Forschung liegt allerdings auf der Ausgestaltung von Themen: „Insofern kann man beim Framing von einem Ansatz sprechen, der auf der Selektionsforschung aufbaut und über sie hinausgeht“ (Harden, 2002, S. 55). Zudem wird der Nachrichtenwert-Forschung von Harden (2002, S. 29) ein begrenzter Geltungsbereich zugewiesen, da sie den eigentlichen Selektionsprozess ausklammert und stattdessen die Ursachen für die Selektion in den Strukturen der Medienrealität sucht. Hingegen verortet der Framing-Ansatz die Ursachen bei journalistischen Schemata.
- Zweitens finden sich Unterschiede in Bezug auf die Stabilität von Selektionskriterien. Alle bisherigen Ansätze zur Nachrichtenselektion gehen davon aus, dass die ereignisimmanenten Nachrichtenfaktoren, die Einstellungen von Journalisten sowie organisatorische Rahmenbedingungen dauerhaft wirken, so dass Phasen, in denen sich die Berichterstattung deutlich verändert, nur schwer erklärt werden können (Brosius & Eps, 1993; B. Scheufele & Brosius, 1999; vgl. auch Harden, 2002, S. 47; B. Scheufele, 2003, S. 104). Mit anderen Worten, die von den Journalisten verwendeten Auswahlkriterien für Nachrichten – wie beispielsweise Nachrichtenwerte oder überdauernde Einstellungen von Journalisten – werden als konstant erachtet (B. Scheufele & Brosius, 1999, S. 409). Besonders in Zeiten von gesellschaftlichen Veränderungen oder Krisen kann sich allerdings die Berichterstattung schlagartig ändern. Diese Lücke versucht die journalistische Framing-Forschung zu schließen.

So zielen die Arbeiten von Brosius und Eps (1993) sowie B. Scheufele und Brosius (1999) darauf ab, die bestehenden Ansätze zur Nachrichtenauswahl durch den Framing-Ansatz zu ergänzen. Methodologisch wird an der bisherigen Selektionsforschung kritisiert, dass empirische Studien keine längsschnittliche Ausrichtung vorweisen und damit letztlich keine Aussagen über die Stabilität der Selektionskriterien ermöglichen. Aus theoretischer Sicht unterscheiden die Autoren zwischen Routinephasen, in denen Journalisten zuvor etablierte Selektionskriterien kontinuierlich anwenden und zwischen Orientierungsphasen, in welchen sich Journalisten umorientieren und gegebenenfalls neue Selektionskriterien etablieren. Die Frames von Journalisten besitzen in beiden Phasen einen Erklärungswert, wie im nächsten Abschnitt gezeigt wird.

2.2.3 *Journalistisches Framing vor und nach Schlüsselereignissen*

Die Veränderung und die Stabilität der Selektionskriterien erklären Brosius und Eps (1993), B. Scheufele und Brosius (1999) sowie B. Scheufele (2003) mit dem Framing-Ansatz: In Routinephasen betreffe das Framing zum ersten die Auswahl der Ereignisse (Nachrichtenselektion), da Journalisten über die Ereignisse berichten, die in einen bereits etablierten Frame oder in das ausgebildete Schema passen (B. Scheufele & Brosius, 1999). Zum zweiten lässt sich in diesen Phasen auch die konkrete Darstellung der Ereignisse bzw. die Strukturierung von Nachrichten mit dem Framing-Ansatz beschreiben, denn Journalisten betonen in der Berichterstattung die Aspekte, die ebenfalls in einem bestehenden journalistischen Frame salient sind. Dies verdeutlicht die Werkzeug-Idee des journalistischen Framings (Leonarz, 2006, S. 97): Mit Hilfe von etablierten Frames können Journalisten in kurzer Zeit die Informationen verarbeiten und zusammenführen, ohne sich sehr viel Zeit und Mühe mit einer umfassenden Analyse des Themas zu machen.

In Orientierungsphasen hingegen werden neue Frames für ein Ereignis etabliert oder bereits bestehende modifiziert. Auslöser von Orientierungsphasen und daher die Ursache für die Setzung neuer oder die Änderung bereits bestehender Frames sind Schlüsselereignisse, die die journalistische Wahrnehmung eines Themas nachhaltig verändern. Schlüsselereignisse sind neuartige, unerwartete Ereignisse, die eine Welle von Medienberichterstattung zu einem Thema auslösen (Kepplinger & Habermeier, 1995). Der Effekt eines Schlüsselereignisses auf die Berichterstattung kann in zwei Aspekten erfolgen: Zum einen können Schlüsselereignisse ein neues Thema schaffen oder sie fokussieren zum anderen bei einem bereits bestehenden Thema neue Aspekte (Brosius & Eps, 1993). Dies führt wiederum zur Etablierung von neuen Interpretationsrahmen (Brosius & Eps, 1993). Die Folge von Schlüsselereignissen ist ein gesteigertes Orientierungsbedürfnis sowohl bei den Journalisten als auch bei den Rezipienten. Überdies wird nach dem Ereignis die Informationssuche der Journalisten und Rezipienten dahingehend strukturiert, dass verstärkt ähnliche Ereignisse betrachtet werden.[39] Zusammengefasst bedeutet dies, dass sich die Selektionsentscheidung nicht „an der Realität, sondern

[39] Beim 11. September 2001 handelt es sich um ein derartiges Schlüsselereignis: In kürzester Zeit müssen sich die Journalisten neu orientieren und eine Kontextualisierung des Ereignisses liefern. Sind neue Frames dann einmal etabliert, haben sie einen sehr starken Einfluss auf die nachfolgende Berichterstattung. Beim 11. September war dies die Rahmung des Themas als Kriegserklärung gegen die USA. Wie die Analyse von Entman (2004) zeigt, war diese Deutung in den darauf folgenden Monaten sehr präsent und in keiner Weise in Frage zu stellen.

an den von Journalisten etablierten Hypothesen über die Realität" orientiert (B. Scheufele & Brosius, 1999, S. 426).

Brosius und Eps (1993) konnten anhand einer Inhaltsanalyse der *Süddeutschen Zeitung* und der *Frankfurter Allgemeinen Zeitung* im Zeitraum von August 1990 bis Juli 1993 den Einfluss der Schlüsselereignisse auf journalistische Frames aufzeigen. Untersucht wurde die Berichterstattung über Ausländer und Asylbewerber. Ausgangspunkt war die Überlegung, dass nach vier unterschiedlichen Schlüsselereignissen die Journalisten auf unterschiedliche Bezugsrahmen bzw. Frames zurückgreifen, da durch die Schlüsselereignisse eine Orientierungsphase ausgelöst wird. Die Schlüsselereignisse waren die fremdenfeindlichen Anschläge in Hoyerswerda (17.09.1991), in Rostock-Lichtenhagen (22.08.1992), in Mölln (23.11.1992) und in Solingen (29.05.1993). Als Ergebnis fanden die Autoren einen Effekt auf der Ebene der Nachrichtenstrukturierung: Obwohl laut Kriminalstatistik die Ereignislage relativ konstant blieb, wurden nach den Personenangriffen in Hoyerswerda und Rostock-Lichtenhagen vor allem Personenangriffe und Sachbeschädigungen betont. Währenddessen führten wiederum die Brandanschläge von Mölln und Solingen zu einer Fokussierung von Brandanschlägen in der Berichterstattung. Diese Ergebnisse verdeutlichen, dass auf der Ebene der Strukturierung die Selektionskriterien von Journalisten nicht dauerhaft stabil bleiben, sondern sich aufgrund von Schlüsselereignissen nachhaltig verändern können. Die Erklärung dafür sind journalistische Schemata.

In einer Folgeuntersuchung widmeten sich B. Scheufele und Brosius (1999) nicht nur – wie in der Studie von Brosius und Eps (1993) – der Frage, wie sich Frames nach Schlüsselereignissen ändern, sondern sie rücken die Stabilität von Frames trotz des Auftretens von Schlüsselereignissen in den Mittelpunkt. Es wird argumentiert, dass ein Schlüsselereignis nicht automatisch den Bezugsrahmen bzw. Frame des Journalisten verändern muss. Die Autoren leiten drei zusammenwirkende Faktoren ab, die Aussagen über die Stabilität von Frames ermöglichen:

- der Grad der Inkonsistenz neuer Ereignisse mit vorhanden Bezugsrahmen
- die intersubjektive Bedeutung der Ereignisse
- die Dauer der Anwendung des betreffenden Frames

Ereignisse, „die in zentralen Aspekten einem Frame gleichen" (B. Scheufele & Brosius, 1999, S. 415), werden als erstens frame-konsistent und damit frame-stabilisierend verstanden.[40] Zum zweiten seien wahrscheinlich manche Attribute relevanter als andere und der Einfluss eines konsistenten oder diskrepanten Ereignisses hängt entscheidend von dessen Bedeutung ab. Wichtige Ereignisse haben vermutlich einen größeren Einfluss als unwichtige. Zum dritten sei die Anwendungsdauer eines Frames von Bedeutung: Je länger ein Frame angewandt wird, desto geringer wird die Wahrscheinlichkeit, dass er durch inkonsistente Informationen verändert wird. Zusammengefasst gehen die Autoren davon aus, dass Veränderungen vor allem dann auftreten, wenn eine starke Diskrepanz, eine große Wichtigkeit der diskrepanten Frame-Elemente und eine geringe Anwendungsdauer des zu verändernden Frames vorliegt. Zudem nehmen B. Scheufele und Brosius (1999) an, dass die Dauer der Anwendung und die Stabilität eines Frames in einer linearen positiven Beziehung stehen. Allerdings könnte man dem auch entgegenhalten, dass nach einer sehr langen Anwendung eines Frames der Frame sowohl für Journalisten als auch für die Rezipienten nicht mehr von Interesse ist (bzw. „ausgelutscht" wird) und ein Sättigungseffekt eintritt. Von daher wäre eine nicht-lineare Beziehung ebenso plausibel. Unabhängig von der Art des Zusammenhangs müsste man zumindest die Frage nach Schwellenwerten stellen, die festlegen, was eine geringe, eine mittlere oder hohe Dauer ist.

2.2.4 Zwischenfazit

Journalistische Frames spielen an verschiedenen Punkten im Prozess der Nachrichtenauswahl eine Rolle: Sie bestimmen zum einen, welche Geschehnisse von einem Journalisten als Ereignis begriffen und welche Aspekte dieses Ereignisses ausgewählt werden. Zum anderen determinieren sie, in welchen Kontext das Ereignis eingeordnet wird und wie die Berichterstattung strukturiert wird. Insgesamt lassen sich aber kaum Arbeiten finden, die diese Annahmen dezidiert überprüfen. Damit ist das journalistische Framing sicherlich das am wenigsten untersuchte und erforschte Teilgebiet der Framing-Forschung, so dass unser Zwischenfazit entsprechend kurz ausfällt. Die Ursache dafür lässt sich sicherlich in methodischen Schwierigkeiten ausmachen. Journalistische Frames sind kognitive Konstrukte einzelner Individuen (Journalisten), die sich streng genommen nur durch Befragung, nicht aber durch eine Analyse des Medieninhaltes identifizieren lassen. Selbst B. Scheufele (2003, S. 218) – der ja eben genau letzteres in Angriff nahm – gesteht ein, dass Befragungen von Journalisten in Erwägung zu ziehen seien. Sicherlich ist eine Befragung von Journalisten über journalistische Frames mit

[40] Allerdings räumen Scheufele und Brosius ein, dass Ereignisse wahrscheinlich immer hinsichtlich bestimmter Attribute konsistent und hinsichtlich anderer Attribute diskrepant sind.

forschungspragmatischen Schwierigkeiten verbunden, wie etwa die Erreichbarkeit oder die Auskunftsbereitschaft der Journalisten.

Fassen wir zusammen:

- Journalistische Frames dienen als selektive Strukturierungskriterien von Journalisten, die man auch als Arbeitsroutinen bezeichnen könnte. Die Folge dieser Arbeitsroutinen sind die Medien-Frames, die sich im Text identifizieren lassen.
- Journalistische Frames wurden bisher nur indirekt erfasst, und zwar durch die Analyse der Medienberichterstattung.
- Auf konzeptioneller Ebene muss bis auf eine Ausnahme (B. Scheufele, 2003) der journalistischen Framing-Forschung eine begriffliche Unschärfe attestiert werden. Meist ist allgemein von journalistischen Schemata die Rede, welche als Sammelbegriff für verschiedene Kognitionen von Journalisten herhalten müssen und nicht weiter spezifiziert werden (z.B. Dunwoody, 1992). Aus dieser Definition lässt sich keine exakte empirische Operationalisierung ableiten. Folglich wird in der empirischen Umsetzung nicht wirklich deutlich, welche Elemente eines Beitrages vorhanden sein müssen, um von einem journalistischen Frame zu sprechen (dies wird bei B. Scheufele (2003) allerdings deutlicher herausgearbeitet).

2.3 Frames in Medientexten

Bei einem Großteil der Untersuchungen zum Framing-Ansatz steht die inhaltsanalytische Erfassung von Medien-Frames im Vordergrund. Ein Medien-Frame kann mit Gamson und Modigliani (1987, S. 143) zunächst allgemein als „central organizing idea or story line that provides meaning to an unfolding strip of events“ umschrieben werden. Es handelt sich also um Muster von Problemdefinitionen, Verantwortungszuschreibungen, Bewertungen und Handlungsanweisungen, die sich in journalistischen Texten ausmachen lassen (vgl. Matthes & Kohring, 2004, 2006a; Kohring & Matthes, 2002). Untersuchungen in diesem Terrain der Framing-Forschung beschäftigen sich meist ausschließlich mit der Deskription der Medienberichterstattung (z.B. Harden, 2002; Miller et al., 1998; Semetko & Valkenburg, 2000; Simon & Xenos, 2000), sei es, um Anhaltspunkte zur Produktion, zu journalistischen Arbeitsweisen oder zur Wirkung von Frames abzuleiten. Die Bandbreite der hierbei untersuchten Themen und zum Einsatz kommenden Methoden ist groß.

In einem ersten Schritt wird nachfolgend ein einführender Überblick über die Arten von Medien-Frames gegeben. Aufgrund der vielfältigen Herangehensweisen bietet es sich in einem zweiten Schritt an, die große Fülle an Arbeiten stärker zu strukturieren. Aus unserer Sicht lassen sich vier Zugänge unterscheiden: qualitative Zugänge, manuell-holistische Zugänge, manuell-dimensionsreduzierende Zugänge und computer-basierte Zugänge. Diese Unterscheidung haben wir schon in vorangegangenen Arbeiten vorgenommen (vgl. Matthes & Kohring, 2006a; Matthes, 2007a, 2008). Sie orientiert sich am methodischen Vorgehen, denn dies ist ein Hauptunterscheidungsmerkmal der Studien. Im Grunde geht es um die – wie wir sehen werden entscheidende – Frage, wie die Frames aus dem Material extrahiert werden. Bei qualitativen Zugängen werden die Frames induktiv aus dem Material extrahiert. Es handelt sich meist um wenige Artikel, die jedoch ausführlich interpretiert werden. Manuell-holistische Zugänge kodieren Frames als holistische Kategorien in einer quantitativen Inhaltsanalyse. Ermittelt werden die Frames entweder induktiv oder deduktiv. Bei manuell-dimensionsreduzierenden Verfahren werden keine holistischen Frames, sondern einzelne Variablen oder Frame-Elemente kodiert. Diese werden mit dimensionsreduzierenden Verfahren wie der Clusteranalyse zu Frames zusammengefasst. Schließlich erfolgt beim computer-basierten Zugang eine computergestützte Inhaltsanalyse von Texten. Nach der Diskussion dieser vier methodischen Herangehensweisen werden die Ergebnisse einer systematischen Inhaltsanalyse von Fachzeitschriftenaufsätzen berichtet, in der Medien-Framing-Studien von 1990-2005 untersucht wurden (vgl. Matthes, 2007a, 2008).

Da es sich bei der inhaltsanalytischen Erfassung von Medien-Frames um einen Kernpunkt dieser Arbeit handelt, werden die entsprechenden Studien und Ansätze eingehender als bisher vorgestellt und diskutiert. Unabhängig davon wollen wir den eingangs erwähnten Anspruch auf Vollständigkeit beibehalten und einen Großteil der (zahlreich) veröffentlichten Studien behandeln. Beide Punkte erklären die Ausführlichkeit dieses Kapitels.

2.3.1 Arten von Frames

Die Anzahl der Studien, die inhaltsanalytisch Medien-Frames bestimmen, ist immens: Es gibt thematische und episodische Frames (Iyengar, 1991), einen strategischen Frame (Rhee, 1997), Konflikt-Frame, Personen-Frame, Verantwortungs-Frame, Wirtschafts-Frame (Semetko & Valkenburg, 2000), Umwelt-Frame (Miller et al., 1998), Chaos-Frame (Jamieson & Waldman, 2002) oder Kultur-der-Gewalt-Frame (Callaghan & Schnell, 2001) – um nur einen Bruchteil zu nennen. Auf den ersten Blick ist es sehr schwer, die verschiedenen Definitionen und empirisch identifizierten Frames nach übergeordneten Gesichtspunkten zusammenzufassen. Wenn in jeder empirischen Studie neue Frames identifiziert werden, stellt sich die Frage nach dem Nutzen des Ansatzes. Ohne konzeptuelle Klarheit, „framing would be so diffuse that any stylistic or thematic feature differentiating one text from another could be fairly described as a difference in framing" (Cappella & Jamieson, 1997, S. 39). Matthes (2007a) zählt für 15 internationale Fachzeitschriften im Zeitraum von 1990 bis 2005 insgesamt 131 Studien, die ein Total von 600 verschiedenen Frames operationalisieren. Es leuchtet ein, dass diese Menge an Einzelbefunden selbst ein ganzes Buch füllen würde.

Grundsätzlich lassen sich zwei verschiedene Arten von Frames in der inhaltsanalytischen Literatur identifizieren: formal-stilistische Frames und inhaltsbezogene Frames (vgl. Matthes & Kohring, 2004; ähnlich de Vreese, 2005; Leonarz, 2006; McCombs & Ghanem, 2001; B. Scheufele, 2003). Eine Übersicht ist in Abbildung 2 dargestellt.

Bei formal-stilistischen Frames steht die Struktur bzw. Präsentationsform einer Medienbotschaft im Vordergrund, d.h. es geht darum, wie eine Nachricht aufgebaut ist. Der Inhalt der Medienbotschaft (bzw. um was es eigentlich geht) ist nicht von Interesse. Diese Frames haben ein hohes Abstraktionsniveau und einen hohen Generalisierungsgrad. Die von Iyengar (1991) unterschiedenen thematischen und episodischen Frames fallen in diese Kategorie. Bei thematischen Frames wird ein Thema in einen breiten, abstrakten Kontext gestellt, der Hintergrund eines Phänomens wird aufgerollt und erklärt. Man könnte auch das Schlagwort Hintergrundberichterstattung verwenden. Bei episodischen Frames steht hingegen ein spezifisches illustratives Beispiel im Vordergrund. Der Bericht erfolgt aus der Perspektive eines einzelnen Akteurs, Hintergründe zu einem Problem oder einem Sachverhalt werden nicht diskutiert. Auch die von Cappella und Jamieson (1997) definierten Strategy- und Issue-Frames und der von Semetko und Valkenburg (2000) erfasste Konflikt-Frame (vgl. auch Richards & King, 2000) sowie der Personen-Frame fallen in diese Kategorie: Es erfolgt die Darstellung eines Konfliktes (Konflikt-Frame) oder die Fokussierung auf Personen (Personen-Frame), unabhängig davon, worum es inhaltlich überhaupt geht.

Abbildung 2: Arten von Medien-Frames

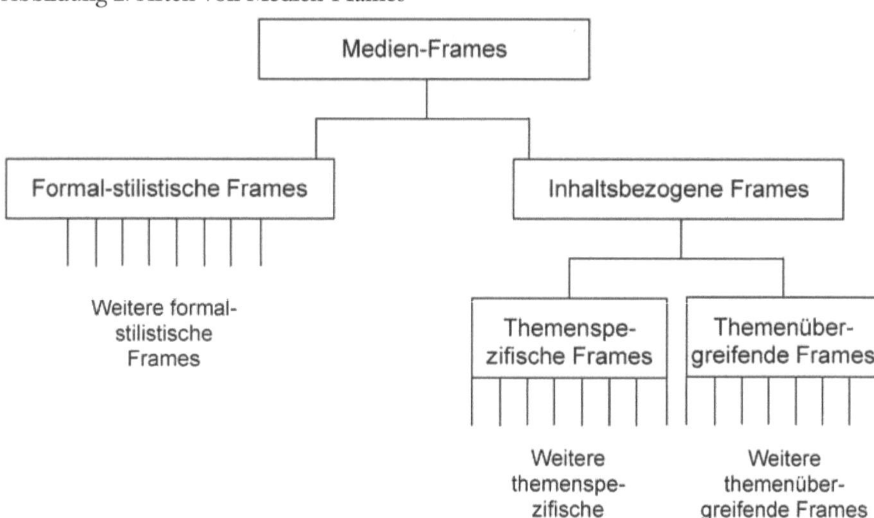

Leonarz (2006) konstatiert zu Recht, dass diese Frames auch als Selektionsmerkmale von Journalisten zu lesen sind. Damit ähneln sie stark den etablierten Ansätzen der Selektionsforschung, wie etwa den Nachrichtenwerten und „laufen Gefahr, Nachrichtenwerte zu bestimmen, sozusagen den Finger auf die Textstellen zu halten, die bereits zur Selektion geführt haben, ohne jedoch weitere Erkenntnisse zu generieren" (Leonarz, 2006, S. 104).

Inhaltsbezogene Frames können je nach Generalisierungsgrad in *themenspezifische* und *themenübergreifende* eingeteilt werden. Bei beiden ist nicht die formal-stilistische Struktur der Medienbotschaft relevant, sondern es werden verschiedene inhaltliche Aspekte eines Themas in den Vordergrund gerückt: Es geht darum, was gesagt wird. Wenn man sich die Metapher des Bilderrahmens vergegenwärtigt, dann sind die inhaltsbezogenen Frames mit dem Inhalt eines Bildes (was abgebildet wird) und die formal-stilistischen Frames mit dem Bilderrahmen (z.B. Größe des Bildes; wie etwas abgebildet wird) vergleichbar.

Inhaltsbezogene Frames lassen sich zusätzlich danach beschreiben, ob sie eine wertende Komponente aufweisen oder nicht (Leonarz, 2006, S. 107). Prinzipiell gehen eine Reihe von Autoren davon aus, dass Bewertungen mit zum Frame gehören (z.B. de Vreese & Boomgaarden, 2003; Kohring & Matthes, 2002; Shah et al., 2002). Dies wird auch an der weiten Verwendung von Entmans Definition deutlich, welche ja die wertende Dimension explizit umfasst. Andere Autoren gehen von einem rein schematheoretischen Ansatz aus (z.B. B. Scheufele, 2003) und plädieren dafür, Kognitionen und Einstellungen (d.h. Wertungen) voneinander zu trennen. Wir werden uns diesem Punkt erneut in Kapitel 3.3 zuwenden.

Themenspezifische Frames treffen nur auf ein Thema zu; themenübergreifende Frames – wie es der Name schon sagt – sind auf mehrere Themen anwendbar. Ein Beispiel für eine themenspezifische Studie ist Tuckers (1998) Analyse der Calvin-Klein-Jeans-Kampagne, die den so genannten „kiddie-porn media frame" herausstellt. Andere Beispiele sind Reese und Buckalews (1995) Untersuchung über die Fernsehberichterstattung des Golf-Krieges, Shah et al.'s (2002) computer-basierte Analyse der Monica Lewinsky Debatte oder die Frames von Kohring und Matthes (2002) zum Thema Biotechnologie. Die Aufzählung ließe sich problemlos weiter fortführen. Nach Leonarz (2006, S. 105) korreliert die Anzahl der Frames, die bestimmt werden, mit der Themenspezifität: Je mehr Frames, desto spezifischer sind sie.

Bei themenübergreifenden Frames wird eine Medienbotschaft immer unter einem gewissen *thematischen* Leitaspekt behandelt, der aber auf verschiedene Themen zutreffen kann. Beispielswiese können verschiedene Themen unter ethischen oder wirtschaftlichen Gesichtspunkten behandelt werden. Semetko und Valkenburg (2000) bestimmen zum Thema EU-Politik insgesamt fünf themenübergreifende Frames: Wirtschaft, Moral, Konflikt, Human Interest und Verantwortung. Diese Frames wurden in mehreren Studien aufgegriffen, so bei de Vreese und Boomgaarden (2003), de Vreese, Peter und Semetko (2001), d'Haenens & Verelst (2002); Dimitrova, Kaid, Williams und Trammell, (2005), Gan, Teo und Detenber (2005), Igartua, Cheng und Muñiz (2005), Luther und Miller (2005), um nur einige zu nennen. Just, Crigler und Neuman (1996) nennen die themenübergreifenden Frames „Human Impact", Wirtschaft, „us-them" und Kontrolle.

Eine Systematisierung der bisherigen inhaltsanalytischen (und wirkungsorientierten) Framing-Forschung legt Dahinden (2006) vor. In seiner so genannten propositionalen Meta-Analyse werden inhaltsanalytische Studien ausgewählt und einzeln vorgestellt. Dahinden (2006) geht dabei von der Einteilung der Meta-Forschung aus, die Bonfadelli und Meier (1984) vorgelegt haben: Während eine traditionelle Literaturanalyse die Studien nicht nach explizit festgelegten Kriterien identifiziere und damit der subjektiven Präferenz des Autors entspringe, handele es sich bei der propositionalen Meta-Analyse um ein Verfahren, bei dem „Studien nach systematischen Kriterien ausgewählt werden und die Ergebnisse auf der Ebene von Propositionen [...] miteinander verglichen und integriert werden" (Dahinden, 2006, S. 23).[41] Als systematische Kriterien nennt Dahinden für seine Analyse a) einen expliziten Bezug zur öffentlichen Kommunikation und b) müssen mehr als zwei Frames vorgestellt werden, da man Studien mit einem Frame oder mit zwei Frames als Varianten des Bias-Ansatzes auffassen könne. Als Suchstrategie wendet der Autor ein Schneeballverfahren an und ergänzt dieses durch eine „systematische Literatursuche in wissenschaftlichen Fachzeitschriften" (S. 106), die mit Hilfe der Datenbanken Ingenta und JSTOR vorgenommen wurde. Auf diese Art und Weise identifiziert Dahinden 18 inhaltsanalytische Studien, darunter Zeitschriftenaufsätze, Buchkapitel, aber auch eine Magisterarbeit und ein unveröffentlichtes Vortragspaper. Resultat seiner propositionalen Meta-Analyse ist die Identifizierung von fünf Basis-Frames, „die in unterschiedlichen Varianten in allen untersuchten Studien immer wieder auftreten" (S. 107). Die Basis-Frames sind in Tabelle 1 dargestellt.

Tabelle 1: Die fünf Basis-Frames nach Dahinden (2006, S. 108)

Frame	Kurzbeschreibung
Konflikt	Interessenskonflikt zwischen zwei oder mehreren sozialen Gruppen; Machtfragen spielen eine zentrale Rolle
Wirtschaftlichkeit	Wirtschaftliche Kriterien wie Effizienz und Effektivität stehen im Vordergrund
Fortschritt	Wissenschaftlich-technischer Fortschritt
Moral, Ethik, Recht	Moralische, ethische und rechtliche Aspekte eines Themas werden fokussiert
Personalisierung	Personalisierte Perspektive aus Sicht der Betroffenen

Offenbar handelt es sich bei den Basis-Frames um themenübergreifende Frames im Sinne von Semetko und Valkenburg (2000). Die Systematisierung von Dahinden (2006) ist sehr aufschlussreich und verdienstvoll. Dahinden erklärt ausführlich, wie sich die Frames einzelner Studien ähneln und im Prinzip auf ähnliche Überkategorien zurückgeführt werden können. Damit zeigt der Autor Parallelen zwischen Studien auf, die sich

[41] Nach Dahinden befinde sich die Meta-Analyse „als neue Methode noch in einem Entwicklungsprozess" (S. 23). In der Tat lassen sich in der Kommunikationswissenschaft bedauerlicherweise kaum Meta-Analysen antreffen, obwohl sie in anderen Disziplinen sehr versiert betrieben werden. Die Datenbank „Psychinfo" gibt beim Suchwort „meta analysis" im Aufsatztitel 2960 (!) Treffer. Dies zeigt den Stellenwert des Verfahrens. Die Meta-Analyse als quantitative Auswertungstechnik wird schon seit Beginn der 80er Jahre eingesetzt (vgl. anstatt der zahlreichen Bücher zu dem Thema den einführenden Aufsatz von Becker, 2000).

bei der Betrachtung der einzelnen Frame-Bezeichnungen sicherlich nicht erkennen ließen. Die Ableitung der fünf Basis-Frames ist aber zu diskutieren:

- Die fünf Frames werden gemäß Dahinden (2006) durch eine systematische Analyse der Literatur extrahiert. Jedoch bleiben einige Studien unberücksichtigt. Matthes (2007a) identifiziert 131 Frame-Inhaltsanalysen für den Zeitraum von 1990-2005 in 15 internationalen kommunikationswissenschaftlichen Fachzeitschriften und betont, dass selbst dies nur eine Auswahl der Grundgesamtheit der veröffentlichten Frame-Inhaltsanalysen ist. Wenn man zu diesen 131 Studien noch Buchkapitel, Bücher und andere Fachzeitschriften (z.B. nationale amerikanische) zählen würde, so ließe sich die Gesamtanzahl von inhaltsanalytischen Studien sicherlich auf 250 schätzen.[42] Die von Dahinden ausgewählten 18 Studien sind davon allerdings nur ein geringer Teil. Damit bleibt die Generalisierung der Basis-Frames auf die Grundgesamtheit zumindest unklar.

- Dahinden setzt als zweites Kriterium, dass mehr als zwei Frames identifiziert werden müssen, da sich Studien, in denen nur ein oder zwei Frames gefunden werden, sich dem Bias-Ansatz zuordnen ließen. Jedoch werden dann dennoch Studien einbezogen, die exakt einen Frame oder zwei Frames aufweisen.

Insgesamt haben die Arbeiten, die themenübergreifende Frames herausstellen, eine starke Beachtung erfahren. Dies liegt sicherlich auch daran, dass man sich bei der Ableitung von Frames auf bereits gesetzte und etablierte Kategorien verlassen kann, ohne die Frames mühsam selbst ausführlich herzuleiten. Überdies wird eine Vergleichbarkeit von verschiedenen Studien ermöglicht, wie die Arbeit von Dahinden (2006) aufzeigt. Die Idee hinter themenübergreifenden Studien ist ja, dass mit themenunabhängigen Frames verschiedenste mediale Diskurse analysiert werden können.

Themenübergreifende Frames beschreiben ein Thema auf einer recht allgemeinen Ebene, was aber zugleich auch auf ein Problem dieses Vorgehens hinweist: Betrachtet man die fünf Frames von Semetko und Valkenburg (2000) sowie die Basis-Frames von Dahinden (2006) unter dem Aspekt der Inhaltsvalidität, so gilt es zu fragen, was der Unterschied des Frames Wirtschaft zu dem Thema Wirtschaft ist? Möglicherweise unterscheidet sich dieser Frame in seinem Abstraktionsniveau von den anderen vier Frames: Dass bei verschiedensten Themen Konflikte thematisiert werden oder dass nach Verantwortlichen gesucht werden kann, erscheint durchaus plausibel. Allerdings

[42] Würde man Vortragspaper einbeziehen, wären es sicherlich noch deutlich mehr Studien.

kann nicht jedes Thema unter ökonomischen Aspekten betrachtet werden (z.B. die Lewinsky Affaire oder sexueller Missbrauch). Damit scheinen die themenübergreifenden Frames nicht auf der gleichen Abstraktionsebene angesiedelt zu sein – ein Punkt, der in der bisherigen Literatur erstaunlicherweise noch nicht herausgestellt wurde. Die Frames Konflikt und Personalisierung sind doch eher formal-stilistische Frames, da sie vollends unabhängig von thematischen Aspekten sind.[43] Wirtschaft und Moral jedoch tangieren inhaltliche Aspekte und sind damit auch nicht auf jedes Thema anwendbar. Zudem zeigt Leonarz (2006, S. 105) auf, dass die themenübergreifenden Frames als Sammelbecken für ganz verschiedene Inhalte dienen können, so dass ein „Moral"-Frame in zwei Studien etwas ganz Unterschiedliches umfassen könnte.

Auch ein weiterer Punkt drängt sich auf: Themenübergreifende Frames lassen sich nicht nur über verschiedene Themen hinweg finden, sondern sich auch überlappend themenspezifischen Frames zuordnen. Mit anderen Worten, die themenübergreifenden Frames sind möglicherweise gar nicht trennscharf, wie dies die Analysen von Semetko und Valkenburg (2000) implizieren.[44] Ein themenspezifischer Frame kann, so die These, mehrere themenübergreifende Aspekte beinhalten. So ist es durchaus denkbar, dass Fortschritt und Wirtschaftlichkeit zusammen in einem Artikel auftreten, genauso wie Personalisierung und Konflikt. Kurz: die Analyseeinheit bleibt unklar. Generell wird die Wahl der Analyseeinheit in der bisherigen Forschung kaum thematisiert. Mal wird nur ein Frame pro Artikel ausgemacht (z.B. Husselbee & Elliot, 2002; Peng, 2004), mal werden Frames auf propositionaler Ebene analysiert (z.B. Devitt, 2002; Esser, Schwabe & Wilke, 2005; Pan & Kosicki, 1993; B. Scheufele, 2003; Yioutas & Segvic, 2003) und damit mehrere Frames pro Artikel zugelassen. Mal werden Frames sehr eng und themenspezifisch definiert, mal abstrakt und themenübergreifend. Diese Unterschiede sind aber keineswegs auf das analysierte Thema zurückzuführen, sondern hängen möglicherweise mit der gewählten Methode zusammen. Die Methoden zur Erfassung von Medien-Frames werden im nächsten Abschnitt diskutiert. Dabei werden wie bereits erwähnt vier Zugänge differenziert: *qualitative Zugänge*, *manuell-holistische Zugänge*, *computerbasierte Zugänge* und *manuell-dimensionsreduzierende* Zugänge (vgl. Matthes & Kohring, 2004, 2006a; Matthes, 2007a, 2008).

[43] Generell können Konflikt und Personalisierung auch als Nachrichtenwerte (vgl. Eilders & Wirth, 1999) gesehen werden, was zu weiterer begrifflicher Unschärfe führt.

[44] Dies liegt im methodischen Vorgehen von Semetko und Valkenburg (2000) begründet, wie in Kapitel 2.3.4 aufgezeigt wird.

2.3.2 *Qualitative Zugänge*

Unter den qualitativen Studien lassen sich zwei leicht unterschiedliche Herangehensweisen ausmachen: die *qualitativ-interpretativen Studien* und die *qualitativ-textwissenschaftlichen Studien*.[45] Bei ersteren handelt es sich um interpretative Analysen von Medientexten (Boni, 2002; Chen, 2005; Coleman & Dysart, 2005; Downs, 2002; Fürsich, 2002; Hall, 2000; Haller & Ralph, 2001; Hanson, 1995; Kensicki, 2001; Kim, 2003; Marchi, 2005; Mendelsohn, 1993; Parmelee, 2002; Parsons & Xiaoge, 2001; Reese & Buckalew, 1995; Solomon, 1992; Tucker, 1998; Watkins, 2001; Worthington, 2001; Zelizer, Park & Gudelunas, 2002). Diese Studien sind im qualitativen Paradigma verortet und untersuchen meist nur eine geringe Anzahl von Artikeln. Die Frames werden ausführlich und detailliert, häufig mit zahlreichen Textbeispielen beschrieben. Eine Quantifizierung der Ergebnisse findet nicht statt. So arbeiten Reese und Buckalew (1995) in einer umfassenden Analyse die Fernsehberichterstattung zum Golf-Krieg auf und extrahieren drei Frames, die ausführlich beschrieben werden. Ein anderes Beispiel ist Halls (2000) qualitative Inhaltsanalyse von amerikanischen und kanadischen Zeitungsartikeln über das Allgemeine Zoll und Handelsabkommen (GATT, General Agreement on Tariffs and Trade). Hall berichtet die Frames „that were most visible“ (S. 236) in der Medienberichterstattung: „economic frame“, „arts frame“, „political frame“ und „ideological frame“.

Obwohl diese Studien die Frames sehr ausführlich beschreiben, dokumentieren sowie interpretieren, wird der Leser nicht immer davon in Kenntnis gesetzt, wie die Frames aus dem Material extrahiert wurden. Beispielsweise führt Hanson (1995) an, der extrahierte “anticolonial-Frame” “emerged from the analysis” (S. 384). Ähnliche vage Umschreibungen des Identifizierungsprozesses lassen sich auch in anderen qualitativ-interpretativen Studien finden: Kensicki (2001) spricht von “careful scrutinization” (S. 153), Haller und Ralph (2001) konstatieren schlicht, “news frames were found” (S. 41), Martin (2003) ähnlich „I found five central frames“ (S. 194), Jamieson und Waldman (2002) konstatieren „two possible frames were available“ (S. 114), Kruse (2001) schreibt „The frames used here are those I have identified in various articles and news items“ (S. 72), Coleman und Dysart (2005) versichern dem Leser zumindest, “a deep reading [...] informed the authors of the emergent frames” (S. 13) und Zellizer et al. (2002) geben an, „three alternative interpretative frames appeared“ (S. 291; ähnlich Kalwinsky, 1998). In den Studien von Boni (2002), Parmelee (2002), Medelsohn (1993) oder Solomon (1992) bleibt sogar vollends im Dunkeln, wie die postulierten Frames eigentlich ent-

[45] Dies ist eine heuristische Einteilung, die aus pragmatischen Gründen vom Autor vorgenommen wurde.

deckt wurden. Auch Gitlin (1980) bringt sein Vorgehen sprachlich gewandt auf den Punkt:

> I wanted to „tease out" those determining but hidden assumptions which in their unique ordering remain opaque to quantitative content analysis. (S. 303)

Simon (2001) stellt zu Recht fest, dass ein derartiges Vorgehen die Frage nach Selektionsverzerrungen und der Forscherunabhängigkeit aufwirft. Ähnlich argumentiert auch Tankard (2001): "[T]here is a danger in this kind of lone-scholar analysis that the identification of a set of possible frames can be done arbitrarily" (S. 98). Damit ist zumindest vom Leser nur schwer zu beurteilen, ob Forscher-Frames oder Medien-Frames identifiziert werden (Matthes & Kohring, 2004, 2006a; Matthes, 2007a, 2008). Möglicherweise werden Frames „gefunden", die von den Forschern bewusst oder unbewusst im Material vermutet oder gar gesucht wurden (Tankard, 2001, S. 98).

Einige Forscher weisen selbst auf diesen Bestand hin und ziehen die Subjektivität der Forschung ganz bewusst mit in den Forschungsprozess ein. Reese (2001) spricht sogar von einer qualitativen Wende der Frame-Analyse, „which helps to resist the reductionistic urge to sort media texts and discourse into containers and count their size and frequency" (S. 8). Ähnlich fordern auch Hertog und McLeod (2001, S. 153) aus qualitativer Sicht, dass der Forscher direkt mit dem Text interagieren müsse und dass die gleichen Daten immer verschiedene Interpretationen zuließen (vgl. auch Mendelsohn, 1993). Ganz in diesem Sinne gibt Downs (2002) in seiner hermeneutischen Diskursanalyse klar die Subjektivität der Frame-Analyse zu: "Researchers bear the burden of supporting personally observed claims, and support is more experiential and contextually contingent than empirical" (S 47). Gleichermaßen charakterisieren Reese und Buckalew (1995) ihre Studie als "largely interpretive, with the emphasis on linking coverage to media practices and larger cultural patterns, rather than on generalizing to other stations and media" (S. 42). Dass manche Studien nicht auf eine Generalisierung der Ergebnisse abzielen können bzw. auch gar nicht wollen, wird damit deutlich. Jedoch muss auch in qualitativen Studien eine prinzipielle Nachvollziehbarkeit des empirischen Vorgehens gewährleistet sein.[46] Downs (2002) formuliert dies so: "[C]areful description may be the only way to convince readers of a frame's existence and validity" (S. 48). Ob das aus kommunikationswissenschaftlicher Perspektive zufriedenstellend ist, soll hier nicht beurteilt werden. Auch die generelle Debatte zwischen qualitativer und quantitativer

---

[46] Dies wird in der qualitativen Methodenliteratur ausführlich diskutiert. Beispielsweise fordert Constas (1992), die Ableitungen von Kategorien in der qualitativen Forschung stärker offen zu legen. Dies würde die Glaubwürdigkeit der Forschung erhöhen: „It is my contention that the provision of detailed descriptions of how categories are developed will help dissipate the notion of qualitative research being half science and half chimera" (S. 255).

Forschung – auf die eine Bewertung ja hinauslaufen würde – kann und soll hier nicht aufgerollt werden (vgl. dazu Matthes, in Druck). Dass zumindest das Augenmerk auf die möglichen methodischen Probleme dieses Vorgehens gelegt werden sollte, um mit Downs (2002) den Leser von der Gültigkeit der Frames zu überzeugen, kann an dieser Stelle aber festgehalten werden (vgl. für eine weitaus kritischere Einschätzung der qualitativen Studien siehe Tankard, 2001, S. 98).[47]

Im Unterschied zu den qualitativ-interpretativen Studien, die auf eine ganzheitliche Deutung der Frames zielen, wird in textwissenschaftlichen Untersuchungen in erster Linie auf die exakte Auswahl, Platzierung und Strukturierung von Wörtern und Sätzen geachtet (vgl. Entman, 1991; Esser & D'Angelo, 2003; Liebler & Bendix, 1996; Pan & Kosicki, 1993). Diese Studien nehmen eine stark sprachwissenschaftliche Perspektive ein. Zumeist erfolgt eine unstandardisierte Generierung von Frames an wenigen Texten (Entman, 1991; Pan & Kosicki, 1993; Tucker, 1998). Auch diese Arbeiten gehen davon aus, dass quantitative Operationalisierungen die Bedeutung von Frames nicht vollständig erfassen können: „[O]ne must capture the meanings embedded in the internal relations within texts, which collapsing into reductive measures would obscure“ (Reese, 2001, S. 8).

Den elaboriertesten textwissenschaftlichen Framing-Ansatz legen Pan und Kosicki (1993) vor. Von einem diskursanalytischen Modell ausgehend (vgl. van Dijk & Kintsch, 1983) unterscheiden die Autoren vier Organisationsstrukturen von Nachrichtentexten: syntaktische, thematische, rhetorische Strukturen und Skripts. Diese so genannten „framing devices“ aktivieren gewissermaßen den Frame eines Beitrages und machen den Frame dadurch greifbar. Syntaktische Strukturen beziehen sich auf makrosyntaktische Eigenschaften eines Textes wie Überschrift, lead, episode, Hintergrund und Schluss. Die thematische Struktur bezieht sich wiederum auf eine Behauptung oder Hypothese zu einem Problem. Skripts sind Erzählstrukturen eines Beitrages (Anfang, Konflikt, Lösung, Schluss). Schließlich sind mit den rhetorischen Strukturen stilistische Variationen des Autors gemeint. In diese Kategorie fallen auch die fünf von Gamson und Modigliani (1989) aufgeführten Framing-devices: Metaphern, Beispiele, Schlüsselsätze, Schilderungen und Bilder. Diese Dimensionen, so Pan und Kosicki (1993, S. 5),

---

[47] Auch Scheufele (2003) zeigt in einer qualitativen Frame-Analyse, dass ein qualitatives Vorgehen durchdacht und systematisch erfolgen kann: „Die qualitative Inhaltsanalyse zeichnet sich durch Systematik, Regeln, Intersubjektivität und Analyseeinheiten aus“ (S. 120). Generell leuchtet H. Esser's (1987) Position ein, dass es „bei der Frage nach qualitativen und quantitativen Methoden nur vordergründig um eine Frage nach einer 'Alternative' gehen [kann], da 'Vertrautheit' mit dem Gegenstand, 'Gültigkeit' und 'Relevanz' einerseits, aber auch Systematik, Reproduzierbarkeit von Ergebnissen und Verallgemeinerbarkeit andererseits Voraussetzungen für jede Sozialforschung sind“ (S. 88).

können sowohl von Journalisten erkannt und manipuliert als auch von Rezipienten wahrgenommen werden: „In essence, they are tools for newsmakers to use in composing and constructing news discourse as well as psychological stimuli for audiences to process“ (ebd.).

Ein Frame ist bei Pan und Kosicki (1993) „the central idea collating the threads to form a coherent whole“ (S. 63). Der Frame wird erst durch das Verstehen und Interpretieren der "signifying elements" (ebd.) erkennbar. Hierfür kann jede bedeutungsvolle Proposition kodiert werden. Resultat einer Frame-Analyse ist eine Datenmatrix (für jeden einzelnen Artikel!), die für jede einzelne Proposition die verschiedenen Elemente aufzeigt. Ein Vorteil dieser Herangehensweise ist sicherlich, dass Nachrichtentexte systematisch empirisch analysiert bzw. zergliedert werden können. Der inhaltsanalytische Aufwand für derartige Textanalysen ist allerdings entsprechend hoch anzusiedeln. So illustrieren die Autoren die vorgeschlagene Methode auch nur an *einem einzigen* Beitrag. Beispielsweise wird die Proposition „militant antiabortion activists capped their protests rallied on sunday“ folgendermaßen codiert: Die syntaktische Struktur lässt sich als „lead paragraph“ beschreiben, als Skript wird „Akteur“, „Handlung“ und „Zeitangabe“ kodiert, thematisch wird diese Proposition als Konflikt und Konfrontation interpretiert und unter rhetorischen Gesichtspunkten werden die Akteure als militant bezeichnet. In einer anderen textwissenschaftlichen Frame-Studie analysieren Esser und D'Angelo (2003) 698 Propositionen in ihrer Inhaltsanalyse von 116 Beiträgen zur Meta-Berichterstattung.

Vorteil des textwissenschaftlichen Zugangs ist sicherlich die Ausführlichkeit und Detailliertheit, mit der das Material untersucht wird. Allerdings sind auch einige Einschränkungen zu nennen: Zunächst ist nach bisherigem Kenntnisstand nicht klar, ob die von Pan und Kosicki (1993) postulierten „framing devices“ tatsächlich – wie behauptet – für Journalisten und Rezipienten zugleich wahrnehmungsrelevant sind. Reese (2001, S. 16) und Harden (2002, S. 75) merken außerdem an, dass letztlich bei der textwissenschaftlichen Analyse von Pan und Kosicki (1993) offen bleibt, wie und aus welchen Elementen sich nun der Frame letzten Endes zusammensetzt:

> Certainly, media texts represent the most readily available evidence of frames, and creating an inventory of verbal and visual features can be useful. We still need, however, to figure out how these features are woven together to signify a frame. (Reese, 2001, S. 16)

Harden (2002, S. 76) wirft die Frage auf, ob es wirklich sinnvoll ist, mit dem entwickelten Instrumentarium jede einzelne Proposition zu untersuchen. Nicht zuletzt schränkt die Analyse von nur wenigen Texten die Brauchbarkeit für die kommunikationswissenschaftliche Forschung erheblich ein (ebd.: 76; ähnlich: Simon, 2001, S. 80-81).

2.3.3 *Manuell-holistische Zugänge*

Kern von manuell-holistischen Zugängen ist – wie der Name schon nahe legt – das manuelle Kodieren von holistischen Kategorien (Frames). Mit anderen Worten, Frames werden als Variablen nach ihrem Vorhandensein in einem Text kodiert. Dabei sind induktive und deduktive Zugänge zu unterscheiden.

Bei deduktiven Zugängen wird das Auftreten von a priori definierten Frames kodiert. Die von Iyengar (1991, vgl. auch Iyengar & Simon, 1993) definierten thematischen und episodischen Frames fallen in diese Kategorie. Beispielsweise wird bei Pfau et al. (2004) sowie Pfau et al. (2005) die Berichterstattung über eingebettete Journalisten im Irak-Krieg danach kodiert, ob sie episodisch ist oder nicht. Auch bei Haigh et al. (2006), Kerbel, Apee und Ross (2000), Park (2002) sowie McDonald und Lawrence (2004) wurde dieses Vorgehen gewählt.[48] Lawrence (2000) kodiert das Vorhandensein zweier von Cappella und Jamieson (1997) abgeleiteter Frames über das Thema Reform der Sozialsysteme. Ein Issue-Frame wird kodiert, wenn Lösungen oder Probleme oder die Positionen der einzelnen Politiker oder Folgen und Möglichkeiten der Gesetzgebung angesprochen werden. Ein so genannter „Game-Frame“ wird hingegen kodiert, wenn über das Gewinnen oder Verlieren von Debatten berichtet wird oder über die Strategien der Politiker, um im „politischen Spiel“ zu gewinnen. Zudem wurde eine Mischkategorie zugelassen. Die Kodierer wurden angehalten, den dominanten Frame eines Artikels zu kodieren. Ähnlich kodiert Devitt (2002) einen „Personal-Frame“ und einen „Issue-Frame“. Allerdings ist in dieser Studie die Analyseeinheit die Proposition und nicht der Artikel. Peng (2004) wählt ein ähnliches Vorgehen: Bei der Berichterstattung amerikanischer Medien über China und Korea wird ein „Political-Frame“ kodiert, wenn die Länder in einem politischen Kontext dargestellt werden, beispielsweise wenn China als kommunistisches Regime ohne Demokratie beschrieben wird. Bei anderen Artikeln wird hingegen ein „Wirtschafts-Frame“ kodiert, d.h., es konnte nur ein Frame pro Artikel kodiert werden. Chyi und McCombs (2004) kodieren in ihrer Studie über den Amoklauf eines Schülers in Columbine einen „Societal-Frame“, „if the story focuses on concerns, events, or discussions with nation-wide interests“ (S. 27). Auch hier wird jedem Artikel ein Frame zugeordnet.

Bei induktiv manuell-holistischen Arbeiten werden die Frames zumeist in einem ersten Schritt vom Forscher selbst an einer Auswahl des Untersuchungsmaterials – interpretativ – generiert und anschließend quantifiziert. Zu nennen sind hier unter anderem die

[48] Interessant ist in diesem Zusammenhang auch die Studie von Trasciatti (2003), in der die Iyengar-Frames qualitativ erfasst werden.

Studien von Akhavan-Majid und Ramaprasad (1998); Görke, Kohring und Ruhrmann (2000), Husselbee und Elliot (2002), Eilders und Lüter (2000), Meyer (1995), Nisbet , Brossard und Kroepsch (2003), O'Mahony und Schäfer (2005), Simon und Xenos (2000), Segvic (2005) oder Terkildsen, Schnell und Ling (1998).[49]

Eine der theoretisch versiertesten Arbeiten dieser Richtung stammt von Simon und Xenos (2000). Simon und Xenos beschäftigen sich mit der Medienberichterstattung über den Streik von Mitarbeitern der Firma UPS im Jahr 1997 in den USA. Ausgangspunkt der Autoren ist die Arbeit von Nelson, Oxley und Clawson (1997), die Framing definieren als „process by which a source defines the essential problem underlying a particular social or political issue and outlines a set of considerations purportedly relevant to the issue" (S. 222). Überdies verknüpfen sie das Frame-Konzept mit Überlegungen zur öffentlichen Deliberation.[50] An diesem Prozess nehmen nicht nur politische Akteure und die Medien teil, sondern auch die Rezipienten von Medienbotschaften. Alle drei Gruppen bilden Frames aus und kommunizieren diese. Hierbei setzen sich einige Frames durch und werden wiederum durch andere Frames abgelöst. Konsequenterweise betonen Simon und Xenos (2000, S. 367) die Notwendigkeit, die Interaktion und das Zusammenspiel von miteinander im Wettbewerb stehenden Frames im Zeitverlauf zu untersuchen. Die Autoren gehen von der Annahme aus, dass jeder Frame bzw. jedes Argumentationsmuster zu einem bestimmten Zeitpunkt eine maximale Prominenz in den Medien erreicht. Nach dieser „Spitze" taucht der Frame seltener auf und wird von anderen Frames abgelöst: „We argue that such a pattern suggests that claims are raised, evaluated and resolved in a manner consistent with deliberation" (S. 370). Untersucht wurde die Berichterstattung über den Streik in der *New York Times*, der *Los Angeles Times* und in der *Washington Post* im Zeitraum vom 03.08.-18.08.1997. Zunächst wurden an einem Teil der Stichprobe sechs Frames generiert und anschließend am gesamten Textmaterial kodiert. Um den Zeitverlauf zu illustrieren, wurden die 15 Tage in sieben Zwei-Tages-Perioden eingeteilt (Tag eins wurde ausgelassen).

---

[49] In einigen Studien ist zumindest davon auszugehen, dass so verfahren wurde, weil sich keine näheren Erläuterungen finden lassen, wie die Frames bestimmt wurden (z.B. Bardhan, 2001; Huang & Leung, 2005).

[50] „Public deliberation": Darunter kann der Prozess des kollektiven Aushandelns von Bedeutung über öffentliche politische Themen verstanden werden (Pan & Kosicki, 2001, S. 36).

Tabelle 2: Frames mit Kurzbeschreibung von Simon und Xenos (2000)

Frame	Kurzbeschreibung
Disruption Frame	Der Streik ist eine Katastrophe, der die Wirtschaft und das tägliche Leben der Amerikaner stört.
Bargai-ning/demands	Die Kontroverse wird dargelegt: soll Halbzeit oder Vollzeit gearbeitet werden bzw. der Pensionsplan wird diskutiert.
Part Time A	UPS beutet mit Teilzeitarbeit seine Angestellten aus, welche dadurch finanzielle Probleme haben.
Part Time B	Management weist auf die Notwendigkeit von Teilzeit hin und darauf, dass viele Arbeiter freiwillig Teilzeit arbeiten wollen
Ulterior motives	Die schlechten Motive der Arbeiter werden aufgezeigt
Historic Turning Point	Möglichkeit der Arbeiter, den Rückgang der "Labor-Bewegung" zu stoppen

Tabelle 2 zeigt die generierten Frames. Das Vorgehen bei manuell-holistischen Studien ist nicht ohne Kritik geblieben (Kohring & Matthes, 2002; Matthes & Kohring, 2004, 2006a; Matthes, 2007a, 2008). Ein Frame ist eine verhältnismäßig abstrakte Variable, die sich folglich nicht so reliabel kodieren lässt wie weniger abstrakte bzw. wie manifeste Variablen. Oftmals ist nicht klar, welche Elemente denn vorhanden sein müssen, damit man von einem Frame sprechen kann. Dieses Problem wird auch von einem der Väter der Framing-Forschung, William Gamson (1989), gesehen: "We know from years of content analysis that it is difficult, if not impossible, to get adequate reliability with such a genotypic category as a frame" (S. 15). Von daher ist zumindest die Frage nach der Reliabilität derartiger Frame-Kodierungen zu stellen.

Bei induktiven manuell-holistischen Studien kommt ein weiteres Problem hinzu: Die Güte dieser Untersuchungen steht und fällt mit dem gewählten methodischen Vorgehen bei der induktiven Frame-Bildung sowie mit der Transparenz der Darstellung. Ein möglicher Nachteil ist die oftmals nicht explizierte und damit nicht nachvollziehbare Identifizierung der Frames (vgl. etwa Simon & Xenos, 2000; Tucker, 1998). Diese „Lücke" spiegelt sich auch in den Beschreibungen wider, wie die Frames gewonnen wurden: "I identify three master frames" (Meyer, 1995, S. 178) oder „The qualitative assessment of framing was based on careful reading" (Akhavan-Majid & Ramaprasad,

1998, S. 144). Wenn – wie in vielen Studien dieser Kategorie – nicht klar ist, wie und an Hand welcher Kriterien die Frames identifiziert werden, fällt die Generierung der Frames in eine methodologische „Black Box".[51] Kurzum: Es besteht die Gefahr, dass „Forscher-Frames" und nicht Medien-Frames erfasst werden. In der inhaltsanalytischen Literatur wird dieses Problem zwar mit Bezug auf die Kategorienbildung aufgegriffen, und es werden konstruktive Lösungsvorschläge unterbreitet (vgl. Bilandzic, Koschel & B. Scheufele, 2001; Früh, 2001. S. 144ff). Die Framing-Forschung aber ist auf diesem Auge bisher eher als blind zu bezeichnen. Ein weiterer Nachteil der induktiven manuell-holistischen Methode ist, dass dieses Verfahren die Erfassung von zeitlich neuen oder kulturell andersartigen Frames erschwert (Kohring & Matthes, 2002). Wenn der Forscher oder Kodierer die *kompletten* Frames eigenhändig in einer qualitativen Vorstudie generieren, ist letztlich nicht auszuschließen, dass spezifische Erwartungen entwickelt werden, die die Einordnung und Kategorisierung von neuen Informationen steuern. Wirth (2001, S. 163) spricht in diesem Zusammenhang von Kodiererschemata. Dies führt dazu, dass in Längsschnittanalysen nur noch die relative Zunahme oder Abnahme bereits beobachteter Frames festgestellt und eine Analyse von Frame-Veränderungen sowie die Identifikation neuer Frames erheblich erschwert wird (Kohring & Matthes, 2002).

Bei deduktiven manuell-holistischen Studien besteht das Problem der objektiven und reliablen Identifizierung von Frames höchstens indirekt. Ähnlich wie bei Meta-Analysen hängt das Ergebnis von den in die Literatursicht eingehenden Studien ab – denn die Literaturschau bestimmt ja zumeist die deduktiv abgeleiteten Frames. Von daher ist es relevant, wie jene Frames identifiziert wurden, auf die sich in einer deduktiven Studie bezogen wird. Überhaupt sind deduktive Studien nur dann möglich, wenn zu einem Thema ein ausreichender Korpus an Arbeiten existiert, der einen längeren Zeitraum und ein umfassendes Medienangebot umfasst. Aber wie können man sicher sein, dass nicht wichtige Frames vernachlässigt werden – beispielsweise bei einem sich entwickelndem Thema?

2.3.4 Manuell-dimensionsreduzierende Zugänge

In diese Kategorie fallen Studien, die nicht ganze, abstrakte Frames kodieren, sondern einzelne Variablen oder Frame-Elemente, die dann anschließend mit dimensionsreduzierenden Auswertungstechniken wie der Clusteranalyse oder Faktorenanalyse zu Fra-

[51] Ausnahmen sind sicherlich die methodisch versierten Studien von Harden (2002) und – obwohl mit anderem Fokus – B. Scheufele (2003).

mes verdichtet werden. Das heißt, die Elemente werden manuell kodiert, aber mit Hilfe von Datenreduktionsverfahren zu Frames zusammengeführt. Auch hier lassen sich die Vorgehensweisen in induktive und deduktive einteilen.

Das induktive manuell-dimensionsreduzierende Vorgehen haben wir bereits an anderer Stelle vorgeschlagen, begründet und beschrieben (vgl. Kohring & Matthes, 2002; Matthes & Kohring, 2004, 2006a).[52] Die Grundidee ist die folgende: Wenn man ein Frame als bestimmtes, unverwechselbares Muster eines Textes versteht, das sich aus mehreren, von Journalisten selektiv ausgewählten und von Rezipienten beobachtbaren Elementen zusammensetzt, dann kann man dieses Muster auch empirisch bestimmen. Der Ausgangspunkt dieses Verfahrens ist also nicht, den kompletten Frame direkt zu kodieren, sondern seine einzelnen Elemente. Die Elemente eines Frames bestimmen Kohring und Matthes (2002) sowie Matthes und Kohring (2004, 2006a) nach der Definition von Entman (1993), die als grundlegend für den Framing-Ansatz bezeichnet werden kann (für die Wahl dieser Definition vgl. ausführlicher Matthes & Kohring, 2004). Nach Entman (1993) setzt sich ein Frame aus einer Problemdefinition, einer kausalen Attribution, einer Bewertung und/oder einer Handlungsanweisung zusammen. Beispielsweise wäre eine Problemdefinition beim Thema Drogen die Zunahme von HIV-Fällen, die kausale Attribution beschuldigte die Drogenpolitik der Bundesregierung, eine mögliche Evaluation würde negativ ausfallen und Handlungsforderungen richteten sich auf die Prävention von Drogenfällen. Versteht man einen Frame als empirisch bestimmbares Textmuster, müsste er sich demnach durch eine ganz spezifische Konstellation der vier von Entman beschriebenen Frame-Elemente auszeichnen (wobei auch das Nichtvorkommen eines Elements bedeutsam ist). Mit anderen Worten: Es wird angenommen, dass sich die empirischen Ausprägungen der als Variablen operationalisierten und mittels einer Inhaltsanalyse erfassten Frame-Elemente in einer je charakteristischen Weise gruppieren und so zu verschiedenen Mustern formen können. Sofern ein solches Muster über mehrere Texte hinweg identifiziert werden kann, soll von einem Frame die Rede sein.[53] Die Identifikation der Muster resp. Frames erfolgt nicht über eine direkte inhaltsanalytische Codierung des Frames, sondern über das statistische Verfahren der hierarchischen Clusteranalyse (vgl. einführend Lorr, 1994). Geclustert werden dabei die Ausprägungen der als Variablen begriffenen Frame-Elemente. Das Ziel dieses Verfahrens ist die Gruppierung von Artikeln, wobei die Unterschiede innerhalb einer Gruppe möglichst klein und zwischen den Gruppen möglichst groß sein sollen.

[52] Die folgenden Ausführungen beziehen sich hauptsächlich auf Matthes und Kohring (2004).

[53] Auf die Frage, wie viele Texte dies sein müssen, werden wir in Kap. 3.2.1 noch einmal eingehen.

Die vorgeschlagene Methode lässt sich nicht nur auf die Entman-Definition anwenden, sondern auf jede Definition, die die Elemente eines Frames bestimmt. Das Problem der validen Erfassung von Frames wird auf diesem Weg zwar nicht vollständig gelöst, es verlagert sich aber auf die inhaltsanalytische Kodierung der einzelnen Frame-Elemente. Die Kodierung einzelner Inhaltsvariablen und hier selbst die von Attributionen oder Handlungsempfehlungen ist weitaus unkomplizierter und besser zu standardisieren als die direkte Kodierung eines kompletten Frames (vgl. Kohring & Matthes, 2002). Je manifester die zu kodierenden Kategorien sind, desto höher ist die Reliabilität (vgl. Früh, 2001, S. 95ff). Auf diese Weise wird die Reliabilität einer inhaltsanalytischen Analyse von Frames deutlich verbessert.

In ersten Anwendungen (vgl. Kohring & Matthes 2002; Matthes & Kohring, 2004, 2006a) konnte die vorgeschlagene Methode zur Erfassung von Frames bereits umgesetzt werden. Beim Thema Biotechnologie ließ sich der dynamische Verlauf von Medien-Frames über sieben Jahre hinweg illustrieren, wobei im Vergleich zweier Berichterstattungsperioden nicht nur Frames stabil blieben, neue Frames hinzukamen und ein Frame „ausstarb", sondern auch Ausdifferenzierungen und Fokussierungen von Frames zu beobachten waren (vgl. Kohring & Matthes, 2002). Auch in international vergleichenden Studien erwies sich die Methode als brauchbar (vgl. Matthes & Kohring, 2004, 2006a).

Die von Matthes und Kohring (2004) vorgeschlagene Methode lässt sich in mehreren Arbeiten antreffen. Beispielsweise wurde die Methode in der jüngst veröffentlichten Sekundäranalyse von Dahinden (2006) aufgegriffen, in der mit dem gleichen Datenmaterial wie bei Matthes und Kohring (2004, 2006a) gearbeitet wurde.[54] Scherer et al. (2005), Baumann et al. (2003) sowie Leonarz (2006) arbeiten mit einer Clusteranalyse einzelner Frame-Elemente. Auch die Studie von Van Gorp (2005) fällt in diese Kategorie: Van Gorp kodiert einzelne „Framing devices", wie die Problemquelle, Verantwortung, Metaphern, sprachliche Techniken usw. und führt diese mit einem dimensionsreduzierenden Verfahren zu zwei Frames zusammen.

Schließlich ist die umfassende Untersuchung von Harden (2002) über die Philosophieberichterstattung im *Spiegel* und in der *Zeit* von 1946 bis 2000 erwähnenswert. In einer qualitativen Vorstudie wurden zunächst die einzelnen, theoretisch erarbeiteten Elemente von Frames bestimmt. Unter der Annahme, dass relevante Artikel bzw. alle wichtigen Frame-Elemente in der Vorstudie berücksichtigt werden, wurden pro Jahrgang die zwei längsten Artikel „mit kontroversem Charakter" für die qualitative Analyse ausgewählt. Anschließend wurden diese Elemente interpretativ zu Frames zusammengefasst und ausführlich beschrieben. In einem nächsten Schritt wurden diese Elemente inhaltsanalytisch kodiert und mit Faktoren- und Clusteranalysen wieder zu Frames zusammengefasst.[55]

Die Vorteile dieses Vorgehens liegen auf der Hand: Die Reliabilität der Frame-Analyse entspricht bei diesem Vorgehen der Reliabilität von Einzelvariablen. Diese sind aber weitaus unkomplizierter zu kodieren als abstrakte Frames (Kohring & Matthes, 2002; Matthes & Kohring, 2004, 2006a). Zudem erleichtert das Verfahren die längsschnittliche Erfassung von Frames: Die Analyse ist für verschiedene Zeitabschnitte (die beispielsweise durch Schlüsselereignisse festgelegt werden) einfach zu wiederholen (Kohring & Matthes, 2002). Die Ausbildung der oben erwähnten Kodierer-Schemata spielt bei diesem Vorgehen ohnehin keine Rolle, da der Kodierer gar nicht weiß, an welchem Frame er gerade „arbeitet", wenn er in einem Artikel für sich stehende, einzelne Variablen wie z.B. Akteure oder Themen kodiert. Die Identifizierung der Frames erfolgt letztlich durch die Clusteranalyse. Lediglich bei der Interpretation der Cluster setzt die Subjektivität des Forschers an. Jedoch werden die Clusterlösungen – wie in allen anderen Cluster- oder Faktorenanalyen auch – offen gelegt. Die höhere Reliabilität bei der Kodierung minderkomplexer Variablen führt somit auch zu einer höheren Reliabilität bei der Bestimmung der Frames.

Allerdings handelt es sich bei den Arbeiten von Kohring und Matthes (2002) sowie Matthes und Kohring (2004, 2006a) um Sekundäranalysen von Daten, die eine Übersetzung der zur Verfügung stehenden Variablen in die jeweiligen Frame-Elemente verlangte. Dass Sekundäranalysen aus operationaler Sicht natürlich Nachteile mit sich bringen, ist klar. Zudem gingen jeweils nur die Hauptthemen und Hauptakteure in die Analyse ein. Dies stellt möglicherweise eine verkürzte Betrachtung der Frames dar – ein

---

[54] Es handelt sich dabei um die Daten aus einem internationalen EU-Forschungsprojekt zum Thema Biotechnologie (LSES, „Life Sciences in European Society: Towards the 21st Century"; vgl. Bauer & Gaskell, 2001), in dem Urs Dahinden, Matthias Kohring und der Autor tätig waren.

[55] Erstaunlich ist jedoch das Ergebnis, dass immerhin 61% aller 1307 Artikel keinem Frame zugeordnet werden können. Harden bezeichnet diese Artikel als Routineberichterstattung, bei denen kein Frame vorhanden ist, weil die Zuordnung zu einem Problemfeld fehlt. Allerdings kann bei diesem Ergebnis nicht ausgeschlossen werden, dass wichtige Frame-Elemente in der qualitativen Vorstudie übersehen wurden. Wenn man bedenkt, dass nur die längsten Beiträge in die qualitative Vorstudie eingeflossen sind, verwundert es wenig, dass die Artikel der Routineberichterstattung, denen ja kein Frame zugeordnet werden konnte, mit ca. 1000 Wörtern die kürzesten Beiträge sind. Überdies ist ebenfalls nicht auszuschließen, dass kürzere Debatten in den Medien übersehen werden, wenn nur zwei Artikel pro Jahr in die Vorstudie einfließen. Auch die Güte der faktorenanalytischen Lösung (vgl. Harden, 2002, S. 180) gibt zu denken: Die Höhe der Faktorladungen ist teilweise nicht aktzeptabel, ebenso wie die Varianzaufklärung von nur 32%.

Punkt, auf den wir später noch zurückkommen werden (vgl. Kap. 3.1). Außerdem wurden in diesen Arbeiten nicht das Abstraktionsniveau und der Generalisierungsgrad von Frames thematisiert.

Eine Gemeinsamkeit der beschriebenen Studien ist das induktive Vorgehen, das heißt die Frames werden erst nach Ansicht des empirischen Materials gewonnen und nicht vorher postuliert. In einigen manuell-dimensionsreduzierenden Studien wird auch der Versuch unternommen, Frames deduktiv zu bestimmen bzw. aus der bestehenden Literatur abzuleiten (vgl. Semetko und Valkenburg, 2000; de Vreese, Peter & Semetko, 2001). Eine Voraussetzung für dieses Vorgehen ist jedoch, dass die vorab ausgewählten Frames auch auf den jeweiligen Untersuchungsgegenstand bzw. auf das jeweilige Thema übertragen werden können. Wie bereits in Kapitel 2.3.1 beschrieben, gehen Semetko und Valkenburg (2000) von *themenübergreifenden* bzw. *generischen* Frames aus. Generische Frames sind auf verschiedene Themen, in verschiedenen Zeiten und in verschiedenen kulturellen Kontexten anwendbar. Das Problem bei themenspezifischen Frames sei nach Ansicht der Autoren, dass sie nur begrenzt mit anderen Kontexten vergleichbar und somit weniger für die Theoriebildung geeignet seien (de Vreese, Peter & Semetko, 2001, S. 108-109). So extrahieren Semetko und Valkenburg (2000) aus der bisherigen Forschungsliteratur fünf Frames (*Conflict*, *Human interest*, *Economic consequences*, *Morality* und *Responsibility*). Anschließend werden zu diesen Frames insgesamt 20 spezifische Fragen abgeleitet und für jeden untersuchten Medienbeitrag inhaltsanalytisch kodiert. Beispielsweise wurde der *Responsibility*-Frame u. a. mittels der Frage "Does the story suggest that some level of the government is responsible for the issue/problem?" und der *Economy*-Frame mit Fragen wie "Is there a reference to economic consequences?" erfasst (vgl. Semetko & Valkenburg, 2000, S. 100). Untersucht wurden Zeitungs- und Fernsehbeiträge, die entweder niederländische oder europäische Politik oder die Themen Europäische Integration, Drogen, Kriminalität, Immigration und Ethnische Fragen umfassten. Mit Hilfe von Faktoren- und Clusteranalysen der 20 Fragen konnten die postulierten Frames bestätigt werden.[56] Aus methodischer Sicht ist die

[56] Die Autoren vernachlässigen hierbei die Probleme, die bei der Anwendung von Faktorenanalysen bei dichotomen Variablen entstehen können. Auch Dahinden (2006) und Harden (2002) vernachlässigen Fragen des geeigneten Datenniveaus für Faktorenanalysen und kommen in Bezug auf Doppelladungen und Ladungshöhe nicht zu durchweg befriedigenden Ergebnissen. Mit Cromrey (1988, S. 758) ist davon abzuraten, nominalskalierte Variablen mit einer klassischen explorativen Faktorenanalyse zu reduzieren und anschließend clusteranalytisch auszuwerten. Allerdings gibt es hierfür Lösungen, die jedoch nicht mehr in SPSS, aber beispielsweise in LISREL (vgl. McLeod, Swygert & Thissen, 2001) oder LATENT GOLD (vgl. Magidson & Vermunt, 2003) verfügbar sind. Ganz generell aber machen Faktorenanalysen von inhaltsanalytischen Itembatterien nur dann Sinn, wenn die Kodierer die Frames nicht kennen bzw. „blind" sind. Falls die Kodierer aber das Forschungsziel kennen, z.B. wissen, welche Fragen den „economy-Frame" messen, ist es wenig erstaunlich, dass sich Faktoren ergeben. Die Kodierer sind dann in der Lage, die Fragen entsprechend des

Frage spannend, ob es sich beim Einsatz von explorativen datenanalytischen Verfahren tatsächlich um eine deduktive Studie handeln kann, da ja die erwähnten statistischen Auswertungsverfahren induktiv vorgehen und – rein theoretisch – auch zu anderen Faktorlösungen hätten führen können.[57] Das Vorgehen von Semetko und Valkenburg (2000) ist dennoch als deduktiv zu bezeichnen, da die Formulierung der Items gar keinen Spielraum für weitere Faktoren ließ. Im Prinzip handelte sich um einen konfirmatorischen Einsatz der explorativen Faktorenanalyse.[58]

Vorteil des deduktiven manuell-datenreduzierenden Vorgehens ist die erhöhte Vergleichbarkeit von Ergebnissen über verschiedene Studien hinweg. Auch aus forschungsökonomischer Sicht ist eine deduktive Analyse sinnvoll. Ebenso besteht das oben angesprochene Problem der Objektivität und Reliabilität bei der Generierung von Frames sicherlich nicht. Allerdings können nur vorab bereits bekannte Frames untersucht werden und das Verfahren kann Änderungen bzw. der Dynamik der Berichterstattung nicht gerecht werden. Und auch auf die theoretischen Bedenken haben wir schon in Kapitel 2.3.1 hingewiesen.

2.3.5 Computer-basierte Zugänge

Mark Miller und Kollegen (Miller, 1997; Miller & Riechert, 2001; vgl. auch Miller et al., 1998; Luther & Miller, 2005 sowie Andsager, 2000) weisen auf die Notwendigkeit von objektiven und reliablen Methoden bei der Erfassung von Medien-Frames hin (Miller, 1997, S. 376). Hierfür schlagen die Autoren eine quantitative Methode – das so genannte Frame-Mapping – vor. Bei diesem Verfahren erfolgt weder eine interpretative Auseinandersetzung mit einem Teil der Beiträge, noch werden einzelne Frame-Elemente kodiert, sondern die Frames werden mit Hilfe von datenreduzierenden Verfahren am gesamten Textmaterial extrahiert. Die Autoren greifen hierbei auf die Feststellung von Entman (1993) zurück, dass Frames sich anhand der Wortwahl eines Textes identifizieren lassen. Nach Ansicht von Miller und Kollegen zeichnet sich ein Frame durch das *gemeinsame Auftreten* von Wörtern aus. Folglich verstehen Miller und Riechert (2001) das Frame-Mapping als „efficient and precise method of probing for the particular words

Vorwissens (bzw. ihres „mentalen Faktors") zu beantworten. Streng genommen erlauben die Faktorenanalysen keine Aussage darüber, ob es die Frames gibt, sie zeigen lediglich, dass die Items das Gleiche messen.

[57] Interessanterweise gibt es auch einige Studien, die die Itembatterien von Semetko und Valkenburg (2000) verwenden, ohne eine Faktorenanalyse durchzuführen. Die entsprechenden Items werden zu einem Summenwert aufaddiert, in der Annahme, dass sie den Faktor abbilden, so z.B. Gleissner und de Vreese (2005), Gan, Teo und Detenber (2005) oder de Vreese und Boomgaarden (2003).

[58] Zum Verhältnis von explorativer und konfirmatorischer Faktorenanalyse vergleiche Gerbing und Hamilton (1996), aus methodentheoretischer Sicht Matthes (im Druck).

that occur together in some texts and do not tend to occur in other texts, then precisely quantifying and comparing those sets of terms that manifest distinctive frames“ (S. 63). Beim Frame-Mapping werden diese zusammen auftretenden Wörter durch Computeralgorithmen identifiziert und in einer multidimensionalen Skalierung graphisch visualisiert. Hierfür stellen die Autoren kostenlos ein Programm zur computergestützten Inhaltsanalyse bereit (VBPro), das eine multidimensionale graphische Darstellung (Mapping) der Wörter sowie eine anschließende clusteranalytische Auswertung ermöglicht. Dieses Verfahren, so Miller (1997), mache die Frame-Analyse weitaus weniger subjektiv als die oben beschriebenen textwissenschaftlichen und interpretativ-quantifizierenden Arbeiten.

In einer Frame-Mapping-Studie vergleichen Miller et al. (1998) Frames aus Pressemitteilungen über republikanische Primary-Präsidentschaftskandidaten mit den Frames aus Zeitungsbeiträgen (New York Times, Washington Post und Los Angeles Times) über diese Kandidaten. Insgesamt wurden in dieser Studie 28 (!) verschiedene Frames identifiziert. So setzten sich beispielsweise die Wörter charity, charities, charitable und money zu einem sogenannten *Charity*-Frame oder die Wörter environment, environmental, environmentalist, environmentally zu einem *Environment*-Frame zusammen.

Hertog und McLeod (2001, S. 152) geben zu bedenken, dass sehr wichtige Wörter in einem Text nicht sehr oft auftreten müssen, sie aber dennoch zentral für einen Frame seien können. Diese würden beim Frame-Mapping „durch die Maschen“ fallen. Zudem kann natürlich ein Wort in verschiedenen Kontexten auch eine andere Bedeutung haben.[59] Auch generell entsteht beim Frame-Mapping der Eindruck, dass die Objektivität des Frame-Mappings auf Kosten der Inhaltsvalidität geht.[60] Bei den extrahierten Wortclustern handelt es sich um sehr allgemeine Beschreibungen von Themenkomplexen, die anschließend als Frames interpretiert werden. Zu einer ähnlichen Feststellung gelangen auch Carragee und Roefs (2002):

> In our view, these are story topics, not frames, because they categorize news stories by their domain or subject. In contrast, frames construct particular meanings concerning issues or events by their patterns of emphasis, interpretation, and exclusion. The conflation of frames with story topics occurs despite the researchers' discussion of Entman's perspective on framing. While Entman's definition is cited, it is not followed. (S. 61)

[59] Dieses Problem wird auch in der Literatur zu computer-basierten Inhaltsanalysen diskutiert (vgl. Geis, 2001; Züll & Alexa, 2001).

[60] Dieser Punkt ist nicht neu: „Kostet es beim Einsatz menschlicher Codierer mehr Mühe, einen angemessenen Reliabilitäts-Standard zu sichern, so hat die computerunterstützte Inhaltsanalyse mit dem Gültigkeitsproblem zu kämpfen. Die Ursache ist, dass sie nur mit ‚harten' Indikatoren arbeiten kann und auf die kontrollierte Interpretationsleistung der Codierer verzichten muss“ (Früh, 2001, S. 115).

Von den computer-basierten Verfahren haben Miller und Kollegen eine starke Aufmerksamkeit auf sich gezogen und ihre Methode kam gehäuft zum Einsatz (vgl. Andsager, 2000; Andsager & Powers, 1999; Luther & Miller, 2005; Murphy & Maynard, 2000; Powers & Andsager, 1999; Tedesco, 2001; Tian & Stewart, 2005).[61] Neben diesen Arbeiten gibt es auch einige wenige Studien, die mit computer-basierter Inhaltsanalyse arbeiten, jedoch über das verhältnismäßig einfache Clustern von Wörtern hinausgehen (Jasperson, Shah, Watts, Faber & Fan, 1998; Shah, Watts, Domke & Fan, 2002). In einer beeindruckenden Studie verwendeten Shah et al. (2002) das Computerprogramm „Infotrend" in einer elektronischen Inhaltsanalyse von 19085 Artikeln aus 31 verschiedenen Medienquellen. In der computer-basierten Analyse wurden Kategorien definiert, die nur bei bestimmten Wortkombinationen kodiert werden. Mit anderen Worten, es wurden in einem ersten Schritt verhältnismäßig aufwändige Regeln programmiert, die Auskunft darüber geben, wann das gemeinsame Auftreten von Wörtern und Phrasen einen bestimmten Sinn hat.62 Besonders beeindruckend ist der durchgeführte Reliabilitätstest: Es wurden an einer Teilstichprobe die computer-basierten Codes mit den Codes eines menschlichen Kodierers verglichen, was eine starke Übereinstimmung ergab.

Trotz dieser Fortschritte und den immensen Vorteilen in Bezug auf forschungsökonomische Belange ergeben sich drei Nachteile bei computer-basierten Verfahren, die sich nicht so leicht von der Hand weisen lassen:

- Manche Wörter tauchen nur sehr selten auf, sind aber dafür umso bedeutender (Hertog & McLeod, 2001). Diese werden bei computer-basierten Verfahren leicht übersehen. Beispielsweise wird das Wort „Frankenstein" eher selten beim Thema Biotechnologie verwendet. Wenn es allerdings auftaucht, kann es für die Interpretation eines Beitrages äußerst bedeutsam sein. Ein menschlicher Kodierer würde sicherlich verstehen, dass mit dem Wort „Frankenstein" ein Mythos aufgegriffen wird, der negativ zu bewerten ist – eine computerbasierte Inhaltsanalyse liefe Gefahr, solche Schlüsselwörter zu übersehen (Matthes & Kohring, 2006a).

- Dies führt zu einem zweiten, damit eng verknüpften Punkt: Computerbasierte Verfahren können die Sprache nicht so verstehen, wie dies ein Mensch täte (Conway, 2006). Kurz: "The chief disadvantage is that the com-

[61] Es ist auch erwähnenswert, dass manche Studien, die mit Frame-Mapping arbeiten, deduktiv vorgehen, also die Frames a priori definieren (vgl. z.B. Lind & Salo, 2002).

[62] In der inhaltsanalytischen Literatur spricht man auch von Disambiguierung, das bedeutet „es werden Regeln formuliert, die Codierungen oder Wörter im Umfeld des zu disambiguierenden Wortes berücksichtigen" (Züll & Alexa, 2001, S. 306).

puter is simply unable to understand human language in all its richness, complexity, and subtlety as can a human coder" (Simon, 2001, S. 87; vgl. auch Früh, 2001, S. 115).[63]

- Schließlich ist die computer-basierte Inhaltsanalyse nur auf Textmedien beschränkt, was eine Vertextlichung aller Beiträge erfordert.

2.3.6 Eine Inhaltsanalyse der Inhaltsanalysen

Die vergangenen Abschnitte haben verdeutlicht, dass eine Reihe von unterschiedlichen Methoden und unterschiedlichen Begriffsverständnissen aufzufinden sind. Die Anzahl der veröffentlichten Studien ist immens und schwer zu systematisieren. Deshalb sollen im Folgenden die Ergebnisse einer systematischen Inhaltsanalyse von Medien-Framing Studien präsentiert werden, die wir bereits an anderer Stelle präsentiert haben (vgl. Matthes, 2007a, 2008).

Es wurden alle Aufsätze aus 15 internationalen Fachzeitschriften ausgewählt, in denen Medien-Frames empirisch erfasst wurden. Um auch verschiedene wissenschaftsparadigmatische Positionen zu berücksichtigen, wurde bei der Auswahl der Zeitschriften darauf geachtet, dass Zeitschriften mit unterschiedlichen wissenschaftlichen Foki einbezogen werden.[64] So wurden die amerikanischen Zeitschriften *Journal of Communication, Communication Research, Journalism & Mass Communication Quarterly, Political Communication, Mass Communication & Society, Harvard International Journal of Press/Politics* und *American Behavioral Scientist*, die kritischen Zeitschriften *Critical Studies in Mass Communication, Journal of Communication Inquiry* und *Journalism: Theory, Practice & Criticism* sowie die europäischen Zeitschriften *European Journal of Communication, International Communication Gazette* (früher *Gazette*) und *Communications: The European Journal of Communication Research* mit in die Analyse aufgenommen. Zudem gingen das *Canadian Journal of Communication* und das *Asian Journal of Communication* mit ein. Der Analysezeitraum war von 1990-2005. Es wurden die Artikel kodiert, die Frames inhaltsanalytisch erfasst und benannt haben. Wenn nur die Frame-Metapher verwendet wurde, ohne aber Frames zu erheben (z.B. Bystrom, Robertson & Banwart, 2001), wurde der Artikel nicht aufgenommen. Die Zeitschriften wurden teils per Hand teils mit Internetrecherche (wenn dies möglich

[63] Dies soll nicht als „Totschlagargument" verstanden werden. Die computer-basierte Inhaltsanalyse hat – wie wir gezeigt haben – ebenso Vorteile, so dass vor allem die zukünftige Entwicklung des Verfahrens mit Spannung zu erwarten ist (vgl. für einen Überblick über neue Entwicklungen Züll & Alexa, 2001)

[64] Für die ausführliche Beschreibung der Auswahl der Zeitschriften siehe Matthes (2007a).

war) einzeln durchgesucht. Ingesamt konnten so 131 Aufsätze erfasst werden (vgl. Matthes, 2007a).

Die Ergebnisse zeigen einen Anstieg wissenschaftlicher Aufsätze zu diesem Forschungsfeld von 1990 bis 2005. Dies unterstreicht die Relevanz der Framing-Forschung für die Kommunikationswissenschaft. Meistens widmen sich die Studien Zeitungen, und in ca. der Hälfte der Arbeiten werden verschiedene Medienquellen in ihrem Framing verglichen. Häufig werden reale Ereignisse (40%) ausgewählt (Kepplinger & Habermeier, 1995), 26% untersuchen hingegen mediierte Ereignisse, und der Rest beschäftigt sich mit der Berichterstattung zu bestimmten Themen, ohne dass sich ein Ereignis zuordnen ließe. Die Anzahl der in den Studien untersuchten Artikel und Beiträge lässt die Diversität der Framing-Forschung erahnen: Die Spannbreite erstreckt sich von einem bis hin zu 42695 Artikeln bzw. Beiträgen.

Wie zu erwarten war, ist die Definition von Entman (1993, 2004) für die inhaltsanalytische Framing-Forschung von immenser Bedeutung. Wie Tabelle 3 zeigt, wird diese Definition 52 Mal in den 131 Aufsätzen als die zugrunde liegende operationale Definition genannt. Gefolgt wird diese von den Definitionen von Gamson and Modigliani (1987, 1989; auch Gamson, 1992), Gitlin (1980) und Iyengar (1991).

In 42% der Studien werden zwei bis drei Frames identifiziert, in 18% immerhin mehr als sieben Frames, in 17% vier bis fünf Frames, in 15% ein einziger Frame und in 8% sechs bis sieben Frames. Der Mammutanteil der Studien beschäftigt sich mit themenspezifischen Frames (78%), nur 22% messen themenübergreifende Frames. Ingesamt können 561 verschiedene themenspezifische Frames ausgemacht werden sowie 29 themenübergreifende Frames. Besonders relevant ist folgender Befund: in 57% der Studien wird ein Frame pro Artikel kodiert – das bedeutet, ein Artikel kann nur einen (dominanten) Frame aufweisen. In deutlich weniger Studien, die aber immerhin noch 28% ausmachen, werden mehr als ein Frame pro Artikel zugelassen bzw. werden Frames auf der Ebene von Propositionen kodiert. Allerdings darf auch nicht unerwähnt bleiben, dass in 15% der Aufsätze nicht bestimmbar war, ob einer oder mehrere Frames pro Artikel kodiert wurden, da dies aus den Studien nicht ersichtlich wurde.[65] Nur in 23% der Studien wird das Medien-Framing zu unterschiedlichen Zeiträumen verglichen und in kaum einer Studie werden *unterschiedliche* Frames zu unterschiedlichen Zeiträumen untersucht. Auch die Entstehung von Frames (z.B. durch journalistisches Framing,

---

65 Meist sind dies qualitative Studien, die keine Quantifizierung vornehmen und die Frames textorientiert beschreiben.

vgl. Kap. 2.2) sowie die Effekte der Frames (d.h. Rezipientenwirkungen, vgl. Kap. 2.4) werden kaum thematisiert.

Tabelle 3: Der Operationalisierung zugrunde liegende zitierte Definition

	Anzahl	%
Entman (1993, 2004)	52	30
Gamson & Modigliani (1987, 1989); Gamson (1992)	39	23
Gitlin (1980)	21	12
Iyengar (1991)	11	6
Goffman (1980)	8	5
Cappella & Jamieson (1997)	7	4
Semetko & Valkenburg (2000); Valkenburg, Semetko & de Vreese (1999)	6	3
andere	32	17
Total	180	100

Anmerkung: Mehrfachangaben. Da viele Studien mehrere Definitionen nannten, wurden bis zu drei Definitionen kodiert. Aufgrund der geringen Fallzahlen werden keine Nachkommastellen angegeben.

Was die oben beschriebenen methodischen Zugänge zur Erfassung von Frames betrifft, so lässt sich eine starke Verbreitung von qualitativen Studien ausmachen: 50% aller Arbeiten wählen einen qualitativen Ansatz, 38% gehen manuell-holistisch vor, 8% arbeiten mit einer computer-basierten Inhaltsanalyse und nur 5% wählen manuell-dimensionsreduzierende Verfahren. Tabelle 4 zeigt die verschiedenen Zugänge aufgesplittet nach induktiver und deduktiver Frame-Generierung. Es wird deutlich, dass ein Grossteil der Studien die Frames induktiv generiert – besonders interessant ist dabei die Tatsache, dass auch in qualitativen Studien eine deduktive Ableitung von Frames erfolgen kann (z.B. Bronstein, 2005). Manuell-dimensionsreduzierende Arbeiten, die induktiv vorgehen, lassen sich in den ausgewählten Zeitschriftenartikeln nicht finden, werden aber von Kohring und Matthes (2002) oder Matthes und Kohring (2004, 2006a) präsentiert.

Ingesamt wird die Vermutung bestätigt, dass die Anzahl der identifizierten Frames mit dem methodischen Vorgehen zusammenhängt: Bei qualitativem Vorgehen werden die wenigsten Frames bestimmt (im Schnitt: vier) bei computer-basierten Verfahren die meisten (im Schnitt: 15). Die beiden manuellen Zugänge liegen mit einem Schnitt von fünf Frames dazwischen.[66]

Tabelle 4: Induktive and deduktive Bestimmung der Frames nach methodischem Zugang

	Qualitativer Zugang	Manuell-holistischer Zugang	Manuell-dimensionsreduzierend. Zugang	Computer-basierter Zugang	Total
Induktive Frame-Generierung	59 (92%)	20 (42%)	0 (0%)	8 (80%)	87 (68%)
Deduktive Frame-Generierung	5 (8%)	28 (48%)	6 (100%)	2 (20%)	41 (32%)
Total	64 (100%)	48 (100%)	6 (100%)	10 (100%)	128 (100%)

Anmerkung: Drei der Studien konnten nicht in die Typologie eingeordnet werden. Aufgrund der geringen Fallzahlen werden keine Nachkommastellen angegeben.

Immerhin 68% der Studien nehmen keinerlei Hypothesentests vor – und sind damit verhältnismäßig a-theoretisch.[67] 46% der Arbeiten verwenden nicht einmal deskriptive Statistiken, sind also hauptsächlich textorientiert – immerhin 31% arbeiten mit Inferenzstatistik.

Interessanterweise deutet sich eine Art quantitative Wende an: Wenn man die zwei Zeiträume von 1990-1999 (n=36) und 2000-2005 (n=96) vergleicht, lässt sich eine leichte Abnahme der qualitativen Studien von 69% auf 43% feststellen. Ähnlich zeigen sich auch ein Anstieg der deduktiven Vorgehensweise (von 20% auf 44%) sowie eine Zunahme von Hypothesentests (von 14% auf 39%).

Die Befürchtungen, die sich bei der Darstellung der einzelnen empirischen Zugänge (vgl. Kap. 2.3.2 bis 2.3.5) in Hinsicht auf die Reliabilität ergaben, scheinen sich deutlich zu bestätigen: In 55% aller Studien werden keinerlei Angaben zur Interkodiererreliabilität getätigt, in 21% werden einfache prozentuale Übereinstimmungen berichtet, 11%

[66] Da es sich um eine Vollerhebung handelt, wurde auf Signifikanztests verzichtet.

[67] Dies lässt sich auch generell für die inhaltsanalytische Forschung aufzeigen, wie Riffe und Freitag (1998) in ihrer Inhaltsanalyse von kommunikationswissenschaftlichen Inhaltsanalysen demonstrieren und monieren.

arbeiten mit der Formel von Holsti, 6% verwenden Scott's Pi, 3% Krippendorf's Alpha und 4% andere Formeln. Auch finden sich nur unzureichende Angaben über die Anzahl der für den Reliabilitätstest herangezogenen Kodierer, die Auswahl der Artikel für den Test und die Größe der Stichprobe für den Test (vgl. ausführlicher Matthes, 2007a).[68] Immerhin lässt sich aber ein positiver Trend in der Dokumentation von Reliabilitätswerten ausmachen: Je jünger die Studien sind, um so eher wird Reliabilität berichtet. Zudem hängt die Dokumentationswilligkeit von der Fachzeitschrift (in amerikanischen Journals wird am ehesten die Reliabilität berichtet), von der Anzahl der Autoren (Je mehr Autoren, um so eher Angaben), aber nicht vom Geschlecht und dem Status der Autoren ab. Qualitative Studien berichten kaum Interkodiererreliabilität, bei manuell-holistischen Arbeiten lassen nur 13% der Studien Reliabilitätsangaben vermissen (vgl. ausführlicher Matthes, 2007a, 2008). Dennoch sind die verwendeten Koeffizienten, wie bereits erwähnt, nicht zufriedenstellend.

Ingesamt zeigt diese Studie folgende Dinge:

- Es lässt sich ein starker deskriptiver Fokus ausmachen. Eine inhaltsanalytische Frame-Analyse dient offenbar weniger der Überprüfung theoretischer Annahmen, sondern es wird die Medienberichterstattung zu bestimmten Themen nachgezeichnet. Roskos-Ewoldsen (2003) umschreibt dies folgendermaßen: "[M]ost of the research on media framing is stilly fairly descriptive and relatively atheoretical" (S. 340).

- Der Großteil der Arbeiten geht qualitativ vor, und in den meisten Arbeiten wird ein Frame pro Artikel kodiert.

- Es zeigt sich ein Gegensatz zu den Studien, die sich mit dem strategischen Framing von Akteuren beschäftigen (vgl. Kap. 2.1): Medien-Frames werden weniger als dynamisch und wandelbar begriffen, sondern in den meisten Studien für einen größeren Zeitraum kodiert. Mit anderen Worten, Veränderungen von Frames stehen nicht im Mittelpunkt des Forschungsinteresses und selbst wenn Veränderungen betrachtet werden, so geht es um die Zunahme oder Abnahme von fest stehenden Frames.[69]

---

[68] Diese Resultate entsprechen in etwa den Befunden von Riffe und Freitag (1997) sowie Lombard, Snyder-Duch und Bracken (2002), die die Dokumentation von Reliabiliätsangaben von Inhaltsanalysen in Fachzeitschriften untersucht haben.

[69] Zwei wenige Ausnahmen sind die qualitative Studie von Endres (2004) und die quantitative Studie von Kohring und Matthes (2002).

- Man kann durchaus von einem Problem bei der Dokumentation von Interkodiererreliabilität sprechen. Dies lässt sich vor allem auf die qualitativen Studien zurückführen.[70] Selbst wenn Reliabilität berichtet wird, dann meist nur ungenügende Koeffizienten, die nur begrenzt aussagekräftig sind (vgl. Kolb, 2004).

2.3.7 *Zwischenfazit*

Wie lassen sich nun die unterschiedlichen Methoden zur Erfassung von Frames sowie die unterschiedlichen Frame-Auffassungen bewerten? Diese Frage stellt sich sowohl in theoretischer als auch in methodischer Hinsicht. Aufgrund der Fülle von Studien und ihrer Zentralität für die Kommunikationswissenschaft müssen wir für beide Aspekte etwas länger ausholen.

Zunächst zu den methodischen Aspekten: In der Literatur werden die Probleme bei der methodischen Erfassung von Medien-Frames immer wieder konstatiert (Gandy, 2001, S. 360-361; Hertog & McLeod, 2001, S. 153; Leonarz, 2006, S. 123; Miller, 1997, S. 376; D. Scheufele, 1999, S. 103; Tankard, 2001, S. 104), allerdings nicht weiter erörtert. Die Konsequenzen sind weitreichend:

> The difficulties, both methodological and conceptual, are the problems of reliability and validity that are especially troublesome in the analysis of media texts and political discourse. The problems of achieving and assessing the reliabilty of content analysis continue to limit our ability to understand the production, distribution, and reception of symbolic frames. (Gandy, 2001, S. 360)

Auf einen Punkt gebracht könnte man mit Maher (2001, S. 84) formulieren: „[Framing] has proved to be an elusive concept to measure“. Im Folgenden sollen daher noch einmal die Vorteile und Nachteile der einzelnen Verfahren rekapituliert werden. In Tabelle 5 sind die bisherigen Methoden zur Erfassung von Medien-Frames mit ihren Hauptcharakteristika dargestellt. Bei qualitativen Verfahren erfolgt eine Analyse und

---

[70] Aus paradigmatischer Sicht kann man sicherlich darüber streiten, ob man von qualitativen Arbeiten überhaupt Reliabilitätsangaben verlangen kann, da dies paradigmatischen Grundpositionen entgegenlaufen könnte. Dies kann hier nicht abschließend geklärt werden, zumal wir uns lediglich auf die referierten Framing-Studien beziehen und keineswegs auf die qualitative Forschung per se generalisieren wollen. In Bezug auf die referierten Framing-Studien ist darauf hinzuweisen, dass ohne Reliabilität kein Anspruch auf Generalisierbarkeit besteht, was streng genommen bedeutet, dass es sich bei qualitativen Frame-Analysen (lediglich) um subjektive Interpretationen des jeweiligen Autors handelt, die nicht notwendigerweise einen Anspruch auf Allgemeingültigkeit erheben. Leider wird dies in den qualitativen Frame-Studien nur in den seltensten Fällen angesprochen. Eher implizieren die Studien, dass es sich durchaus um generalisierbare Ergebnisse handelt. Beispielsweise ziehen Autoren, die sich im kritischen Paradigma bewegen, sehr wohl gesellschaftspolitische Konsequenzen aus ihren Resultaten. Insgesamt bliebe natürlich auch zu diskutieren, ob man von Inhaltsanalysen oder Textinterpretationen spricht. Inhaltsanalysen werden ja bekanntermaßen verstanden als Methode zur „systematischen, ***intersubjektiv nachvollziehbaren*** Beschreibung inhaltlicher und formaler Merkmale von Mitteilungen (Früh, 2001, S. 25, eigene Hervorhebung).

Interpretation der "signifying elements" eines Textes. Vorteil dieses Verfahrens ist sicherlich seine Ausführlichkeit und Detailliertheit in der Beschreibung von zumeist wenigen Frames. Allerdings warnt Tankard (2001) davor, dass bei diesem Ansatz der Forscher quasi zum alleinigen Experten bei der Frame-Identifikation werde.[71] Die Reliabilität und die Objektivität ist daher schwer zu beurteilen. Vor allem bei Textanalysen, die mit einzelnen Propositionen arbeiten (z.B. Pan & Kosicki, 1993), ist der Aufwand entsprechend hoch.

Bei manuell-holistischen Studien werden die Frames als ganzheitliche Variable kodiert. In der induktiven Variante werden die Frames dabei an einem Ausschnitt des Untersuchungsmaterials induktiv gewonnen und anschließend quantifiziert. Vorteil ist sicherlich die Praktikabilität der Analyse – man kodiert die Frames einfach nach ihrem Auftreten. Nachteil des induktiven Herangehens ist die oftmals nicht explizierte und nachvollziehbare Identifizierung der Frames und damit eine mangelnde Objektivität (Matthes & Kohring, 2004, 2006a). Es werden bis auf wenige Ausnahmen keine übergreifenden Kriterien formuliert, welche und wie viele Frames zu bestimmen sind.[72] Beim deduktiven Kodieren von holistischen Frames wird erfasst, ob a priori definierte Frames in einem Text vorhanden sind oder nicht. Der Vorteil ist natürlich die hohe Standardisierung und damit verbunden die Vergleichbarkeit von Studien. Allerdings bleiben deduktive Analysen nur auf bereits definierte Frames beschränkt.

---

[71] „This approach makes frame identification a rather subjective process" (Tankard, 2001, S. 98).

[72] Die fast schon als sarkastisch zu bezeichnende Einschätzung Simons (2001, S. 80) bringt das Problem auf den Punkt: „Accordingly, it seems more appropriate to call practitioners of content analysis craftspeople as opposed to scientists".

Tabelle 5: Charakteristika der Methoden zur Erfassung von Medien-Frames

	Qualitativer Zugang	Manuell-holistischer Zugang	Manuell-dimensions-reduzierender Zugang	Computer-basierter Zugang
Beispielstudien	Pan & Kosicki (1993), Coleman & Dysart (2005)	Eilders & Lüter (2000), Simon & Xenos (2000)	Matthes & Kohring (2004, 2006a)	Miller (1997), Miller & Riechert (2001)
Fallzahlen	gering	mittel-hoch	mittel-hoch	sehr hoch
Haupt-charakteristik	Rhetorische Textanalyse, qualitatives Paradigma	Kodierung d. Frames als holistische Kategorie	Kodierung von Frame-Elementen, Clusteranalytische Zusammenführung	Auszählen von Wörtern die zusammen auftreten
Auswertung	Textbasiert, selten deskriptive Statistik	Hauptsächlich deskriptiv	Clusteranalyse, Faktorenanalyse	Clusteranalyse
relative Anzahl der Frames	wenige	mittel	mittel	hoch
Ableitung der Frames	meist induktiv	induktiv und deduktiv	induktiv und deduktiv	meist induktiv
Vorteil	Ausführlichkeit, Detailliertheit, Datennähe	Praktikabilität, Einfachheit des Kodierens	hohe Reliabilität und Validität	Grosse Textmengen, hohe Reliabilität und Objektivität
Nachteil	Aufwand, geringe Textmengen, Reliabilität und Objektivität unklar	Identifizierung der Frames nicht transparent, Reliabilität und Objektivität teilweise unklar	Anzahl der Frames evtl. schwer bestimmbar	Mangelnde Validität

Bei rein computer-basierten Verfahren wie dem Frame-Mapping werden die Frames mit einer computer-gestützten Inhaltsanalyse erfasst, die gemeinsam auftretenden Wörter anhand von Clusteranalysen identifiziert. Die Sicherstellung von Objektivität und Reliabilität bei der Kodierung von Frames ist beim Frame-Mapping gewährleistet, da die Identifizierung nicht durch den Forscher erfolgt.[73] Zudem können auch zeitlich neue oder kulturell andersartige Frames erfasst werden: Die Analyse ist ja für verschiedene Zeitabschnitte durchführbar und die Generierung der Frames erfolgt alleinig durch computer-basierte Wortzählungen. Damit wird den entscheidenden Problemen der oben beschriebenen Methoden entgegen getreten. Allerdings geht diese methodische Präzision auf Kosten der Validität der Frames. Wie in Kapitel 2.3.5 dargestellt, sind die extrahierten Frames im Grunde nichts weiter als Ansammlungen von Wörtern, deren Interpretation als Frames recht freimütig vom Forscher wahrgenommen wird (Gandy, 2001, S. 361).

Bei den manuell-dimensionsreduzierenden Verfahren haben wir induktive und – die weitaus verbreiteteren – deduktiven Vorgehensweisen kennen gelernt. Bei deduktiven Studien werden (zumeist themenübergreifende; vgl. Semetko & Valkenburg, 2000) Frames a priori bestimmt, inhaltsanalytisch mit einzelnen Fragen erfasst und anschließend zu Faktoren zusammengefasst. Der Vorteil ist, dass größere Samples mit relativ geringem Aufwand untersucht werden können. Überdies erhöhen derartige Studien deutlich die Vergleichbarkeit der Ergebnisse. Das Problem der objektiven und realiblen Identifizierung von Frames besteht bei deduktivem Vorgehen höchstens indirekt. Ähnlich wie bei Meta-Analysen hängt das Ergebnis von den in die Analyse eingehenden Studien ab. Von daher ist es relevant, wie jene Frames identifiziert wurden, auf die sich in einer deduktiven Studie bezogen wird.[74] Überhaupt sind deduktive Studien nur dann möglich, wenn zu einem Thema ein ausreichender Korpus an Arbeiten existiert, der einen längeren Zeitraum und ein ausreichendes Medienangebot umfasst. Selbst wenn die Bedingungen für eine deduktive Frame-Identifikation erfüllt und trennscharf definierte Frames ableitbar sind, können mit dieser Methode neuartige Frames nicht erfasst werden.[75]

---

[73] Aus methodischer Sicht muss aber angemerkt werden, dass sich das Problem der Reliabilität bei computer-basierten Verfahren nicht vollends auflöst, sich aber vielmehr auf die Programmierung der Identifizierungsregeln verschiebt. Im Prinzip müsste auch eine Reliabilität für die Erstellung von Wortlisten erfasst werden, da ja unterschiedliche Forscher ganz unterschiedliche Listen spezifizieren könnten. Eine derartige Reliabilitätsmessung für computer-basierte Verfahren ist dem Autor nicht bekannt – sie wären aber dringend überfällig.

[74] Interessanterweise geschieht dies jedoch nicht „deduktiv" im eigentlichen Sinne des Wortes, sondern oft a-priori. Von einer theoretischen Herleitung der Frames kann in den seltensten Fällen die Rede sein.

[75] Schließlich müssen die bisherigen themenübergreifenden Frames auch aus theoretischer Sicht problematisiert werden. Dem wenden wir uns im zweiten Teil des Zwischenfazits zu.

Induktive manuell-dimensionsreduzierende Verfahren sind unseres Erachtens am geeignetesten, um Frames inhaltsanalytisch zu erfassen (Kohring & Matthes, 2002; Matthes & Kohring, 2004, 2006a). Dafür sprechen vier Dinge:

- Erstens hat diese Methode Vorteile in Bezug auf die Validität der Frame-Erfassung: Das Verfahren verlangt ja vom Forscher, dass die einzelnen Elemente der Frames vorher abgeleitet und bestimmt werden. Dabei handelt es sich nicht um inhaltliche Ausprägungen – die man freilich vorher schwer kennen kann – sondern um Oberkategorien, wie beispielsweise „verantwortlicher Akteur" oder „zu ergreifende Maßnahme". Die Erfassung der Frames ist damit exakt an die theoretische Definition gebunden. Wenn beispielsweise mit der Entman-Definition gearbeitet wird, wird sie bei diesem Vorgehen explizit operational umgesetzt. Das heißt: Es wird das gemessen, was gemessen werden soll.

- Zweitens ist der Einfluss von Kodierer-Schemata (vgl. Wirth, 2001) geringer als bei der holistischen Kodierung von Frames, da die Kodierer gar nicht wissen können, an welchem Frame sie „arbeiten". Damit lassen sich auch problemlos Frames für verschiedene Zeiträume bestimmen, ohne dass die Erfahrung, die ein Kodierer beim ersten Zeitraum gesammelt hat, sich direkt auf den zweiten niederschlägt. Dies wurde in der Studie von Kohring und Matthes (2002) demonstriert.

- Drittens lassen sich Vorteile in Bezug auf die Reliabilität ausmachen: Wie wir aus der inhaltsanalytischen Literatur wissen, sind weniger abstrakte Variablen – wie unsere Frame-Elemente – reliabler zu kodieren, als abstrakte, latente Variablen (Früh, 2001, S. 112ff). Damit ist das Thema „Reliabilität" zwar nicht vollkommen gelöst, es verlagert sich aber auf die Kodierung von einzelnen Elementen.

- Viertens werden gewissermaßen die Vorteile des manuellen Kodierens mit den Vorteilen computer-basierter Verfahren verbunden (Matthes & Kohring, 2006a). Das Kodieren der Elemente wird manuell vollzogen, damit werden die Nachteile der computer-basierten Inhaltsanalyse ausgeklammert. Der Nachteil des holistischen Kodierens war, dass der Kodierer beim Kodieren die einzelnen Elemente im Kopf zusammenführen muss, um einen Frame zu erkennen und zu kodieren. Dass dies nicht leicht ist, haben wir bereits herausgestellt. Bei den induktiven manuell-dimensionsreduzierenden Methoden wird aber genau dieser schwierige Schritt von der Clusteranalyse übernommen. Es werden nur die einzelnen Elemente kodiert, die Frames selbst werden nicht direkt vom Forscher, sondern von der clusteranalytisch ermittelten Lösung bestimmt.

Dies bedeutet jedoch nicht, dass die anderen dargestellten Verfahren prinzipiell keine reliable und valide Erfassung von Medien-Frames ermöglichen. Eine qualitative Frame-Analyse kann durchaus überzeugend sein, wenn die Ableitung der Frames entsprechend gut dokumentiert ist und wenn diskutiert wird, warum diese Frames und nicht andere gefunden wurden. Auch manuell-holistischen Arbeiten ist die Reliabilität und Valididät nicht prinzipiell abzusprechen. Hier hängt es davon ab, wie die Frames im Kodierbuch definiert werden und wie sie (entweder aus der Literatur oder induktiv) abgeleitet werden. Und grundsätzlich muss natürlich von Fall zu Fall entschieden werden, ob induktiv oder deduktiv vorgegangen werden sollte.

Ein Nachteil der induktiven manuell-dimensionsreduzierenden Methode bleibt allerdings bestehen (vgl. Matthes & Kohring, 2004): Die Clusteranalyse erlaubt nicht immer eine Aussage über die Anzahl der Cluster und damit die Anzahl der Frames. In den bisherigen manuell-dimensionsreduzierenden Studien wurde meist eine hierarchische Clusteranalyse mit dem Ward-Verfahren durchgeführt. Die Bestimmung der Clusteranzahl erfolgt über das so genannte „Ellenbogen-Kriterium“: Der „Ellenbogen“ zeigt an, an welcher Stelle des Algorithmus ein überproportionaler Zuwachs des Heterogenitätsmaßes (quadrierter euklidischer Abstand) vorliegt (vgl. Gore, 2000, S. 316). An der Stelle, wo sich das Heterogenitätsmaß zwischen zwei Clustern deutlich erhöht, ist die Bildung von neuen Clustern abzubrechen. Allerdings gleicht diese Prozedur eher einer Daumenregel, und weniger einem eindeutigen, klaren Kriterium. Dies muss nicht, kann aber zu einem Problem werden. Wie wir in Kapitel 3.2.2 sehen werden, ist die Bestimmung der Frame-Anzahl eine der wichtigsten Entscheidungen in einer Frame-Analyse. Bei der Verwendung von Clusteranalysen kann diese Entscheidung jedoch nicht immer legitimiert werden, denn für die Bestimmung der Cluster-Anzahl hat sich noch keine standardisierte, objektive Prozedur durchgesetzt.[76] In der Tat ist nicht davon auszugehen, dass das Ellenbogen-Kriterium – als gewissermaßen heuristische Entscheidung – in jeder Analyse eine Interpretation der Clusteranzahl ermöglicht (Krolak-Schwerdt & Eckes, 1992, S. 542).[77] Diesem Problem versuchen wir durch die Anwendung einer Analyse Latenter Klassen zu begegnen (vgl. Kap. 3.2.2. und Kap. 5.3.1).

---

[76] Vergleiche aber die Vorschläge von Schweizer (1992) und Krolak-Schwerdt & Eckes (1992) sowie die Zusammenstellung von Everitt (1992, S. 73f).

[77] In der Forschungspraxis hat sich daher ein sukzessives Testen von verschiedenen Clusterlösungen mit unterschiedlichen Algorithmen etabliert. Allerdings ist mit Oldenbürger (1981) davor zu warnen, dass die

Nun zu den theoretischen Aspekten des Zwischenfazits: Grundsätzlich scheinen die inhaltsanalytischen Studien kaum Bezüge zum strategischen Framing von Kommunikatoren oder zur Wirkung der Medien-Frames herzustellen. Dies ist auf der einen Seite ein Indiz für die Fragmentierung des Ansatzes, welche ja in jedem Übersichtsartikel zu Framing konstatiert wird (Entman, 1993, D. Scheufele, 1999). Auf der anderen Seite ist es aber auch ein Zeichen für die mangelnde theoretische Unterfütterung der inhaltsanalytischen Framing-Studien. Die inhaltsanalytische Erforschung von Medien-Frames ist und bleibt verhältnismäßig deskriptiv und a-theoretisch (Roskos-Ewoldsen, 2003). Auch Bezüge zu Wirkungen sind eher Mangelware. Es lassen sich kaum Studien finden, die inhaltsanalytische Daten mit Rezipientenbefragungen in Verbindung bringen. Und wenn dies geschieht, ist das Design (beispielsweise bei Querschnittsstudien) nur bedingt aussagekräftig oder es erfolgt ein einfacher deskriptiver Abgleich von Medien-Frames mit Rezipienten-Frames, ohne jedoch beide Datensätze in Verbindung zu bringen (vgl. ausführlicher Kap. 2.4).

Zwei weitere Punkte sollten aus theoretischer Sicht noch angesprochen werden: die Analyseeinheit und das Zugriffskriterium für eine Frame-Analyse. Zu beiden – doch für Inhaltsanalysen zentralen Punkten – lässt sich in der Literatur erstaunlich wenig finden.[78] Wie herausgestellt wurde, ist die Analyseeinheit in manchen Studien der Artikel und in anderen sind es einzelne Propositionen. Sicherlich können dafür verschiedene Gründe ausschlaggebend sein, wie beispielsweise die gewünschte Detailliertheit der Analyse. Aus einer integrativen Sicht sollte jedoch das Begriffsverständnis von Frames in den einzelnen Feldern der Framing Forschung berücksichtigt werden. Legt man nämlich das Begriffsverständnis des strategischen Framings zugrunde, so bezeichnet ein Frame eine strategische Sicht eines Akteurs, d.h. ein spezifisches Muster bestehend aus einer Problemdefinition, Ursachenzuschreibung, Handlungsanweisung und Bewertung. Es sollte einleuchten, dass schon allein aus Erwägungen der Vielfalt eine Reihe solcher strategischer Positionen in einem Artikel vertreten sein können. Wenn nur eine solche Sichtweise im Beitrag vertreten ist, dann kann auch nur von einem Frame die Rede sein. Werden zwei verschiedene Sichtweisen gegenübergestellt, bleibt zu fragen, ob eine von beiden deutlich dominiert oder ob es tatsächlich zwei Frames sind. Diesen Fragen werden wir uns erneut in Kapitel 3.2 zuwenden. Ebenso ist das Zugriffskriterium für

Clusteranalyse „nach persönlicher Vorliebe und in einer schwer nachvollziehbaren Auswahl ihrer Resultate nach einem Kriterium der ‚theoretischen Angemessenheit' bzw. ‚Interpretierbarkeit' erfolgt (S. 406). Schließlich muss der Anwender viele kritische methodische Entscheidungen treffen, für die es keine objektiven Richtlinien gibt (Gore, 2001, S. 298; Everitt, 1992, S. 141; Oldenbürger, 1981, S. 425 f).

[78] Selbst in Monographien, die es sich zum Ziel nahmen, die inhaltsanalytische Forschung systematisch aufzuarbeiten (z.B. Dahinden, 2006; Entman, 2004; Harden, 2002), werden diese Punkte kaum berührt.

eine Frame-Analyse ein blinder Fleck der Forschung. Muss jeder Artikel einen Frame aufweisen und gibt es Frames zu jedem Thema und damit auch zu jeder kurzen Meldung? Auch dies sind Fragen, die wir für unsere Inhaltsanalyse noch erörtern müssen und in unserer empirischen Studie aufgreifen.

Neben diesen Punkten lassen sich aus theoretischer Sicht folgende Schlussfolgerungen für die inhaltsanalytische Frame-Forschung ziehen:

- Die Definition von Entman (1993, 2004) wird am meisten für die empirische Umsetzung herangezogen. Allerdings wird sie nur in den seltensten Fällen auch dezidiert empirisch umgesetzt (Carragee & Roefs, 2004). Somit schlägt sie sich nicht in der Operationalisierung nieder. Überhaupt wird selten versucht, einzelne Bestandteile eines Frames zu definieren und empirisch zu erfassen. Stattdessen herrscht in den meisten Studien ein holistisches Begriffsverständnis vor, was sich auch in den gewählten methodischen Vorgehensweisen spiegelt.

- Es gibt einen starken Bezug zwischen dem gewählten methodischen Ansatz und den identifizierten Frames. Forschungslogisch bedeutet dies, dass man je nach Zugriff etwas anderes misst. Werden Frames beispielsweise mit qualitativen Verfahren erfasst, gibt es meist wenige, detaillierte Frames. Reflektiert wird dieses Phänomen allerdings kaum (einzige Ausnahme Leonarz, 2006, S. 106). Prinzipiell sollten inhaltsanalytische Frame-Analysen das Abstraktionsniveau der Frames stärker begründen und explizit thematisieren. Dies wird auch für unsere Wirkungsanalyse relevant werden.

- Vor allem themenübergreifende Frames sind – trotz der Vorteile in Bezug auf die Vergleichbarkeit über mehrere Studien hinweg – aus theoretischer Sicht zu problematisieren. Wie gezeigt werden konnte, setzen die themenübergreifenden Frames an verschiedenen Punkten an. Beispielsweise beschreibt der Konflikt-Frame eher den Aufbau eines Beitrages, der „Wirtschafts-Frame" spricht einen thematischen (also inhaltlichen) Aspekt an. Auch die Abgrenzung dieser Frames zu Themen (z.B. Wirtschaft) erfolgt nur unzureichend. Schließlich rücken themenübergreifende Frames theoretisch sehr eng an Nachrichtenwerte heran (vgl. die Basis-Frames „Personalisierung" und „Konflikt" von Dahinden (2006) und die Nachrichtenwerte „Personalisierung" und „Kontroverse" bei

Eilders & Wirth (1999)), was die Frage nach dem theoretischen Mehrwert aufwirft.[79]

- Ein weiterer Punkt betrifft die Benennung von Frames: Bei der Vielzahl an unterschiedlichen Begriffsverständnissen und Methoden leuchtet es ein, dass es zu begrifflichen Verwirrungen kommen muss. Dies kann in zweierlei Hinsicht geschehen: Entweder finden sich identische Namen für Frames, es wird aber in den einzelnen Studien etwas anderes darunter verstanden (vgl. den economic frame bei Hall, 2000; Peng, 2004 und Semetko & Valkenburg, 2000). Oder, es werden unterschiedliche Namen für die gleichen Frames verwendet (z.B. „horse-race-Frame", „game-frame" oder „strategy-frame", vgl. die Frames bei Brewer & Sigelman, 2002; D'Angelo, Calderone & Territola, 2005; Lawrence, 2000; oder auch episodischer Frame und Personalisierung, vgl. Iyengar, 1991; Dahinden, 2006).
- Schließlich darf nicht unerwähnt bleiben, dass in den meisten Studien visuelle Aspekte vollkommen ausgeklammert werden (vgl. aber Hardin, Lynn, Walsdorf & Hardin, 2002; King & Lester, 2005; Leonarz, 2006; B. Scheufele, 2001). Dies ist verständlicherweise forschungspragmatischen Problemen und der generellen Komplexität dieses Forschungsfeldes geschuldet.

2.4 Frames beim Rezipienten – Wirkung von Frames

Grundfrage dieses Abschnittes ist es, „ob Framing auch bei Rezipienten wirksam wird, ob also Rezipienten die von den Journalisten angebotenen Interpretationsrahmen übernehmen und ob die persönlichen Interpretationsrahmen der Rezipienten mit den angebotenen Interpretationsrahmen der Medienberichterstattung korrespondieren bzw. interagieren" (Brosius & Eps, 1995, S. 172). Zumeist in Anlehnung an den Begriff des Medien-Frames wird in Wirkungsstudien von Rezipienten-Frames oder auch „Audience"-Frames gesprochen (Entman, 1993; D. Scheufele, 1999; B. Scheufele & Brosius, 1999; de Vreese et al., 2001; Harden, 2002). So definiert Entman (1993) Rezipienten-Frames als „mentally stored clusters of ideas that guide individuals' processing of information" (S. 52). Neuman, Just & Crigler (1992) verstehen unter Rezipienten-Frames sehr allgemein „conceptual tools which (…) individuals rely on to convey, interpret,

[79] Dahinden (2006), der als Hauptgegenstand seiner Arbeit von themenübergreifenden Basis-Frames ausgeht, nimmt eine Gegenüberstellung von Framing und Nachrichtenwerten vor und schlussfolgert, „dass diese zwei theoretischen Konzeptionen trotz bestimmter Unterschiede auch über eine Reihe von Gemeinsamkeiten verfügen, die nach einer vertieften theoretischen Diskussion und empirischen Überprüfung verlangen" (S. 72).

and evaluate information" (S. 60). Oft werden aber Rezipienten-Frames mit Schemata gleichgesetzt (Brosius & Eps, 1995; D'Angelo, 2002; Harden, 2002, S. 72; Pan & Kosicki, 1993; Rhee, 1997). Generalisierend lässt sich sagen, dass Rezipienten-Frames in vielen Arbeiten als Metapher behandelt werden – meist stehen konkrete Wirkungen auf Erinnerungen, Meinungen und Einstellungen im Vordergrund, ohne einen Rezipienten-Frame empirisch zu bestimmen. In anderen Studien werden Medien- und Rezipienten-Frames schlicht gegenüber gestellt und verglichen (vgl. z.B. Dahinden, 2006). Da solche Arbeiten keine Aussagen über Wirkungen erlauben, müssen sie hier ausgeklammert werden. Ebenso werden Arbeiten ausgelassen, die nicht auf Wirkung, sondern auf Selektion abzielen (z.B. Zillmann, Chen, Knobloch & Callison, 2004).

Der Fokus dieses Kapitels liegt auf der Wirkungsweise von Frames, also auf dem postulierten Wirkmechanismus, den Wirkbedingungen und der Stärke der Wirkung. Dabei wird nicht differenziert, ob es sich um inhaltsbezogene oder formal-abstrakte Frames handelt.[80] Grob lassen sich die Arbeiten in folgende Gruppen einteilen: das Second-Level-Agenda Setting, attributionstheoretische Konzeptionen, Framing-Effekte durch Wissensaktivierung, schema-theoretische Konzeptionen, wichtigkeitsbasierte Effekte sowie qualitativ orientierte Wirkungsstudien. Für diese Einteilung waren verschiedene Kriterien relevant: Zum einen unterscheiden sich die Arbeiten in ihrer Erklärung von Framing-Effekten (z.B. schema-theoretische und wichtigkeitsbasierte Konzeptionen), zum anderen in ihrer Konzeption von Frames (z.B. attributionstheoretische Konzeptionen und das Second-Level Agenda Setting). Die Einteilung ist damit pragmatischer Natur, jedoch ist sie durch die Berücksichtigung dieser beiden Kriterien erschöpfend. In den folgenden Abschnitten werden diese Konzeptionen zunächst dargestellt und diskutiert. Anschließend fassen wir die gewonnenen Erkenntnisse in theoretischer und methodischer Hinsicht zusammen.

2.4.1 Second-Level Agenda Setting

Der Grundgedanke der Agenda Setting Hypothese ist, dass die Salienz von Themen in der Medienberichterstattung einen Einfluss darauf hat, welche Themen beim Publikum salient sind bzw. welche Themen die Rezipienten als wichtig erachten (vgl. McCombs, 2004). Seit der klassischen Agenda Setting Untersuchung von McCombs & Shaw (1972) wurden zahlreiche empirische Studien publiziert (vgl. für einen Überblick McCombs, 2004; Rössler, 1997; Schenk, 2002, S. 399-488). Eine Ursache für diesen immensen Korpus an wissenschaftlicher Forschung sieht McCombs (2000, S. 106) darin begrün-

[80] Dies tut beispielsweise B. Scheufele (2003) in seinem Forschungsüberblick zu Framing-Effekten.

det, dass der Agenda Setting Ansatz mit einer Vielzahl von anderen Theorien kompatibel ist und diese ergänzt. So charakterisieren neuere Arbeiten der Agenda Setting Forschung auch den Framing-Ansatz als eine Erweiterung der klassischen Agenda Setting Hypothese (McCombs, 1992, 2004; Son & Weaver, 2005; Takeshita, 2006). Ausgangspunkt dieser Erweiterung ist die Unterscheidung zwischen Objekten und diesen Objekten zugehörigen Attributen. Als Objekte werden nicht nur – wie in den meisten klassischen Agenda Setting Studien – öffentliche Themen aufgefasst, sondern auch politische Kandidaten. Ein Objekt besteht aus mehreren Attributen, welche die Charakteristika und Eigenschaften eines Objektes beschreiben. Genauso wie die Objekte (Themen oder Kandidaten) können auch die jeweiligen Attribute eines Objektes in ihrer massenmedialen Salienz variieren (McCombs & Ghanem, 2001, S. 68). Der Wichtigkeitstransfer eines Objektes kann als First-Level Agenda Setting und der Wichtigkeitstransfer von Attributen als Second-Level Agenda Setting bezeichnet werden. Diese konzeptionelle Erweiterung führe dazu, dass das klassische Diktum von Bernard Cohen (1963) revidiert werden müsse. Bisher galt gewissermaßen die Agenda Setting Leitlinie, dass die Medien den Rezipienten nicht sagen, was sie denken sollen, sondern vielmehr über was sie nachdenken sollen („how to think about it"; McCombs, Lopez-Escobar & Llamas, 2000, S. 78). Im Hinblick auf die zweite Ebene des Agenda Setting beeinflussen die Medien allerdings auch, wie die Rezipienten über die jeweiligen Objekte denken (McCombs & Ghanem, 2001, S. 69).

Frames können sich sowohl aus kognitiven als auch aus affektiven Attributen zusammensetzen. Kognitive Attribute sind beispielsweise Ideologie und thematischer Standpunkt eines (Präsidentschafts-)Kandidaten, seine Qualifikation und professionelle Erfahrung oder seine Persönlichkeitseigenschaften. Positive, negative und neutrale Bewertungen des Kandidaten werden wiederum als affektive Attribute verstanden. Die Anzahl und die inhaltliche Komplexität der Attribute innerhalb eines Frames bestimmen die Komplexität des Frames.[81]

Frühere Studien zum Agenda Setting (z.B. Benton & Frazier, 1976) können nach Ansicht von McCombs (2000) als ein erster empirischer Beweis für das Second-Level Agenda Setting geltend gemacht werden. In jüngerer Zeit wurden eine Reihe von genuinen Second-Level Agenda Setting Studien publiziert. Lopez-Escobar, Llamas und

---

[81] McCombs und Ghanem (2001, S. 74) führen aus, dass sich Frames auf einem Mikro-Makro-Kontinuum beschreiben lassen, wobei sie aber eher auf der Makro Ebene des Kontinuums anzusiedeln sind. Dies liegt darin begründet, dass sich Frames aus mehreren Attributen zusammensetzen, sozusagen ein Bündel von Attributen sind: „Frames serve as efficient bundling devices of micro-attributes and, in turn, can be thought of as macro attributes" (ebd., S. 74). Mit anderen Worten, jeder Frame ist ein (Makro-)Attribut, aber nicht jedes (Mikro-)Attribut ist ein Frame (ebd., S. 74).

McCombs (1997) untersuchten bei den Wahlen in Spanien im Jahr 1995 den Einfluss von Nachrichten und Wahlwerbesendungen auf die Wahrnehmung dreier nationaler Präsidentschaftskandidaten. Eine Querschnittsbefragung von Wählern wurde mit einer Inhaltsanalyse der vorangehenden 15 Tage verknüpft. Für beide Methoden wurde dasselbe Kategoriensystem verwendet. In der Auswertung einer offenen Frage zum Präsidentschaftskandidaten sowie in der Inhaltsanalyse der Medienberichterstattung wurden kognitive Attribute wie die Ideologie, die Themenstandpunkte, die Erfahrungen, Qualifikationen und die Persönlichkeit der Kandidaten kodiert. Affektive Attribute umfassten die positive, negative oder neutrale Bewertung der Kandidaten. Die Ergebnisse zeigen, dass sowohl auf kognitiver als auch auf affektiver Ebene die Anzahl und die Höhe signifikanter Korrelationen zwischen Printmedienagenda und Publikumsagenda größer sind als zwischen Fernsehagenda und Publikumsagenda. Überdies sind die affektiven Framing-Effekte stärker als die kognitiven. Die Autoren räumen zwar ein, dass diese Korrelationen keinen kausalen Schluss zulassen, sie bezeichnen die Ergebnisse aber als einen ersten Schritt und als eine notwendige Bedingung, um das Second-Level Agenda Setting zu verifizieren (Lopez-Escobar et al., 1997, S. 709).

In einer Folgestudie (McCombs et al., 2000) wurde die Second-Level Agenda Setting Hypothese erneut anhand einer Studie über die Wahlen in Spanien 1996 überprüft. Zu den kognitiven Attributen wurden zusätzlich noch biografische Informationen und die Integrität der Kandidaten erfasst. Für jeden der drei untersuchten Präsidentschaftskandidaten wurde eine 3x5 Matrix angefertigt: Für jedes der fünf kognitiven Attribute wurde nämlich kodiert, ob es eine negative, eine positive oder eine neutrale Wertung (=affektive Attribute) aufweist. Anschließend konnte für jede Matrix die Fernseh- und Zeitungsberichterstattung (wiederum insgesamt sieben Medien) mit den Antworten von potenziellen Wählern auf eine offene Frage zu den Präsidentschaftskandidaten verglichen werden. Von 21 berechneten Korrelationen (sieben Medien x drei Kandidaten) waren 15 signifikant. Die Autoren werten diesen Zusammenhang als Beweis für starke Second-Level Agenda Setting Effekte. Unterstützt wird dieser Befund auch durch die experimentelle Untersuchung von Kiousis, Bantimaroudis und Ban (1999): In einem 2x2 Design wurde der Einfluss der Qualifikation (hoch vs. niedrig) und der Persönlichkeit (korrupt vs. nicht korrupt) eines fiktiven Kandidaten auf die Bewertung dieser Person untersucht. Die Versuchspersonen (n = 44) wurden gebeten, einen Nachrichtenartikel zu lesen und anschließend eine eigene Überschrift zu entwerfen. Zusätzlich sollten sie in einer offenen Frage den Kandidaten beschreiben und mehrere Items eines semantischen Differentials beantworten. Als Ergebnis fanden die Autoren, dass die Qualifikation zwar keinen Einfluss auf die Bewertung des Kandidaten hatte, allerdings konnte ein Haupteffekt für die Persönlichkeit beobachtet werden: „[W]hen news articles described a corrupt candidate, subjects believed that the person was corrupt" (S 421). Dieses Zitat verdeutlicht die einfache Wirkungsannahme, die hinter dem Experiment steht.[82] Hingegen betrachtet McCombs (2000) die Ergebnisse der Studie als „weitere empirische Belege für eine kausale Beziehung zwischen Tagesordnungen auf der Ebene von Attributen der Nachrichtenmedien und ebensolchen Agendas der Öffentlichkeit" (S. 131).

Ein Großteil der Untersuchungen zum Second-Level Agenda Setting sind als Wahlstudien konzipiert. Politische Kandidaten sind aber nicht die einzigen Objekte, bei denen Second-Level Agenda Setting Effekte auftreten können (McCombs, 2000, S. 130). Auch öffentliche Themen können aus der Sicht dieser Medienwirkungshypothese untersucht werden: "By designating what aspects of a certain issue to attend to, agenda setting at the subissue level can influence the perspective with which people see the issue as a whole." (Takeshita, 1997, S. 23). Ghanem (1997) untersuchte die Beziehung zwischen First-Level und Second-Level Agenda Setting. Sie konnte in ihren längsschnittlich angelegten Korrelationsstudien zeigen, dass einige Attribute des Themas Kriminalität positiv mit der Salienz des Themas Kriminalität korrelierten. Sie erklärt den Einfluss von Frames auf die Wichtigkeit des Themas damit, dass Frames „fesselnde Argumente" (compelling arguments) bereitstellen. Es hatten vor allem die Frames einen starken Einfluss auf die zugeschriebene Wichtigkeit des Themas Kriminalität, bei denen „die psychologische Distanz zwischen der Durchschnittsperson und dem beschriebenen Verbrechen, das in den Nachrichten dargestellt wurde, sehr gering war" (McCombs, 2000, S. 132). Zu einem ähnlichen Ergebnis gelangen Jasperson et al. (1998): Das klassische Agenda Setting konnte 85% der Varianz bezogen auf die Salienz des Themas „Defizit des Bundeshaushaltes" erklären. Unter Berücksichtigung von zwei weiteren Frames konnten sogar 92% auf die Medienberichterstattung zurückgeführt werden. Für diesen Effekt ist in erster Linie der konfliktreiche „Fight"-Frame verantwortlich. Die Autoren schlussfolgern, dass nicht alle Frames gleichermaßen einen Einfluss auf die Salienz eines Themas ausüben. Vor allem in Situationen, in denen Eliten miteinander in Konflikt stehen und diesen Konflikt auch öffentlich austragen, werde die wahrgenommene Wichtigkeit des Themas gesteigert. Auch zahlreiche weitere Studien bestätigen die Idee des Second-Level Agenda Settings (z.B. Golan & Wanta, 2001; Kim, D. Scheufele & Shanahan, 2002; Matthes, 2007d; Son & Weaver, 2005; Yioutas &

[82] Die Übertragbarkeit des stark reduzierten experimentellen Settings, welches zudem noch an einem kleinen Sample von Studierenden durchgeführt wurde, auf Medienwirkungseffekte in natürlichen Situationen wird von den Autoren nicht diskutiert.

Segvic, 2003). Theoretisch erklärt werden die Befunde ähnlich wie beim First-Level Agenda Setting (vgl. Iyengar & Kinder, 1987): Die Berichterstattung über die Attribute erhöht die Zugänglichkeit dieser. Damit werden sie eher für Urteile herangezogen und auch als wichtiger erachtet (vgl. ausführlicher Kim, D. Scheufele & Shanahan, 2002; Takeshita, 2006).

McCombs (2000, S. 133) macht eine gewisse Ironie darin aus, „dass die Konsequenzen des Second-Level Agenda Setting uns zu einer auf Einstellungen und Meinungen bezogenen Analyse des Einflusses der Massenmedien zurückführen". Schließlich war ja die Agenda Setting Hypothese eine Abkehr von klassischen Persuationsstudien der 40er und 50er Jahre. Dennoch habe die Konvergenz von Agenda Setting und Framing den Vorteil, dass nun eine gemeinsame begriffliche Basis bzw. ein vereintes theoretisches Rahmenmodell zur Verfügung stünde (McCombs & Ghanem, 2001, S. 68). Aus dieser Partnerschaft könnten nicht nur beide Ansätze profitieren, sondern es würde auch ein Beitrag dazu geleistet, der Fragmentierung der Kommunikationswissenschaft entgegenzuwirken (McCombs & Ghanem, 2001, S. 79).

Allerdings sind diese, durchaus als positiv einzuschätzenden Bemühungen nicht ohne Kritik geblieben (vgl. Caregee & Roefs 2002; Maher, 2001). Aus methodischer Sicht lässt sich zunächst zu fragen, ob Korrelationsstudien in der Lage sind, kausale Beweise zu etablieren. Dagegen spricht, dass in nahezu allen Second-Level Studien nur Umfragedaten zu einem Messzeitpunkt zur Verfügung standen. Zudem wurden Medien-Agenda und Publikums-Agenda meist auf aggregiertem Niveau verknüpft, was nicht unproblematisch ist und zu überschätzten Effekten führt (vgl. Rössler, 1999).[83] Dennoch sollte nicht unerwähnt bleiben, dass Framing-Forscher vom enormen methodischen (und theoretischen) Korpus der Agenda Setting Forschung profitieren können, da hier wie in keinem anderen kommunikationswissenschaftlichen Feld Fragen der Kausalität, der Verknüpfung von Datensätzen, des Wirkungszeitpunktes, der Wirkungslinearität oder anderer Einflussfaktoren wie der interpersonalen Kommunikation oder psychologischen Prädiktoren diskutiert wurden.

Aus theoretischer Perspektive attestiert Maher (2001, S. 84) der klassichen Agenda Setting Forschung zwar methodische Stärken, aber auch einen gewissen theoretischen Erklärungsbedarf. Er kritisiert, dass die Objekte den Startpunkt für Second-Level Analysen ausmachen, sie werden quasi vom Forscher gesetzt: Daher führe die Kolonialisierung des Framing-Ansatzes unter die Agenda Setting Forschungstradition zu einem

[83] All diese Punkte gelten selbstverständlich auch für die klassische Agenda Setting Forschung und wurden dort auch ausführlich diskutiert (vgl. Rössler, 1997).

engen, restriktiven Begriffsverständnis von Frames: „The researchers do not consider where the attributes come from, nor why journalists chose those attributes over others" (ebd., S. 85). Auch Carragee und Roefs (2004) sind der Auffassung, das Second-Level Agenda Setting sei eine zu stark verkürzte Sicht auf Framing-Prozesse, da nur Medienwirkungen, nicht aber Fragen der Machtverteilung und des Entstehens von Frames tangiert werde.[84] Zumindest bleibt es in nahezu allen Second-Level Studien eher unklar, wie die Attribute aus dem Material abgeleitet werden – ein Problem, das wir schon von der inhaltsanalytischen Framing-Forschung kennen. Bleibt die Frage, ob Second-Level Agenda Setting Forscher und Framing-Forscher das Gleiche meinen, wenn sie von Frames sprechen. Da aber in der Framing-Forschung selbst kaum Einigkeit über den Frame-Begriff herrscht, ist auch dies schwer zu beantworten. Interessant ist in diesem Zusammenhang die Studie von Kim et al. (2002): Die Autoren betonen, dass sie eine Gleichsetzung beider Ansätze nicht für sinnvoll erachten, da somit weitestgehend schwer zu definierende Begriffe noch unschärfer werden. Sie führen eine Second-Level Agenda Setting Studie durch, die aber vom Framing abgegrenzt wird. Abschließend lässt sich die Frage freilich nicht lösen, da es zumeist paradigmatische – nicht inhaltliche – Gründe sind, in einem Paradigma (wie eben dem Second-Level Agenda Setting) zu arbeiten. Es bleibt abzuwarten, wie sich diese beiden „Paradigmen" in der weiteren Forschung durchsetzen können.

Zusammenfassend kann zum Second-Level Agenda Setting festgehalten werden:

- Bei den Attributen handelt es sich im Konstrukte, die durchaus als Einstellungen zu bezeichnen sind, da sie eindeutig evaluative Elemente beinhalten (Takeshita, 2006). Jedoch erfolgt keine Anbindung an die Einstellungsliteratur und keine Diskussion des Einstellungsbegriffes. Auch die Sichtweise des Second-Level Agenda Setting als ein „how to think about" (McCombs et al., 2000, S. 78) ist eher unzutreffend. Bei den Second-Level Agenda Setting Studien wird durchaus das „what to think" untersucht, das ironischerweise Cohen (1963) ja frühzeitig totgesagt hatte.

[84] An dieser Stelle sei der Einwurf erlaubt, dass dieser Vorwurf etwas „unfair" ist. Man kann den Vertretern dieses Ansatzes nur schwer vorwerfen, dass sie sich auf Medienwirkungen konzentrieren, ohne – etwas überzogen formuliert – die ganze Lasswell-Formel abzudecken. Mal ganz abgesehen davon ist Agenda Setting ein sehr breites Forschungsfeld, bei dem es durchaus auch um die Entstehung der Agenden geht, wie die Literatur zum Agenda Building (vgl. Rössler, 1997, S. 37-40) oder jüngst zum Second-Level Agenda Building (vgl. Kiousis et al., 2006) zeigt.

- Als Wirkmechanismus wird ein gedächtnisbasiertes Modell vorgeschlagen: Die Medienberichterstattung erhöht die Zugänglichkeit der Attribute beim Rezipienten. Folglich werden diese von den Rezipienten auch genannt.
- Es wird von einer direkten Übernahme der Frames durch die Rezipienten ausgegangen („Frame-Setting", vgl. D. Scheufele, 1999). Es werden keine Prädiktoren der Frame-Wirkungen thematisiert und untersucht, obwohl es im First-Level Agenda Setting einen reichen Korpus dazu gibt. Die Forschung ist daher als stark stimulusorientiert und schwach rezipientenorientiert zu bezeichnen.
- Die Second-Level Agenda Setting Forschung ist das einzige Feld innerhalb der Frame-Wirkungsforschung, das fast durchgehend mit extern validen Designs arbeitet: Es werden Inhaltsanalysen mit Befragungsdaten verknüpft sowie gesellschaftlich und politisch relevante Themen aufgegriffen. Experimentelle Studien kommen nur vereinzelt zum Einsatz.
- Jedoch ist die Beweislage dünner, als die große Anzahl an Studien vermuten ließe. Nahezu alle Feldstudien arbeiten mit Korrelationslogiken auf Querschnittsbasis. Zudem werden die Datensätze auf aggregiertem Niveau verknüpft, was die Gefahr des ökologischen Fehlschlusses birgt. Auch bleibt die Ableitung der Medien-Attribute oft unklar und die Rezipienten-Attribute werden zumeist mit einer offenen Frage erfasst, was die Auswertungsoptionen weit einschränkt. Daher das Fazit: Methodisch ist die First-Level Forschung weiter als die Second-Level Forschung. Komplexere theoretische Überlegungen und individualisierte methodische Designs wie beispielsweise in der Studie von Rössler (1999) lassen noch auf sich warten.

2.4.2 Frames und Kausalattributionen

Iyengar (1991; vgl. auch 1989; 1990a; 1996) untersucht in einer Reihe von Experimenten die Wirkung von Frames auf Verantwortungszuschreibungen. Die Zuschreibung von Verantwortung wird hierbei als einer der zentralen Mechanismen im politischen Prozess betrachtet: Je nach politischer und wirtschaftlicher Situation werden unterschiedliche Akteure oder Systeme für Erfolg oder Misserfolg zur Verantwortung gezogen. Attributionen stellen nach Iyengar (1989) überaus wichtige Rezipientenurteile dar:

> Individuals tend to simplify political issues by reducing them to questions of responsibility, and their issue opinions flow from their answers to these opinions. (S. 879)

Der Autor unterscheidet in diesem Zusammenhang zwischen kausaler Verantwortung für das Zustandekommen eines Problems und Handlungsverantwortung, womit mögliche Lösungen für ein Problem gemeint sind. Medien-Frames spielen eine wichtige Rolle in diesem Prozess. Iyengar (1996, S. 61) versteht unter dem Konzept des Framings den Einfluss von Präsentationsformen auf Urteile der Rezipienten. In der politischen Berichterstattung macht Iyengar (1991) – wie wir bereits in Kap. 2.3.1 gesehen haben – zwei Präsentationsmodi bzw. Frames aus: episodische Frames und thematische Frames. Episodische Frames heben personifizierte Geschehnisse hervor, anhand derer ein Thema illustriert wird. Beispielsweise wird durch das Zeigen einer obdachlosen Person das Thema Arbeitslosigkeit illustriert. Ein thematischer Frame betrachtet die Themen in einem breiteren Kontext. Es werden Hintergründe für das Problem aufgedeckt und zumeist mehrere Akteure befragt. Beispielsweise würde man beim Thema Arbeitslosigkeit verschiedene Ursachen und Zeitverläufe des Phänomens fokussieren. Iyengar (1996, S. 62) gesteht ein, dass kein Nachrichtenbeitrag zu 100% episodisch oder thematisch ist. Allerdings ließe sich immer ein dominanter Frame bestimmen.

In mehreren experimentellen Studien überprüfte Iyengar für fünf unterschiedliche Themen den Einfluss von episodischem und thematischem Framing auf die Zuschreibung von Verantwortung (vgl. Iyengar, 1991). So wurde einer Gruppe von Versuchspersonen ein Artikel zum Thema Armut vorgelegt, in dem die finanziellen Probleme eines arbeitslosen Mechanikers beschrieben wurden. Die andere Versuchsgruppe sah einen Beitrag, in dem der Zusammenhang zwischen der Arbeitslosigkeit und dem Defizit der öffentlichen Haushalte diskutiert wurde. Anschließend wurden die Probanden in einer offenen Frage aufgefordert, sowohl die Verantwortlichen als auch konkrete Lösungsvorschläge für das Problem zu bestimmen. Zusätzlich beantworteten die Teilnehmer geschlossene Fragen zu politischen Einstellungen. Die Ergebnisse zeigen, dass die Verantwortungszuschreibung beim Thema Armut signifikant stärker auf Individuen erfolgte, wenn der Nachrichtenbeitrag einen episodischen Frame aufwies. Umgekehrt führte die thematische Präsentation zu einer stärkeren Hervorhebung gesellschaftlicher Verantwortung. Bei den Themen Kriminalität und Rassische Ungleichheit zeigten sich allerdings komplexere Muster der Ergebnisse. Der Einfluss von episodischem und thematischem Framing war bei diesen Themen abhängig von den gezeigten Personen: Wenn Kriminalität von farbigen Bürgern gezeigt wurde, dann zeigten sich generell verstärkt individuumsbezogene Attributionen. Ähnlich beim Thema Rassische Ungleichheit: Wenn farbige Personen gezeigt werden, werden generell die gezeigten Personen selbst für ihre Lage verantwortlich gemacht. Auch beim Thema Arbeitslosigkeit konnte die Hypothese von Iyengar nicht bestätigt werden. Bei allen Beiträgen wurden durchgängig gesellschaftliche Faktoren als die Ursache für das Problem betrachtet. Dies deutet darauf hin, dass möglicherweise eine Konfundierung durch weitere Beitragsmerkmale stattgefunden hat (Keum et al., 2005).[85]

In einer weiteren Untersuchungen verknüpfen Iyengar und Simon (1993) inhaltsanalytische Daten der ABC Sendungen von August 1990 bis Mai 1991 mit Gallup Umfragedaten aus dem selben Zeitraum. Zunächst zeigte sich, dass ein Großteil (ca. 2/3) der Berichterstattung über den Golf-Krieg einen episodischen Frame aufwies. Überdies konnten die Autoren zeigen, dass die Nutzung von – ja größtenteils episodischen – Nachrichten zu einer stärkeren Forderung von militärischen, anstatt diplomatischen Lösungen führte. Einschränkend muss allerdings angemerkt werden, dass die Befragungsdaten keinen Hinweis auf das Ausmaß der tatsächlich genutzten episodischen oder thematischen Frames geben können. Die Nutzung von Nachrichten wurde generell mit dem Aufnehmen von episodischen Frames gleichgesetzt.

Als wichtiges Ergebnis diskutiert Iyengar (1991) die durch Inhaltsanalysen festgestellte Dominanz episodischer Frames:

> By reducing complex issues to the level of anecdotal cases, episodic framing leads viewers to attributions that shield society and government from responsibility. Confronted with a parade of news stories describing particular instances of national issues, viewers come to focus on the particular individuals or groups depicted in the news rather than historical, social, political, or other such structural factors. (S. 70)

Das heißt: Beim episodischen Framing werden komplexe gesellschaftliche Probleme auf die Schultern von Fallbeispielen gelegt. Dies führt zu stärkeren dispositionellen Attributionen bzw. zu einem „Proestablishment"-Effekt des Fernsehens: Die Gesellschaft und die Regierung werden vor der Verantwortungszuschreibung bewahrt: „In the long run, episodic framing contributes to the trivialization of public discourse and the erosion of electoral accountability" (Iyengar, 1991, S. 143).

Als theoretische Erklärung führt Iyengar (1991) ähnlich wie in der Forschung zum Second-Level Agenda Setting die Zugänglichkeit von Informationen an. Er spricht von einem „accessability bias" (Iyengar, 1990). Das bedeutet: Wenn sich Rezipienten ein Urteil bilden, werden nicht alle verfügbaren Informationen aus dem Gedächtnis abgerufen. Die Medienberichterstattung – und damit vor allem das episodische Framing – macht aber gewisse Informationen im Gedächtnis leichter verfügbar. Wird nun ein Urteil abverlangt, werden diese Informationen eher herangezogen als andere. Kurz:

---

[85] Damit wird eine methodische Frage angesprochen, die sich in vielen kommunikationswissenschaftlichen Experimenten stellt. Ein Beitrag stellt zumeist ein ganzes Bündel bzw. Syndrom an potenziellen Wirkvariablen bereit (Trepte & Wirth, 2004).

„Typically what comes to mind when the citizens think about public affairs are the images and information that flash across the television screen“ (Iyengar, 1991, S. 132). Medien verursachen demnach durch das episodische Framing einen „Bias“ in der Zugänglichkeit von Informationen.

Die Ergebnisse Iyengars sind in der Framing-Forschung sehr stark beachtet wurden. Allerdings lassen sich auch einige kritische Stimmen finden: So kritisiert Chaffee (1992, S. 240), dass das experimentelle Setting bei Iyengar nicht an natürliche Fernsehbedingungen angelehnt sei. Vielmehr werde – so meinen auch Cappella und Jamieson (1997, S. 50) in Bezug auf die gesamte bisherige experimentelle Framing-Forschung – der Realismus dem kontrolliertem Setting geopfert. B. Scheufele (2003) führt an, dass die Messung der Wirkung direkt nach der Stimulusdarbietung „an *realen Urteils- bzw. Entscheidungssituationen* vorbei“ (S. 81, Hervorhebung im Original) gehe und die externe Validität einschränke. Ähnlich hinterfragt auch Chaffee (1992) die externe Validität der Experimente:

> It is doubtful that these effects would last long outside the laboratory situation, as the typical viewer is likely to encounter these same problems in plenty of other stories, framed in various ways. Attributions that shift so readily are probably not deep-seated or fixed opinions. (S. 240)[86]

Zudem wird Iyengar vorgeworfen, dass er eine einfaktorielle Theorie der öffentlichen Meinung vertrete, in der nur Präsentationsformen, aber nicht allgemeine politische Orientierungen als Erklärungsvariablen betrachtet werden (vgl. Shah, Domke & Wackman, 2001). Für Ericson (1993, S. 1460) erwecken die Ergebnisse zuweilen den Eindruck, dass die teilnehmenden Personen isolierte und atomisierte Individuen sind, die den Inhalt der Nachrichten einseitig rezipieren und passiv aufnehmen. In der Tat ist davon auszugehen, dass die Versuchspersonen auch vor der experimentellen Untersuchung Verantwortliche für diese Themen ausmachen konnten. Der Einfluss dieser Attributionen wird bei Iyengar vernachlässigt (Shah et al., 2001, S. 227).[87] Ericson (1993, S. 1461) weist weiterhin darauf hin, dass die Ergebnisse nur einen kurzen Moment aus der politischen Sozialisation der Teilnehmer ausmachen. Auch Iyengars Ar-

---

[86] Hier sei jedoch die Bemerkung erlaubt, dass diese Kritik wohl eher aus einer generellen Ablehnung der experimentellen Forschung herzurühren scheint – eine Position, die es sich aus unserer Sicht zu leicht macht und die Vorteile von Experimenten für die Sozialwissenschaft verkennt. Iyengar (1991) hat – mehr als dies in der Experimentalforschung üblich ist – viel Wert auf die Validität seiner Experimente gelegt (z.B. bei der Gestaltung der Stimuli und der Rezeptionssituation). Auch hat Iyengar zusammen mit Kinder (1987) maßgeblich zur Etablierung der Experimentalforschung in der Agenda Setting Forschung und damit auch in der Kommunikationswissenschaft beigetragen. Auch diese Studien sind in punkto Validität als vorbildlich zu bezeichnen.

[87] Jedoch thematisiert Iyengar (1991) den Einfluss von soziodemographischen Variablen sowie der politischen Orientierung (demokratisch vs. republikanisch).

gument, dass die öffentliche Meinung und das politische Verhalten weniger von persönlichen Prädispositionen als vielmehr von Umwelteinflüssen (Medieneffekten) abhängig sind, könne ein methodisches Artefakt sein, da diese Faktoren schlicht nicht im experimentellen Design berücksichtigt wurden (Ericson, 1993, S. 1461). Simon (2001, S. 79) kritisiert an diesen – wie er sie bezeichnet – positivistischen Studien, dass Frames als sich gegenseitig ausschließende Kategorien operationalisiert werden, deren Auswahl vom Forscher bestimmt werde. Schließlich muss man sich die Frage stellen, welche Eigenschaften des Beitrages wirkungsrelevant waren, denn einige Ergebnisse deuten auf eine Konfundierung durch den konkreten Inhalt der Beiträge hin.

Trotz dieser Einwände werden die Ergebnisse von Iyengar (1991) als ein Grundstein der kommunikationswissenschaftlichen Framing-Forschung angesehen (D. Scheufele, 2000). Wie wir bereits gezeigt haben, wurde die Idee von episodischen und thematischen Frames besonders in der inhaltsanalytischen Forschung adaptiert. Erstaunlicherweise findet sich aber nach unserer Kenntnis keine einzige Replikation der experimentellen Befunde.

Zusammenfassend lässt sich festhalten:

- Die Ergebnisse aus Iyengars Experimenten deuten zwar in die postulierte Richtung, sind aber keineswegs als konsistent zu betrachten: Bei manchen Themen lässt sich ein Effekt finden, bei anderen nicht. Dies macht es schwer, die Generalisierbarkeit der Befunde einzuschätzen.

- Da Iyengar großen Wert auf die externe Validität gelegt hat, ergeben sich möglicherweise einige Schwachstellen inpunkto interne Validität: Die aus realem Material ausgewählten audiovisuellen Beiträge unterscheiden sich in vielerlei Hinsicht, so dass der genaue Wirkstimulus nur schwer ausgemacht werden kann.

- Auch Iyengar geht explizit von gedächtnisbasierten Wirkungsprozessen aus: Frames wirken, da sie Informationen im Gedächtnis leichter verfügbar machen.

- Wie auch schon beim Second-Level Agenda Setting werden keine Prädiktoren von Wirkungen thematisiert. Zudem werden Voreinstellungen ausgeklammert. Somit sind die Experimente ebenso als stimulusorientiert einzuordnen.

2.4.3 *Framing-Effekte durch Wissensaktivierung*

Bei der Forschung zum Second-Level Agenda Setting und den Arbeiten von Iyengar haben wir die wissensbasierte Logik als eine Erklärung für Framing-Effekte bereits kennengelernt. Im Folgenden sollen nun die Arbeiten beschrieben werden, die den Framing-Effekt explizit als Aktivierungseffekt modellieren, d.h. ein theoretisches Modell entwickeln und dabei konkrete Hypothesen ableiten. Zu nennen sind hier die stark beachteten Arbeiten von Price und Tewksbury (1997; vgl. für die folgende Diskussion auch Matthes, 2007b). Ausgangspunkt des umfassenden Modells von Price und Tewksbury (1997) ist die Unterscheidung zwischen Framing- und Priming-Effekten. Bevor wir den Framing-Effekt erklären können, müssen wir kurz auf Priming eingehen (vgl. einführend Domke, Shah & Wackman, 1998; Peter, 2002).

Medien-Priming wird nach Peter (2002) definiert als:

> ein Prozess, in dem (1) massenmedial vermittelte Information (als „Primes“) im Gedächtnis des Rezipienten verfügbare Wissenseinheiten (2) temporär leichter zugänglich machen. Dadurch erhöht sich die Wahrscheinlichkeit, (3) dass die nunmehr leichter zugängliche Wissenseinheiten auch bei der Rezeption, Interpretation oder Beurteilung nachfolgend angetroffener Umweltinformationen (dem „Zielstimulus“) eher aktiviert und benutzt werden als weniger leicht zugängliche Wissenseinheiten (und letztlich somit auch Verhalten beeinflussen können). (S. 22)

Es ist empirisch gesichert, dass die Aktivierung umso wahrscheinlicher ist, je kürzer der Medien-Prime zurückliegt und je öfter der Medien-Prime erfolgt (vgl. Higgins, 1996). Priming läuft daher in zwei eng miteinander verknüpften Schritten ab: In einem ersten Schritt werden bestimmte Wissenseinheiten leichter zugänglich gemacht und erst in einem zweiten Schritt – sofern sie auf den Zielstimulus übertragbar sind – können sie auf nachfolgende Umweltinformationen angewendet werden (Peter, 2002).[88]

Es lassen sich mehrere Voraussetzungen für das Priming ausmachen. Zunächst muss eine Wissenseinheit überhaupt verfügbar sein. Erst dann kann sie kognitiv zugänglich gemacht werden. Ob ein Prime auf einen Zielstimulus angewandt wird, hängt ab von der Zeitspanne zwischen Prime und Zielstimulus, der Häufigkeit des Primes und – daraus resultierend – dem Ausmaß der Zugänglichkeit des Primes. Umso kürzer die Zeitspanne und umso öfter geprimt wird, desto stärker ist die Wissenseinheit kognitiv zugänglich. Dies haben wir in Abbildung 3 veranschaulicht. Eine weitere wichtige Be-

---

[88] Hier lässt sich eine Parallele zum Konzept der „Instrumentellen Aktualisierung“ von Kepplinger, Brosius, Staab und Linke (1992) erkennen: Journalisten versuchen weniger, selbst bestimmte Meinungen durch direkte Kommentierung durchzusetzen, sondern sie rücken jene Aspekte in der Vordergrund, die die gewünschten Bewertungen nahe legen.

dingung ist die Anwendbarkeit des Zielstimulus auf den Prime: Je stärker sich der Stimulus und der Prime ähneln, desto wahrscheinlicher ist die Aktivierung.

Abbildung 3: Häufigkeit, zeitliche Nähe und Anwendbarkeit des Primes als Bedingungen für Priming

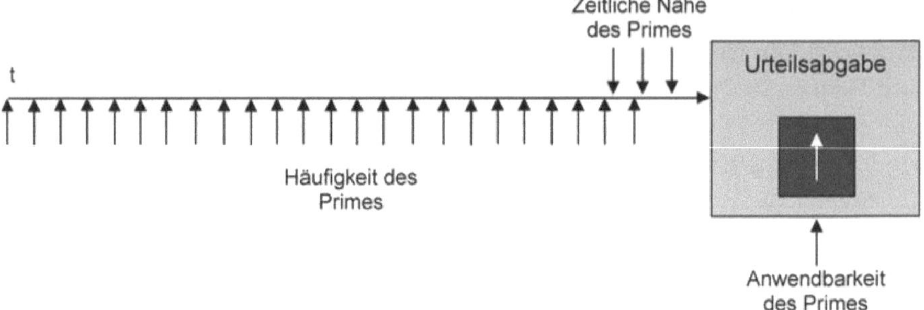

Grundlage der Priming-Modelle ist die Annahme, dass das menschliche Gedächtnis in assoziativen Netzwerken aufgebaut ist (vgl. Anderson, 1983; für eine aktuelle Zusammenfassung vgl. Higgins, 1996). Man spricht auch von netzwerkbasierten Gedächtnismodellen. Diese Modelle gehen davon aus, dass Wissen in Netzwerken von Knoten organisiert ist. Diese nicht-hierarchischen, vernetzten Knoten repräsentieren Wissenseinheiten, deren Verwendung vor allem von ihrer Verfügbarkeit und ihrer Zugänglichkeit abhängt. Da sich die Aktivierung einer Wissenseinheit durch den Prozess des „spreading activation“ auf andere vernetzte Wissenseinheiten ausbreiten kann, können auch Wissenseinheiten mitaktiviert werden, die nicht in einem direkten Zusammenhang mit dem Prime stehen (vgl. auch Shiffrin & Schneider, 1977). Jede Aktivierung einer Beziehung zwischen zwei Wissenseinheiten stärkt die Beziehung.[89]

[89] Diese Sicht ist auch mit moderneren konnektionistischen Ansätzen vereinbar (vgl. Matthes, 2004): Ausgangspunkt des Konnektionismus – synonym auch parallel distributive Verarbeitung oder künstliche neuronale Netzwerke genannt – ist der Versuch, auf der Grundlage von Computersimulationen Erkenntnisse über kognitive Prozesse zu erhalten. Kognitive Prozesse werden so modelliert, dass sie dem zugrunde liegenden biologischen Vorbild weitestgehend ähnlich sind. Kurz: Es geht um eine neuronal inspirierte Modellbildung kognitiver Prozesse (vgl. Pospeschill, 2004, S. 17). Konnektionistische Modelle gehen von adaptiven informationsverarbeitenden Systemen aus, die sich aus einer Vielzahl von Verarbeitungseinheiten (units) zusammensetzen und Signale in Form von Aktivierungsmustern über gerichtete Verbindungen übertragen. Dies ist als eine grobe Analogie zum biologischen Nervensystem aufzufassen, bei dem Informationsverarbeitung durch einen Verbund von Nervenzellen realisiert wird. Vereinfacht ausgedrückt, werden in einer paralleldistributiven Verarbeitung Informationen als Aktivierungsmuster einzelner units repräsentiert. Diese units sind in einem Netzwerk von Verbindungen miteinander verknüpft: „The activation of each unit is a function of the sum of the activations it received from other units, weighted by the strengths of the connections to it from each of these units“ (Eiser, Fazio, Stafford & Prescott, 2003, S. 1223). In der Kommunikationswissenschaft finden sich bis dato nur vereinzelte Anwendungen der konnektionistischen Denkweise (Vorderer &

Kommen wir nun zum Modell von Price & Tewksbury (1997). Die Autoren unterscheiden zwischen „knowledge store" (Langzeitgedächtnis), „active thought" (Arbeitsgedächtnis) und „current stimuli" (Stimulus). Im Langzeitgedächtnis sind Netzwerke von Konstrukten abgebildet, die Informationen über Objekte und ihre Attribute, Ziele, Werte, Emotionen, affektive und emotionale Zustände enthalten. Demnach werden nach Aussage von Price und Tewskbury (1997) nicht nur kognitive Framing-Effekte erklärt, sondern auch affektive.[90] Unter dem aktiven Denken bzw. dem Arbeitsgedächtnis verstehen die Autoren momentan ablaufende Informationsverarbeitungsprozesse des Individuums, die sich auf ganz bestimmte Konstrukte aus dem Wissenslager beziehen. Das assoziative Netzwerkmodell basiert auf Annahmen über Erregungsverbreitung: Wird ein Wissenskonstrukt aktiviert, verbleibt eine gewisse Residualenergie, die den Aktivierungsgrad auch nach der Aktivierung aufrechterhält. Konstrukte mit hohem Aktivierungsgrad werden mit höherer Wahrscheinlichkeit erneut aktiviert. Zudem ist die Bewertung der Relevanz des Konstruktes entscheidend: Wenn das Individuum ein aktiviertes Konstrukt für nicht relevant erachtet, dann wird es auch nicht verwendet. Dies verdeutlicht, dass es sich nicht um ein passives Anwenden von Wissenseinheiten handelt, sondern vielmehr um einen aktiven Prozess. Zusammengefasst heißt das:

> A person's store of knowledge, values, motivations and feelings may be usefully represented as an associative network; second, that only small parts of this store are subject to active thougth at any single point in time; and third, that activation of particular constructs in the store increases the probability that associated constructs will also be activated. (Price & Tewksbury, 1997, S. 188)

Die Aktivierung eines Konstruktes hängt zum einen von den Charakteristika des Wissenslagers ab, d.h. welche Konstrukte sind verfügbar und zugänglich, und zum anderen von den Eigenschaften des Stimulus, d.h. welche der zugänglichen Konstrukte sind auf den Stimulus anwendbar. Von den zugänglichen und anwendbaren Konstrukten werden jene aktiviert, die das höchste Erregungsniveau haben. Framing wird von den Autoren als *Anwendbarkeitseffekt* und Priming als *Zugänglichkeitseffekt* bezeichnet. Der Medien-Frame bestimmt, welche Konstrukte aktviert werden können, also welche Konstrukte auf den Stimulus anwendbar sind (Anwendbarkeitseffekt). Werden diese Konstrukte aktiviert, ist die Wahrscheinlichkeit einer zukünftigen Aktivierung ebenfalls erhöht. Daher ist es wahrscheinlich, dass jene auch für die Urteilsbildung herangezogen werden. Dies ist dann der Zugänglichkeitseffekt (Priming).

Weber, 2003; Wirth, 1997), so dass die Brauchbarkeit für die Modellierung von Wirkungsprozessen noch nicht abzuschätzen ist. Allerdings geht die Komplexität der Sachverhalte, die mittlerweile mit konnektionistischen Netzwerken simuliert werden können, weit über einfache Modellierungen (z.B. Worterkennung) hinaus, und dies lässt viel versprechende Anwendungsmöglichkeiten erwarten (vgl. u.a. Eiser et al. 2003; Siegle & Hasselmo, 2002; Smith, 1996).

[90] De Facto hat das Modell aber einen stark kognitiven Bias.

Abbildung 4: Das Modell von Price & Tewksbury (1997)

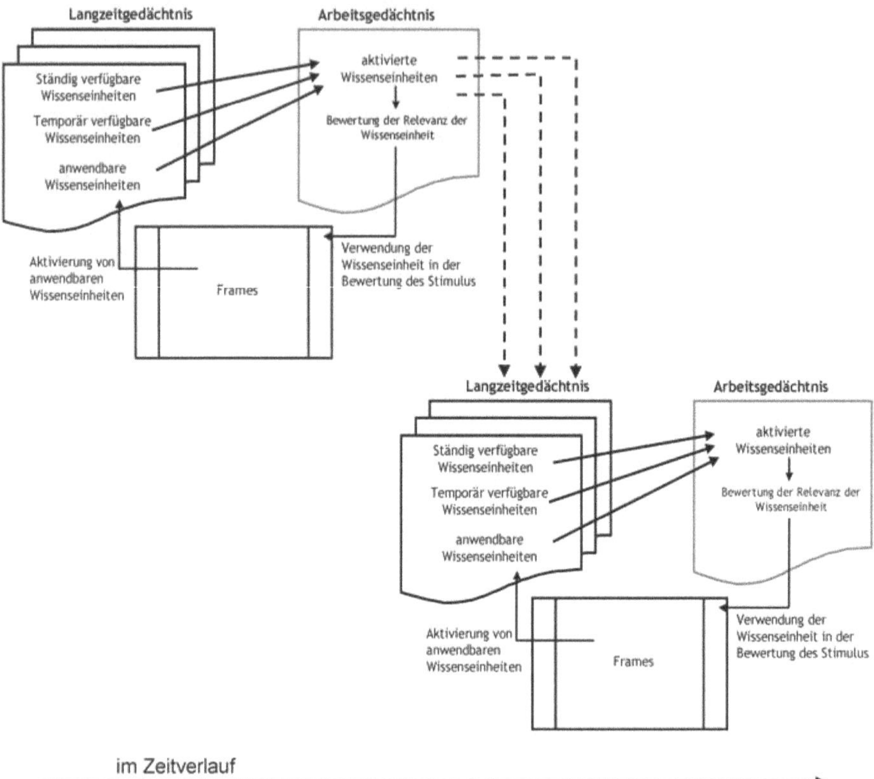

Zu beachten ist, dass immer mehrere zugängliche und anwendbare Konstrukte um die Aktivierung werben. Das heißt: Die durch die Frames aktivierten Konstrukte konkurrieren stets mit chronisch zugänglichen Konstrukten. Für medial vermittelte Kommunikation bedeutet dies, dass der Rezipient immer vor dem Hintergrund seiner vorangegangenen Aktivierungen auf einen Medien-Stimulus reagiert. Price und Tewksbury (1997) weisen auf die Wichtigkeit hin, eine Prozessperspektive einzunehmen: Anwendbarkeitseffekte, die durch Framing zustande kommen, können ja durch spätere Zugänglichkeitseffekte aufrechterhalten werden und damit sogar zu chronisch verfügbaren Konstrukten werden. Dies zeigt, dass Priming und Framing nicht nur Kurzzeiteffekte sind: Sie können ihre Wirkung auch kumulativ entfalten, und Wissenseinheiten können durch die Medien-Frames chronisch verfügbar gemacht werden. Dies ist zusammenfassend in Abbildung 4 dargestellt.

Das Modell von Price und Tewksbury wurde in einer Reihe von empirischen Studien herangezogen (Brewer, 2002; de Vreese, 2004; de Vreese & Boomgaarden, 2003; Ju, 2005; Brewer, Graf & Willnat, 2003; Keum et al., 2005; Price, Lilach & Cappella, 2005; Price, Tewksbury & Powers, 1997; Shah et al., 2001; Shen, 2004; Tewksbury et al., 2000; Valkenburg, Semetko & de Vreese, 1999). Beispielhaft sei hier nur das Experiment von Price et al. (1997) vorgestellt: In einem 1x4 Experiment lasen die Versuchspersonen einen Zeitungsartikel über das Thema „staatliche finanzielle Unterstützung von Universitäten". Es wurden vier Variationen des Artikels erstellt: ein Konflikt-Frame, bei dem die Auseinandersetzung von zwei Gruppen im Vordergrund stand; ein „Human-Interest"-Frame, bei dem eine personalisierte Berichterstattung erfolgte; ein Konsequenzen-Frame, bei dem der Fokus auf kausalen Folgen lag und eine Kontrollgruppe. Der Rumpf des Textes war in allen Bedingungen identisch, nur Einleitung und Ende wurden variiert. Danach erhielten die Versuchspersonen die Instruktion, alle Gedanken aufzuschreiben, die ihnen während des Lesens des Textes in den Sinn gekommen waren. Die Aussagen der Versuchspersonen wurden nach ihrer Zugehörigkeit zu den drei Frames kodiert. Angesichts des Designs sind die Ergebnisse nicht weiter überraschend: Es zeigt sich ein deutlicher Anwendbarkeitseffekt. Die Medien-Frames haben die Zugänglichkeit der entsprechenden Wissenseinheiten erhöht. Interessanter ist nun die Frage, in wie weit sich diese zugänglich gemachten Wissenseinheiten auf die Urteile auswirken. Dies wurde in einem Folgeexperiment mit identischem Design überprüft. Hier zeigen sich Hinweise, dass die aktivierten Einheiten durchaus für Bewertungen herangezogen werden – auch wenn die Ergebnisse nicht mehr so eindeutig sind wie im ersten Experiment.

Schließlich sei noch die Studie von Brewer (2002) zum Thema Rechte von Schwulen erwähnt: Die Personen, die einen Moral-Frame rezipierten, antworteten in einer offenen Frage auch eher mit moralbezogenen Vokabeln als andere Personen. Bedeutend ist das Ergebnis, dass bei der Rezeption von zwei gegensätzlichen Frames der Framing-Effekt eines Frames schwächer wird. Dies deutet auf die Konsonanz als wichtige Variable bei Medienwirkungen hin (vgl. Peter, 2004). Ebenfalls erwähnt werden sollen noch die Studien von de Vreese (2004) und Tewksbury et al. (2000): In beiden wurde eine zweite Nachhermessung vorgenommen, die gezeigt hat, dass die gefundenen Framing-Effekte nahezu verschwinden.

Bleibt festzuhalten (vgl. Matthes, 2007b):

- Price und Tewksbury legen ein gedächtnisbasiertes Wirkungsmodell vor, das ebenso wie die oben diskutierten Ansätze stark stimulusorientiert ist. Die Logik: Medien-Frames bestimmen, an was die Menschen denken, und diese aktivierten Gedanken werden auch für Urteile herangezogen: „Frames affect opinions by priming specific beliefs; that is, by selectively boosting their accessibility in memory“ (Nelson & Willey, 2001, S. 255).

- Vor allem was Gedächtniswirkungen betrifft, lassen sich recht starke und eindeutige Framing-Effekte zeigen. Bei Einstellungswirkungen, die auch seltener untersucht werden, sind die Ergebnisse meist weniger eindeutig.
- Das Modell beinhaltet eine Zeitkomponente, d.h. es macht Vorhersagen über langfristige Effekte. Dabei weist es auf zwei wichtige Variablen für Framing-Effekte hin: Wenn ein Rezipient a) *kumulativ* mit b) *konsonanten* Medien-Frames konfrontiert wird, erhöht sich die Wahrscheinlichkeit, dass diese Frames Einstellungswirkungen haben.
- In einigen Studien werden themenunabhängige Frames wie Konflikt oder Personalisierung untersucht (Price et al., 1997; Valkenburg et al., 1999). Abgesehen von der bereits in Kapitel 2.3 diskutierten, schwierigen Abgrenzung dieser Frames zu Nachrichtenwerten ist hier der Konfundierungsvorwurf nicht völlig aus der Welt, da möglicherweise nicht der themenunabhängige Frame sondern der konkrete Inhalt des Artikels ausschlaggebend für die Effekte war (Keum et al., 2005).
- Es handelt sich ausschließlich um experimentelle Studien mit einem einfaktoriellen Design. Zieht man die Machart der Experimente in Betracht, so verwundern die Ergebnisse kaum. Die Stimuli werden nur einmal präsentiert und die Zeitkomponente – obwohl sie im Modell von Price und Tewksbury enthalten ist – wird empirisch nicht berücksichtigt. Es handelt sich um ein Tabula-Rasa-Modell der Frame-Wirkungen (Matthes, 2007b): Personeneigenschaften und vor allem die Interaktion von Voreinstellungen und den Medienstimuli werden vernachlässigt.

Der Ansatz von Price und Tewksbury ist das ausführlichste sowie am besten untersuchte theoretische Modell in der gesamten Forschung zu Frame-Wirkungen und ist entsprechend stark beachtet wurden. Dies liegt möglicherweise auch daran, dass es Framing mit Priming verknüpft und damit an einen reichhaltigen Theoriestrang der kommunikationswissenschaftlichen Wirkungsforschung anknüpft (z.B. Iyengar & Kinder, 1987).[91]

2.4.4 *Framing-Effekte als Schema-Veränderung*

Der Schema-Begriff ist in der Framing-Forschung ein gern verwendeter Sammelbegriff für „Rezipienten-Frames". Genuin schema-theoretische Studien, die dezidierte theoretische Vorstellungen entwickeln und diese auch überprüfen, lassen sich allerdings kaum finden. Einzige Ausnahme ist die Übersichtsarbeit von B. Scheufele (2003, 2004a), die in eine empirische Effekt-Studie mündete (B. Scheufele, 2004b).

Zunächst aber zum Schema-Begriff (für die folgenden Ausführungen vgl. Matthes, 2004, 2007c): Schemata können folgendermaßen definiert werden: "A schema is a structured cluster of concepts; usually, it involves generic knowledge and may be used to represent events, se-quences of events, percepts, situations, relations, and even objects" (Eysenck & Keane, 2002, S. 252). Schemata sind an zwei Stellen des Informationsverarbeitungsprozesses relevant (vgl. Rumelhart, 1980; Taylor & Crocker, 1981): Trifft eine Information auf das Informationsverarbeitungssystem, wird zunächst das Schema identifiziert, welches am besten auf die einströmende Information passt. Diese Phase der Schema-Identifikation kann als datengeleitet (bottom up) bezeichnet werden. Welches Schema identifiziert wird, bestimmt, ob und wie diese Information verstanden und eingeordnet wird. Des Weiteren steuert ein einmal identifiziertes Schema die Verarbeitung der kommenden Information und auch die Aktivierung von verknüpften Schemata. Diese Phase entspricht der konzeptgesteuerten Informationsverarbeitung (top down) und macht den eigentlichen Kernbereich der Schema-Theorie aus Ferner weisen Schemata eine pyramidale Struktur auf und sind untereinander durch ein Netz von Assoziationen verbunden (Fiske & Taylor, 1991; Rumelhart, 1980; Taylor & Crocker, 1981).

Schemata haben drei eng verknüpfte Funktionen (vgl. Taylor & Crocker 1981; zusammenfassend Matthes, 2004; Wirth, 1997): Erstens entlasten sie das Informationsverarbeitungssystem (Entlastungsfunktion), da durch den Rückgriff auf ein Schema nicht

[91] B. Scheufele (2003, 2004a) hält den Priming-Gedanken für die Erklärung von Framing-Effekten generell für nicht brauchbar: „Media priming totally ignores that media coverage is much more complex than a singular word or trait" (B. Scheufele, 2004a, S. 408). Da Priming aus der psychologischen Forschung stammt, sei eine Übertragung auf Medienstimuli „die falsche Analyseebene" (B. Scheufele, 2003, S. 63) und zudem würden die Medien-Priming Studien den „tatsächlichen Rezeptionssituationen" (S. 63) nicht gerecht. Obwohl die Kritik im Grundsatz nachvollziehbar ist, bleibt jedoch immer noch offen, wie sich die zahlreichen Ergebnisse der Medien-Priming Studien alternativ erklären ließen und warum sich die Vorhersagen zum Medien-Priming in der bisherigen Forschung überwiegend bestätigt haben.

jeder Stimulus neu und umfassend verarbeitet werden muss. Eine zweite Funktion besteht in der Strukturierung von Erfahrungen (Strukturierungsfunktion) bzw. in der Bedeutungszuweisung von eintreffenden Informationen: „[W]hen a stimulus configuration is matched against a schema, elements in the configuration come to be ordered in a manner that reflects the structure of the schema" (Taylor & Crocker, 1981, S. 97). Diese strukturierende Funktion ist die Basis für schema-induzierte Erinnerungsleistungen, denn schema-relevante Informationen werden einfacher und schneller erinnert als schema-irrelevante Informationen (Fiske & Taylor, 1991; Taylor & Crocker, 1981). Schemata sind aber nicht nur für „Erinnerungslücken" verantwortlich sondern auch für Ergänzungen. Personen fügen systematisch Informationen hinzu, die nicht Teil des ursprünglichen Stimulus sind. Minsky (1975) führt in diesem Zusammenhang den Begriff der Standardwerte (default options) ein. Ist beim Abgleich von Schema und Stimulus ein schema-konstituierendes Element nicht im Stimulus vorhanden, führt dies nicht notwendigerweise zum „Misfit", sondern es werden Standardwerte eingesetzt, wie sie in ähnlichen Situationen vorkommen. Derartige Ergänzungen ermöglichen eine sinnvolle Kontextualisierung von Informationen. Dies ist die dritte Funktion von Schemata, die Ergänzungsfunktion. Darüber hinaus bilden Schemata die Basis für Problemlösungen und Handlungen.

B. Scheufele (2003) definiert einen Frame als ein Bündel von Schemata. Ein Schema bezieht sich auf ein singuläres Objekt wie etwa ein Ereignis, einen Akteur, eine Handlung, eine Interaktion oder eine Ursache. Ein Frame setzt sich nun aus mehreren, konsistent miteinander verbundenen Schemata zusammen. Das heißt, mehrere Schemata spannen einen konsistenten Sinnhorizont auf. Entscheidend sind auch die Beziehungen bzw. die Stärke der Verknüpfungen zwischen den einzelnen Schemata. B. Scheufele greift das oben beschriebene Modell von Price und Tewksbury auf und kritisiert, dass es die Veränderung bestehender Frames sowie die Etablierung neuer Frames nicht erklären könne. Price und Tewksbury (1997) behandelten nur "Aktivierungseffekte" durch Framing. Das heißt, das Modell erklärt die Aktivierung von bereits bestehenden Schemata.[92] Dem setzt B. Scheufele (2003, S. 66) eine eigene Konzeption entgegen, die vier Framing-Effekte unterscheidet:

- *Transformation bestehender Schemata.* Wenn die Medien kumulativ und konsonant konträr zum bestehenden Schema berichten, so kann sich ein Schema ändern

[92] Price und Tewksbury (1997) beziehen sich allerdings nicht auf Schemata, sondern allgemein auf Konstrukte, die ganz unterschiedlich abstrakt sein können. Jedoch bleibt die Beziehung zwischen dieses Konstrukten unterbelichtet.

bzw. transformieren. Die Rezipienten passen ihr Schema dem Schema aus der Medienberichterstattung an.

- *Transformation der Verknüpfungen zwischen Schemata.* Ausgangspunkt ist die Idee, dass kausale Ursachen mit einem Schema verknüpft sein können. Es besteht also eine Verbindung zwischen zwei Konzepten (z.B. Terrorismus und Islam). Diese Verbindung kann durch kumulative Berichterstattung aufgelöst oder verschoben werden, so dass eine andere Verbindung entsteht (Terrorismus und Auftreten der USA).

- *Etablierung neuer Vorstellungen:* Wenn kein Schema verfügbar ist, greifen die Rezipienten auf allgemeine Schemata zurück. Wenn die Medienberichterstattung einen neuen Aspekt aufgreift, kann sich ein neues Sub-Schema herausbilden.

- *Einstellungseffekt.* Dies deckt sich in etwa mit dem Priming-Effekt von Price und Tewksbury (1997), den B. Scheufele als Zwei-Stufen-Modell bezeichnet. In einem ersten Schritt macht die Medienberichterstattung ein Schema beim Rezipienten salient. In einem zweiten Schritt wird dieses Schema für Bewertungen herangezogen.

Die vier Effekte stellen eine hilfreiche Systematisierung von Framing-Effekten dar, die über die bisherige Forschung hinausgehen.[93] Relevant ist vor allem die Idee, dass die Medienberichterstattung die Verbindung zwischen zwei Schemata verändern kann. Zudem greift das Modell die Erkenntnisse der bisherigen Forschung auf und gliedert diese ein. Die empirische Umsetzung und Überprüfung der Unterscheidbarkeit der

[93] Der Vollständigkeit halber seien aber auch die Prozesse der Schema-Veränderung erwähnt, die Rumelhart (1980) und Rumelhart & Norman (1978) schon Ende der siebziger Jahre vorgeschlagen haben (vgl. auch Matthes, 2004; Wirth, 1997, S 128ff): „*accretion*", „*tuning*" und „*restructuring*". Accretion bezeichnet das sukzessive Ansammeln von Faktenwissen zu einem Schema, ohne dass es zu strukturellen Veränderungen in der Wissensorganisation kommt. Wenn allerdings kein Schema für die neue Information herangezogen werden kann, dann ist Lernen durch accretion nicht mehr effektiv. In diesem Fall muss entweder ein bereits bestehendes Schema modifiziert werden (tuning) oder es wird ein neues Schema gebildet (restructuring). Tuning kann auf drei verschiedene Arten erfolgen: Zum Ersten kann durch die mehrfache erfolgreiche Anwendung eines Schemas auf eine Situation das Schema stärker an die Gesamtpopulation der betroffenen Situationen angepasst werden. Zum Zweiten kann ein Schema auf neue Situationen oder Stimuli generalisiert werden, indem ein neuer Aspekt zu dem Schema hinzugefügt wird. Im Gegensatz zu dieser Art des tunings kann zum Dritten auch die Anwendung eines Schemas wiederum nur auf ganz bestimmte Situationen beschränkt werden. Die letzte Form der Schema-Veränderung, das restructuring, bezieht sich auf die Entstehung von neuen Schemata. Hierfür schlagen die Autoren wiederum zwei Prozesse vor: „patterned recognition" und „schema induction". Zunächst kann durch Analogie-Lernen ein neues Schema aus einem bereits bestehenden entstehen (patterned recognition). Beim Prozess der schema induction wird hingegen ein neues Schema gebildet, wenn wiederholt eine vorher unbekannte Stimuluskonfiguration auftritt.

Prozesse steht allerdings noch aus. B. Scheufele (2004b) selbst hat sich in einer ersten experimentellen Studie diesem Vorhaben genähert: Die Versuchspersonen lasen Artikel zu zwei verschiedenen Themen. Variiert wurden zwei Frames bei jeweils zwei Themen (z.B. die Frames „Gesundheit“ und „Tierschutz“ beim Thema Hühnerhaltung). Als abhängige Variable wurden Gedankenprotokolle erfasst, in dem die Probanden gebeten wurden, eine E-Mail zu dem Thema zu schreiben. Zudem wurden Meinungen gemessen. Das Kernergebnis: „Leser/innen des Artikels über Hühnerhaltung mit Frame 1 *Gesundheit* äußerten mehr gesundheitsbezogene Gedanken [...] als die übrigen“ (S. 138) und „Leser/innen des gesundheitlich argumentierenden Artikels hielten Bioeier für gesünder, besser und tierfreundlicher als Leser/innen des Artikels mit Tierschutz-Frame“ (S. 138-139). Dies ließ sich auch für das zweite Thema zeigen. B. Scheufele schlussfolgert, dass inhaltliche Medien-Frames die Kognitionen der Rezipienten beeinflussen. Damit konnte er nach eigener Aussage „einen Aktivierungs- oder kurzfristigen Transformationseffekt nach der Rezeption“ nachweisen (S. 139). Der Autor gesteht aber ein, dass ein Pre-Post-Test-Design sowie eine kumulative Darbietung notwendig gewesen wäre, um Framing-Effekte detaillierter aufzuzeigen. Ein Transformationseffekt wäre auch nur langfristig erwartbar. Damit ist klar: Das Design der Studie weist keine großen Unterschiede zu den Arbeiten auf, die wir bereits bei den Studien zu Price und Tewksburys Modell kennen gelernt haben. Die vier von B. Scheufele unterschiedenen Framing-Effekte können in dieser Studie nicht belegt werden. Zudem bleibt die Antwort auf die spannende Frage offen, wie man einen Frame (in der Konzeption von B. Scheufele) auf Rezipientenseite misst und wie vor allem die Beziehungen zwischen einzelnen Schemata operationalisiert werden sollen. Dies müsste ja erfolgen, um den zweiten Effekt (Transformation der Verknüpfungen zwischen Schemata) aufzuzeigen. Damit ergeben sich für die schema-theoretische Konzeption folgende Schlussfolgerungen:

- Ebenso wie bei den Arbeiten, die Framing-Effekte durch Wissensaktivierung erklären, stellen kumulative und konsonante Medien-Frames eine zentrale Bedingung für Framing-Effekte dar.

- Obwohl bestehenden Schemata implizit eine Rolle eingeräumt wird (z.B. ob bereits ein Schema existiert oder nicht), finden sich keine Vorhersagen über Prädiktoren von Framing-Effekten auf Rezipientenseite. Es lässt sich nach bisherigem Erkenntnisstand schwer vorhersagen, unter welchen Bedingungen die einzelnen Framing-Effekte zu erwarten sind. Zum jetzigen Zeitpunkt ist das Modell damit noch nicht empirisch gesichert. Die Systematisierung B.

Scheufeles lässt sich daher zunächst sehr gut für die Einordnung und Erklärung bisheriger Studien heranziehen.

- Allerdings muss betont werden, dass es sich um einen verhältnismäßig „jungen“ Ansatz handelt. Nur weil bisher keine empirischen Beweise vorliegen, heißt das nicht zwangsläufig, dass diese nicht möglich wären.

- In der bislang einzigen empirischen Umsetzung (B. Scheufele, 2004b) haben wir es – wie schon bei Price und Tewksbury – mit einem stimulusorientierten Modell der Frame-Wirkungen zu tun: Die Interaktion von Voreinstellungen und den Medienstimuli wird vernachlässigt.

- Wenn Einstellungswirkungen in den Blick genommen werden, so handelt es sich – wie auch in der bisher diskutierten Forschung – um ein gedächtnisbasiertes Modell.

Die gewichtigen Probleme der Schema-Theorie, die mittlerweile zu einem „Absterben“ schema-theoretischer Konzeptionen in der psychologischen Forschung geführt haben, sollen hier abschließend noch gestreift werden (vgl. Matthes, 2004; Wirth, 1997, S. 127ff): Erstens gibt es seit Beginn der Schema-Theorie Probleme bei der Operationalisierung von Schemata (vgl. zu Operationalisierungslogiken Matthes et al., 2008). Die eingesetzten Techniken sind vor allem in Hinsicht auf die recht willkürliche Ableitung der Schemata zu kritisieren. Ein Grund für die recht schwammigen empirischen Umsetzungen ist sicherlich in der ungenauen Definition von Schemata auszumachen (Taylor & Crocker, 1981). Dies ist das zweite Problem. Noch schwerwiegender ist aber das dritte Problem der Schema-Theorie: ihr mangelnder prognostischer Wert. Die Schema-Theorie zeichnet aufgrund ihrer zu statischen Konzeption ein vereinfachtes Bild von Informationsverarbeitungsprozessen. In der modernen Kognitionspsychologie herrscht schon lange Einigkeit darüber, dass keine vorgefertigten „Bausteine der Kognition“ (Rumelhart, 1980, S. 33) aus dem Langzeitgedächtnis abgerufen und über die Stimuli „gestülpt“ werden. Zudem können Veränderungen von Schemata sowie das Zusammenspiel von Kognition und Affekt unzureichend schema-theoretisch erklärt werden. Ebenso weiß die Schema-Theorie keine Antwort auf die in vielen Studien berichtete a-schematische Informationsverarbeitung bei detailgetreuen bzw. exakten Erinnerungen (Wirth, 1997, S. 127). Hinzu kommt die Flexibilität der Theorie in Bezug auf die empirischen Ergebnisse. Damit ist gemeint, dass sie einerseits zu viel und andererseits zu wenig erklärt: Zu viel, weil mit der Schema-Theorie nahezu jedes empirische Ergebnis gedeutet werden kann – zu wenig, da sie keine wirklich exakten Vorhersagen über Wirkungsprozesse erlaubt. Damit soll die Bedeutung der Schema-Theorie für die Kommunikationswissenschaft nicht verwischt werden (Matthes, 2007c). So lange für eine konkrete Untersuchungsfrage keine besseren Modelle vorliegen, erweist sich die Schema-Theorie durchaus als brauchbar.

2.4.5 Wichtigkeitsbasierte Effekte

Nelson und Kollegen (Nelson, 1999; Nelson & Oxley, 1999; Nelson, Clawson & Oxley, 1997; Nelson, Oxley & Clawson, 1997; Nelson & Kinder, 1996; Nelson & Willey, 2001) kritisieren am gedächtnisbasierten Modell (vgl. Iyengar, 1991, Price & Tewksbury, 1997), dass zugängliche Informationen nicht notwendigerweise für die Urteilsbildung herangezogen werden müssten, da zugängliche Informationen in ihrer Wichtigkeit variieren können. Das heißt: Es ist nicht entscheidend, wie leicht die Informationen kognitiv verfügbar sind, sondern als wie wichtig sie erachtet werden. Folglich besteht der Framing-Effekt nach Nelson und Kollegen nicht in der Veränderung der Zugänglichkeit von Informationen, sondern in der Veränderung der Wichtigkeit: „[F]rames affect opinions simply by making certain considerations seem more important than others; these considerations, in turn, carry greater weight for the final attitude“ (Nelson, Oxley et al., 1997, S. 569). Nach Auffassung der Forschergruppe zeichnen gedächtnisbasierte Framing-Effekte ein zu vereinfachtes Bild der Rezipienten. Menschen lassen sich nicht automatisch von kognitiv zugänglichen Informationen leiten, sondern sie gewichten diese Informationen nach ihrer Relevanz. Zudem werden Framing-Effekte von klassischen Persuasionseffekten abgegrenzt. Bei der Persuasion, so Nelson und Kollegen, werden Einstellungen durch die Vermittlung von neuen Informationen verändert. Beim Framing wird jedoch nur das Gewicht bzw. die Wichtigkeit bereits bestehender Informationen durch das mediale Framing beeinflusst. Neue Informationen werden nicht gelernt.

In einem ersten Experiment wurden diese Annahmen zum Thema Sozialhilfe überprüft. Das Design des Experimentes ist außergewöhnlich: Es wurden zwei Frames durch den Einleitungstext im Fragebogen manipuliert. Eine Gruppe erhielt den „give away“-Frame durch folgenden Einleitungstext: „Many candidates critized welfare by arguing that most people on welfare don't deserve the special treatment“ (S. 241). Die andere Gruppe las den Text mit dem Wirtschafts-Frame: "Many candidates critized welfare by arguing that excessive welfare payments are seriously threatening the American economy" (S. 241). Danach wurden die Teilnehmer nach ihrer Einschätzung zur Sozialhilfe befragt. Das Ergebnis: Beide Gruppen unterscheiden sich nicht in ihrer Globaleinstellung. Allerdings korrelieren in der „give away“-Bedingung die Gefühle gegenüber armen Menschen mit der Globaleinstellung; in der Wirtschafts-Bedingung war dies nicht der Fall. Dies werten die Autoren als Indiz, dass Framing-Effekte durch eine Veränderung von Wichtigkeitseinschätzungen zustande kommen. Interessant ist die zweite Analyselogik, die Framing von Persuasion abgrenzt: Framing lässt sich nach Nelson und Kollegen nicht durch die Aufnahme neuer Informationen erklären. Folglich dürfte der Effekt genauso stark sein bei Personen mit geringer und mit starker Vorkenntnis der Argumente. Dies bestätigt sich – der Effekt ist bei Personen mit Vorkenntnissen sogar stärker. Demnach kommt der Framing-Effekt nicht durch das Lernen von neuen Informationen zustande.

Dass dieses Experiment nicht sonderlich überzeugend ist, liegt auf der Hand. Zunächst handelt es sich um keine valide Manipulation des Frames, zudem kann nur auf den vermuteten Mechanismus geschlossen werden. Eine Veränderung in der Wichtigkeit einzelner Gedanken wurde nicht getestet. Schliesslich verwundert es wenig, dass der Effekt nicht durch das Lernen von neuen Informationen zustande kam – die Probanden hatten ja auch gar nicht die Möglichkeit, neue Informationen zu lernen, da die Manipulation nur aus einem Satz bestand. In weiteren Studien wurde die Wichtigkeit der Informationen allerdings direkt erfasst. Bei Nelson und Oxley (1999) wurden zwei Frames zum Thema „Erschließung von neuen Landflächen" variiert. Ein Umwelt-Frame betonte die Umweltbelastung bei der Landerschließung, der Wirtschafts-Frame legte den Schwerpunkt auf die wirtschaftlichen Vorteile. Die Versuchspersonen lasen einen Zeitungsartikel, wobei die Frames durch die Variation eines Bildes, der Bildunterschrift und eines Zitats im Text manipuliert wurden. Die Wichtigkeit wurde gemessen, indem die Versuchspersonen gebeten wurden, verschiedene Aspekte nach ihrer Wichtigkeit zu ordnen. Zunächst zeigen die Ergebnisse, dass die Personen in der Umwelt-Bedingung der Landerschließung negativer gegenüberstanden als die Personen in der Wirtschafts-Bedingung. Des Weiteren schätzen die beiden Gruppen auch zwei von sechs Aspekten als wichtiger ein, die ihrem jeweiligen Frame entsprachen. Zum Beispiel hielten die Personen in der Umweltbedingung das Recht, das eigene Land in seiner ursprünglichen, wilden Form zu belassen, für wichtiger als die anderen Personen. Bei den anderen vier Aspekten ließen sich jedoch keine Unterschiede in der Wichtigkeit nachweisen. In einer – im gleichen Aufsatz berichteten – vom Design her identischen Replikationsstudie zu einem anderen Thema zeigte sich erneut nur bei einem der beiden Wichtigkeitsitems ein Unterschied. Die Autoren werten die Ergebnisse beider Experimente nichtsdestotrotz als Beleg für die Wichtigkeitstransferhypothese. Wie dem auch sei, es handelt sich dennoch nur um eine indirekte Beweisführung. Es kann nämlich keineswegs ausgeschlossen werden, dass die Zugänglichkeit von Informationen für die Ergebnisse ausschlaggebend war. Ganz im Sinne der Second-Level Agenda Setting

Forschung (vgl. Kap. 2.4.1) könnte man ja argumentieren, dass zugängliche Informationen auch als wichtiger eingeschätzt werden. Die Zugänglichkeit wurde allerdings in diesem Experiment nicht erfasst.

Eine weitere Studie (Nelson, Clawson et al., 1997) widmete sich diesem Defizit. Beim Thema Ku Klux Klan wurden erneut zwei Frames manipuliert. Eine Gruppe sah ein Video, in welchem das Recht der Klan-Mitglieder auf Meinungsfreiheit hervorgehoben wurde. Eine andere Gruppe sah einen Beitrag über die Störung der öffentlichen Ordnung, die aus Versammlungen des Klans resultierten. Danach wurden die Probanden nach ihrer Einstellung zum Klan befragt. Anschließend erfolgte die Manipulation eines weiteren Faktors: Die Hälfte der Teilnehmer bekam eine Reaktionszeitaufgabe, mit der die Zugänglichkeit von einzelnen Informationen getestet wurde. Auf einem Bildschirm wurden Wörter eingeblendet und die Versuchspersonen wurden gebeten, sinnvolle von unsinnigen, nicht existierenden Wörtern zu unterscheiden. Die Logik: Umso schneller man auf eine Kategorie reagieren kann, desto zugänglicher ist sie. Zu beiden Frames wurden entsprechende Wörter einbezogen. Die andere Hälfte der Teilnehmer musste die Wichtigkeit einzelner Informationen einschätzen. Auf diese Weise sollte ermittelt werden, ob ein Framing-Effekt aus einer Veränderung der Zugänglichkeit oder einer Veränderung der Wichtigkeit resultiert. Zu den Resultaten: Wie erwartet zeigten die Personen in der Meinungsfreiheit-Bedingung eine stärkere Toleranz für den Klan als die anderen Personen. Wenn nun dieser Effekt auf die Zugänglichkeit von Informationen zurückzuführen ist, so müsste jede experimentelle Gruppe auf ihre entsprechenden Wörter schneller reagieren als die andere Gruppe. Dies war nicht der Fall. Stattdessen zeigt sich aber ein deutlicher Haupteffekt: Alle Personen reagierten stärker auf Wörter, die einen Bezug zur Meinungsfreiheit haben – unabhängig davon, welches Video sie gesehen hatten. Anscheinend, so die Autoren, kommt der Framing-Effekt nicht durch eine Veränderung der Zugänglichkeit zustande. Wenn stattdessen der Effekt auf einer Veränderung der Wichtigkeit beruht, so müssten beispielsweise die Personen in der Meinungsfreiheit-Bedingung auch meinungsfreiheitsbezogene Informationen für wichtiger einschätzen als die Personen in der anderen Bedingung. Die Ergebnisse bestätigen genau dies. In einem Folgeexperiment wurde dieses Ergebnis mit zwei Zeitungsartikeln repliziert – allerdings wurde nun erstaunlicherweise auf die Reaktionszeitmessung verzichtet.

Insgesamt legen die Ergebnisse von Nelson, Clawson et al. (1997) den vermuteten Wirkmechanismus nahe: Frames entfalten ihre Wirkung, indem sie die Wichtigkeit einzelner Argumente verändern. Allerdings kann die Alternativerklärung, dass nämlich diese Effekte nur durch eine Veränderung der Zugänglichkeit von Argumenten auftreten, nicht ausgeräumt werden. In der Reaktionszeitmessung bei Nelson, Clawson et al. (1997) überdeckte der Haupteffekt der Wörter mit Bezug zur Meinungsfreiheit einen denkbaren Interaktionseffekt. Möglicherweise haben die Frames durchaus die Zugänglichkeit der Frame-bezogenen Argumente erhöht. Da der Haupteffekt allerdings äußerst stark war ($F\ 1(81) = 36.51$), könnte dieser Interaktionseffekt (d.h. jede Gruppe reagiert bei Frame-konsistenten Wörtern schneller) möglicherweise unterdrückt worden sein. Zudem ist zu fragen, ob es Sinn macht, die Reaktionszeitmessung nach der Einstellungsmessung vorzunehmen, da letztere ja die Zugänglichkeit von Informationen beeinflussen kann.[94] Vor diesem Hintergrund verwundert es ein wenig, dass beim Folgeexperiment keine Reaktionszeitaufgabe erfolgte. Dies hätte für mehr Klarheit sorgen können.

Zwei weitere Studien sind hier noch erwähnenswert, da sie zum einen den Gedankengang von Nelson und Kollegen aufgreifen und zum anderen – als Ausnahme unter den Effekt-Studien – Bedingungen von Framing-Effekten thematisieren. Es handelt sich um die Arbeiten von Druckman und Nelson (2003)[95] sowie Druckman (2001). Druckman (2001) liest aus der bisherigen Forschung die implizite Annahme des hilflosen Bürgers, der sich nicht gegen den Framing-Einfluss von Eliten wehren kann. Dem stellt er eine wichtige Bedingung entgegen: die Glaubwürdigkeit des Kommunikators. Nur Frames von glaubwürdigen Quellen können erfolgreich durchgesetzt werden, so die Annahme. In einem 2x2 Design wurde beim Lesen von Kurzstatements zum Thema „Unterstützung von armen Menschen" die Glaubwürdigkeit der Quelle (Colin Powell vs. Jerry Springer) und der Frame (Ausgaben der Regierung vs. Humanismus) manipuliert. Gemessen wurde ähnlich wie bei Nelson und Kollegen die Globaleinstellung zum Thema sowie die Wichtigkeit der Argumente. Erstaunlicherweise ging Druckman (2001) nicht von einem Haupteffekt der Glaubwürdigkeit aus. Da die Annahmen nicht intuitiv verständlich sind, sollen sie hier wörtlich wiedergegeben werden:

> The source credibility hypothesis predicts that compared to participants who read the Colin Powell expenditures article, participants who read the Colin Powel humanitarian article will exhibit significantly greater support for assistance. [...] There should be no significant differences among individuals who read Jerry Springer articles. (S. 1049)

Im Grunde wurde eine Interaktion zwischen Quelleninformation und Frame erwartet. Exakt dies ergaben auch die Resultate. Es zeigte sich kein generell stärkerer Framing-

---

[94] Hier würden sich Latenzzeitmessungen anbieten, d.h., es wird gemessen, wie lange eine Person für die Beantwortung einer Frage benötigt (vgl. Matthes, Wirth & Schemer, 2007)

[95] Kjersten R. Nelson, nicht zu verwechseln mit Thomas E. Nelson, dessen Studien oben beschrieben wurden. Da es sich bei Kjersten Nelson nur um eine einzige Studie handelt, wird auf das Erwähnen des Vornamens im Folgenden verzichtet.

Effekt bei Colin Powell als Quelle im Vergleich zu Jerry Springer, sondern nur ein Unterschied zwischen beiden Frames bei Colin Powell als Quelle. In einem Folgeexperiment ließ sich der Effekt bei einem anderen Thema und anderen Quellen bestätigen. In beiden Experimenten wurde der Effekt auf eine Änderung der Wichtigkeit einzelner Argumente zurückgeführt. Dennoch: Da kein Haupteffekt der Quelle auszumachen war, ist die Feststellung Druckmans (2001), „strong support for the claim that perceived source credibility is prerequisite for successful framing“ (S. 1059), irreführend. Die Ergebnisse lassen sich eher als Indiz dafür lesen, dass die manipulierten Variablen nicht voneinander unabhängig sind – ein Problem, dass unlängst in der sozialpsychologischen Forschung diskutiert wurde (Bohner, Ruder & Erb, 2002). Überzeugender ist das Experiment von Druckman und Nelson (2003). Zum Thema „Finanzreform bei politischen Kampagnen“ erhielt eine Gruppe einen „Freie Meinungsäußerung“-Frame, die andere einen „special interests“-Frame. Nach dem Lesen sollten die Versuchspersonen den Artikel mit anderen Personen diskutieren. Hierbei wurde variiert, ob die anderen Diskussionspartner a) den gleichen Frame oder b) den anderen Frame rezipiert hatten. In einer weiteren Bedingung fand keine anschließende Diskussion statt. Zudem wurde die Persönlichkeitseigenschaft Evaluationsbedürfnis („need to evaluate“, Jarvis & Petty, 1996) erfasst. Die Hypothese: Personen mit einem hohen Evaluationsbedürfnis haben verfestigte Meinungen und lassen sich weniger durch Medien-Frames beeinflussen. Zwei Ergebnisse sind relevant: Erstens, wenn mit Personen diskutiert wurde, die einen anderen Frame rezipiert hatten, verschwand der Framing-Effekt. Zweitens, Personen mit einem niedrigen Evaluationsbedürfnis zeigten erwartungsgemäß stärkere Framing-Effekte.

Damit kommen wir zu folgendem Fazit:

- Nelson und Kollegen kommt der Verdienst zu, den exakten Wirkmechanismus nicht nur theoretisch postuliert, sondern auch empirisch gegen andere Erklärungen überprüft zu haben. Bei den bisher behandelten Ansätzen ist dies nicht der Fall.

- Frames entfalten ihre Wirkung auf Einstellungen, indem sie die Wichtigkeit von Argumenten verschieben. Nach Auffassung der Forschergruppe ist dieser Effekt unabhängig von der Zugänglichkeit der Argumente. Jedoch kann ein zugänglichkeits- bzw. gedächtnisbasierter Effekt nicht vollends ausgeschlossen werden. Dafür sprechen auch die zahlreichen experimentellen Befunde der Framing-Forschung, die eben genau diesen zeigen können (z.B. durch den Einsatz von offenen Fragen Price et al., 1997; Valkenburg et al., 1999). Zudem ist auch denkbar, dass zugänglichere Informationen als wichtiger eingeschätzt werden und damit die Grenzen zwischen beiden Erklärungsweisen verwischen.[96] Dies entspräche auch der Logik der Second-Level Agenda Setting Forschung.

- Schließlich ist die Annahme nicht korrekt, gedächtnisbasierte Modelle gingen von wehrlosen Rezipienten aus. So meinen ja Nelson, Oxley et al. (1997), gedächtnisbasierte Modelle „portray the individual as rather mindless, as automatically incorporating into the final attitude whatever ideas happen to pop into mind“ (S. 237). Allerdings verkennen die Autoren dabei die Rolle der Anwendbarkeit (“applicability”, vgl. Higgins, 1996) in gedächtnisbasierten Modellen. Wie wir in Kapitel 2.4.3 gesehen haben, werden nur die Informationen für das Urteil verrechnet, die auch für das Urteil angebracht, bzw. *wichtig* sind. Bedenkt man dies, so ist der Unterschied zwischen gedächtnisbasierten Konzeptionen und dem Ansatz von Nelson und Kollegen nicht mehr so gewaltig.[97]

- Voreinstellungen der Rezipienten werden nicht einbezogen. Jedoch lassen sich erste Hinweise finden, dass unglaubwürdige Quellen sowie interpersonelle Kommunikation den Framing-Effekt unter gewissen Umständen verringern können. Außerdem gibt es Hinweise für die Bedeutung der Persönlichkeitseigenschaft Evaluationsbedürfnis.

2.4.6 *Qualitativ orientierte Wirkungsstudien*

Qualitativ orientierte Wirkungsstudien – welche auch als konstruktionistisch („constructionist“) bezeichnet werden – verzichten ausdrücklich auf Kausalitätsannahmen, wie sie beispielsweise beim Second-Level Agenda Setting gemacht werden (Gamson & Modigliani, 1989; Gamson, 1992, 1996; Gamson, Croteau, Hoynes & Sasson, 1992; Neuman, Just & Crigler, 1992; Iorio & Huxman, 1996). Vielmehr wird die aktive, interpretative Bedeutungskonstruktion der Diskursakteure bzw. der Rezipienten untersucht: „They actively filter, sort, and reorganize information in personally meaningful ways in the process of consuming an understanding of public issues" (Neumann, Just &

[96] Bei Nelson, Clawson et al. (1997) war dies nicht der Fall. Dies kann jedoch auch an der Operationalisierung liegen. Die Zugänglichkeit wurde durch Reaktionszeiten auf Wörter erfasst, bei der Wichtigkeitserfassung wurden einzelne Argumente beurteilt.

[97] Dies gestehen Nelson und Willey (2001) selbst ein: [T]he description of our model probably resembles the memory-based model more closely than the on-line model“ (S. 255).

Crigler, 1992, S. 77). Bei diesen Arbeiten steht nicht die Wirkung, sondern das Zusammenspiel von Kommunikator-Frames, Medien-Frames und Rezipienten-Frames im Mittelpunkt. Der Einfluss der Medien auf die individuelle Bedeutungskonstruktion der Rezipienten wird als eingeschränkt erachtet. Beispielsweise untersuchen Gamson (1996) und seine Forschungsgruppe in 37 Fokusgruppeninterviews, wie die insgesamt 188 teilnehmenden Personen verschiedene Themen verarbeiten und diskutieren.[98] Als Ergebnis dieser Studie unterscheidet Gamson (1996) drei Typen von Konversationsressourcen, auf die Teilnehmerinnen und Teilnehmer der Fokusgruppen in ihren Diskussionen zurückgreifen:

- *Medien-Diskurs.* Da die Interviewten meist nicht direkt die Quelle ihrer Information angeben, wurde anhand von drei Kriterien auf den Bezug zum Medien-Diskurs geschlossen. Zum ersten geben konkrete Fakten („spotlighted facts") Aufschluss darüber, auf welchen Medien-Frame sich bezogen wird. Beispielsweise machten beim Thema Nuklearkraft einige Befragte darauf aufmerksam, dass die US-amerikanischen Atomkraftwerke sicherer seien als die russischen. Diese Haltung führt Gamson (1996, S. 118) auf einen Pro-Nukearkraft-Frame und damit auf den Mediendiskurs zurück. Ein zweiter Hinweis auf das Zurückgreifen auf den Mediendiskurs ist die Nennung von öffentlichen Figuren („public figures"), die für die Bedeutung eines Frames eine zentrale Rolle einnehmen bzw. eine bestimmte Position symbolisieren. Schließlich lassen sich wichtige Schlüsselzitate („catchphrases") wie „split wood, not atoms" (S. 119) als Hinweis auf den Medien-Diskurs werten.

- *Erfahrungswissen.* Unter Erfahrungswissen wird verstanden, dass die Personen persönliche Geschichten von sich selbst oder ihnen nahe stehenden Personen anbringen, um ihren Standpunkt zu untermauern. Falls Erfahrungswissen vorhanden ist, macht es für Gamson die primäre Quelle aus. Dinge, die direkt „am eigenen Leib" erfahren werden, haben damit mehr Durchschlagskraft als der Medien-Diskurs.

- *Populärwissen.* Einige Befragte fügen allgemeingültige Sätze oder Daumenregeln an, um eine bestimmte Position zu erläutern. Im Gegensatz zum Erfahrungswissen, welches immer nur auf eine Person bezogen ist, bezieht sich das Populärwissen auf sozial geteiltes Wissen, das jede Person kennt. Beispiele hier-

[98] Es handelt sich um die Themen Förderungsmaßnahmen für Minderheiten („affirmative action"), Nuklearenergie, Krise der Industrie und Nahostkonflikt.

für sind Aussagen wie „Das liegt in der menschlichen Natur“, „So ist das Leben“ oder „Alles im Leben hat Risiken“.

Gamson (1996, S. 121) weist darauf hin, dass jeder dieser drei Ressourcen und damit aber auch der Einfluss der Medien in gewisser Weise limitiert ist. Die Rezipienten konfrontieren die Medienbotschaften mit eigenem Erfahrungswissen und kulturell geteiltem Populärwissen. Medientexte haben nach Gamson keine fixe Bedeutung, die Bedeutung entsteht erst im Kontakt mit dem Rezipienten. Das Erfahrungswissen hat zwar kulturell geteilte Elemente, es ist aber in erster Linie eine persönliche Ressource, die nicht unmittelbar von anderen geteilt wird. Während der Medien-Diskurs als genuin kulturelle Ressource bezeichnet werden kann, ist das Populärwissen eine Mischung aus kulturellen und persönlichen Ressourcen. Ein Frame, der aus allen drei Strategien schöpfen kann, ist stabiler – so die Annahme –, als ein Frame, der nur aus einer der genannten Quellen abgeleitet wird. Gamson (1996, S. 124) konnte bei den untersuchten Personen drei Kombinationsmöglichkeiten der Strategien ausmachen: Einige Fokus-Gruppen griffen vor allem auf den Mediendiskurs und Populärwissen zurück (= *kulturelle Strategien*). Erfahrungswissen wurde nicht in den geteilten Frame der Gruppe integriert. Andere Diskussionsgruppen verließen sich primär auf Erfahrungswissen und Populärwissen, währenddessen dem Medien-Diskurs keine Bedeutung zukam (= *persönliche Strategien*). Schließlich identifizierte Gamson Diskussionen, in denen eine Kombination aller drei Strategien zum Einsatz kam (= *integrierte Strategien*). Obwohl die gewählten Strategien stark vom jeweiligen Thema abhängen, ist es sehr selten, dass der Medien-Diskurs vollkommen ignoriert wird. Allerdings bleibt selbst dann der Effekt der Frames eingeschränkt (Gamson, 1996):

> Instead of treating media content as a stimulus that leads to some change in attitude or cognition, it is treated as an important tool or resource that people have available, in varying degrees, to help them make sense of issues in the news. When they use elements from the media discourse to make a conversational point on an issue, we are directly observing a media effect. (S. 130)

Die Wirkung wird als bidirektional und als verhältnismäßig kompliziert verstanden. Zudem ist der Prozess nach Gamson von Thema zu Thema unterschiedlich. Der Medieneinfluss hängt schließlich davon ab, welche der drei Strategien verwendet wird. Personen, die kulturelle Strategien verfolgen, können durchaus von Medien-Frames beeinflusst werden. Hingegen haben die Medien bei Personen, die persönliche Strategien verfolgen, einen geringeren Einfluss. Bei integrierten Strategien hängt die Wirkung von Frames von der Übereinstimmung der Medien-Frames mit dem Erfahrungs- und Populärwissen ab.

Auch Just et al. (1996) untersuchen Rezipienten-Frames aus einer konstruktionistischen Perspektive. Ausgangspunkt dieser Studie ist die Überlegung, dass die Rezipienten in ihrer Diskussion über politischen Themen kognitive und affektive Elemente nicht unterscheiden. Daher müssen auf Rezipientenseite auch affektive Elemente erfasst werden.

> Attention to political discourse reveals that understanding does not occur in a vacuum of emotions or affective evaluations of situations, persons, issues, or ideas. The rational cognitive aspects of political understanding are intertwined with an emotional or affective component and tied to particular objects. (Just et al., 1996, S. 135)

Folglich werden zwei Dimensionen unterschieden, anhand derer politische Themen verarbeitet werden. Die erste Dimension, *der Frame* ist genuin kognitiver Natur und beinhaltet Informationen über die Struktur und Eigenschaften eines Objektes. Die zweite Dimension, *der Ton*, ist affektiver Natur und charakterisiert die Emotionen, die mit einem Objekt verknüpft sind. Just et al. (1996) zeigen anhand von 28 qualitativen Interviews zu verschiedenen Themen, dass die untersuchten Personen ein Thema in einem gewissen Rahmen diskutieren, so dass nur gewisse Informationen und Aspekte hervorgehoben und andere ausgeblendet werden. Zusätzlich wird dieser Rahmen aber auch von den Rezipienten emotionalisiert. Die Autoren identifizieren fünf themenübergreifende Frames, die alle in irgendeiner Weise affektiv kommentiert bzw. untermauert wurden: „human impact", „economics", „control", „us-them" und „equality". Beispielsweise werden beim „human impact"-Frame Ereignisse vor allem in Hinsicht auf persönliche Schicksale dargestellt. Diese Personalisierung wird natürlich von den befragten Personen emotional kommentiert.

Auch Iorio und Huxman (1996) untersuchen, wie Individuen wichtigen Ereignissen Bedeutung verleihen und wie Frames die politische Kognition strukturieren. Mit 191 Personen wurden qualitative Interviews zu mehreren Themen durchgeführt. Die Befragten sollten zum einen die Themen nennen, die sie am stärksten persönlich betreffen und zum anderen angeben, woher sie ihre Informationen zu diesen Themen beziehen. Iorio und Huxman identifizieren drei Framing-Prozesse, die die Befragten verwenden, um einen persönlichen Frame zu einem Thema auszubilden:

- *Linking.* Die Befragten verknüpfen mehrere Themen. Beispielsweise wird die hohe Kriminalitätsrate mit der wirtschaftlichen Situation und der Arbeitslosigkeit in Verbindung gebracht.

- *Collapsing.* Damit ist gemeint, dass die Befragten die Informationen auf einen wichtigen Kern reduzieren. Es wird nicht jedes Detail erinnert, die Themen werden vielmehr auf ihre Essenz hin diskutiert.

- *Colorizing.* Dieser Prozess beschreibt, wie die Personen die Themen mit zusätzlichen Attributionen oder Erklärungen ausmalen. Die persönlichen Lebenserfahrungen werden mit dem Thema verknüpft, das politische Geschehen wird personalisiert und mit bekannten alltäglichen Situationen in Verbindung gebracht.

Die Arbeiten dieser Forschungsrichtung verdeutlichen die aktive Rolle, die Personen beim Verarbeiten von massenmedial vermittelten Informationen einnehmen. Sie liefern damit einen Mehrwert gegenüber dem Second-Level-Agenda Setting sowie den meisten experimentellen Studien. Allerdings wird nicht deutlich, durch welche psychologischen Mechanismen die Frames ihre Wirkung entfalten können – die Arbeiten sind mit den Worten Iyengars (1993, S. 371) „far more empirical than theoretical". Ein weiteres Problem des Ansatzes sieht Simon (2001, S. 80) in der Ambiguität der Ergebnisse. Letztlich ist auf Grund des qualitativen Charakters und der deutlichen Nicht-Repräsentativität unklar, in wie weit die Ergebnisse auf andere Kontexte übertragbar sind.[99]

Zusammengefasst lässt sich damit für die qualitativ orientierten Wirkungsstudien sagen:

- Im Gegensatz zu den bisher diskutierten Arbeiten lässt sich nur ein schwacher Framing-Effekt ausmachen. Dies liegt u.a. auch an der theoretischen Orientierung der qualitativ orientierten Wirkungsstudien, die sich stark von den anderen Konzeptionen unterscheiden.

- Der Fokus liegt auch nicht auf den Stimuli, sondern auf der aktiven Bedeutungskonstruktion der Rezipientinnen. Vor allem Gamson (1996) nimmt damit eine Art ganzheitliche Perspektive ein, welche mehrere Diskursressourcen berücksichtigt.

- Diese ganzheitliche Perspektive geht allerdings (logischerweise) auf Kosten der Vorhersageschärfe von Effekten: Es lassen sich kaum konkrete Hypothesen ableiten. Konkrete Prädiktoren von Framing-Effekten werden nicht thematisiert.

[99] Die von Gamson (1992) oder von Iorio und Huxman (1996) beschriebenen Prozesse ließen sich durchaus auch mit Umfragedaten oder versierten Experimenten nachweisen.

- Der in qualitativ orientierten Wirkungsstudien verwendete Frame-Begriff ist nicht scharf umrandet und wird empirisch breit gedeutet. Offensichtlich haben die Befragten innerhalb eines Interviews mehrere „Frames“ genannt, ein dominanter Frame wird in den Studien anscheinend bestimmt. Die Logik der Frame-Identifizierung ist dabei indirekt. Medien-Frames werden nicht an Inhalten gemessen, sondern aus den Aussagen der Rezipienten rekonstruiert.

2.4.7 *Zwischenfazit*

Wie bereits in den vorangegangenen Kapiteln soll ein Zwischenfazit in theoretischer und methodischer Hinsicht gezogen werden (vgl. für die folgenden Ausführungen auch Matthes, 2007b). Aus methodischer Sicht sind zwei verschiedene Zugänge herauszustellen: der eben diskutierte qualitative Zugang und der (die Framing-Forschung dominierende) quantitative, vor allem experimentelle Zugang. Bei den qualitativ orientierten Wirkungsstudien macht es die operationale Offenheit schwer, die Güte der Studien einzuschätzen. Dies haben wir auch schon bei den inhaltsanalytischen qualitativen Studien diskutiert (vgl. Kap. 2.3.2), so dass wir hier nicht mehr weit ausholen müssen. Auf einen Punkt gebracht: Es ist nicht klar, ab wann wir von einem Rezipienten-Frame sprechen können und wie diese aus dem Material extrahiert werden. Framing-Effekte werden ohne Berücksichtigung des Medieninhaltes rekonstruiert. Dies erweist sich für unser eigenes empirisches Vorhaben als weniger geeignet.

Abbildung 5: Idealtypischer Ablauf der Framing-Experimente

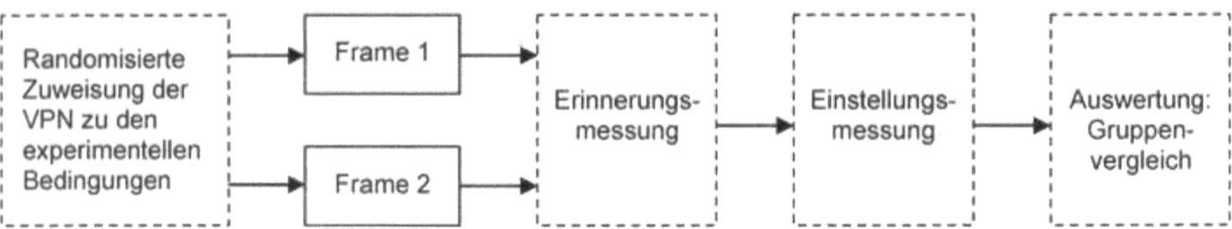

Die quantitativen, experimentellen Studien sind – bis auf wenige Ausnahmen – alle nach dem gleichen Muster konzipiert. Abbildung 5 zeigt den idealtypischen Ablauf eines solchen Experimentes. Meist werden zwei Versuchsgruppen zwei unterschiedliche Zeitungsartikel vorgelegt. Anschließend werden mit einer offenen Frage die Assoziationen zum Thema gemessen, und danach wird die Einstellung erfasst. Schließlich werden beide Gruppen miteinander auf diesen abhängigen Variablen verglichen und die ermittelten Unterschiede als Framing-Effekte interpretiert.

Folgende Punkte sind hierbei diskussionswürdig (vgl. Matthes, 2007b):

- *Die mangelnde Berücksichtigung von Voreinstellungen.* Nahezu bei allen Studien handelt es sich um ein Tabula-Rasa-Modell der Meinungsbildung. Im Grunde gehen die Studien implizit oder explizit davon aus, dass die Rezipienten nicht auf Voreinstellungen zu diesem Thema zurückgreifen können. Eine Ursache für diese Auffassung ist sicherlich auch im US-amerikanischen Kontext zu suchen, aus dem fast alle Studien stammen. Dort wird wohl eher davon ausgegangen, dass die Bürger keine feste Meinung zu den meisten politischen Themen haben (vgl. auch Zaller, 1992). Callaghan und Schnell (2005) bringen dies folgendermaßen auf den Punkt: „[O]n most issues, the vast majority of citizens have no strong personal stake or cognitive ballast; thus media frames are a particularly potent way to orchestrate public opinion" (S. 15). Empirisch äußert sich dies so, dass die Effekte von Voreinstellungen nicht überprüft werden. Oder es werden Designs und Themen gewählt, bei denen sie keine Rolle spielen. Eine solche Vernachlässigung von Voreinstellungen greift aber unserer Ansicht nach zu kurz und ist theoretisch unbefriedigend. Der Grund liegt auf der Hand: Bestehende Voreinstellungen sind bei der Persuasion nicht nur Wirkungs-, sondern auch Selektionsfilter (vgl. Matthes, 2007b)

- *Die Kurzfristigkeit der Effekte.* Die Effektmessung erfolgt unmittelbar nach der Stimulusdarbietung, so dass nur kurzfristige Effekte erfasst werden. Nur in zwei Studien gibt es eine zweite Messung zur Überprüfung der Langfristigkeit der Effekte (vgl. de Vreese, 2004; Tewksbury et al., 2000).

- *Die Realitätsnähe der Experimente.* Obwohl teilweise davon ausgegangen wird, das Medien-Frames kumulativ und konsonant rezipiert werden müssen, um eine Wirkung zu entfalten (vgl. Price & Tewksbury, 1997; B. Scheufele, 2004a), wird diese Annahme in kaum einem Experiment realisiert. Einzig die Studie von Brewer (2002) zeigt, dass bei widersprüchlichen Frames die Framing-Effekte zurückgehen. Ingesamt sind die meisten Studien als stark stimulusorientiert einzuschätzen. Dies wird auch daran deutlich, dass fast nur Haupteffekte untersucht werden. Damit gehen die Experimente weitestgehend an der realen Rezeptionssituation bei politischen Themen vorbei.

Sicherlich sind die Vorteile der experimentellen Forschung nicht von der Hand zu weisen und somit liefern auch die hier beschriebenen Experimente wichtige Erkenntnisse. Dennoch ist das experimentelle Design der meisten Studien recht einfach, was einen deutlichen Verbesserungsbedarf aufzeigt. Dieses Problem haben die Studien zum Second-Level Agenda Setting freilich nicht, denn diese sind durch die Verknüpfung von

Inhaltsanalyse und Befragung als extern valider einzuschätzen. Dennoch haben sie das gewaltige Manko, dass sie nur über einen Messzeitpunkt verfügen und immer auf Korrelationsaussagen beruhen. Kausale Schlüsse oder gerichtete Zusammenhangsannahmen sind mit diesem Design nicht möglich.[100] Jedoch muss auch bei den Second-Level Agenda Setting Studien festgestellt werden, dass sie keine Voreinstellungen der Rezipienten einbeziehen. Insgesamt klafft somit eine große Lücke zwischen theoretischem Anspruch und empirischer Wirklichkeit der Framing-Forschung.

Aus theoretischer Sicht gibt es einen gewichtigen Unterschied zur übrigen Framing-Forschung. In nahezu allen Studien wird von einem Frame pro Artikel ausgegangen. Komplexere Beiträge, die mehrere Sichtweisen zu einem Problem zulassen, eignen sich sicherlich weniger für intern valide experimentelle Untersuchungen. Dennoch wird in einem Teil der rein inhaltsanalytischen Framing-Studien mit diesen Frames gearbeitet. Über die Wirkung solcher Frames liegen damit keinerlei Erkenntnisse vor. Auch werden die einzelnen Frame-Elemente kaum in den Wirkungsstudien definiert, so dass der Leser für jede Studie aufs Neue beurteilen muss, welche Elemente experimentell variiert wurden. Auf Seiten der abhängigen Variablen werden Erinnerungs- und Einstellungsmessungen thematisiert. Wie bereits eingangs erwähnt, werden Rezipienten-Frames (vgl. Entman, 1993) nur in den seltensten Fällen definiert (z.B. Brosius & Eps, 1995; B. Scheufele, 2004b) oder empirisch erfasst (Neuman et al., 1992). Obwohl in manchen Arbeiten betont wird, dass es sich bei Framing-Effekten nicht um Einstellungseffekte handelt, sprechen die gewählten Operationalisierungen eine andere Sprache. Es wird die Wirkung auf Urteile und Einstellungen untersucht (für die Differenzierung beider Begriffe vgl. Kap. 3.3).[101]

Was die theoretischen Wirkungsmodelle betrifft, so haben wir es – mit Ausnahme der qualitativen Wirkungsstudien – mit einem gedächtnisbasierten Modell der Meinungsbildung zu tun (für die gleiche Einschätzung Cappella & Jamieson, 1997; Druckman & Nelson, 2003; Nabi, 2003; Nelson & Willey, 2001) – "with accessibility as the main theoretical explanation" (Gross & D'Ambrosio, 2004, S. 3). Dies gilt sowohl für die Wirkung inhaltsbezogener als auch für die Wirkung formal-abstrakter Frames. Die Grundannahme ist, dass Rezipienten bei der Urteilsbildung auf die Informationen

---

[100] Dies trifft auch auf Studien zu, die zwar nicht im Second-Level Agenda Setting Paradigma verortet sind, aber ähnlich Inhaltsanalyse und Befragung verknüpfen (z.B. Shah et al., 2002).

[101] Dies entspricht auch dem Framing-Konzept: „Indem es danach fragt, welche Perspektiven und Bezugsrahmen Medieninformationen transportieren, welche Schlussfolgerungen Rezipienten daraus ziehen, welche Meinungen sie davon ausgehend bilden oder welche politischen Entscheidungen sie legitimieren, schlägt das Framing-Konzept eine Brücke zwischen Medienwirkungsforschung [...] und der Persuasionsforschung" (B. Scheufele, 1999, S. 103).

zurückgreifen, die kognitiv verfügbar bzw. zugänglich sind. Obwohl diese Perspektive wichtig und richtig ist, deckt sie nicht das gesamte Spektrum der Urteilsbildung ab. In der sozialpsychologischen Literatur wird nämlich zwischen gedächtnisbasierter und online Urteilsbildung unterschieden (vgl. Hastie & Park, 1986; für die Kommunikationswissenschaft vgl. Matthes, 2007b; Matthes, Wirth & Schemer, 2007; Wirth & Matthes, 2006). Der Hauptunterschied zwischen beiden lässt sich vereinfacht im Zeitpunkt der Urteilsbildung ausmachen: Bei on-line gebildeten Urteilen wird zum Zeitpunkt t_1 bereits ein Urteil gebildet. Zum Zeitpunkt t_2, beispielsweise bei einer erneuten Konfrontation mit einem Thema, wird nun das bereits gebildete Urteil abgerufen und es erfolgt keine erneute Urteilsbildung. Das heißt: Es besteht eine Voreinstellung zu einem Thema, die aktiviert werden kann. Bei gedächtnisbasierten Urteilen wird zum Zeitpunkt t_1 kein Urteil gebildet, sondern es wird lediglich die Information aufgenommen. Die Informationen gelangen zwar in das Arbeitsgedächtnis, es erfolgt jedoch keine Bearbeitung im Urteilsoperator. Erst wenn ein Urteil zu einem späteren Zeitpunkt (t_2) notwendig ist, rufen die Rezipienten die im Gedächtnis gespeicherten Informationen ab und bilden sich dann ein Urteil. Entscheidend ist hier allerdings, welche Informationen noch erinnert werden können bzw. gerade kognitiv verfügbar sind. Genau dies ist ja die Annahme, die hinter den hier diskutierten Framing-Effekt-Studien steckt: Je nachdem, welche Informationen verfügbar sind, ergeben sich andere Framing-Effekte. Damit zeichnen die Studien ein verkürztes Bild von Urteilsprozessen. So meinen auch Cappella und Jamieson (1997) mit Bezug auf die Forschung zu Framing-Effekten: "[T]he memory-based model reduces media effects to accessibility effects" (S. 72). Aus theoretischer Sicht haben bisherige Studien mögliche on-line oder gedächtnisbasierte Urteile, die vor der Rezeption bestanden, vernachlässigt (D. Scheufele, 2000). Genauer lässt sich damit sagen: Nicht nur wurden Voreinstellungen vernachlässigt, sondern es wurde die *Art der Voreinstellung* (on-line oder gedächtnisbasiert) außer Acht gelassen.[102] Dies hat entscheidende Konsequenzen für die Wirkung von Medien-Frames, wie wir in Kapitel 3.3 diskutieren werden.

Insgesamt – so das Fazit – besteht ein dringender Bedarf an realitätsnahen Wirkungsstudien, die a) die Art der Voreinstellung berücksichtigen, b) eine Zeitkomponente aufweisen und c) in einem realistischen Setting stattfinden. Diese Lücke zu schließen, ist das Ziel der vorliegenden Arbeit.

[102] Einzige Ausnahmen sind die Studien von Gross und D'Ambrosio (2004), Keum et al. (2005) sowie Price et al. (2005), in denen sich Hinweise auf den moderierenden Einfluss von Voreinstellungen finden lassen. Jedoch bleibt auch bei diesen Studien die Art der Voreinstellung (on-line vs. gedächtnisbasiertes Urteil) unberücksichtigt.

2.5 Zusammenfassung

In den vorangegangenen Kapiteln haben wir die vier Stränge der Framing-Forschung vorgestellt, zusammengefasst und bereits ausführlich diskutiert. Dabei ist deutlich geworden, dass es sich um ein heterogenes Forschungsfeld handelt, in dem eine immense Anzahl an Studien existiert. Der gemeinsame Nenner dieser Studien ist die Annahme von Frames, die sich bei Kommunikatoren, Journalisten, in Medientexten und bei Rezipienten manifestieren. Tabelle 6 gibt einen zusammenfassenden Überblick über die vier behandelten Forschungsstränge.

Tabelle 6: Die vier Stränge der Framing-Forschung

	Strategisches Framing	Journalistisches Framing	Frames in Medientexten	Wirkung von Frames auf Rezipienten
Lokalisierung des Frames	Kommunikator	Journalist	Text	Rezipienten
Erkenntnis-Interesse	Strategischer Wettbewerb v. Frames	Selektion und Strukturierung von Nachrichten	Deskription der Medienberichterstattung	Wirkungsanalyse
Hauptmethode	Analyse von Dokumenten	Inhaltsanalyse	Inhaltsanalyse	Experiment
Art des Frames	inhaltsbezogen	inhaltsbezogen	Inhaltsbezogen und formal-stilistisch	Inhaltsbezogen und formal-stilistisch
Mehrere Frames pro Beitrag	ja	unklar	ja	nein

Beim strategischen Framing steht der Wettbewerb von Kommunikator-Frames in Vordergrund, die meist durch die Analyse von Dokumenten oder durch Befragung der Kommunikatoren ermittelt werden. Hierbei wird die Auffassung vertreten, dass sich mehrere Frames in einem Text manifestieren und in Konkurrenz zueinander stehen können. Es handelt sich ausschließlich um inhaltsbezogene Frames. Frames werden hier als Akteurs-Frames verstanden. Besonders wichtig ist der Gedanke, dass die Frames verschiedener Akteure miteinander in einem Wettstreit stehen. Die Art und Weise, wie sich die Frames von Akteuren (gegen die Frames anderer Akteure) in der Medienberichterstattung durchsetzen, ist eine zentrale Frage dieser Forschung. Dabei haben wir gesehen, dass sich antagonistische Frames gegenseitig in ihrem Beeinflussungspotenzial neutralisieren können. Folglich können auch mehrere Frames in einem Medienbeitrag aufscheinen. Die Auswahl der Frames für einen journalistischen Text wird wiederum von den journalistischen Frames beeinflusst. Zum journalistischen Framing gibt es eher wenige Arbeiten. Solche Frames werden meist mit Inhaltsanalysen untersucht – allerdings lässt sich nach bisherigem Forschungsstand schwer sagen, ob ein Journalist einen oder mehrere Frames „anlegt". Zudem ergeben sich methodische Herausforderungen, die Frames der Journalisten anhand der Medientexte zu „messen".

Im dritten Forschungsstrang wird sich der Analyse von Medien-Frames gewidmet. Hierbei werden die Medien-Frames implizit als Eigenschaften eines Textes behandelt, wobei eine Beschreibung dieser Frames im Vordergrund steht. Teilweise werden auch themenübergreifende Frames oder formal-stilistische Frames untersucht, was jedoch – wie wir gezeigt haben – mit theoretischen und methodischen Problemen verbunden ist. Die Analyseeinheiten ist entweder der Beitrag oder die Proposition, wobei ersteres deutlich überwiegt. Das große Manko dieses Forschungszweiges ist der Fokus auf Deskription der Medienberichterstattung. Aus theoretischer Sicht ist ein Großteil dieser Studien unbefriedigend. Frames werden oft als Schlagwörter verwendet, um die Berichterstattung zu einem Thema zu charakterisieren. Bezüge zum strategischen Framing oder zur Wirkung werden kaum hergestellt. Es lassen sich auch enorme Unschärfen bei der Operationalisierung der Frames feststellen.

Was die Wirkung von Frames betrifft, so hat die das Feld dominierende experimentelle Forschung die Effekte von inhaltsbezogenen und formal-stilistischen Frames nachweisen können. In den meisten Studien werden zwei Frames (mit zwei Beiträgen) gegenübergestellt – das heißt, ein Beitrag weist auch nur einen Frame auf. Für die Erklärung der Wirkung werden kaum Prädiktoren herangezogen. Zudem bleiben diese Studien auf ein gedächtnisbasiertes Modell der Meinungsbildung beschränkt. Bezüge zu den anderen drei Forschungssträngen lassen sich kaum ausmachen.

Insgesamt lässt sich für die vier Stränge der Framing-Forschung folgendes festhalten: Das integrative Potenzial des Ansatzes ist enorm, scheint aber noch nicht eingelöst. Zu wenig nehmen die vier Forschungsstränge aufeinander Bezug und zu uneinheitlich sind die verwendeten Begrifflichkeiten. Die Arbeiten zum strategischen Framing sind stark konkreten Fallbeispielen verhaftet, in denen die Frames eines strategischen Akteurs, wie beispielsweise einer sozialen Bewegung, analysiert werden. Obwohl die Arbeiten journalistische Massenmedien berücksichtigen und auch als eigenständigen Akteur akzeptieren, werden Medieninhalte in den meisten Studien nicht systematisch bzw. inhaltsanalytisch untersucht. Die Brücke zu den zahlreichen Studien, die sich mit Medien-Frames beschäftigen, wird damit nicht geschlagen. Ein Grund dafür sind sicherlich auch die methodischen Probleme, die sich bei der Erfassung von Medien-Frames abzeichnen. Genauso wie die Studien zum strategischen Framing haben auch die Arbeiten zu Medien-Frames einen deskriptiven Fokus. Hier stehen zwar weniger Fallbeispiele im Vordergrund, dennoch sind viele Studien als weitestgehend a-theoretisch zu bezeichnen: Es wird das Vorkommen von Medien-Frames für einen bestimmten Zeitraum und eine bestimmte Stichprobe untersucht. Wie die Frames entstehen und welche Wirkung sie entfalten, bleibt meist offen. Der Gedanke des strategischen Framings, in einem Beitrag die Frames unterschiedlicher Akteure zu erfassen, wurde auch noch nicht überzeugend umgesetzt. Das gleiche gilt für die Framing-Effekt-Forschung, die in der Regel experimentell vorgeht: Die verwendeten Stimuli bzw. Medien-Frames werden den Untersuchungen zum strategischen Framing und den bisher erforschten Medieninhalts-Frames in den seltensten Fällen gerecht. Somit zeigt sich, dass trotz der zahlreichen empirischen Arbeiten und den umfangreichen Überblickswerken eine Reihe von zentralen Fragen ungeklärt bleibt. Die Annahmen des gesamten Framing-Ansatzes wurden nur ungenügend herausgearbeitet. Zusammengenommen lassen sich daher folgende Forschungsdefizite bzw. Problempunkte nennen, die in der vorliegenden Arbeit behoben werden sollen:

1) **Problempunkt „Kernannahmen"** – *Was sind die Kernannahmen dieser Theorie?* Dahinden (2006) zählt folgende Punkte auf: Frames sind Deutungsmuster, die Informationen strukturieren, Komplexität reduzieren und die Selektion von Informationen leiten, dabei eine Problemdefinition, Ursachenattribution, Bewertung und Handlungsempfehlung nahe legen und damit eine dichte Beschreibung von Themen ermöglichen. Ähnlich argumentiert auch schon Entman (1993) und zahlreiche andere Autoren. In den hier diskutierten empirischen Studien werden aber eine ganze Vielzahl von Vorhersagen und Fragestellungen formuliert, die sich nicht aus diesem Theoriekern ableiten lassen. Wie weit reicht also der Framing-Ansatz und welche exakten Annahmen lassen sich daraus ableiten? Aus wissenschaftstheoretischer Sicht können wir den Erkenntnisgewinn des Framing-Ansatzes nur über das Prinzip der Falsifikati-

on einschätzen. Jedoch ist bisher nicht herausgestellt worden, welche Annahmen des Ansatzes sich falsifizieren lassen und welche nicht?

2) ***Problempunkt „Definition"*** – *Welche Definition von Frames ist empirisch umsetzbar und für alle vier Bereiche anwendbar?* Zentrale Definitionsversuche wie die von Gamson und Modigliani (1989), Gitlin (1980) oder Pan und Kosicki (2001) fallen für eine empirische Umsetzung zu unspezifisch aus. Da aus derart allgemeinen Beschreibungen die Operationalisierung von Frames nur schwer abgeleitet werden kann, wird das Frame-Verständnis letztlich einer stillschweigenden Übereinkunft von Leser und Forscher überlassen (Entman, 1993). Die Schwierigkeit, Frames empirisch und reliabel zu erfassen, liegt nicht zuletzt darin begründet, dass der Frame-Begriff aufgrund seines metaphorischen Gehaltes zumeist analytisch, nicht aber operational definiert wird (Matthes & Kohring, 2004). Wie solche Definitionen letztlich umzusetzen sind, liegt im Ermessen des Forschers. Zudem sollte ein Frame-Begriff prinzipiell auf alle vier oben beschriebenen Forschungsbereiche anwendbar sein. Ohne diesen gemeinsamen Nenner vermag die Framing-Forschung ihr integratives Potenzial nicht einzulösen – die vier Forschungsstränge würden über gänzlich unterschiedliche Dinge sprechen.

3) ***Problempunkt „Zugriffskriterium"*** – *Wann kann man von einem Medien-Frame sprechen?* In keiner einzigen Arbeit wird die Frage thematisiert, welches Zugriffskriterium für die Analyse von Medien-Frames herrscht (Matthes, 2007a, 2008). Es ist nicht geklärt, ob jeder einzelne Medienbeitrag einen Frame aufweisen muss bzw. ob sich der Framing-Ansatz für die Beschreibung sämtlicher informationsbezogener Medieninhalte eignet. Zudem haben manche Studien mehrere Frames pro Beitrag definiert. In anderen wird nur ein Frame erfasst. Wie lässt sich dies vereinbaren und welches Vorgehen ist aus theoretischer Warte angebracht?

4) ***Problempunkt „Operationalisierung"*** – *Wie lassen sich Medien-Frames valide und reliabel erfassen?* Wie gezeigt wurde, weisen alle vorgestellten Methoden unterschiedliche, zum Teil sogar erhebliche Schwächen auf. Auf einen Punkt gebracht: "Much of the meaningful insights that a framing perspective might ultimately provide is threatened by the demands of scientific precision" (Gandy, 2001, S. 361). Durch einen eigenen Vorschlag (Kohring & Matthes, 2002; Matthes & Kohring, 2004, 2006a) konnte dazu schon ein Beitrag geleistet werden. Allerdings ergeben sich bei diesem Vorgehen möglicherweise Prob-

leme bei der Bestimmung der Anzahl von Frames (vgl. Kap. 2.3.7), so dass auch hier weiterer Klärungsbedarf besteht.

5) ***Problempunkt „Voreinstellungen"*** – *Welche Rolle spielen Voreinstellungen bei der Wirkung von Frames und wie lässt sich die Framing-Effekt-Forschung an aktuelle Ansätze der Urteilsbildung anknüpfen?* Sämtliche bisherige theoretische Modelle zur Wirkung von Frames haben die Rolle der Voreinstellung von Rezipienten vernachlässigt (Matthes, 2007b). Zudem werden Einstellungseffekte durch ein gedächtnisbasiertes Modell erklärt. Dies greift vor dem Hintergrund aktueller Arbeiten zu Urteilsbildungsprozessen zu kurz. On-line Urteile, die während der erstmaligen Konfrontation mit einem Thema entstehen und dann als feste Urteile abrufbar sind und somit als Voreinstellung dienen, bleiben unberücksichtigt.

6) ***Problempunkt „Prädiktoren"*** – *Was sind die Bedingungen bzw. die Prädiktoren von Framing-Effekten?* Zwar wurden bisher einige Bedingungen herausgestellt, jedoch nicht überzeugend empirisch überprüft. Dabei handelt es sich um die Konsonanz und die Kumulation der Berichterstattung sowie um die Glaubwürdigkeit der Quelle.

7) ***Problempunkt „externe Validität"*** – *Wie lassen sich Framing-Effekte in einem extern validen Design umsetzen?* Alle Wirkungsstudien weisen zum Teil erhebliche methodische Probleme auf. Es werden Medien-Frames als Stimuli verwendet, die möglicherweise nicht viel mit der realen Berichterstattung zu tun haben. Überdies gibt kaum Studien, die die Effekte im Zeitverlauf untersuchen. Folglich mangelt es an nicht-experimentellen, realitätsnahen Studien, die Framing-Effekte im Längsschnitt nachweisen. Da es keine überzeugenden Feldstudien gibt, kann das Wirkpotenzial von Medien-Frames bislang kaum eingeschätzt werden.

Bevor die genannten Desiderate behoben werden können, muss sich in einem ersten Schritt den theoretischen Fragen gewidmet werden. Aus diesem Grund greifen wir die genannten Problempunkte im nächsten Kapitel auf und unterbreiten Lösungsvorschläge. Auf Basis dieser Vorschläge lassen sich dann Überlegungen für die Durchführung einer empirischen Studie anstellen, in der die Wirkung von inhaltsanalytisch ermittelten Medien-Frames auf die Einstellungen der Rezipienten im Zeitverlauf untersucht wird.

3. Definition, Messung und Wirkung von Medien-Frames

Wie die vorangegangenen Kapitel gezeigt haben, gibt es eine breite Fülle von Ansätzen und verschiedenen disziplinären Zugängen. Ingesamt haben wir eine Vielzahl empirischer Studien diskutiert und in den Forschungsüberblick eingearbeitet. Dabei konnten wir sieben Problempunkte des Framing-Ansatzes identifizieren: (1) die Unklarheit über die Kernannahmen des Ansatzes, (2) die unzureichende Definition von Frames, (3) das fehlende Zugriffskriterium bei der Erfassung von Medien-Frames, (4) die Probleme bei der Operationalisierung Medien-Frames, (5) die mangelnde Berücksichtigung von Voreinstellungen und (6) Prädiktoren bei Wirkungsstudien sowie (7) die mangelnde externe Validität der bisherigen Wirkungsstudien. In diesem Kapitel werden wir diese Desiderate Punkt für Punkt aufgreifen und unseren eigenen Entwurf für die Definition, Messung und Wirkung von Frames präsentieren. Dabei gehen wir wie folgt vor: Wie deutlich wurde, hat keine Arbeit bisher die theoretischen Eckpunkte des Framing-Ansatzes klar herausgearbeitet (Problempunkt „Kernannahmen"). Meist wird sich auf eine Verortung von Medien-Frames beim Kommunikator, beim Journalisten, beim Text beschränkt – zusammen mit der Feststellung, dass diese Ebenen sich gegenseitig beeinflussen (z.B. Entman, 1993; D. Scheufele, 1999). Die Heterogenität der Arbeiten macht es zudem schwer, von einer Theorie der Massenkommunikation zu sprechen. Als zweiten Problempunkt haben wir die unpräzise Definition von Frames ausgemacht (Problempunkt „Definition"). Daher stellen wir zunächst grundlegend unsere Definition und unsere Konzeptualisierung der Kern-Annahmen des Framing-Ansatzes vor (vgl. Kap. 3.1). Danach gehen wir auf die Erfassung von Medien-Frames ein (Problempunkt „Operationalisierung") und widmen uns dem Zugriffskriterium (Problempunkt „Zugriffskriterium") (Kap. 3.2). Schließlich beschreiben wir unser Modell zur Erklarung von Framing-Effekten beim Rezipienten (Kap. 3.3) sowie den Effekt-Prädiktor Vertrauen (Kap. 3.4). In diesen beiden Abschnitten widmen wir uns den Problempunkten „Voreinstellungen" sowie „Prädiktoren". Kapitel 3 mündet in die Darstellung einer umfassenden empirischen Studie, die als erste Studie in diesem Forschungsfeld kausale Frame-Wirkungen in einem extern validen Wirkungskontext umsetzt (Problempunkt „externe Validität").

3.1 Der kommunikationswissenschaftliche Framing-Ansatz

3.1.1 Definition von Frames

Wie bereits erwähnt lassen sich für eine Frame-Definition zwei grundlegende Ansprüche formulieren: Erstens muss eine Frame-Definition ein gewisses Maß an operationaler Präzision aufweisen, um die empirische Umsetzung nicht willkürlich erscheinen zu lassen. Zweitens sollte der Begriff auf alle Zugänge des Framing-Ansatzes anwendbar sein. Was die erste Anforderung – die Operationalisierbarkeit – betrifft, so haben verschiedene Autoren operationale Definitionen vorgelegt (z.B. Entman, 1993; Harden, 2002; B. Scheufele, 2003; Weßler, 1999). Jedoch liegt der Fokus dieser Konzeptualisierungen verständlicherweise nur auf jeweils einem Forschungsstrang. Dies lässt sich daran erkennen, dass zumeist von einem Frame innerhalb eines Medienbeitrages ausgegangen wird, was zumindest dem Ansatz des strategischen Framings widerspricht. Somit wird der zweiten Anforderung bislang nicht genügt.

Für unsere Begriffsherleitung wählen wir das strategische Framing als Ausgangspunkt: Schon in Kapitel 1.1 haben wir Frames als konsistenten Sinnhorizont eingeführt, der zu einem Thema verschiedene Überzeugungen miteinander verknüpft. Gerhards (1993) geht von einem Muster von Einstellungen und Kognitionen („belief systems", Converse, 1964) aus, das von den strategischen Kommunikatoren (hier: soziale Bewegungen) geteilt wird. Auch B. Scheufele (2003) greift diesen Gedanken auf und spricht von einem konsistenten Bündel von Schemata (ähnlich McCombs & Ghanem, 2001). Zum Beispiel ergibt sich für einen Abtreibungsgegner das Framing von Abtreibung als Tötung eines Lebewesens (Problemdefinition), für das die Gesetzgebung verantwortlich zu machen ist (Ursachenattribution), das durch eine veränderte Gesetzgebung einzustellen ist (Lösungsattribution/Handlungsanweisung) und das negativ zu bewerten ist (Evaluation). Ähnliche Beispiele ließen sich für nahezu alle Streitthemen, also Themen, bei denen verschiedene (strategische) Positionen aufeinander treffen, finden. Grundsätzlich lässt sich zunächst festhalten, dass ein Frame sich aus folgenden Frame-Elementen zusammensetzt (vgl. auch Matthes & Kohring, 2004):

- *Problemdefinition.* Dieses Element ist am schwersten zu definieren. Der Grund: Um den Begriff der Problemdefinition zu klären, müsste man zunächst den Begriff des Themas klären, was sich – das zeigen die bisherigen Versuche (vgl. Dernbach, 2000) – als kompliziert erweist. Mit der Problemdefinition wird festgelegt, warum ein Thema wichtig ist und öffentlich diskutiert wird. Die Problemdefinition „spannt" gewissermaßen den Rahmen auf und definiert, worüber gesprochen wird und welche Akteure relevant sind. Es erfolgt eine *sprachliche Bezeichnung* des Themas, was entscheidend für das Verständnis eines Themas ist. Ein Thema wird also in seinen sozialen, sachlichen und zeitlichen Kontext eingeordnet und damit definiert. Dabei wird meist ein Ist-Zustand mit einem Soll-Zustand abgeglichen (Weßler, 1999, S. 60). Das Wort „Definition" zeigt, dass ein solches Problem nicht „an sich" und für jede Person nachvollziehbar vorliegt. Vielmehr wird ein sachlicher Aspekt erst bestimmt. Die Problemdefinition muss nicht automatisch eine negative Bewertung eines Zustandes („ein Problem") nahe legen, denn es kann auch das Vorhandensein eines Problems negiert werden (Problemleugnung oder Problemnegation). Die Problemdefinition ist nicht gleichzusetzen mit dem Thema an sich, sondern sie bestimmt den Blickwinkel auf das Thema. Mit anderen Worten, es wird ein Themenaspekt herausgegriffen, zu dem sich ein Akteur äußert. Dieser Themenaspekt wird für das Problem als zentral erachtet. Damit wäre wahrscheinlich der Begriff „Themendefinition" angebrachter als der Begriff Problemdefinition. Allerdings bleiben wir bei Problemdefinition, da dieser Begriff in der Framing-Forschung historisch gewachsen ist.

- *Ursachenzuschreibung.* Die Suche nach Ursachen und Gründen für ein Problem ist eine Notwendigkeit, die sich aus der Feststellung eines Problems ergibt. Dahinter steht eine Grundannahme der Attributionstheorie, dass Menschen sich durch kausale Schlüsse ihr eigenes Verhalten und das ihrer Umwelt erklären. Dabei handelt es sich um einen zentralen Faktor menschlichen Denkens: Attributionen werden spontan vorgenommen und dienen dazu, die Umwelt zu verstehen und Situationen in bestehende Wissensbestände einzuordnen (Smith, 1994). Nach Iyengar (1989) ist die Zuschreibung von Verantwortung bei allen politischen Themen die zentrale Frage für die politische Meinungsbildung. Strategische Akteure stellen sich auf diesen Mechanismus ein und beanspruchen die Verantwortung für Erfolge für sich, während sie bei Misserfolgen die Verantwortung bei anderen Personen oder Situationen suchen. Sobald also ein Zustand als positiv oder negativ definiert wird, treten Ursachenzuschreibungen auf. Ursachen können situativer und personaler Natur sein, d.h. sie können entweder auf Personen (z.B. „Gerhard Schröder ist Schuld") oder Situationen (z.B. „die Weltkonjunktur ist Schuld") zurückgeführt werden.

- *Lösungszuschreibung/Handlungsaufforderung.* Genauso wie die Ursachenzuschreibungen automatisch bei politischen Themen von den strategischen Akteuren, den Journalisten und den Rezipienten aktiviert werden, stellt sich die Frage nach der Lösung eines Problems. Mit anderen Worten, sobald eine Ursachenzuschreibung erfolgt, wird auch eine Lösungszuschreibung bzw. Handlungsaufforderung wahrscheinlich. Die Lösungszuschreibung kann wie die Ursachenzuschreibung personal oder situativ erfolgen. Konkret fallen darunter die *geforderten und zu unterlassenden* Maßnahmen zur Behebung des Problems sowie die für die Lösung des Problems fähigen Akteure. Akteure können sich auch selbst die Lösungskompetenz für ein Problem zuschreiben und entsprechende Maßnahmen vorschlagen. Meist wird anderen Akteuren gleichzeitig die Lösungskompetenz abgesprochen. Die Lösungszuschreibung ist immer zukunftsgerichtet, und es können immer auch mehrere Maßnahmen gefordert werden (Maßnahmenbündel).

- *Explizite Bewertung.* Die explizite Bewertung[103] bezieht sich entweder auf die moralische oder evaluative Einordnung eines Problems. Beispielsweise kann biotechnologische Forschung an Stammzellen als stark negativ oder weniger negativ bewertet werden. Die Bewertung ist nicht als kategorisch, sondern als graduell zu verstehen. Es wird gefragt, *wie negativ* ist ein Zustand oder eine Situation ist. Ein Grund dafür ist, dass vielen Themen bereits eine Bewertung innewohnt: Themen wie Arbeitslosigkeit, sexueller Missbrauch oder Krieg werden in den meisten Kulturen als negativ definiert. Bei diesen Themen ist eine kategorische Bewertung, die ein Akteur über ein Thema vornimmt, überflüssig. Die Einschätzung, *wie negativ* oder *wie positiv* ein Thema einzuschätzen ist, hat bedeutende Konsequenzen für den Handlungsbedarf bzw. die Handlungsaufforderung.

Die einzelnen Elemente sind *konsistent* miteinander verbunden, das heißt, sie ergeben eine kohärente Argumentationskette. Jedoch lässt die bisherige Forschung offen, was „konsistent" bedeutet. Hierzu schlagen wir Folgendes vor: Konsistent bedeutet, dass die Elemente des Frames die gleiche Gesamtevaluation bzw. Grundhaltung zum Thema nahe legen. Damit wird die Unterscheidung der einzelnen Elemente keineswegs überflüssig – nur die nahe gelegte Grundhaltung der Elemente ist identisch. Dies sagt aber noch nichts darüber aus, wie die Elemente im Einzelnen ausgeprägt sind, also wem genau die Schuld gegeben wird, oder was gefordert wird.

Tabelle 7 verdeutlicht dies an dem Beispiel Abtreibung. Die Problemdefinition beschreibt den Zustand „Abtreibung ist Tötung". Damit wird das Thema eingegrenzt und

[103] Immer wenn wir im Folgenden von dem Frame-Element Bewertung sprechen, meinen wir eine *explizite* Bewertung.

sprachlich bezeichnet: Es wird nicht über den Geburtenrückgang, die Situation von Frauen oder gesundheitliche Risiken beim Eingriff gesprochen, sondern darüber, dass bei der Abtreibung menschliches Leben getötet wird. In diesem Beispiel wird allein mit der Auswahl des thematischen Aspektes eine Bewertung nahe gelegt. Da der Embryo als Lebewesen erachtet wird, wird Leben „zerstört". Dies impliziert eine negative Grundhaltung der Abtreibung. Mit anderen Worten, es wird ein evaluativ aufgeladener Aspekt eines Themas herausgegriffen. Die nächsten beiden Frame-Elemente beschreiben nun die Problemursachen und die zu unternehmenden Maßnahmen. Auch hier ergibt sich eine Ablehnung der Abtreibung. Bei der expliziten Bewertung halten wir die graduelle Abstufung für entscheidend. Das heißt: Wie negativ ist das Problem einzuschätzen? In diesem Beispiel wäre die Bewertung wahrscheinlich sehr negativ, da ja die Abtreibung als „Mord" verstanden wird.

Tabelle 7: Beispiel von Frame-Elementen und deren implizierte Grundhaltung zum Thema

	Problemdefinition	Ursachenattribution	Lösungsattribution/ Handlungsanweisung	Explizite Bewertung
Beschreibung der Frame-Elemente	Abtreibung ist Tötung	Gesetzgebung ist Schuld	Gesetzgebung entsprechend ändern; Abtreibung unterbinden	sehr negativ, Abtreibung ist moralisch sehr verwerflich
Nahegelegte Evaluation von Abtreibung	negativ	negativ	negativ	negativ

Das Beispiel zeigt, dass alle Frame-Elemente in einem konsistenten Verhältnis stehen: Würde die Handlungsanweisung zu diesem Thema „Abtreibung fortführen" lauten, so wäre dieses Element nicht konsistent mit den anderen verbunden, da es eine andere Grundhaltung zum Thema nahe legt. Man könnte demnach nicht von einem Frame sprechen. Anders formuliert, wir gehen davon aus, dass Akteure die Frames immer so gestalten, dass sie ein kohärentes Ganzes ergeben.

Zwei Sonderfälle sind jedoch diskussionswürdig: Zum einen kann es durchaus sein, dass ein Element ausgelassen wird – beispielsweise kann beim Thema Abtreibung auch die Ursachenzuschreibung ausgespart werden. Zum anderen ist denkbar, dass zumindest die Problemdefinition keine Grundhaltung zum Thema nahe legt. Zum ersten Fall: Dies würde dem Frame nicht widersprechen, solange *mindestens zwei Elemente* vorhanden sind. Die Idee ist hier, dass das Vorhandensein einzelner Elemente genügt, um andere automatisch mitzuaktivieren, da die Elemente wie in einem Netzwerk miteinander verbunden sind. Damit lassen sich *explizite* und *implizite* Frames unterscheiden:

- Expliziter Frame: Alle Frame-Elemente werden von einem Akteur in einem Medienbeitrag genannt und damit salient gemacht.
- Impliziter Frame: In einem Medienbetrag werden nicht alle, aber mindestens zwei Frame-Elemente salient gemacht. Die anderen Frame-Elemente werden nur impliziert. Dies könnte beispielsweise der Fall sein, wenn der explizite Frame schon einmal zu einem früheren Zeitpunkt in der Berichterstattung aufgetaucht ist oder wenn einzelne Frame-Elemente sich automatisch ergeben, ohne dass sie erwähnt werden müssten (siehe das folgende Beispiel).

Dieser Gedankengang lässt sich durch die bereits vorgestellte assoziative Auffassung der menschlichen Informationsverarbeitung untermauern (vgl. Kap. 2.4.3). Beispielsweise wird in einem Artikel Abtreibung als „Tötung" gerahmt und der Gesetzgebung die Schuld daran gegeben. In diesem Fall ist klar, dass die Bewertung sehr negativ ausfällt und dass die Vertreter des Frames damit einen Stopp der Abtreibung sowie eine Gesetzesänderung implizieren.[104] Wenn aber nur ein einziges Element vorhanden ist, kann nicht mehr von einem Sinnhorizont gesprochen werden. In diesem Fall ist es zumindest unwahrscheinlich, dass das eine Element die anderen automatisch mit aktiviert: Es liegt kein Frame vor. Das bedeutet: Nicht jeder Medien-Beitrag muss einen Frame aufweisen. Damit soll das Problem umgangen werden, Frames zu benennen, die gar keine sind.[105] Wahrscheinlich ist dies aber ein seltenes Szenario, da davon auszugehen ist, dass bei strategischen Kommunikatoren, Journalisten, im Medientext und bei Rezipienten immer mehrere Elemente genannt werden, da sie zum einen stark logisch

---

104 Wenn bei einem Medien-Frame ein Element fehlt, kann es trotzdem sein, dass es beim Rezipienten durch die Medienberichterstattung mitaktiviert wird. Stark vereinfacht ausgedrückt: Das Frame-Element liegt „einfach auf der Hand" – es muss nicht ausgesprochen werden. Beispielsweise müsste beim Thema „Sexueller Missbrauch" keine explizite moralische Evaluation erfolgen – dennoch würde sie bei nahezu allen Rezipienten automatisch aktiviert. Die Evaluation liegt bereits im Begriff „Miss"-brauch.

105 In der Studie von Harden (2002) stellte dies ein Problem dar: Der größte Anteil der Artikel weist keinen interpretierbaren Frame auf (vgl. Kap. 2.3.4).

verknüpft sind und zum anderen zusammen eine stärkere Durchschlagskraft haben. Empirisch lässt sich das – wie wir später sehen werden – an der Ausprägung der Frame-Elemente ablesen. Ergibt sich ein Cluster von Artikel, in dem nur ein Element ausgeprägt ist, können wir dieses Cluster nicht als Frame interpretieren.

Zum zweiten Sonderfall: Wenn beispielsweise das Thema Arbeitslosigkeit unter dem Aspekt bzw. der Problemdefinition der Arbeitsvermittlung diskutiert wird, ist noch nicht klar, ob eine positive oder eine negative Entwicklung der Arbeitslosenzahlen zu erwarten ist. Damit kreist die Problemdefinition zwar das Thema ein, über das gesprochen wird, jedoch wird die graduelle Einschätzung der Bewertung nicht deutlich. Dies zeigt auf, dass mindestens zwei Elemente – und damit logischerweise auch mindestens ein wertendes – vorhanden sein müssen. Eine neutrale Problemdefinition ist damit kein „Problem" für einen Frame – die anderen Elemente schließen den Sinnhorizont zu einem logischen bzw. konsistenten Ganzen. Damit wird auch noch einmal deutlich, dass die Problemdefinition nicht automatisch mit einer negativen Wertung verbunden sein muss, was der Begriff „Problem" implizieren könnte. Es handelt sich um die Eingrenzung eines Themas auf einen sachlichen Aspekt, über den gesprochen werden soll. Dieser kann, muss aber nicht automatisch eine Bewertung implizieren.

Die Beispiele verdeutlichen, dass diese Konzeption der Frame-Elemente zu einem gewissen Maß auf Plausibilitätsannahmen beruht und damit einen ersten Definitions*versuch* darstellt. Folgender Punkt erscheint uns in diesem Zusammenhang jedoch als zentral: Die Interpretation eines Frames ist nach wie vor eine empirische Frage, die sich aus dem Datenmaterial ergibt. Am Datenmaterial muss entschieden werden, ob ein konsistenter Sinnhorizont eines Akteurs kodiert bzw. interpretiert werden kann oder nicht. Wie bereits in Kapitel 2.3.1 aufgezeigt wurde, ist es schwer – wenn nicht problematisch –, vorab die Frames für einen bestimmten Diskurs abzuleiten. Es besteht die Gefahr, dass Forscher-Frames, nicht „reelle" Frames erfasst werden. Wir haben zumindest Richtlinien für die Interpretation eines Frames formuliert, die sich bisher nicht in anderen Arbeiten finden lassen. Wie sich diese Richtlinien bewähren, wird sich empirisch zeigen. Es wäre überzogen, wenn man verlangen würde, exakt zu spezifizieren, welches Element am wichtigsten für einen Frame ist. Dies lässt sich nur von Thema zu Thema und in Betrachtung der Datenlage entscheiden. Nicht umsonst sprechen wir von einem *Sinn*horizont. Dass dieser zu einem gewissen Maß interpretativ erschlossen werden muss, liegt auf der Hand.

Bisher haben wir von Frame-Elementen gesprochen. Wie lassen sich diese nun theoretisch greifen, d.h. was sind eigentlich die einzelnen Elemente? Zunächst ist davon auszugehen, dass jedes Element einem Kommunikator, also einem Sprecher bzw. Akteur zugeordnet werden muss. Dies ist beim strategischen und journalistischen Framing sowie bei Rezipienten unproblematisch – nur beim Medientext stellt sich das Problem. Ein Text kann keine „Meinung" haben, da es sich nicht um eine Entität handelt. Jeder Text beinhaltet Aussagen von Sprechern. Diese Aussagen lassen sich wiederum zu Elementen bündeln. B. Scheufele (2003) hat als einziger einen Vorschlag für diese Frage herausgearbeitet: Er begreift die Frame-Elemente als einzelne Schemata. Der Vorteil dieser Konzeption ist, dass der Schema-Begriff vom Frame-Begriff abgegrenzt wird. Ein Frame, so B. Scheufele, setzt sich aus mehreren Schemata zusammen. Auf die generellen Probleme des Schema-Begriffs sind wir bereits eingegangen (vgl. Kap. 2.4.4; vgl. für eine ausführliche Auseinandersetzung Matthes, 2004, ebenso Wirth, 1997). Zentral erscheint hier folgender Punkt: Der Schema-Begriff eignet sich nur für Konzepte, die keine Evaluationen bzw. Bewertungen beinhalten (Eysenck & Keane, 2002, S. 252; Rumelhart, 1980; Taylor & Crocker, 1981; vgl. auch Matthes, 2004). Schemata beschreiben *Wissenskonzepte*, wie etwa das Wissen über Personen, Objekte oder Situationen. Zwar fordern einige Autoren (z.B. B. Scheufele, 2003), Kognitionen von Bewertungen zu trennen und den Frame-Begriff losgelöst von Bewertungen zu betrachten.[106] Allerdings wird an keiner Stelle der mannigfaltigen Literatur ein Grund dafür gegeben, warum eigentlich ein Frame keine Bewertungen beinhalten sollte.

Wie die Literaturübersicht mehrfach gezeigt hat, beinhalten Frames de facto fast immer Bewertungen. Die Forschung zum strategischen Framing geht sogar explizit davon aus, bei der inhaltsanalytischen Forschung werden Bewertungen explizit oder implizit untersucht und bei den Wirkungsstudien stehen oftmals Meinungen und Einstellungen im Erkenntnisinteresse. Abgesehen von der Tatsache, dass diese geforderte Trennung von einem Großteil der Framing-Forschung nicht eingehalten wird, lässt sich kognitionspsychologisch gesprochen Wissen nicht so leicht von Bewertungen trennen (vgl. Bassili & Roy, 1998; ausführlicher Matthes, 2004): „[A]ll social stimuli are affect-laden" (Taber, Lodge & Glathar, 2001, S. 198). Um das Beispiel zum Thema Abtreibung von oben aufzugreifen: Wie könnte man sich einen Abtreibungs-Frame ohne Evaluationen vorstellen? Ein Schema könnte allerhöchstens das Wissen zum Thema Abtreibung beinhalten, aber keine Forderung einnehmen, keine Handlungsanweisung aufnehmen und eine Bewertung der Abtreibung würde sich ja per definitionem ausschließen. Dies ist allerdings bei Streitthemen, für die der Framing-Ansatz am besten greift (vgl. Kap. 3.2.1),

106 Scheufele beschäftigt sich mit Frames von Journalisten. Vor diesem Hintergrund ist ein schematheoretischer Zugriff nicht unplausibel, da Bewertungen bei Journalisten im Gegensatz zu strategischen Kommunikatoren oder Rezipienten nicht so stark im Vordergrund stehen (dürfen).

nicht zu erwarten. Wie will eine soziale Bewegung ohne eine Bewertung polarisieren und überzeugen? Wie können die Themen Arbeitslosigkeit, Wirtschaftsdefizit, Krieg, Biotechnologie, Gesundheitsreform oder unzählige andere ohne Evaluation der Sachverhalte diskutiert werden? Ein Blick in die tägliche Zeitung genügt, um diese Frage zu beantworten. Dazu Taber (2003) mit Blick auf die Rezipienten: „The fundamental task of the citizen in forming public opinions is evaluative" (S. 452).[107] Auch die Rezipienten werden zu jedem Thema automatisch Evaluationen generieren, die sich schematheoretisch nicht erklären lassen (Matthes, 2004). Obwohl der schema-theoretische Entwurf verdienstvoll und elegant ist, greift er nach unserer Auffassung nur für die „Hülse", also die nicht-evaluativen Teile eines Frames. Der Schema-Begriff macht dann halt, wenn es bei einem Thema erst richtig interessant wird. Damit ist er nur beschränkt für die Beschreibung von Frames brauchbar.[108] Mit anderen Worten, der Schema-Begriff ist per se nicht falsch und erweist sich auch in vielen Belangen als sinnvoll. Wollen wir aber erklären, wie sich die Bürgerinnen und Bürger bei der Rezeption von Medien-Botschaften eine Meinung bilden bzw. wie Medien-Frames wirken, ist der Schema-Begriff in seiner Tauglichkeit begrenzt.

---

[107] Noch pointierter Kuklinski (2001, S. 243): „The study of attitudes is the bread and butter of public opinion research".

[108] Die Popularität des Schema-Begriffs in der Kommunikationswissenschaft ist historisch gewachsen und hängt mit den Verdiensten der Theorie für kommunikationswissenschaftliche Fragestellungen zusammen. Die Schema-Theorie wurde in den kommunikationswissenschaftlichen Kanon aufgrund ihrer hohen Post-hoc Plausibilität aufgenommen (vgl. Zillmann & Brosius, 2000, S. 38-39). Nach Williams (1999) ist dieses Phänomen vielen abstrakten kognitiven Konstrukten gemein, die ähnlich wie die Schema-Theorie eine hohe intuitive Plausibilität haben: „[They] have so much surface appeal that we embrace them even before clearly defining them" (Williams, 1999, S. 412). Zudem zeigt sich bei der Einführung der Schema-Theorie eine Entwicklung, die sich auch bei anderen Theorien finden lässt, die aus anderen Disziplinen „importiert" werden. Die Schema-Theorie wurde durch die wichtigen und auch bahnbrechenden Arbeiten von Graber (1988, erste Auflage 1984) und für den deutschsprachigen Raum Ruhrmann (1989) eingeführt. Zudem sind die Übersichtsarbeiten von Wicks (1992) und Brosius (1991) zu nennen. Danach hat die kommunikationswissenschaftliche Forschung die Entwicklung der Schema-Theorie in ihrer Ursprungsdisziplin aus den Augen verloren und sich vor allem auf die genannten kommunikationswissenschaftlichen Quellen konzentriert. In der psychologischen Forschung gilt die Schema-Theorie aufgrund ihrer statischen Auffassung von Informationsverarbeitungsprozessen als mittlerweile widerlegt und ist – wenn man so will – „out" (Iran-Nejad & Winsler, 2000; Locksley, Stangor, Hepburn, Grosovsky & Hochstrasser, 1984; Nassaji, 2002; Sadoski, Paivio & Goetz, 1991; Thorndyke & Yekovich, 1980; für die Politikwissenschaft Kuklinski, Luskin & Bolland, 1991).

Tabelle 8: Frame-Elemente, nahegelegte Evaluation und zugrunde liegender theoretischer Begriff

	Problemdefinition	Ursachen-attribution	Lösungs-attribution/ Handlungsanweisung	Explizite Bewertung
Beschreibung der Frame-Elemente	Abtreibung ist Tötung	Gesetzgebung ist Schuld	Gesetzgebung entsprechend ändern	sehr negativ, Abtreibung ist moralisch verwerflich
Nahegelegte Evaluation von Abtreibung	negativ	negativ	negativ	negativ
Theoretischer Begriff	evaluatives Urteil	(evaluatives Urteil)	(evaluatives Urteil)	(evaluatives Urteil)
		Attribution	Attribution	Einstellung

Mit welchem Begriff oder Begriffen lassen sich nun die einzelnen Frame-Elemente fassen? Tabelle 8 greift unser Abtreibungsbeispiel erneut auf und zeigt die entsprechenden Begriffe für die Frame-Elemente.

Bei diesem Beispiel handelt es sich bei der Aussage, „Abtreibung ist Tötung", um ein evaluatives Urteil, d.h. um eine Schlussfolgerung aus bestehendem Wissen (z.B. der Embryo ist ein Lebewesen), welche mit einer Wertung verbunden ist. Der Attributionsbegriff ist in der Literatur hinreichend diskutiert und kann ebenfalls als ein evaluatives Urteil in Bezug auf Ursachen und Lösungen verstanden werden (Smith, 1994). Die Bewertung, „Abtreibung ist schlecht", ist als eine Einstellung zu bezeichnen, was wir auch als evaluatives Urteil begreifen (vgl. Matthes, 2007b). Durch die Einbeziehung von Evaluationen, die außer bei der Problemdefinition für die anderen Elemente zwingend sind, sind wir beim Einstellungsbegriff, der in der Kommunikationswissenschaft immer mehr an Bedeutung gewinnt (vgl. für diese Einschätzung auch Roskos-Ewoldsen, 1997 und Matthes, 2004). Der genauen Analyse der Begriffe Einstellung und Urteil widmen wir uns in Kapitel 3.3.

Fassen wir noch einmal zusammen: *Ein Frame kann als ein Netzwerk von Urteilen zu einem Thema definiert werden.* Dieses Netzwerk von Urteilen bezeichnen wir als einen *kohärenten Sinnhorizont*, der beim Kommunikator, beim Journalisten, im Text sowie beim Rezipienten identifiziert werden kann. Dieser Sinnhorizont greift einen bestimmten Sinnzusammenhang heraus (Selektion) und hebt diesen besonders hervor (Salienz), während andere Sinnzusammenhänge ignoriert werden. Der herausgegriffene Sinnzusammenhang ist daher nichts anderes als die gleichzeitige Selektion und Salienz von verschiedenen Frame-Elementen. Anders formuliert, ein Sinnhorizont bzw. Frame lässt sich als ein spezifisches Muster von Frame-Elementen auffassen, welche von einem sozialen Akteur angesprochen werden. Das heißt, ein Frame muss immer einem sozialen Akteur zugeordnet werden. „Ein" Akteur muss aber nicht „eine" Person, sondern kann auch eine Gruppe oder eine Organisation sein. In einem Medientext sind nicht „Einstellungen des Textes" gemeint, sondern Aussagen von Akteuren, die die Einstellungen der Akteure aufzeigen.

Legen wir diesen Definitionsvorschlag zugrunde, so lassen sich drei weitere relevante Fragen ausmachen:

- *Welche Konsequenzen hat diese Konzeption für die Analyse von Medien-Frames?*
- *Wie ist die Konzeption mit dem bisherigen Begriffsverständnis der Framing-Forschung vereinbar?*
- *Was bedeutet die Konzeption für die Wirkung von Medien-Frames?*

Beginnen wir mit der ersten Frage:

Welche Konsequenzen hat diese Konzeption für die Analyse von Medien-Frames? In der bisherigen Literatur blieb die Frage ungeklärt, ob ein Beitrag immer nur einen Frame aufweist, oder ob auch mehrere Frames pro Beitrag denkbar sind (vgl. Kap. 2.5). Nimmt man die obigen Überlegungen als Grundlage und geht davon aus, dass die Elemente eines Frames immer an Aussagen eines Akteurs gebunden sind, so wird deutlich, dass mehrere solcher Urteilsmuster in einem Beitrag vertreten sein können. Dies wird in der Literatur unter dem Konzept der inhaltlichen Vielfalt diskutiert und kann als normative Anforderung an den Journalismus bezeichnet werden (Bentele, 1988a,b; Voakes, Kapfer, Kurpius & Chen, 1996). Kurz: „There are many different frames in a single article, and many different idea elements in a single frame" (Voakes et al., 1996, S. 585). Es kann zwar durchaus sein, dass es nur einen Frame innerhalb eines Artikels gibt – beispielsweise wenn nur eine Seite zum Thema gehört wird oder der Journalist Wert auf eine bestimmte Darstellungsweise legt. Jedoch lässt sich dies a-priori nicht bestimmen. Genau diese a-priori-Festlegung auf einen Frame pro Beitrag ist fast der gesamten inhaltsanalytischen Framing-Forschung zu unterstellen.[109] Es wird stillschweigend von einem, den Beitrag dominierenden Frame ausgegangen. Erstaunlicherweise wurde dieser Punkt weder in empirischen Studien noch in umfassenden Übersichtsarbeiten bisher explizit aufgegriffen. Wie viele Frames in einem Beitrag vorkommen werden und welche einzelnen Frame-Elemente dabei salient sind, kann – wie bereits erwähnt – nur empirisch beantwortet werden.

Wie ist die Konzeption mit dem bisherigen Begriffsverständnis der Framing-Forschung vereinbar? Die Konzeption lässt sich für alle Bereiche der Framing-Forschung anwenden, was dem integrativen Potenzial des Ansatzes gerecht wird. Sie orientiert sich an dem Vorschlag von Entman (1993), geht aber über diesen hinaus. Jedoch meint unser Vorschlag etwas anderes als die in der Literatur vorkommenden *formal-stilistischen Frames* und *themenübergreifenden Frames*. Was die themenübergreifenden Frames betrifft, so wären dies nach unserem Verständnis keine Frames, sondern „nur" themenübergreifende Problemdefinitionen. Jedoch lässt sich schwer begründen, warum man die Analyse der öffentlichen Aushandlung von politischen Themen auf die Problemdefinition beschränken sollte. Auch generell ist die Annahme von themenübergreifenden Frames aus theoretischer Sicht nicht unproblematisch, wie wir ausführlich in Kapitel 2.3.1 dargelegt haben. Formal-stilistische „Frames" sind nach unserer Konzeption ebenfalls nicht als Frames zu verstehen. Sie eignen sich höchstens zur Beschreibung von Frames: Aus der Art und Weise, ob und wie einzelne Sinnhorizonte in einem Beitrag auftreten, kann eine Aussage über die formal-stilistische Machart getroffen werden: „Any frame can be presented in a *thematic* or *episodic* fashion" (Callaghan & Schnell, 2005, S. 4, Hervorhebung im Original). In Kapitel 2.3.1 haben wir drei formal-stilistische Frames kennen gelernt: den thematischen, episodischen und den konfliktbetonten Frame. Ein komplexes Muster, beispielsweise wenn in einem Medienbeitrag mehrere Sinnhorizonte enthalten sind (z.B. kommen Abtreibungsbefürworter und -gegner zu Wort), könnte in Anlehnung an Iyengar (1991) als thematischer Frame bezeichnet werden. Liegt der Fokus hingegen auf einem einzigen Sinnhorizont, weist der Frame eine episodische Struktur auf. Werden sich widersprechende Ursachenattributionen, Lösungsvorschläge und Bewertungen von zwei Akteuren ausgewählt, dann liegt eine konfliktorientierte Struktur vor. Aus konzeptionellen Gründen erscheint es allerdings unglücklich, bei den formal-stilistischen Eigenschaften ebenfalls von Frames zu sprechen. Wir präferieren daher den Begriff

[109] Dies betrifft auch unsere eigenen Arbeiten (vgl. Kohring & Matthes, 2002; Matthes & Kohring, 2004, 2006a).

„Frame-Struktur" und behalten den Frame-Begriff für inhaltsbezogene Muster von Frame-Elementen vor.

Was bedeutet die Konzeption für die Wirkung von Medien-Frames? Für die Wirkung von Medien-Frames ergeben sich aus den vorangegangenen Betrachtungen folgende Überlegungen: Wenn wir uns die Frage stellen, wie Medien-Frames auf Rezipienten wirken, so beschäftigen wir uns mit den Effekten der Berichterstattung auf die Urteile der Bürger. Schemata bzw. die Beeinflussung von Wissen stehen nicht im Erkenntnismittelpunkt. Auch werden nicht die Effekte einzelner Elemente untersucht, sondern immer die Wirkung des gesamten Medien-Frames. Dies lässt sich wie folgt begründen: Da die Elemente entweder immer zusammen in einem Beitrag auftreten oder sich gegenseitig aktivieren können, sind sie auch immer *gemeinsam wirkungsrelevant.* Es wäre demnach nahezu unmöglich, den Effekt eines einzelnen Elementes bestimmen zu wollen. Ein einzelnes Element wäre ohne Hinzunahme der anderen Elemente schwer zu interpretieren und kaum wirkungsrelevant, da es keinen Sinnhorizont ergibt. Kurz: *Der gesamte Medien-Frame ist die Wirkeinheit.*

Aufgrund der Bedeutung dieses Abschnittes für die gesamte Arbeit fassen wir unseren Entwurf zur Definition von Frames noch einmal zusammen: Frames sind konsistent miteinander verbundene Einstellungen bzw. Urteile, die bei Akteuren vorzufinden sind und sich in Medientexten manifestieren können. Diese ergeben zusammengenommen einen Sinnhorizont zu einem Thema. Durch den Akteursbezug können mehrere solcher Muster von Einstellungen in einem Medienbeitrag vorhanden sein. Jedoch müssen nicht immer alle Frame-Elemente gleichzeitig auftreten, mindestens aber zwei. Wenn zwei Frame-Elemente vorhanden sind, ergibt sich eine Evaluation, bzw. eine Grundhaltung zum Thema wird offenbar. In diesem Zusammenhang unterscheiden wir zwischen impliziten und expliziten Frames. Da wir sowohl bei der Beschreibung von öffentlichen Themen als auch bei der Rezeption und Wirkung von Frames zu diesen Themen Evaluationen – also Bewertungen eines Sachverhaltes – für essentiell halten, ist der Schema-Begriff nur bedingt geeignet, um Frames zu fassen. Die Frame-Elemente sind Einstellungen bzw. evaluative Urteile und keine Schemata. Die in der Forschungsliteratur diskutierten formal-stilistischen sowie themenübergreifenden Frames sind in unserer Begrifflichkeit keine Frames.

Die hier dargestellte Konzeption geht aus folgenden Gründen über die bisherige Forschung hinaus: Es werden a) Bedingungen definiert, wann von einem Frame zu sprechen ist, b) die einzelnen Frame-Elemente werden theoretisch verankert, c) mehrere Frames pro Beitrag explizit konzeptualisiert, d) durch den Rückgriff auf Einstellungen eine empirische Umsetzbarkeit gesichert, e) inhaltsbezogene und formal-stilistische Frames aus der gleichen Warte und mit der gleichen Begrifflichkeit erklärt, und f) leistet unser Entwurf einen Beitrag zur Verbindung der vier Stränge der Framing-Forschung. Unsere Konzeption hat den Vorteil, dass sie für alle Stränge des Framing-Ansatzes anwendbar ist. Würde man nur von einem Frame pro Beitrag ausgehen, so widerspräche dies beispielsweise den Arbeiten zum strategischen Framing, die ja die Konkurrenz der Frames betonen. Auch die Definition der Frame-Elemente als Schemata lässt sich nach unserer Auffassung nicht für die gesamte Framing-Forschung vertreten.

3.1.2 Status des Ansatzes

Bisher haben wir vom Framing-Ansatz gesprochen, in der Literatur ist auch von „Konzept" oder „Theorie" die Rede. In den meisten Arbeiten wird die Frage allerdings nicht geklärt, welchen theoretischen Status der Ansatz hat: Sprechen wir von einem Paradigma, einer Theorie, einem Konzept oder einem Ansatz?

Einzig der Aufsatz D'Angelos (2002) widmet sich diesem Punkt. D'Angelo (2002) kritisiert den Ruf Entmans (1993) nach einer einheitlichen Framing-Theorie. Vielmehr sei der Framing-Ansatz als Forschungsprogramm im Sinne von Lakatos (1974) zu bezeichnen. Ein Forschungsprogramm besteht in der Leseweise von D'Angelo (2002) aus sich möglicherweise widersprechenden und durchaus unterschiedlichen „Paradigmen". Drei Paradigmen lassen sich für D'Angelo (2002) ausmachen: a) ein kognitives Paradigma, das Kommunikatoren, Journalisten und Rezipienten unter dem Aspekt der Informationsverarbeitung betrachtet; b) ein kritisches Paradigma, dem es um Fragen der Macht und Machtverteilung geht sowie c) ein konstruktionistisches Paradigma, das Diskursstrukturen untersucht und qualitativ ausgerichtet ist. Alle drei Paradigmen sind nach D'Angelo (2002) Teil des Framing-Forschungsprogramms. Zudem unterscheiden sie sich in ihrem „harten Kern", also in den nicht widerlegbaren Grundannahmen ihrer Theorie. Dies beschreibt D'Angelo nicht als Nachteil, sondern als Vorteil der Framing-Forschung:

> Thus, contrary to Entman (1993), I argue that there is not, nor should there be, a single paradigm of framing. Rather, knowledge about framing has accumulated because a research program encourages researchers to employ and refine many theories about the framing process under the guidance of distinct paradigmatic perspectives on the relationships between frames and framing effects. Theoretical and paradigmatic diversity has led to a comprehensive view of the framing process, not fragmented findings in isolated research agendas. (D'Angelo, 2002, S. 871)

Interessant ist der Gedanke D'Angelos (2002), dass die Vielfalt der Framing-Forschung einen erheblichen Mehrwert darstelle, da der wissenschaftliche Zugriff nicht auf ein

Paradigma beschränkt bleibe – ganz nach dem Motto: „Konkurrenz belebt das Geschäft". Allerdings vermag der Vorschlag aus folgenden Gründen nicht zu überzeugen:

- D'Angelo geht davon aus, dass sich die Paradigmen des Framing-Forschungsprogramms auch in ihrem „harten Kern" unterscheiden. Wenn dies der Fall ist, dann untersuchen sie – streng genommen – nicht mehr das Gleiche. Das Aufgeben des harten Kerns „zerstört die Kohärenz eines Programms und kommt dem Verlassen des Programms gleich" (Chalmers, 1999, S. 112). Das bedeutet, wenn sich die drei Paradigmen tatsächlich in ihrer Definition von Frames unterscheiden, dann können sie auch nicht mehr voneinander profitieren, da sie verschiedene Gegenstände in den Blick nehmen. Aus D'Angelos Sicht müssten wir von drei Forschungsprogrammen sprechen, da er ja von drei „harten Kernen" ausgeht.

- Für D'Angelo besteht ein Forschungsprogramm aus mehreren Paradigmen, was sich nicht an der Konzeption Lakatos' (1974) orientiert.[110] Lakatos spricht von *einem* „harten Kern" des Forschungsprogramms und einem „Schutzgürtel" von Hilfshypothesen. Der harte Kern gilt für eine gewisse Zeit als unwiderlegbar und wird durch den Schutzgürtel gedeckt.

- D'Angelo arbeitet nicht klar heraus, was den Schutzgürtel im Unterschied zum harten Kern ausmacht. Damit bleibt erneut im Dunkeln, was eigentlich die Grundannahmen der (heterogenen) Framing-Forschung sind.

- Erwähnt werden sollte auch, dass die drei von D'Angelo (2002) bestimmten Paradigmen idealtypisch sind und sich nur selten in dieser Form, d.h. klar abgetrennt voneinander finden lassen (Leonarz, 2006, S. 76).

Wir schlagen vor, an der Idee festzuhalten, die Framing-Forschung als Forschungsprogramm zu begreifen. Allerdings teilen wir die Auffassung Entmans (1993), dass dafür eine einheitliche Begrifflichkeit – bzw. ein klarer „harter Kern" – vorliegen muss. Was aber ist der harte Kern der Framing-Forschung? Für Chalmers (1999) ist beispielsweise der harte Kern von Marx' historischem Materialismus, dass soziale Veränderungen vom Standpunkt des Klassenkampfes begriffen werden müssen, wobei die ökonomische Basis entscheidend ist. Aus unserer Sicht besteht der harte Kern des Framing-Forschungsprogramms in der Annahme von thematischen Strukturierungen (Frames),

[110] Lakatos' Verständnis eines Forschungsprogramms weist Parallelen zum Paradigma-Begriff bei Kuhn auf. Ein Unterschied ist jedoch, dass Lakatos davon ausgeht, dass unterschiedliche Forschungsprogramme verglichen werden können – gewissermaßen, um einen „Sieger" zu ermitteln.

die von verschiedenen Akteuren vorgenommen werden und sich in sprachlichen Texten manifestieren können. Mit anderen Worten, die Annahme von Frames macht den Ausgangspunkt des Forschungsprogramms aus. Wie wir in Kapitel 2 gesehen haben, können Frames bei strategischen Kommunikatoren, Journalisten und Rezipienten verortet werden. Ein Hauptaugenmerk liegt zudem auf der inhaltsanalytischen Erfassung von Frames in der Medienberichterstattung (Medien-Frames). Im Grunde ist die Annahme eines Frames nicht falsifizierbar – es ist vielmehr ein Konstrukt, dass sich beim Auftreten bestimmter Merkmale beobachten lässt. Man *muss nicht*, man *kann* Frames als Beschreibungsmöglichkeit von politischen Themen wählen. Der harte Kern definiert damit die gesamte Begrifflichkeit: Wir sprechen von Frames anstatt von Themenmustern oder Argumentationsstrukturen oder Diskursanalysen. Wir untersuchen einen konsistenten Sinnhorizont anstatt Einzelvariablen.

Neben dieser fundamentalen Annahme lassen sich im harten Kern des Framing-Forschungsprogramms aus unserer Sicht drei weitere Prinzipien ausmachen:

- *Das Ambivalenzprinzip.* Bei politischen Themen koexistieren mehrere, in Konflikt stehende Aspekte und Ansichten, die (meist) von verschiedenen Akteuren eingebracht werden: „[Ambivalence] is inevitable in the political world because decisions are concerned with how to distribute valuable resources among groups with conflicting interests“ (Pan & Kosicki, 2005, S. 178). Politische Themen werden ausgehandelt und lassen sich unter verschiedenen Blickwinkeln betrachten. Da die Themen also erst definiert werden und einzelne Aspekte als diskussionswürdig herausgegriffen werden, sind sie zunächst ambivalent, d.h. offen für verschiedene Selektionen.

- *Das Selektionsprinzip.* Frames reduzieren diese Ambivalenz, indem sie einige Aspekte herausgreifen und andere außen vor lassen, d.h. Frames berücksichtigen nie alle möglichen Aspekte. Damit wird einzelnen Aspekten eine höhere Wichtigkeit zugewiesen als anderen. Frames steuern die Einordnung und Interpretation politischer Themen und sie stellen für alle Akteure im Framing-Prozess einen kohärenten Sinnhorizont zur Verfügung.

- *Das Konsistenzprinzip.* Frames bestehen aus mehreren Frame-Elementen (vgl. Entman, 1993; Matthes & Kohring, 2004), die ein kohärentes Ganzes ergeben (vgl. Kap. 3.1.2). Die Problemdefinition, die Ursachenzuschreibung, die explizite Bewertung und die Handlungsempfehlung sind dabei die „vier zentralen Parameter“ (Leonarz, 2006, S. 72) eines Frames. Diese Elemente sind, wie wir oben aufgezeigt haben, in einer konsistenten Art und Weise miteinander verknüpft. Durch die Konsistenz der Frame-Elemente ist das Framing eines Themas für jeden Akteur ein stabilisierender Prozess. Ein Frame stellt einen Sinnhorizont dar, der eine konsistente Sichtweise auf ein Thema ermöglicht.

Auch diese drei Prinzipien lassen sich nicht widerlegen, da sie gewissermaßen Eigenschaften von Frames beschreiben. Sie machen den Kern des Framing-Forschungsprogramms aus. Der harte Kern wird durch eine Reihe von Zusatzmodellen, Zusatztheorien und Zusatzhypothesen geschützt, so dass konkrete Vorhersagen gemacht werden können. Dies wird, wie bereits erwähnt, Schutzgürtel genannt (Lakatos, 1974). Zudem gibt es eine positive Heuristik, die Vorgehensweisen und Methoden festlegt, sowie eine negative Heuristik, die von einer Modifizierung des harten Kerns abhält (vgl. ausführlicher Lakatos, 1974). Der Schutzgürtel besteht aus widerlegbaren Hypothesen und bezieht sich nicht auf das Frame-Konstrukt, sondern auf die Entstehung und Veränderung von Frames, das *Framing*. Damit ist der dynamische Aspekt angesprochen.

Die gesamte Framing-Forschung sucht nach Bedingungen für die Entstehung von Frames – beispielsweise bei sozialen Bewegungen – und der Änderung von Frames – beispielsweise wenn strategische Frames die journalistischen Frames beeinflussen. Auch der Einfluss von Medien-Frames auf Rezipienten-Frames fällt in diese Kategorie. All diese Bedingungen können empirisch überprüft werden. Auf einer weiteren (neben dem harten Kern und dem Schutzgürtel dritten) Ebene werden „fremde" Theorien und Ansätze eingespeist, um die Änderung und Entstehung von Frames besser zu erklären. Beispielsweise wird sich bei den journalistischen Frames auf die Theorie kognitiver Schemata oder bei der Wirkung von Frames auf netzwerkbasierte Modelle des Gedächtnisses berufen. Dies sind in anderen wissenschaftlichen Bereichen bereits etablierte Theorien. Die Annahmen, Hypothesen und Theorien des Schutzgürtels sowie die hinzugezogenen fremden Theorien befinden sich wiederum in einem Wettstreit, was den dynamischen Aspekt eines Forschungsprogramms aufzeigt: Es werden neue Hilfshypothesen konstruiert, andere Modelle herangezogen oder andere Theorien verwendet. Auf dieser Ebene ließen sich auch die von D'Angelo (2002) beschrieben Paradigmen anordnen: Die Entstehung und Wirkung von Frames wird sicherlich mit einem kognitiven Ansatz anders erklärt als mit einem kritischen. Die Paradigmen bestimmen damit, mit welchen Hypothesen und Theorien das Framing beschrieben wird. Mit anderen Worten, auf dieser Ebene kann ganz im Sinne D'Angelos eine fruchtbare Vielfalt von Erklärungen, Hypothesen und Theorien bestehen. So lange am Kern des Framing-Forschungsprogramms festgehalten wird, führt dies zu einer kumulativen Ansammlung von Erkenntnissen. Abbildung 6 versucht, den Framing-Ansatz als Forschungsprogramm zu charakterisieren.

Abbildung 6: Das Framing-Forschungsprogramm

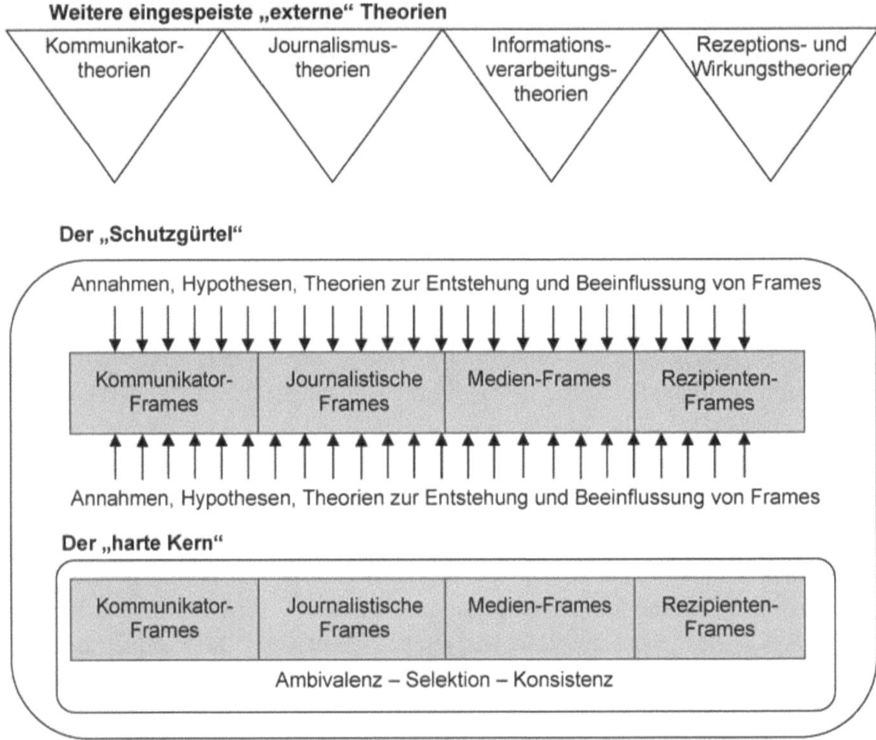

Die Bewertung eines Forschungsprogramms bezieht sich nach Lakatos (1974) nicht auf die Überprüfung einer exakt definierten Annahme, sondern auf das Abschneiden des gesamten Programms. Genau dies ist ja die Frage, die aus Sicht der Kommunikationswissenschaft beantwortet werden muss. Nach Lakatos (1974) kann kein strenger Test, kein *experimentum crucis*, zur Falsifikation des Programms führen. Das Forschungsprogramm ist so lange angemessen, wie es „wächst" und neue Erkenntnisse produziert. Lakatos (1974) betont dabei den Entwicklungsgedanken von Forschungsprogrammen. Forschungsprogramme können nicht auf Anhieb allen anderen Programmen überlegen sein. Einem Forschungsprogramm „muss die Gelegenheit gegeben werden, seine gesamte Leistungsfähigkeit unter Beweis zu stellen" (Chalmers, 1999, S. 110). Die Framing-Forschung befindet sich so gesehen noch immer in einem Entwicklungsprozess, wobei – wie wir im ersten Kapitel erläutert haben – vor allem die integrative Sichtweise als Vorteil betont wird. Diese integrative Sichtweise kann jedoch nur eingelöst werden, wenn man sich im Kern des Forschungsprogramms einig ist. Dazu haben wir nun einen Vorschlag unterbreitet. Eine Eigenschaft dieses Vorschlages ist jedoch, dass er – obwohl er mit einem Großteil der Framing-Forschung kompatibel ist – nicht jede einzige Framing-Studie abdecken kann. Beispielsweise lassen sich formal-stilistische und themenübergreifende Frames hier nicht integrieren. Im Grunde würden wir nicht jede Studie, die sich als „Framing-Studie" tituliert, hier einordnen können, da nach dem dargelegten Begriffsverständnis keine Frames bestimmt werden.

3.2 Erfassung von Medien-Frames

Wir haben bereits aufgezeigt, dass in einem Medienbeitrag mehrere Frames auftreten können. Zudem haben wir Überlegungen angestellt, welche Elemente vorhanden sein müssen, um von einem Frame zu sprechen. Neben der Definition von Frames und dem unklaren Status der Framing-Forschung haben wir in Kapitel 2.5 zwei weitere Desiderate herausgestellt: In der bisherigen Forschung wurde nur ungenügend auf die Frage eingegangen, welche Eignungskriterien sich für eine Frame-Analyse ausmachen lassen, d.h. für welche Texte eine Frame-Analyse angebracht ist. Zudem erwiesen sich die Probleme bei der empirischen Erfassung von Medien-Frames als nicht vollkommen gelöst. Beide Punkte beziehen sich auf die inhaltsanalytische Erfassung von Medien-Frames, die in den folgenden zwei Kapiteln diskutiert wird.

3.2.1 Eignungskriterien für eine Frame-Analyse

Da eine Analyse von Medien-Frames eine „dichte" Beschreibung von politischen Themen ermöglicht, müssen wir zunächst den Themen-Begriff klären. Trotz seiner zentralen Relevanz für die Kommunikationswissenschaft finden sich nur vereinzelte Analysen dieses Begriffes. Aufschlussreich ist zu dieser Frage die Agenda Setting Forschung (vgl. Eichhorn, 1996, S. 15ff; Rössler, 1997, S. 72ff), auf die wir uns im Folgenden beziehen. Ganz allgemein gilt es, zwischen Thema und Ereignis zu differenzieren. Ereignisse sind diskrete Vorkommnisse, die auf Raum und Zeit beschränkt sind (Rössler, 1997, S. 73). Themen setzen sich aus Sequenzen von Ereignissen zusammen und bilden ganze Realitätskomplexe ab. Es lassen sich in der Literatur ganz unterschiedliche Auffassungen von Themen finden (vgl. Dernbach, 2000). Luhmann (1974) spricht von „Gegenständen der Kommunikation [...] über die man reden und gleiche, aber auch verschiedene Meinungen haben kann" (S. 32). Dernbach (2000) spricht von komplexen Strukturelementen medialer Massenkommunikation. Eichhorn (1996) betrachtet Themen aus schema-theoretischer Perspektive und begreift sie als hierarchisch angeordnete Wissenskonzepte, die eine Gruppe von Ereignissen, Handlungen und Interpretationen mit einem Etikett versehen. Damit lassen sich Themen auf verschiedenen, hierarchisch angeordneten Ebenen ausmachen.[111] Im amerikanischen Sprachraum wird aber nicht von „theme“ oder „topic“ gesprochen, sondern von „issue“. Letzteres kann als öffentliche Streitfrage bzw. Diskussionsgegenstand begriffen werden, bei dem eine potenzielle Konflikthaftigkeit als definierendes Merkmal gilt.

Aus unserer Sicht greift der Framing-Ansatz besonders bei Streitthemen, also „issues“. Issues als öffentliche Streitfragen implizieren, dass prinzipiell verschiedene Standpunkte eingenommen werden können. Wenn man Themen lediglich als Kommunikationsgegenstände verstünde, so könnte man auch Frames zum Wetter oder zu Wasserstandsmeldungen der Elbe bestimmen. Das Wetter oder die Wasserstandsmeldung machen aber gemeinhin keine öffentliche Streitfrage aus.[112] Das gleiche gilt für kurze Meldungen über Ereignisse, die nicht weiter kontextualisiert werden, beispielsweise Wirtschaftsnachrichten. Da Frames sich ja auf unterschiedliche Sichtweisen eines Problems beziehen, würde eine Frame-Analyse hier nicht greifen. Eine Analyse von Medien-Frames eignet sich am besten für öffentliche Streitfragen, da hier das oben beschriebene Ambivalenzprinzip am stärksten zum Tragen kommt. Wenn man sich die in der bisherigen Framing-Forschung untersuchten Themen vergegenwärtigt (vgl. Matthes, 2007a, 2008), entspricht dies auch der Forschungspraxis.

Damit haben wir ein erstes Zugriffskriterium für die Analyse von Medien-Frames herausgestellt: Es muss sich um öffentliche Streitfragen („issues“) handeln. Nicht alle informationsvermittelnden Medien-Beiträge sind damit für eine Frame-Analyse geeignet. Daran lässt sich ein zweites Kriterium anbinden, das wir bereits weiter oben hergeleitet haben (vgl. Kap. 3.1.1): Es muss sich ein Akteur zu dieser öffentlichen Streitfrage äußern und dabei mindestens zwei Frame-Elemente ansprechen: Ohne Akteur kein Frame. Wir haben bereits im vorangegangenen Kapitel herausgestellt, dass Problemdefinitionen, Ursachenzuschreibungen etc. immer an Akteursaussagen gebunden sind, die sich in Medien-Texten kodieren lassen. Selbst wenn in einem Medien-Beitrag kein

---

[111] Für die Agenda Setting Forschung muss problematisiert werden, ob die vom Forscher gewählte Hierarchieebene auch dem Themenverständnis der Rezipienten entspricht. Dies ist allerdings für die Framing-Forschung weniger relevant, da das Thema den Startpunkt, nicht aber die abhängige Variable für eine Frame-Analyse ausmacht.

[112] Jedoch darf nicht unerwähnt bleiben, dass es nicht immer unproblematisch sein kann, ein Thema als öffentliche Streitfrage zu charakterisieren. Ob es zu einem Thema mehrere streitende Sichtweisen gibt, lässt sich meist nur aus der Beobachtung der Medienberichterstattung folgern.

Akteur zu Wort kommt, muss es immer einen Autor der Aussagen geben. In diesem Fall müsste man unterstellen, dass der Journalist der Autor der Aussagen ist und somit nicht die Ansichten anderer, sondern seine eigenen darstellt. Dies ist keineswegs trivial: In den bisherigen Studien zu Medien-Frames wird der Frame oft als Eigenschaft eines Textes betrachtet, und es wird nicht erfasst, wer die Aussagen tätigt. Beispielsweise würde so beim Thema Abtreibung ein „Pro-Life" oder „Pro-Choice"-Frame kodiert. Das halten wir für eine Verkürzung. Um einen Frame zu bestimmen, muss immer auch kodiert werden, wer etwas fordert bzw. bewertet. Wenn man dies tut, wird klar, dass es mehrere Frames innerhalb eines Beitrages geben kann.

Als drittes Kriterium für die Identifizierung eines Frames legen wir das mehrfache Auftreten des Frames fest (Matthes & Kohring, 2004).[113] Streng genommen ließen sich so viele Frames zu einer öffentlichen Streitfrage identifizieren, wie es verschiedene Standpunkte (von unterschiedlichen Akteuren) in der Medienberichterstattung gibt. Dies macht aber aus forschungspragmatischen Gründen nur wenig Sinn. Daher sprechen wir erst dann von einem Frame, wenn er sich *über mehrere Artikel hinweg identifizieren* lässt und damit eine – freilich objektiv schwer fassbare – Bedeutung für den Diskurs hat. Aus Sicht der Wirkungsanalyse dürften auch nur die Frames relevant sein, die sich im Diskurs durchsetzen und somit mehrfach auftreten. Für die Bedeutung eines Frames für einen Diskurs lassen sich zwar einige Kriterien ableiten (z.B. ist ein Frame für den Diskurs bedeutend, wenn andere Akteure darauf reagieren), jedoch muss dieses Kriterium zwangsläufig verhältnismäßig schwach bleiben, da sich keine eindeutige „Daumenregel" definieren lässt. Die Bestimmung der Anzahl von Frames ist damit eine empirische Frage, die vom konkreten Untersuchungsgegenstand abhängt und sich erst an den Ergebnissen der Frame-Analyse entscheiden lässt. Wie im nächsten Kapitel deutlich wird, wird die Anzahl der Frames in unserer Studie durch ein Gruppierungsverfahren bestimmt. Da solche Verfahren Gruppen von Fällen identifizieren, werden automatisch nur die Frames bestimmt, die mehrfach auftreten und damit eine relative Bedeutung für den Diskurs haben.

3.2.2 Methodisches Vorgehen

Unser methodisches Vorgehen bei der inhaltsanalytischen Erfassung von Medien-Frames haben wir bereits vorgestellt und ausführlich begründet (vgl. Kap. 2.3.4 und Kap. 2.3.7; vgl. Matthes & Kohring, 2004, 2006a). Grundidee ist, dass sich die durch

[113] Wenn allerdings nur sehr wenige Texte analysiert werden, tritt dieses Kriterium außer Kraft. Dies ist jedoch in dieser Arbeit nicht der Fall, da wir nicht an einzelnen Texten interessiert sind, sondern an einem längeren wirkungsrelevanten Zeitraum der Medienberichterstattung.

eine Inhaltsanalyse erfassten Frame-Elemente in einer charakteristischen Weise gruppieren und so zu einem Muster formen. Wenn dieses Muster über mehrere Texte hinweg identifiziert werden kann, sprechen wir von einem Frame. Der Hauptunterschied zu bisherigen Methoden liegt darin, dass Frames nicht direkt inhaltsanalytisch kodiert, sondern die einzelnen Ausprägungen der Frame-Elemente erst clusteranalytisch zu Frames zusammengefasst werden. Allerdings konnten bei diesem Verfahren zwei Probleme ausgemacht werden, die die vorliegende Arbeit lösen möchte: Zum Ersten wurde in den Studien von Matthes & Kohring (2004, 2006a) sowie Kohring & Matthes (2002) immer nur ein Frame pro Artikel erfasst. Dies ergab sich dadurch, dass nur die Hauptkodierungen (z.B. erster Akteur des Beitrages), nicht aber die Nebenkodierungen (z.B. zweiter und dritter Akteur des Beitrages) berücksichtigt werden konnten. Das heißt: Es wurde impliziert, dass es nur einen Frame, nur eine dominante Sichtweise in einem Beitrag gibt – ohne dies empirisch zu bestimmen. Zum Zweiten ist die clusteranalytische Bestimmung der Frame-Anzahl nicht unproblematisch, da die Anzahl der Cluster mit diesem Verfahren nicht immer eindeutig bestimmt werden kann (vgl. Kap. 2.3.7 sowie Matthes & Kohring, 2004, 2006a).

Wie werden nun die Frame-Elemente durch Variablen abgedeckt und wie werden diese Variablen generiert? Abbildung 7 zeigt die Aufgliederung eines Frames in seine einzelnen Elemente und Variablen. Wir haben bereits geklärt, dass prinzipiell mehrere Frames pro Medienbeitrag auftreten können, da Frames an Akteursaussagen gebundene, konsistente Muster von Urteilen und Einstellungen sind. Dies ist dann der Fall, wenn im Beitrag mehrere, unterschiedliche Akteure ihre Sichtweise darstellen können und damit unterschiedliche Kontextualisierungen des Themas gegeben werden. Die verhältnismäßig abstrakten Frame-Elemente werden deduktiv aus der bisherigen Literatur abgeleitet. Sie markieren den Ankerpunkt der gesamten Framing-Forschung seit Entman (1993). Zu einem Frame-Element, beispielsweise einer Problemdefinition, können nun mehrere Variablen zusammengefasst werden. Es handelt sich um Indikatoren der Frame-Elemente. Unserer Auffassung nach müssen diese jedoch in den meisten Fällen datengeleitet ermittelt werden, da die einzelnen Ausprägungen der Frame-Elemente nicht zu jedem Thema bekannt sein können. Die möglichen Ursachenzuschreibungen zum Thema „Drogenmissbrauch“ können z.B. ganz verschieden ausfallen. Zwar kann man einen Teil der Zuschreibungen theoretisch ableiten, jedoch ist die systematische empiriegeleitete Kategorienbildung an einer Teilstichprobe des Untersuchungsmaterials in den meisten Fällen unumgänglich (vgl. Früh, 2001, S. 144ff). Welche Variablen den einzelnen Elementen zugeordnet werden, unterliegt einem Übersetzungsprozess, der vom Forscher offen gelegt werden muss.

Abbildung 7: Aufsplittung eines Frames innerhalb eines Medien-Beitrages

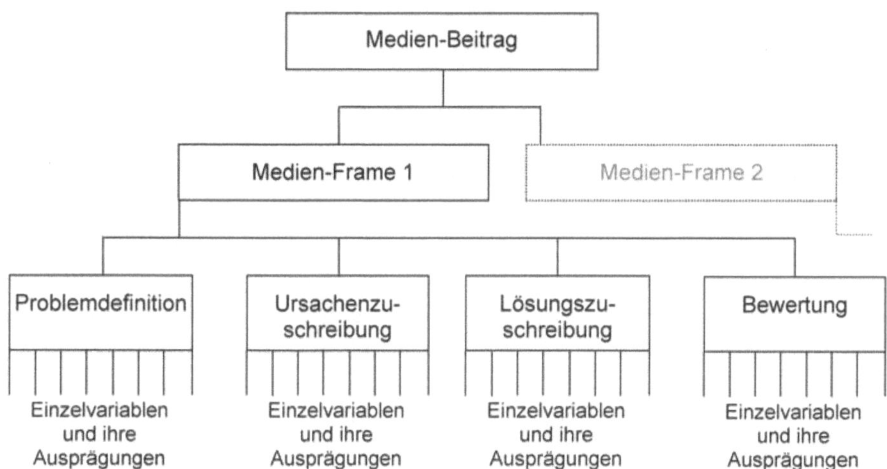

Da mehrere Frames in einem Beitrag vorhanden sein können, ist rein theoretisch die Kodiereinheit der Frame (vgl. Früh, 2001, S. 94). Nun ergibt sich aber das Problem, dass der Kodierer den Frame a-priori kennen müsste, um das Kategoriensystem auf ihn anzuwenden. Dies ist, wie wir bereits gezeigt haben (Kap. 2.3.7), nur schwer möglich, da ein Frame eine verhältnismäßig abstrakte Einheit ist, die sich nur schwer entdecken und als solche kodieren lässt. Aus diesem Grund ist es sinnvoller, als Kodiereinheit alle zusammenhängenden Aussagen eines Akteurs zum untersuchten Thema zu zählen. Das heißt, ein zweiter Frame innerhalb eines Beitrages muss auch immer mit den Aussagen eines zweiten Akteurs verknüpft sein. Diese Kodiereinheit deckt sich wahrscheinlich nicht mit der formalen Einheit eines Abschnittes (Früh, 2001, S. 92), denn ein Akteur kann ja in verschiedenen Teilen eines Beitrages zu Wort kommen. Die Elemente werden in diesen einzelnen Teilen des Textes kodiert und dem Akteur zugeordnet. Tritt ein zweiter Akteur auf, so werden alle Aussagen, die einen Bezug zu den Frame-Elementen aufweisen, ebenfalls (über den gesamten Beitrag hinweg) kodiert. Wenn kein Akteur zu Wort kommt, so ist der Journalist der Autor der einzelnen Frame-Elemente. Obwohl aus forschungspragmatischen Gründen die Anzahl der zu analysierenden Akteure beschränkt bleiben wird, können prinzipiell alle Akteure als Träger eines Frames zugelassen werden, sofern sich (mindestens zwei) Frame-Elemente kodieren lassen (vgl. Kap. 3.1.1).[114] Dies entspricht auch dem Verständnis von Früh (2001, S. 122), der die Inhaltsanalyse als Suchstrategie begreift, die sich auf theoretisch relevante Bedeutungsas-

[114] Es sei noch einmal daran erinnert, dass ein Akteur nicht eine Person sein muss, es kann sich auch um eine Gruppe von Personen handeln, die sich einer Organisation etc. zuordnen lassen.

pekte bezieht. Mit anderen Worten, die *Identifizierung eines Frames stellt selbst eine Selektion dar.* Es wird nicht jede bedeutungstragende Aussage kodiert, sondern nur die zu den Frame-Elementen zugehörigen Variablen.

Fassen wir das Bisherige zusammen: Kodiert werden nicht ganze Frames, sondern die einzelnen Elemente des Frames. Ausgangspunkt der Frame-Analyse ist der Autor der Aussagen. Zu jedem Akteur werden die zu den Elementen zugehörigen Variablen kodiert, d.h. jeder Akteur spricht über einen bestimmten Themenaspekt, nimmt bestimmte Ursachenzuschreibungen vor, bietet Lösungen an und bewertet das Problem. Verschiedene Akteure können sich ganz unterschiedlich zu einem Thema äußern und somit können mehrere spezifische Muster der Frame-Elemente auftreten. Da wir erst dann von einem Frame sprechen, wenn ein bestimmtes Muster wiederholt auftritt, müssen wir die Muster identifizieren, die sich in der Berichterstattung häufen. Diese sich häufenden Muster zu bestimmen, ist jedoch verhältnismäßig schwer und kann nicht Aufgabe des Kodierers sein. Dafür setzen wir Gruppierungsverfahren wie z.B. die Clusteranalyse bzw. die Analyse Latenter Klassen ein. Gruppierungsverfahren identifizieren Muster der Frame-Elemente, die über mehrere Artikel hinweg bestehen. Anders ausgedrückt, eine ganz bestimmte Konstellation aus Problemdefinition, Ursachenzuschreibung, Lösungszuschreibung, Handlungsanweisung und Bewertung lässt sich in mehreren Beiträgen finden. Dies interpretieren wir als einen Medien-Frame.

Da mehrere solche Frames in einem Beitrag vorkommen können, muss die Analyse jeweils für den ersten, zweiten, dritten (und alle weiteren) Hauptakteur(e) durchgeführt werden.[115] Es lassen sich so Artikel identifizieren, die nur einen einzigen Frame aufweisen und weitere, die mehrere Frames aufweisen. Zudem sollte bestimmt werden, welcher Frame innerhalb eines Artikels welches Gewicht einnimmt bzw. in welchem Bezug die Frames eines Beitrages zueinander stehen. In Kenntnis dieser Informationen kann nun in einer Wirkungsanalyse geschaut werden, welche Personen wahrscheinlich welche Frames rezipiert haben.

Als Gruppierungsverfahren wollen wir nicht (wie bisher, vgl. Matthes & Kohring, 2004) mit der Clusteranalyse, sondern mit einer Analyse Latenter Klassen arbeiten (vgl. Kap. 5.3.1). Dafür gibt es mehrere Gründe, die wir ausführlich in Kapitel 5.3.1 diskutieren. Der Hauptgrund ist die Bestimmung der Clusteranzahl: Bei Clusteranalysen wird für die Bestimmung der Anzahl der Frames (bzw. der Cluster) das Ellenbogen-Kriterium he-

[115] Wenn man die Akteure und nicht die Beiträge als Fälle begreift, so kann man die Analyse auch über alle Akteure rechnen. Dies werden wir in unserer empirischen Studie tun und im Ergebniskapitel näher beschreiben.

rangezogen (vgl. Matthes & Kohring, 2004). Auf die Probleme dieses heuristischen Maßes haben wir bereits an anderer Stelle hingewiesen (vgl. Kap. 2.3.7). Kurz: Das Ellenbogen-Kriterium der Clusteranalyse ist als eine Daumenregel zu verstehen und liefert kein verlässliches Testkriterium. Prinzipiell sind verschiedene Clusterlösungen denkbar, und dies kann zu Willkür führen. Darüber herrscht in der clusteranalytischen Literatur weitestgehend Konsens, und entsprechend wird in nahezu allen einschlägigen Arbeiten auf die Einschränkung des Verfahrens hingewiesen (vgl. z.B. Everitt, 1992; Gore, 2001; Krolak-Schwerdt & Eckes, 1992; Oldenbürger, 1981).

Die Clusteranalyse ist jedoch ein etabliertes, weit verbreitetes und auch elegantes Verfahren der multivariaten Statistik. Warum sollte man die Mühe auf sich nehmen, mit der Analyse Latenter Klassen ein verhältnismäßig unbekanntes und wenig etabliertes Verfahren zu verwenden? Der Grund liegt unseres Erachtens auf der Hand: Die Entscheidung, wie viele Frames bestimmt werden, ist eine der wichtigsten in der gesamten Analyse. Sie kann aber mit einer Clusteranalyse nicht immer überzeugend beantwortet werden. Hinzu kommt: Es können jegliche, auch zufällige Daten und Variablen analysiert und mit einer Clusteranalyse ausgewertet werden: „The investigator must be concerned whether the resulting clusters are discovered or forced by the technique“ (Speece, 1994, S. 36). Mit der Güte der Clusterlösung steht und fällt unsere gesamte Frame-Analyse. Die Analyse Latenter Klassen liefert für die Anzahl der Cluster bzw. Klassen ein eindeutiges Kriterium und ist in dieser Beziehung der Clusteranalyse überlegen (vgl. Formann, 1984; Magidson & Vermunt, 2002; Reinecke, 1999; Vermunt & Magidson, 2002). Noch ein weiterer Grund ist an dieser Stelle zu nennen: Bei der Analyse Latenter Klassen wird die Gruppenvariable (= die Frames) als latente Variable begriffen. Dies entspricht auch unserem theoretischen Begriffsverständnis von Frames: Frames sind nicht direkt beobachtbar und kodierbar, sondern sie können nur über das Vorhandensein von bestimmten Indikatoren erschlossen werden. Auch in der Durchführung des Verfahrens findet diese Logik ihren Niederschlag: Bei einer Analyse Latenter Klassen wird nicht nur – wie etwa in allen clusteranalytischen Verfahren in SPSS – eine Variable für die Clusterzugehörigkeit abgespeichert, sondern Variablen für die Zugehörigkeits-*wahrscheinlichkeiten.*[116] Das bedeutet, bei fünf Frames gibt die Analyse für jeden Beitrag fünf Variablen aus, die Auskunft darüber geben, wie wahrscheinlich die fünf Frames jeweils bei einem Beitrag ausgeprägt sind. Dementsprechend können auch mehrere

[116] Bei der partitionierenden Clusteranalyse wird in SPSS eine Variable ausgegeben, die die Nähe zum eigenen Cluster beschreibt. Bei der hierarchischen Clusteranalyse gibt es in SPSS selbst diese Option nicht. Die Nähe zum Cluster erlaubt aber nur eine Aussage, wie „nah“ ein Beitrag dem eigenen – bereits zugewiesenen – Cluster ist, nicht jedoch, wie nah der Fall zu den anderen Clustern steht.

Frames auf einem Artikel „hoch laden". Damit wird das theoretische Problem früherer Analysen entkräftet, dass jeder Beitrag immer einen Frame aufweisen muss: Nicht jeder Beitrag muss einen Frame aufweisen, sondern jeder Beitrag hat eine bestimmte Wahrscheinlichkeit, dass ein oder mehrere Frames vorhanden sind. Kein Beitrag wird damit in eine Gruppe „gezwängt", der er nicht angehört. Dies halten wir für einen zentralen theoretischen Mehrwert. Eine ausführliche Diskussion des Verfahrens findet sich in Kapitel 5.3.1.

3.3 Wirkung von Medien-Frames

In diesem Kapitel sollen modell-theoretische Überlegungen angestellt werden, wie Medien-Frames ihre Wirkung beim Rezipienten entfalten. Damit greifen wir die in Kapitel 2.5 beschriebenen Problempunkte „Voreinstellungen" und „Prädiktoren" auf. Wir haben bereits in Kapitel 2.4.7 deutlich gemacht, dass bisherige Studien Framing-Effekte als gedächtnisbasierten Prozess modellieren und die Rolle von Voreinstellungen bzw. bereits verfügbaren Urteilen vernachlässigen. Das bedeutet: Medien-Frames machen Wissenseinheiten beim Rezipienten leichter verfügbar, und diese werden dann für die Urteilsbildung herangezogen. Diese Beschränkung auf gedächtnisbasierte bzw. memory-based Urteile wurde bereits von einigen Autoren herausgestellt und kritisiert, jedoch wurde noch keine Lösung dafür präsentiert. In einem ersten Schritt referieren wir die Literatur zu on-line und memory-based Urteilen (vgl. Matthes, 2007b; Matthes et al., 2007; Wirth & Matthes, 2006) und leiten daraus Annahmen für die Wirkung von Medien-Frames ab. Wie zu zeigen sein wird, lassen sich bei on-line und gedächtnisbasierten Urteilen unterschiedlich starke Framing-Effekte erwarten. Anschließend diskutieren wir kurz Zwei-Prozess-Modelle und grenzen diesen von on-line/memory-based-Modellen ab. Danach widmen wir uns einem Prädiktor für Framing-Effekte, der ebenfalls schon in der bisherigen Forschung thematisiert, aber noch nicht überzeugend eingesetzt wurde, das Vertrauen in Medien (vgl. Matthes & Kohring, 2004, 2006b; Kohring & Matthes, 2004, 2007).

3.3.1 Vorbemerkungen: on-line und erinnerungsbasierte Urteilsbildung

Der Hauptunterschied zwischen on-line und gedächtnisbasierten Urteilen besteht im Zeitpunkt der Urteilsbildung (vgl. im Folgenden Hastie & Park, 1986). Bei einem on-line Urteil wird das Urteil sofort bei der erstmaligen Informationsaufnahme gebildet und „abgespeichert". Das Urteil kann später wieder abgerufen werden, ohne sich noch einmal die Informationen ins Gedächtnis rufen zu müssen, die zu dem Urteil geführt haben. Im Alltagsverständnis kann man sich on-line Urteile als „den ersten Eindruck" über einen Sachverhalt oder eine Person vorstellen: Einmal gebildet, ist dieser Eindruck leicht abrufbar und ist nicht mehr so leicht auszulöschen. On-line Urteile sind – das belegen die empirischen Studien (Bizer, Tormala, Rucker & Petty, 2006; Mackie & Asuncion, 1990; Matthes et al., 2007) – stabile Urteile. Gedächtnisbasierte Urteile haben wir bereits kennen gelernt:[117] Bei diesen Urteilen wird beim ersten Kontakt mit der urteilsrelevanten Information kein Urteil gebildet. Wird zu einem späteren Zeitpunkt ein Urteil abverlangt, wird das Urteil basierend auf den Informationen, die zum Zeitpunkt der Urteilsbildung erinnert werden können, „berechnet". Das Urteil entsteht also erst dann, wenn es benötigt wird. Es kann auch sein, dass mehrfach ein gedächtnisbasiertes Urteil abverlangt wird. In diesem Fall wird jedes Mal zum Zeitpunkt der Urteilsbildung ein Urteil auf Basis der gerade verfügbaren Informationen gebildet. Sind zu einem späteren Zeitpunkt andere Informationen verfügbar, fällt das Urteil anders aus. Daher sind gedächtnisbasierte Urteile auch weniger stabil als on-line Urteile (die ja immer wieder identisch und schnell abgerufen werden können). Somit ist klar, dass bei gedächtnisbasierten Urteilen das Urteil mit der Valenz der erinnerten Informationen korreliert. Je nach dem, welche Informationen erinnert werden, kann das Urteil anders ausfallen. Bei on-line Urteilen ist dies jedoch nicht der Fall: Die Informationen, die erinnert werden können, korrelieren in der Regel nicht mit dem Urteil. Dies hängt damit zusammen, dass bei on-line Urteilen vor allem die ersten bzw. früh rezipierten Informationen einen Einfluss haben. Man spricht auch von Primacy-Effekten. Allerdings können sich Personen schwer an diese, weit zurückliegenden Informationen erinnern, die ursprünglich zu dem Urteil geführt haben. Bei memory-based Urteilen sind wahrscheinlich die zuletzt rezipierten Informationen urteilsrelevant, da diese ja am leichtesten erinnert werden (Higgins, 1996).

Die Idee von on-line und gedächtnisbasierten Urteilen haben Hastie und Park (1986) für die sozialpsychologische Forschung entwickelt.[118] Seitdem gibt es eine ganze Reihe von fast ausschließlich experimentellen Studien zu beiden Urteilstypen (vgl. Bizer et al., 2006; Hertel & Bless, 2000; Mackie & Asuncion, 1990; Mackie, Sherman & Worth, 1993; McConnel, 2001; Hamilton, Sherman & Maddox, 1999; Tormala & Petty, 2001), die sich weitestgehend an der Untersuchung von Hastie und Park (1986) orientieren. Hastie und Park (1986) fragten sich, wie es sein kann, dass Urteile und erinnerte Infor-

[117] In der Arbeit verwenden wir die Begriffe „gedächtnisbasiert" und „memory-based" synonym. Beide Begriffe implizieren jedoch nicht, dass nur bei diesem Typ das Gedächtnis eine Rolle spielt. Auch bei on-line Urteilen ist das Gedächtnis involviert, da die verfügbaren Urteile aus dem Gedächtnis abgerufen werden.

[118] Zuerst tauchte der Gedanke bei Anderson und Hubert (1963) auf: Sie konnten zeigen, dass die Einstellung einer Person nicht immer mit den erinnerten Argumenten korreliert, die zu der Einstellung geführt haben.

mationen nicht korrelieren. In einem Experiment hörten sich die Versuchspersonen eine aufgezeichnete Konversation zwischen zwei Personen an. In der einen Bedingung (on-line) wurde den Versuchspersonen mitgeteilt, sie sollen die Rolle eines Personalmanagers einnehmen und die Person nach ihrer Eignung für einen Job beurteilen. Dazu sollten sie sich eine Meinung zu einigen vorher festgelegten Attributen bilden. In der zweiten Bedingung bekamen die Personen keine Aufgabe mitgeteilt. Nach dem Hören der Konversation sollte die Eignung des Kandidaten für den Job eingeschätzt werden, und es wurde nach den erinnerten Informationen gefragt. Das Ergebnis: Für die Personen, die sich unerwartet ein Urteil über die Berufseignung bilden sollten, ergab sich eine hohe Korrelation zwischen der Valenz der erinnerten Information und dem Urteil. Mit anderen Worten, je nach dem, an welche Information sich erinnert wurde, fiel das Urteil anders aus. Im Kontrast dazu hing das Urteil nicht mit den erinnerten Informationen zusammen, wenn die Versuchspersonen die Urteilsbildungsaufgabe kannten. Dieses Ergebnis wurde in zahlreichen experimentellen Untersuchungen repliziert und gilt als gesichert (vgl. Mackie & Asuncion, 1990; Hamilton et al., 1999; Tormala & Petty, 2001).

Die Unterscheidung zwischen beiden Urteilstypen ist vor allem in der politischen Psychologie[119] auf fruchtbaren Boden gestoßen: "the identification and empirical evaluation of these two models of opinion formation are among the most impressive contributions of the cognitive approach" (McGraw, 2000, S. 813). Erstaunlicherweise wird dort jedoch nicht von beiden Urteilstypen ausgegangen, sondern es finden sich entweder Vertreter für das on-line Modell, währenddessen andere das memory-based Modell für die politische Einstellungsbildung für plausibler halten (vgl. einführend Kinder, 1998; Lavine, 2002; Taber et al., 2001). Am bekanntesten ist sicherlich das gedächtnisbasierte Modell der Urteilsbildung von Zaller (1992), das hier nur angerissen werden kann: Zaller (1992) geht davon aus, dass Personen zu jedem politischen Thema mehrere, durchaus konfligierende Gedanken haben.[120] Zum Zeitpunkt der Urteilsbildung bilden sie einen Durchschnitt der gerade abrufbaren Gedanken und kommen so zu einem Urteil. Je nach dem, welche Informationen in diesem Moment verfügbar sind, ergeben sich andere Urteile. Daraus folgt, dass es eher unwahrscheinlich ist, dass Menschen stabile Urteile haben (Wilson & Hodges, 1992). Anders als Zaller (1992) schlagen Lodge, McGraw und Stroh (1989; vgl. auch Lodge, Steenbergen & Brau, 1995; McGraw, Hasecke & Conger, 2003) ein Modell der Meinungsbildung vor, dass auf dem Gedan-

[119] Die politische Psychologie ist ein vor allem in der US-amerikanischen Forschung prominentes Fachgebiet zwischen Politikwissenschaft und Psychologie.

[120] Zaller (1992) spricht nicht von Gedanken, sondern von „considerations". Der Begriff lässt sich jedoch schwer ins Deutsche übertragen.

ken von on-line Urteilen beruht. Sie betonen, dass die Bürger zu vielen Themen eine Meinung abrufen können (ohne sie erst neu bilden zu müssen), jedoch die für die Meinungsbildung ursprünglichen Informationen nicht mehr benennen können: "[P]eople can often tell you how much they like or dislike a book, movie, candidate, or policy but not be able to recount the specific whys and wherefores for their overall evaluation" (Lodge et al., 1989, p. 401). Das bedeutet, Personen müssen eigentlich gar nicht viel zu einem Thema wissen, um ein Urteil zu haben (Druckman & Lupia, 2000). Werden Rezipienten mit on-line Urteilen mit neuen Informationen konfrontiert, achten sie nicht mehr auf die einzelnen Informationen oder Argumente, sondern nur auf das dargestellte Gesamturteil. Dieses wird dann mit dem eigenen Urteil abgeglichen und verrechnet. Experimentell konnte die on-line Urteilsbildung für die Beurteilung politischer Kandidaten gut nachgewiesen werden (e.g., Lodge et al., 1989; Lodge et al., 1995; McGraw et al., 2003). Allerdings gibt es auch Hinweise, dass für Kandidatenurteile sowohl on-line als auch memory-based Prozesse eine Rolle spielen können (Redlawsk, 2001; für eine theoretische Analyse vgl. Lavine, 2002).

Auch in der Kommunikationswissenschaft werden vereinzelt on-line und gedächtnisbasierte Urteilsmodelle verwendet. Zu nennen sind hier die Arbeiten von Shrum (2004), Cappella und Jamieson (1997) und Huang (2000; vgl. auch Huang & Price, 2001). Shrum (2004) argumentiert, dass sich on-line und gedächtnisbasierte Urteile verschiedenen Kultivierungseffekten zuordnen lassen. So genannte Kultivierungseffekte *erster Ordnung* beziehen sich auf die Einschätzung von Wahrscheinlichkeiten, z.B. der Kriminalitätshäufigkeit in einem Land. Kultivierungseffekte *zweiter Ordnung* meinen dagegen Einstellungen in Bezug auf eigene Werte und Handlungsweisen, z.B. Einstellungen wie „Anwälte sind nicht ehrlich" (Shrum, 2004). Shrum (2004) argumentiert, dass Kultivierungseffekte erster Ordnung generell gedächtnisbasiert und Kultivierungseffekte zweiter Ordnung generell on-line ablaufen. Ähnlich gehen auch Cappella und Jamieson (1997, S. 79) davon aus, dass bei Urteilen über Eigenschaften von Personen immer online Urteile folgen müssten (z.B. wenn politische Akteure im Fernsehen gezeigt werden). Ein Test dieser generalisierenden Annahmen steht allerdings in beiden Fällen noch aus.[121] Bei den Studien von Huang (2000) sowie Huang und Price (2001) geht es um die Ausführlichkeit der politischen Informationssuche. Dazu wurde die online/memory-based Unterscheidung in einer Vier-Felder-Tabelle mit der Tiefe der Informationsverarbeitung gepaart. Dass in der experimentellen Bedingung „memory-based – effortful" erstaunlicherweise die aufwändigste Informationssuche erfolgt, ist

[121] Cappella und Jamieson (1997) gehen zwar in ihrer theoretischen Analyse von on-line und gedächtnisbasierten Urteilen aus, in ihren empirischen Studien spielt diese Unterscheidung jedoch keine Rolle.

ganz klar der experimentellen Manipulation geschuldet und damit nicht unproblematisch, was hier aber nicht näher aufgerollt werden soll.

Die Art des Urteils lässt sich auf verschiedene Weise messen (vgl. Hertel & Bless, 2000; Matthes et al., 2007). Schon bei Hastie und Park (1986) wurde die Korrelation zwischen der Valenz der erinnerten Informationen und dem Gesamturteil als Hauptindiz für die Art des Urteils gewertet. Zudem ist bekannt, dass Personen mit on-line Urteilen schneller auf Fragen (z.B. in einem Fragebogen) antworten können, da sie ja ein abrufbares Urteil bereit halten und nicht erst ein Urteil aus den erinnerten Informationen bilden müssen. Diese Verfahren wurden ausschließlich in Experimenten eingesetzt. Hertel und Bless (2000) konnten zeigen, dass von den erwähnten Methoden nur die Latenzzeit verlässliche Aussagen über die Art des Urteils erlaubt. Zwei neuere Studien sind hier noch erwähnenswert, da sie neben den erwähnten noch zwei andere Messverfahren aufzeigen: Bizer et al. (2006) demonstrieren in mehreren Experimenten, dass Personen mit on-line Urteilen auch eine höhere Einstellungssicherheit haben. Demnach eignet sich auch die Einstellungssicherheit als Diagnosemöglichkeit des Urteilstypes. Dass die Einstellungssicherheit ein guter Indikator für die Art des Urteils ist, zeigt auch unsere eigene Studie (Matthes et al., 2007), die wiederum eine weitere Methode zur Erfassung beider Urteilstypen vorschlägt: Eine neu entwickelte Skala zur Messung von on-line und memory-based Urteilen in politischen Umfragen korreliert am stärksten mit der Einstellungssicherheit, was die Eignung der Einstellungssicherheit als Indikator unterstreicht.

3.3.2 Ein Modell zur Erklärung von Framing-Effekten

Wie lassen sich nun die referierten Befunde für ein Modell von Framing-Effekten umsetzen? Grundsätzlich gehen wir davon aus, dass sowohl die on-line als auch die gedächtnisbasierte Urteilsbildung für ein Modell zur Erklärung von Framing-Effekten zu berücksichtigen sind. Das bedeutet zweierlei: Erstens sind Voreinstellungen bei der Wirkung von Medien-Frames einzubeziehen. Dies wurde in der bisherigen, vor allem experimentellen Forschung nahezu vollkommen ausgeklammert. Außer bei vollkommen neuen oder überraschenden Themen ist immer davon auszugehen, dass Personen bereits Urteile haben. Zweitens muss die *Art dieser Voreinstellung* in Betracht gezogen werden. Personen mit gedächtnisbasierten Urteilen lassen andere Framing-Effekte erwarten als Personen mit on-line Urteilen. Im Folgenden entwickeln wir ein Modell, das beide Aspekte berücksichtigt. Unsere Grundannahmen lassen sich basierend auf der bisherigen Forschungsliteratur in den folgenden acht Propositionen zusammenfassen (vgl. Matthes, 2007b):

Proposition 1. Framing-Effekte werden als Effekte auf Urteile und Einstellungen verstanden – Wissenseffekte stehen für uns nicht im Mittelpunkt des Interesses. Dies hängt mit unserem Begriffsverständnis von Frames zusammen, das explizit evaluative Komponenten beinhaltet. *Für unsere Zwecke* unterscheiden wir jedoch nicht zwischen Urteilen und Einstellungen, sondern verwenden beide Begriffe synonym. Traditionell werden Einstellungen als zeitlich überdauernde evaluative Präferenzen aufgefasst. Urteile hingegen werden meist als kurzzeitige Bewertungen von Objekten oder Situationen definiert (vgl. Bohner & Wänke, 2002). In der neueren sozialpsychologischen Literatur wird aber zunehmend nicht mehr zwischen beiden Begriffen differenziert (Schwarz, 2000, S. 162). Einstellungen können mit Schwarz (2000, S. 168) als evaluative Urteile begriffen werden – sie müssen nicht per definitionem überdauernd sein: „[T]he psychology of attitudes is simply the psychology of evaluative judgment" (Schwarz, 2000, p. 168). Klassischerweise wird in der Sozialpsychologie ein „file-drawer-model" (d.h., Einstellungen sind stabil und abrufbar) von einem „attitude as construction-model" (d.h., Einstellungen werden immer wieder auf Basis verfügbarer Informationen gebildet) abgegrenzt. Wir halten beide Szenarien für möglich und notwendig: Es ist auf der einen Seite möglich, überdauernde Einstellungen zu haben, die schnell verfügbar und abrufbar sind (was dem Einstellungsbegriff nahe käme). Auf der anderen Seite können Einstellungen je nach Kontextinformation neu gebildet werden (was eher dem Urteilsbegriff entspräche). Beide Sichtweisen sind für uns durchaus vereinbar. Es sind – metaphorisch gesprochen – zwei Seiten *derselben* Medaille. Den Unterschied zwischen beiden „Seiten" drücken wir aber nicht durch die Begriffe „Einstellung" vs. „Urteil" aus, sondern durch die Unterscheidung zwischen on-line und gedächtnisbasierten Prozessen. Die geschilderten Auffassungen von Einstellungen resp. Urteilen entsprechen in grober Analogie on-line und gedächtnisbasierten Urteilen (Matthes et al., 2007). Ob Urteile bzw. Einstellungen fest gespeichert und abrufbar sind, oder ob sie „on the spot" neu gebildet werden, ist eine empirische Frage, die von mehreren Variablen abhängt. Einstellungen per definitionem als überdauernd (und damit als schwer veränderbar) zu definieren, würde jede Frage nach Medienwirkungen ausschließen. Aus unserer Sicht ist es daher wichtiger zu fragen, wann Einstellungen stabil sind und wann nicht. Dies hängt davon ab, ob eine Einstellung on-line oder gedächtnisbasiert vorliegt. Auch in der gesamten Literatur zur on-line und gedächtnisbasierten Urteilsbildung werden Einstellungen mit Urteilen gleichgesetzt (vgl. Mackie & Asuncion, 1990).

Proposition 2. Für ein on-line und gedächtnisbasiertes Modell von Framing-Effekten ist es wichtig, eine Zeitperspektive zu betrachten. Dabei ist theoretisch zwischen mindestens zwei Zeitpunkten zu unterscheiden: dem Zeitpunkt der Informationsaufnahme und dem Zeitpunkt der Urteilsbildung. Zudem muss berücksichtigt werden, ob es sich um ein vollkommen neues Thema bzw. Urteilsobjekt handelt oder ob vorher schon einmal on-line oder gedächtnisbasierte Urteile gebildet wurden. Im ersten Fall gilt es vorherzusagen, ob ein on-line oder ein gedächtnisbasiertes Urteil entstehen wird. Im zweiten Fall geht es um die Änderung der bereits bestehenden Urteile durch das mediale Framing.

Proposition 3. Für jedes Thema bzw. Urteilsobjekt gehen Personen entweder den Weg der on-line oder der memory-based Urteilsbildung (ausgeklammert werden hier Arbeiten zur impliziten Einstellungsbildung, vgl. Matthes et al., 2005; Matthes, Schemer & Wirth, 2008). Bei der on-line Urteilsbildung wird während der Medienrezeption bzw. der erstmaligen Konfrontation mit dem Thema ein Urteil gebildet. Dieses ist später leicht und schnell abrufbar. Beim gedächtnisbasierten Weg wird während der Rezeption kein Urteil gebildet, sondern erst dann, wenn es abverlangt wird. Dafür werden die erinnerten Informationen für die Urteilsbildung herangezogen. Das bedeutet: Wir gehen prinzipiell davon aus, dass es möglich ist, während der Rezeption kein Urteil zu bilden – *obwohl Informationen aufgenommen werden*, die später erinnert werden können. Wenn Personen jedes neue Urteilsobjekt immer sofort während der Informationsaufnahme bewerten müssten, wären sie kognitiv überfordert. Diese Annahme lässt sich nicht nur empirisch zeigen (vgl. Zaller, 1992), sondern sie entspricht auch den Erkenntnissen der Einstellungsforschung (Schwarz, in Druck). Welche Urteilsstrategie gewählt wird, hängt vom Verarbeitungsziel ab und lässt sich vorhersagen, wie Proposition 4 zeigt.

Proposition 4. Zunächst ist eine on-line Urteilsbildung dann sehr wahrscheinlich, wenn die Rezipienten davon ausgehen, zu einem späteren Zeitpunkt ein Urteil zu benötigen, z.B. bei persönlich relevanten Themen (Druckman & Lupia, 2000; Lavine, 2002; Matthes, 2007b), bei denen ein hohes Orientierungsbedürfnis (vgl. Matthes, 2006; 2007d) besteht. Wenn ein Thema aber eher beiläufig und ohne großes Interesse verfolgt wird, ist es wahrscheinlicher, dass die (spätere) Urteilsbildung erinnerungsbasiert verläuft. Zudem zeigen empirische Studien, dass on-line Urteile vor allem bei Personen auftreten, bei denen die Persönlichkeitseigenschaft need to evaluate (Jarvis & Petty, 1996), also die generelle Tendenz, Bewertungen vorzunehmen, stärker ausgeprägt ist (Tormala & Petty, 2001; Matthes et al., 2007; vgl. auch Matthes, 2007b).[122]

Proposition 5. Beide Urteilsbildungswege werden als distinkt voneinander verstanden. Das heißt, entweder wird ein on-line *oder* ein gedächtnisbasiertes Urteil gebildet – es

[122] Diese Punkte werden weiter unten ausführlicher erläutert.

gibt immer eine *dominante Urteilsart*. Jedoch kann ein on-line Urteil durch einen gedächtnisbasierten Prozess beeinflusst werden. Beispielsweise ist vorstellbar, dass zwar ein on-line Urteil verfügbar und anwendbar ist, dieses wird jedoch mit wichtigen kognitiv verfügbaren Informationen verrechnet. Im umgedrehten Fall ist dies jedoch nicht möglich: Gedächtnisbasierte Urteile können nicht mit on-line Urteilen verrechnet werden. Wenn ein on-line Urteil besteht, wird es automatisch aktiviert – von daher ist keine Gedächtnissuche nach weiteren Informationen mehr notwendig. Sobald also eine Gedächtnissuche zur Urteilsbildung vorgenommen wird, liegt kein anwendbares on-line Urteil vor. Daraus ergibt sich, dass on-line Urteile wahrscheinlich einem gedächtnisbasierten Prozess vorgezogen werden, um kognitive Ressourcen zu sparen. Genau dies ist ja die Funktion von verfügbaren Einstellungen (Eagly & Chaiken, 1998; Ostrom, Skowronski & Nowak, 1994; Roskos-Ewoldsen, 1997). Obwohl ein on-line Urteil mit verfügbaren Informationen verrechnet werden kann, sprechen wir immer noch von einer dominanten Urteilsart, dem on-line Urteil. Diese klare Trennung ist forschungslogisch notwendig, denn nur so können eindeutige Hypothesen abgeleitet und überprüft werden.

Proposition 6. (Dominante) On-line und gedächtnisbasierte Urteile unterscheiden sich in ihren Hauptcharakteristika, die sich empirisch bestimmen lassen. Wie wir bereits gezeigt haben, zeichnen sich on-line Urteile durch eine größere Einstellungssicherheit aus (Bizer et al., 2006; Lavine, 2002; Matthes et al., 2007, Matthes, 2007b). Zudem sind sie schneller verfügbar, d.h. Personen mit on-line Urteilen können ihre Einstellungen schneller berichten als Personen mit gedächtnisbasierten Urteilen (Hastie & Park, 1986; Hertel & Bless, 2000). Bei gedächtnisbasierten Urteilen ist eine Korrelation zwischen der Valenz der erinnerten Information und dem Gesamturteil zu erwarten, bei on-line Urteilen nicht (Hastie & Park, 1986). Schließlich haben Matthes et al. (2007) eine Skala entwickelt, die es ermöglicht, die Art der Urteilsbildung in politischen Umfragen zu ermitteln.

Proposition 7. On-line Urteile sind stabiler als gedächtnisbasierte Urteile. Sie lassen sich daher weniger stark durch das mediale Framing beeinflussen (vgl. Mackie & Asuncion, 1990). Dennoch ist es prinzipiell möglich, dass sich die Art des Urteils (on-line vs. gedächtnisbasiert) im Zeitverlauf ändert. Gedächtnisbasierte Urteile können zu on-line Urteilen werden und vice versa. Erklärt werden kann die Änderung der Urteilsart durch eine Änderung des Urteilsbildungszieles. Wenn ein on-line Urteil nicht mehr dauerhaft aktiviert wird, nimmt seine Zugänglichkeit ab. Dies kann dazu führen, dass es ab einem gewissen Schwellenwert nicht mehr verfügbar ist und „verblasst“ (Fazio, 2001). Genauso kann ein gedächtnisbasiertes Urteil zu einem on-line Urteil werden, wenn beispielsweise ein Thema an Wichtigkeit gewinnt, was zur Formation eines Urteilsbildungszieles führt.[123]

Proposition 8. Bei gedächtnisbasierten Urteilen sind die Frames urteilsrelevant, die häufig und nah zurückliegend („Recency-Effekt") rezipiert wurden (vgl. Higgins, 1996; vgl. auch Kap. 2.4.3). Bei on-line Urteilen sind dies hingegen die zuerst dargebotenen Informationen („Primacy-Effekt"): "[P]rimacy is important for the impression, as the initial information lays the groundwork for the impression and provides the framework within the latter information is interpreted" (Hamilton et al., 1999, p. 616).

Wie die acht Propositionen zeigen, spielt die Annahme von on-line und gedächtnisbasierten Urteilen in unserem Modell an zwei Stellen eine relevante Rolle:

- Erstens versucht das Modell eine Vorhersage zu leisten, wann on-line und wann gedächtnisbasierte Urteile gefällt werden. Dies sagt jedoch nichts über den konkreten Inhalts des Urteils aus (z.B. für oder gegen etwas zu sein), sondern es geht um den Urteilstypus, d.h. wie und wann das Urteil gebildet wird.

- Zweitens lassen sich aus dem Modell Vorhersagen über inhaltliche Medieneffekte ableiten. Das bedeutet, beim Vorliegen von on-line oder gedächtnisbasierten Urteilen sind unterschiedliche Effekte von Medien-Frames zu erwarten.

Entscheidend für die Bildung eines on-line oder erinnerungsbasierten Urteils ist die Urteilsbildungsmotivation. Diese hängt in erster Linie von zwei Einflussgrößen ab. Zum einen werden Personen mit einer hohen Ausprägung der Persönlichkeitseigenschaft Evaluationsbedürfnis wahrscheinlicher ein on-line Urteil bilden als Personen mit einer niedrigen Ausprägung dieser Persönlichkeitseigenschaft. Dies liegt darin begründet, dass diese Personen sich generell zu verschiedenen Themen eher ein Urteil bilden (Jarvis & Petty, 1996). Dieser Befund ist experimentell (Tormala & Petty, 2001) und korrelativ (Matthes et al., 2007) gesichert und muss daher nicht weiter ausgeführt werden. Zum zweiten haben wir aus der bisherigen Literatur gelernt, dass ein hohes Theminteresse eine on-line Urteilsbildung wahrscheinlich macht (Lavine, 2002; Mackie & Asuncion, 1990; McGraw et al, 2003; vgl. auch Matthes, 2007b). Das Orientierungsbedürfnis ist jedoch keine Persönlichkeitseigenschaft (wie das Evaluationsbedürfnis), sondern kann themen- und zeitabhängig variieren. Ein hohes Themeninteresse führt

[123] In einer weiterführenden Arbeit (vgl. Matthes, 2007b) unterscheiden wir verschiedene Routen, wie die Art der Urteilsbildung sich ändern kann. Dies steht jedoch für unsere empirische Studie nicht im Mittelpunkt und wird daher an dieser Stelle ausgespart.

gemäß unserer eigenen Begrifflichkeit (und empirischer Befunde) zu einem hohen Orientierungsbedürfnis gegenüber Massenmedien (Matthes, 2006, 2007d). Das Orientierungsbedürfnis ist ein zentrales psychologisches Konstrukt in der Agenda Setting Forschung (vgl. McCombs, 2004). Es beschreibt die Motivation, sich an den Massenmedien bei der eigenen Meinungsbildung zu orientieren. Personen mit einem hohen Orientierungsbedürfnis möchten ausführlich über ein Thema durch die Massenmedien unterrichtet werden, sie möchten verschiedene Seiten des Themas kennen lernen und sind interessiert an journalistischen Bewertungen. Umso höher das Orientierungsbedürfnis einer Person, desto stärker ist die Mediennutzung, was wiederum eine Voraussetzung für Medienwirkungen ist. Es gilt als empirisch gesichert, dass ein hohes Themeninteresse (und unter gewissen Umständen auch die erlebte Unsicherheit) das Orientierungsbedürfnis einer Person erhöhen (Matthes, 2006). Für uns heißt das: Personen mit einem hohen Orientierungsbedürfnis gegenüber Massenmedien werden sich eher ein on-line Urteil bei der Medienrezeption bilden als Personen mit einem niedrigen Orientierungsbedürfnis. Orientierungsbedürfnis bedeutet ja, dass sich die Rezipienten an den Evaluationen, die in der Medienberichterstattung gegeben werden, bei ihrer eigenen Meinung orientieren *wollen* (Matthes, 2006). Ist dieses Bedürfnis vorhanden, ist eine on-line Urteilsbildung wahrscheinlicher.

Die Unterscheidung beider Urteilstypen ist für die Vorhersage von Framing-Effekten an zwei Stellen relevant: a) zum Zeitpunkt der erstmaligen Urteilsbildung und b) zum Zeitpunkt einer möglichen Urteilsänderung. Personen, die ein Urteilsbildungsziel ausgebildet haben, werden sich, so die Annahme, während des Kontaktes mit den Medieninformationen ein Urteil bilden. Daher sind zum *Zeitpunkt einer erstmaligen Urteilsbildung* vor allem früh rezipierte Informationen wirkungsrelevant. Das auf Basis der früh rezipierten Frames gebildete Urteil kann zu einem späteren Zeitpunkt wieder (schnell) abgerufen werden. Im Gegensatz dazu haben sich Personen ohne Urteilsbildungsziel während der Rezeption noch kein Urteil gebildet. Wird ein Urteil abverlangt, so werden die verfügbaren Informationen aus dem Gedächtnis abgerufen und zu einem Urteil verrechnet. Folglich haben die Informationen den stärksten Einfluss, die häufig und nah zurückliegend aufgenommen wurden. Für uns bedeutet das: Vor allem spät rezipierte Frames sind wirkungsrelevant.

Damit haben Medien-Frames einen Einfluss zum Zeitpunkt der erstmaligen Urteilsbildung (Zeitpunkt t_1). Die Frage ist nun, ob und wie sich diese einmal gebildeten Urteile ändern lassen (Zeitpunkt t_2). Wie wir bereits weiter oben gesehen haben, hat die Art eines einmal entstandenen Urteils große Relevanz für den weiteren Verlauf des Medienwirkungsprozesses (vgl. Matthes, 2007b). Liegt ein on-line Urteil vor, ist die Änderung des Urteils durch Medien-Frames verhältnismäßig unwahrscheinlich. Zu einem Zeitpunkt t_2 werden die Personen genauso über ein Thema denken wie zum Zeitpunkt t_1. Dafür sprechen mehrere Gründe: On-line Urteile können bei der Wahrnehmung des Einstellungsobjektes automatisch aktiviert werden, was wiederum die weitere Informationsaufnahme steuert (Fazio, 2001). Schon Klapper (1960) argumentierte, dass Rezipienten sich vor allem den Informationen zuwenden, die ihren eigenen Sichtweisen entsprechen. Mit den Worten von Roskos-Ewoldsen (1997, S. 196): "When individuals have highly accessible attitudes, they are likely to process information in a biased manner, which will make any attempts at persuasion difficult". Dies wird auch durch einen immensen Forschungskorpus in der Sozialpsychologie untermauert, bei dem es um die Resistenz gegenüber Beeinflussungsversuchen geht (vgl. Wegener, Petty, Smoak & Fabrigar, 2004).[124] Eine weitere bedeutende Eigenschaft der on-line Urteile ist ihre Einstellungssicherheit. Umso größer die Einstellungssicherheit, umso schwerer ist es, eine Einstellung durch Medienberichterstattung zu ändern. Dafür lassen sich zwei Erklärungen anbringen, eine motivationale und eine kognitive (Eagly & Chaiken, 1993): Gemäß der motivationalen Erklärung sind starke Einstellungen für Individuen subjektiv wichtiger. Es sind Einstellungen, die uns gewissermaßen am Herzen liegen. Nach der kognitiven Erklärung haben starke Einstellungen eine stärkere Vernetzung mit anderen kognitiven Strukturen. Das bedeutet, wenn Personen eine starke Einstellung ändern, werden dadurch andere kognitive Strukturen aktiviert, die sich ebenfalls wandeln müssten. Eagly und Chaiken (1993, S. 548) nennen dies auch metaphorisch das "Domino-Prinzip": Aufgrund der starken Einbettung in andere Wissensstrukturen würde eine Einstellungsänderung zu einem Dominoeffekt führen: Alle mit der Einstellung assoziierten Kognitionen müssten auch geändert werden. Dies hätte einen viel zu großen kognitiven Aufwand zur Folge und brächte die Balance des Einstellungssystems in Gefahr.[125]

Bei gedächtnisbasierten Urteilen bzw. Einstellungen hängt die Änderung des Urteils nun von den Medien-Frames ab. Bleibt das mediale Framing konstant, so werden die Personen zum Zeitpunkt t_2 ähnliche Informationen ins Gedächtnis rufen wie zum Zeitpunkt t_1. Folglich wird auch das Urteil ähnlich ausfallen: "Stable attitudes are those with stable contexts" (Wilson and Hodges, 1992, S. 53). Ändert sich jedoch das mediale

[124] Auch die Dissonanztheorie stellt diese Argumentation bereit (vgl. Festinger, 1957; für die Kommunikationswissenschaft Donsbach, 1991).

[125] Zum Beispiel besteht bei vielen Personen eine Verknüpfung der Einstellung zum Thema Arbeitsmarktpolitik und der generellen politischen Orientierung (links vs. rechts). Ändert eine Person ihre Einstellung zum Thema Arbeitsmarktpolitik, müsste sie möglicherweise auch ihre generelle politische Orientierung ändern.

Framing, so ist auch eine Änderung des Urteils zu erwarten. Diesen Gedankengang kennen wir ja schon aus der bisherigen Framing-Forschung (vgl. Kap. 2.4).

Abbildung 8: Die Entstehung von on-line und memory-based Urteilen im Zeitverlauf

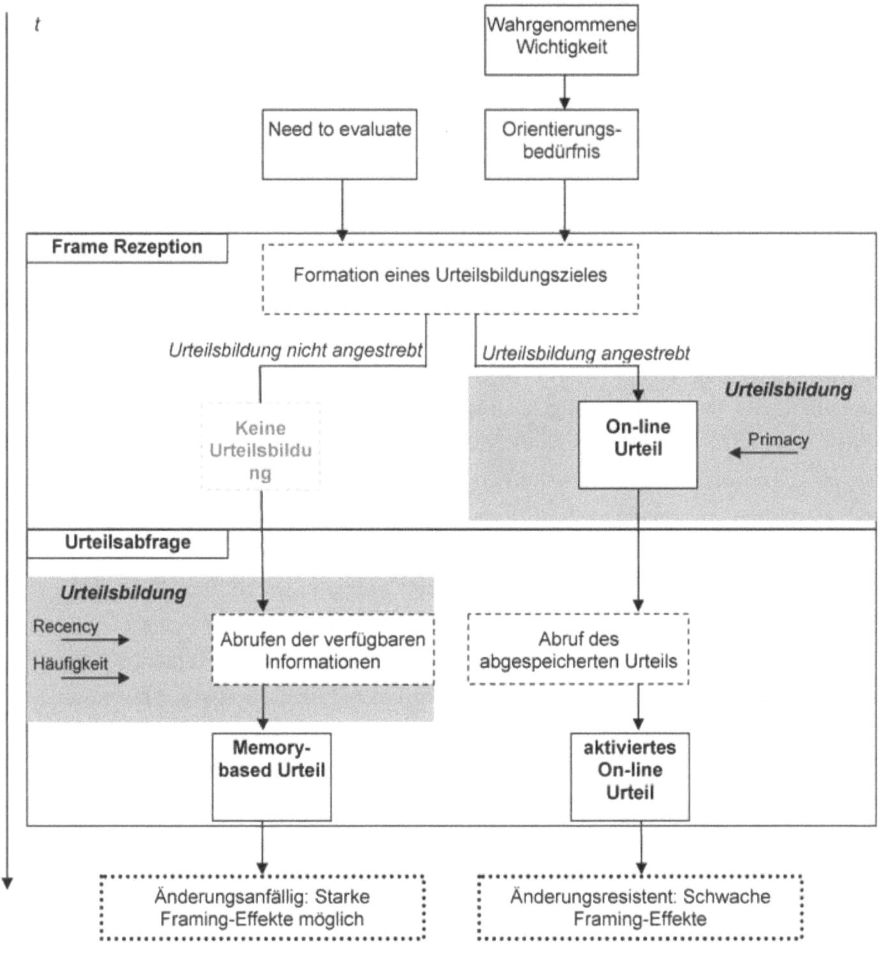

Unser Modell hebt sich jedoch aus mehreren Gründen von der bisherigen Forschung ab: Erstens berücksichtigt es die Wirkung von Frames im Zeitverlauf. Damit werden Voreinstellungen mit in die Analyse einbezogen. Das in der bisherigen Forschung angewandte Tabula-Rasa-Modell der Meinungsbildung (in dem es gar keine Voreinstellungen gibt) wird außer Kraft gesetzt. Wenn Voreinstellungen bestehen, wird zweitens berücksichtigt, *welche Urteilstypen* vorliegen. Dies hat Konsequenzen für den weiteren Wirkungsverlauf, denn nur bei gedächtnisbasierten Urteilen erwarten wir Framing-

Effekte, bei on-line Urteilen nicht. Damit wird (erstmals in der Framing-Forschung) eine Vorhersage ermöglicht, wie verschiedene Typen von Voreinstellungen mit den Medien-Frames interagieren bzw. unter welchen Bedingungen mit Medieneffekten zu rechnen ist. Drittens erlaubt das Modell eine Vorhersage, wann sich on-line und wann sich gedächtnisbasierte Urteile herausbilden. Abbildung 8 fasst die vorangegangenen Überlegungen noch einmal zusammen

3.3.3 Exkurs: Zwei-Prozess-Modelle als alternativer theoretischer Rahmen?

Bisher haben wir einen zentralen Ausgangspunkt für unsere empirische Studie herausgearbeitet: Einmal gebildete on-line Urteile sind änderungsresistenter als gedächtnisbasierte Urteile. Diese Vorhersage ähnelt den prominenten Zwei-Prozess-Modellen, die wir aufgrund ihrer Relevanz hier kurz vorstellen und diskutieren müssen. Gemeint ist das *Elaboration-Likelihood-Model* (ELM, vgl. Petty & Cacioppo, 1986; Petty & Wegener, 1999) und das *Heuristic-Systematic-Model* (HSM, vgl. Chen & Chaiken, 1999).[126] In beiden Modellen wird davon ausgegangen, dass die Informationsverarbeitung entweder einer systematischen/zentralen oder einer heuristischen/peripheren Route folgen kann (vgl. für die Kommunikationswissenschaft auch Schemer, Wirth & Matthes, 2008). Bei einer systematischen Informationsverarbeitung denken Personen sorgfältig über dargebotene Informationen nach, setzen sie zu Vorstellungen über das berichtete Geschehen zusammen und leiten daraus ihre Meinungen und Folgerungen ab. Für die Persuasion ist es daher entscheidend, wie überzeugend die Botschaft ist bzw. wie „stark“ die vorgebrachten Argumente sind. Bei der heuristischen Route sammeln Individuen hingegen nicht viele Einzelinformationen. Vielmehr kommen Heuristiken zur Anwendung, um möglichst schnell und ohne großen kognitiven Aufwand zu einem Urteil zu gelangen. Entscheidend sind so genannte periphere Eigenschaften der Botschaft oder des Kommunikators, wie beispielsweise die Anzahl der Argumente, die Glaubwürdigkeit der Quelle oder die Attraktivität des Kommunikators. Zwei-Prozess-Modelle gehen davon aus, dass die heuristische Verarbeitung weniger Aufwand und weniger kognitive Kapazität erfordert als die systematische. Es wird vor allem dann diese Route gewählt, wenn die Motivation und Fähigkeit zur Verarbeitung politischer Informationen gering ist und wenn entsprechende Heuristiken verfügbar und auf die gegebene Situation anwendbar sind (Chen & Chaiken, 1999). Die beiden Routen der Informationsverarbeitung können auch als eine Form des Involvements verstanden werden (vgl. Wirth, 2006): Eine Person mit hoher Fähigkeit und hoher Verarbeitungsmotivation wird die Medieninforma-

[126] Die Unterschiede zwischen beiden Modellen sind für unsere Zwecke nicht relevant (vgl. dazu beispielsweise Bohner & Wänke, 2002).

tionen hoch involviert verarbeiten. Abbildung 9 fasst den Gedankengang vereinfacht für das ELM zusammen.

Für unsere Fragestellung sind vor allem die Konsequenzen der Informationsverarbeitung relevant. Die Grundannahmen des ELM lassen sich in sieben Postulaten zusammenfassen (vgl. Petty & Wegener, 1999), wovon uns besonders das siebte interessiert: Dieses besagt, dass Einstellungen, die auf zentralem Weg erworben wurden, zeitlich stabiler sind und eine höhere Vorhersagekraft für das Verhalten haben.[127] Heißt das also, dass die zentrale Route den on-line und die periphere Route den gedächtnisbasierten Urteilen entspricht? Wenn dies so ist, wäre es dann nicht sinnvoller, mit den Zwei-Prozess-Modellen zu arbeiten, da sie stärker verbreitet sind?

Abbildung 9: Zwei Routen der Persuasion nach dem ELM (vereinfachte Darstellung)

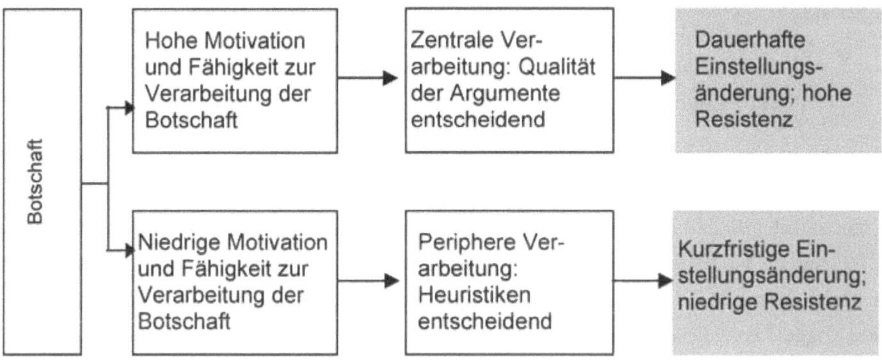

Aus unserer Sicht lassen sich drei Hauptunterschiede zwischen beiden Ansätzen ausmachen:

- Erstens, schaut man sich das experimentelle Paradigma der Zwei-Prozess-Modelle an, so wird klar, dass sie im Grunde ein on-line Urteil implizieren. Den Versuchspersonen werden periphere und/oder zentrale Hinweisreize gegeben – bereits mit dem Ziel, sich ein Urteil zu bilden, welches anschließend erfragt wird. Mit anderen Worten, wenn untersucht werden soll, welchen Einfluss die Qualität der Argumente oder periphere Reize auf das Urteil haben, so

[127] Jedoch wird dies nur in sehr wenigen Zwei-Prozess-Studien auch tatsächlich überprüft (vgl. Chaiken, 1980, Cialdini, Petty & Cacioppo, 1981). Dies zeigt, dass Persuasion in den Zwei-Prozess-Modellen vor allem unter dem Aspekt der Einstellungsbildung (d.h. Reaktion auf Informationen über das Einstellungsobjekt), weniger aber unter dem Aspekt der tatsächlichen Einstellungsänderung betrachtet wird.

muss die Aufmerksamkeit der Versuchspersonen auch auf diese Merkmale gelenkt werden, was eine on-line Urteilsbildung wahrscheinlich macht. Die Idee von gedächtnisbasierten Urteilen, die erst dann gebildet werden, wenn sie gebraucht werden, spielt hier keine Rolle.

- Zweitens, das ELM postuliert, dass Rezipienten bei hohem Verarbeitungsaufwand inhaltliche Informationen nutzen und bei niedrigem Aufwand periphere (wie etwa Heuristiken). Hier sehen wir einen deutlichen Unterschied zum on-line/ gedächtnisbasierten Modell: Bei der gedächtnisbasierten Urteilsbildung werden alle verfügbaren Informationen einbezogen. Auch der Gedanke der on-line Urteilsbildung besagt nicht, dass keine peripheren Reize wahrgenommen werden. Dies ist ein gewichtiger Unterschied – dazu gleich mehr.

- Drittens, Zwei-Prozess-Modelle und on-line/memory-based Modelle setzen an unterschiedlichen Punkten an: Bei ersteren steht die Art der verarbeiteten Information im Vordergrund (peripherer Reiz vs. Argument), bei letzterem der Zeitpunkt der Urteilsbildung und -abgabe.

Anhand dieser Beispiele sehen wir, dass beide Ansätze nicht gleichzusetzen sind.[128] Welchen Ansatz wir auswählen, hängt demnach von unserem Erkenntnisziel und -gegenstand ab. Ein erster Grund für eine Verwendung von on-line/memory-based Erklärungen ist natürlich, dass die Framing-Forschung diesen Stein selbst ins Rollen gebracht hat. Ein Großteil der Framing-Forschung bedient sich einer gedächtnisbasierten Logik. Dass diese durch Zwei-Prozess-Modelle nicht erklärt bzw. substituiert werden kann, haben wir gerade gesehen. Hinzu kommt das Argument, dass der Framing-Ansatz Heuristiken nicht betrachtet und ausklammert. Die Verwendung von Heuristiken (im Vergleich zu Argumenten) steht jedoch im Mittelpunkt der Zwei-Prozess-Modelle. Darüber hinaus halten wir den Gedanken, dass in der heuristischen Route *nur* periphere Informationen genutzt werden (deutlicher: und sonst keine anderen) und in der systematischen Route nur inhaltliche, für nicht unproblematisch. Dies meinen auch Kruglanski und Kollegen in ihrem immer mehr an Bedeutung gewinnenden „Unimodell" der Persuasion, das wir hier kurz streifen wollen (vgl. Erb & Kruglanski, 2005; Kruglanski & Thompson, 1999). Die Annahme von zwei qualitativ unterschiedlichen Prozessen wird im Unimodell in Zweifel gezogen. Gemäß dem Unimodell nutzen Menschen Evidenzen, um zu einem Urteil zu gelangen. Solche Evidenzen können Argu-

[128] Erstaunlicherweise lässt sich in der umfangreichen sozialpsychologischen Persuasionsliteratur keine Gegenüberstellung beider Ansätze finden. Die Vertreter der einen Richtung nehmen kaum auf die jeweils andere Richtung Bezug. Unsere Gegenüberstellung ist damit freilich nur ein Anfang. Beide Modelle umfassend zu diskutieren und Integrationsmöglichkeiten auszuloten, steht noch aus und wäre durchaus lohnenswert.

mente, aber auch Informationen über den Kommunikator sein. Im Grunde kann jede beliebige Information eine Evidenz zur Bildung einer Einstellung darstellen. Grundgedanke des Unimodells ist es, dass die Verwendung von Evidenzen unabhängig vom jeweiligen Inhalt der verwendeten Information ist: Ob ein Objekt positiv beurteilt wird, weil die Argumente überzeugend sind, oder weil der Kommunikator glaubwürdig ist, stellt nach dem Unimodell keine qualitativ unterschiedlichen Prozesse dar: „Insofern unterscheiden sich Hinweisreize und Argumente weder bezüglich des zu Grunde liegenden Prozesses der Nutzung von Evidenz noch bezüglich ihrer Anforderungen an den Verarbeitungsaufwand“ (Erb & Kruglanski, 2005, S. 123). Mit anderen Worten, Kruglanski und Kollegen bezweifeln, dass – wie z.B. im ELM postuliert – Rezipienten bei hohem Verarbeitungsaufwand inhaltliche Informationen nutzen und bei niedrigem Aufwand periphere. Wie erklären die Autoren aber die zahlreichen Befunde zum ELM? Sie gehen davon aus, dass sich lediglich die Quantität (nicht aber die Qualität) der Informationsverarbeitung unterscheidet. Bei geringer Motivation und Fähigkeit werden lediglich die Informationen bevorzugt, die sich einfach verarbeiten lassen – egal ob es ein Argument oder ein Hinweisreiz ist. In den klassischen Experimenten zum ELM wurden die peripheren Hinweisreize jedoch immer vor der Botschaft und auch sehr kurz präsentiert (z.B. die Beschreibung einer glaubwürdigen Quelle). Sie waren daher einfacher zu verarbeiten. In mehreren Experimenten können Kruglanski und Kollegen zeigen, dass sich die Befunde zum ELM nicht replizieren lassen, wenn Hinweisreize und inhaltliche Argumente in Länge und Komplexität vergleichbar sind (vgl. im Überblick Erb & Kruglanski, 2005). Das heißt, Rezipienten reagieren bei der Bildung von Einstellungen auf beide Arten von Informationen, es macht lediglich einen Unterschied, wie ausführlich sie die Informationen verarbeiten (wollen).

Die Debatte zwischen Vertretern des Unimodells und Vertretern der Zwei-Prozess-Modelle ist noch im Gange und kann selbstverständlich hier nicht entschieden werden. Unseres Erachtens nach ist jedoch die Argumentation des Unimodells äußerst schlagkräftig, wie sich an zwei einfachen Beispielen verdeutlichen lässt: Warum sollten sich Personen mit hohem Involvement, wie z.B. bei einem Autokauf, nicht auch auf heuristische Informationen verlassen, wie z.B. die Expertise/Ausbildung des Verkäufers? Warum sollten nur Personen, die heuristisch verarbeiten, sich an vertrauenswürdigen Quellen orientieren und zentral verarbeitende Personen nicht? Von daher halten wir die Unterscheidung zwischen heuristischer und systematischer Informationsverarbeitung für unsere Zwecke für nicht fruchtbar. Sowohl bei on-line als auch bei gedächtnisbasierten Urteilen nutzen Menschen prinzipiell alle Evidenzen, die ihnen zur Verfügung stehen. Damit ist das Unimodell mit der Idee von on-line und memory-based Urteilen durchaus vereinbar.

3.3.4 *Vertrauen in Medien als Prädiktor für Framing-Effekte*

Schon Druckman (2001) hat auf die Bedeutung der Glaubwürdigkeit für die Wirkung von Frames hingewiesen und dies empirisch überprüft. Wie wir in Kapitel 2.4.5 gezeigt haben, konnte seine Studie jedoch die Rolle der Glaubwürdigkeit für Framing-Effekte nicht zufriedenstellend klären. An diesem Punkt wollen wir weiterdenken und folgende Frage klären: Welche Rolle spielt die Glaubwürdigkeit für die Wirkung von Frames und wie kann man sich den Wirkungsprozess vorstellen?

Bevor wir diese Frage klären, gehen wir noch kurz auf unser Begriffsverständnis ein: Dabei orientieren wir uns an eigenen früheren Arbeiten zum Medienvertrauen (Kohring & Matthes; 2004, 2007; Matthes & Kohring, 2003, 2006b; vgl. für eine umfassende Analyse von Vertrauen Kohring, 2002, 2004), welches auch die Glaubwürdigkeit mit einschließt. Wenn wir im Folgenden von Medienvertrauen bzw. Vertrauen in Medien sprechen, meinen wir Vertrauen in die medial vermittelte journalistische Kommunikation, also das Vertrauen in den Journalismus.

Ausgangspunkt ist die Überlegung, dass sich das Vertrauen auf die spezifische Selektivität des Journalismus richtet (vgl. im folgenden Kohring, 2004; Matthes & Kohring, 2003): Beispielsweise wählen Journalisten manche Themen aus, andere nicht – oder sie zeigen die eine Seite des Themas, nicht aber die andere. Dies macht es riskant, sich auf journalistische Informationen zu verlassen. Daher ist Vertrauen notwendig. Der theoretische Ausgangspunkt für die Analyse von Vertrauen ist damit nicht Objektivität oder Wahrheit, sondern Selektivität. Vertrauen in Journalismus ist Vertrauen in dessen spezifische Selektivität. Dass diese kontingent ist, macht es prinzipiell riskant, das eigene Handeln an journalistischen Informationsangeboten auszurichten. Diese als Risiko wahrgenommene Ungewissheit einer komplexen Zukunft wird durch Vertrauen kompensiert.

> [Vertrauen] überzieht die Informationen, die es aus der Vergangenheit besitzt und riskiert eine Bestimmung der Zukunft. Im Akt des Vertrauens wird die Komplexität der zukünftigen Welt reduziert. Der vertrauensvoll Handelnde engagiert sich so, als ob es in der Zukunft nur bestimmte Möglichkeiten gäbe. (Luhmann, 1989, S. 20)

Vertrauen fungiert dabei als Ersatz für Wissen: Im Moment der Vertrauenshandlung – „als Hypothese ein mittlerer Zustand zwischen Wissen und Nichtwissen" (Simmel, 1999, S. 393) – weiß der Vertrauende nicht, ob sein Vertrauen berechtigt ist. Vertrauen wird daher definiert als „selektive Verknüpfung von Fremdhandlungen mit Eigenhandlungen unter der Bedingung einer rational nicht legitimierbaren Tolerierung von Unsicherheit" (Kohring 2001, S. 67). Insgesamt konnten in mehreren Studien vier Dimensionen des Vertrauens nachgewiesen werden (Kohring, 2004; Kohring & Matthes; 2004, 2007):

- *Vertrauen in Themenselektivität* meint das Vertrauen in die Auswahl von Themen der Berichterstattung. Die Rezipienten vertrauen darauf, dass sie vom Journalismus auf diejenigen Themen und Ereignisse aufmerksam gemacht werden, die für sie relevant sind.

- Die zweite Dimension wird *Vertrauen in Faktenselektivität* genannt. Hier geht es um die Auswahl von Fakten oder Hintergrundinformationen zu einem bereits selektierten Thema, also um die Art und Weise, wie ein Ereignis kontextualisiert wird.

- Die dritte Dimension, *Vertrauen in die Richtigkeit von Beschreibungen* (Glaubwürdigkeit), meint die nachprüfbare Richtigkeit der dargestellten Fakten.

- *Vertrauen in journalistische Bewertungen*, die vierte Dimension, bezieht sich auf das Vertrauen in hervorgehobene Bewertungen, vor allem als Kommentare. Sie geben Hinweise, Handlungsbewertungen und Handlungsaufforderungen. Diese vier, miteinander korrelierenden Dimensionen machen zusammengenommen das Vertrauen in Medien aus.

Erste (theoretische) Hinweise für die Rolle des Vertrauens bzw. der Glaubwürdigkeit im Medienwirkungsprozess finden wir in der Forschungsliteratur zu den Zwei-Prozess-Modellen (vgl. Petty & Cacioppo, 1986)[129]: Dort spielt Glaubwürdigkeit die Rolle eines peripheren Hinweisreizes, der – wie wir im vorangegangenen Abschnitt gesehen (und kritisiert) haben – nur beim Einschlagen der peripheren Route bzw. bei niedrigem Involvement einen Einfluss auf die Persuasion ausübt. Beispielsweise zeigen Andrews und Shimp (1990), dass eine glaubwürdige Quelle nur bei niedrigem Involvement eine stärkere Einstellungsänderung bewirken kann als eine unglaubwürdige Quelle. Zu ähn-

[129] Ihren Ursprung nahm diese Forschung sicherlich in den Arbeiten zur Kommuniktorglaubwürdigkeit der Forschergruppe um Carl Hovland (vgl. Hovland, Janis & Kelley, 1959). Die Glaubwürdigkeit eines Kommunikators wird hier als Produkt von Vertrauenswürdigkeit (d.h. Aufrichtigkeit) und Kompetenz verstanden. In mehreren Experimenten zeigen die teilweise sehr drastischen Manipulationen deutliche Persuasionseffekte der Glaubwürdigkeit. Allerdings erfahren wir wenig über den exakten Wirkmechanismus (vgl. Kohring, 2004).

lichen Ergebnissen gelangen Chebat, Filiatrault und Perrien (1990), Petty, Cacioppo und Goldman (1981) oder Homer & Kahle (1990), um nur einige Studien zu nennen.

Anders ausgedrückt: Gemäß der Zwei-Prozess-Logik wirkt Vertrauen und Glaubwürdigkeit nur in Interaktion mit Involvement auf die Persuasion. Erstaunlicherweise lässt sich aber eine Reihe von kommunikationswissenschaftlichen Studien finden, die einen Haupteffekt des Vertrauens auf die Wirkung von Medieninformationen nachweisen. So demonstriert Tsfati (2003) die Konsequenzen von schwachem Medienvertrauen in einer breit angelegten Agenda Setting Studie, in der eine Bevölkerungsumfrage mit einer Medieninhaltsanalyse im Querschnitt verknüpft wurde: Bei Personen mit einem geringen Medienvertrauen zeigt sich generell ein schwächerer Agenda Setting Effekt im Vergleich zu Personen mit hohem Vertrauen. Mit anderen Worten, die Thematisierungsfunktion der Medien wird durch geringes Vertrauen eingeschränkt. Ähnlich demonstrieren Miller und Krosnick (2000), dass bei geringem Medienvertrauen Priming-Effekte ausbleiben. Auch bei Iyengar und Kinder (1985) zeigen sich für Personen, die dem Fernsehen mehr Vertrauen schenken, stärkere Agenda Setting Effekte. Diese Studien machen deutlich, dass sich Medieneffekte abschwächen, wenn die Rezipienten eine kritische Rezeptionshaltung einnehmen. Wanta und Hu (1994) weisen in einer Pfadanalyse nach, dass die Glaubwürdigkeit in einem ersten Schritt die Abhängigkeit der Rezipienten von Medieninformationen vergrößert und in einem zweiten Schritt zu einer stärkeren Mediennutzung und damit einem stärkeren Agenda Setting Effekt führt. Ganz ähnlich argumentieren auch Tsfati und Cappella (2003, 2005). Die Autoren machen deutlich, dass die Personen, die den „Mainstream" Nachrichten trauen, diese auch nutzen. Wird hingegen Misstrauen „geschenkt", werden andere, alternative Medienquellen genutzt – die Personen wenden sich von den „Mainstream"-Nachrichten ab.

Fasst man die Ergebnisse dieser Studien zusammen, so lässt sich vermuten, dass Glaubwürdigkeit resp. Vertrauenswürdigkeit an zwei Stellen wirkungsrelevant ist:

- Zum einen werden die Quellen ausgewählt, die für vertrauenswürdig erachtet werden. Das heißt, Vertrauen in Journalismus äußert sich also in der Auswahl einer Medienquelle. Dies nennen wir *Vertrauenshandlung erster Ordnung.* Ähnlich wird Glaubwürdigkeit bei Bentele (1994) als Imagedimension verstanden, die für die Kauf- bzw. Nutzungsentscheidung ausschlaggebend ist. Das bedeutet nicht, dass nur Medien genutzt werden, denen vertraut wird. Ganz im Sinne des Nutzen- und Belohnungsansatzes können Medienquellen auch aus anderen Motiven genutzt werden, ohne dass Vertrauen vorhanden ist (z.B. aus dem Motiv der Unterhaltung heraus).

- Zum anderen umfasst eine Vertrauenshandlung die Übernahme bzw. Akzeptanz einer Botschaft. Dies nennen wir *Vertrauenshandlung zweiter Ordnung*. Vertrauen ist für Individuen ausschlaggebend, eine Botschaft als richtig und adäquat einzuschätzen. Dies deckt sich auch mit der Definition Wirths (1999), der Glaubwürdigkeit als Bereitschaft begreift, „Botschaften eines bestimmten Objektes als zutreffend zu akzeptieren und bis zu einem gewissen Grad in das eigene Meinungs- und Einstellungsspektrum zu übernehmen" (S. 55). Die Annahme einer Botschaft muss sich aber nicht zwangsläufig aus der Selektion ergeben, wie wir weiter unten sehen werden.

In der bisherigen Forschung wurden beide Vertrauenshandlungen nicht explizit herausgearbeitet, so dass wir an dieser Stelle einige theoretische Überlegungen nachliefern müssen: Die Vertrauenshandlung erster Ordnung (die Selektion) erklärt sich aus der Vertrauenseinstellung zu einer Medienquelle. Die Vertrauenseinstellung kann wiederum als Erwartung der Rezipienten in Bezug auf die vier eingangs beschriebenen Vertrauensdimensionen verstanden werden, d.h. ob ein Medium die adäquaten Themen auswählt, eine angemessene Kontextualisierung eines Themas leistet, glaubwürdig ist und adäquate Bewertungen liefert (vgl. ausführlicher Matthes & Kohring, 2003; Kohring & Matthes, 2007; Kohring, 2004). Erklärt wird die Vertrauenseinstellung aus bisherigen Nutzungserfahrungen (spezifischen Gründen für Vertrauen; vgl. Kohring, 2004) und allgemeinen Personenvariablen wie der Persönlichkeitseigenschaft „Vertrauensfähigkeit" (vgl. Matthes & Kohring, 2003). Ist diese Erwartung bzw. Vertrauenseinstellung „positiv" ausgeprägt, so führt dies zur Nutzung eines Mediums.

Mit Kohring (2004) lässt sich festhalten, dass die vorgenommene Selektion noch nicht mit der *Konsequenz des Vertrauens* gleich zu setzen ist:

> Erst wenn der Rezipient auf der Basis dieser selegierten Information in der Umwelt des Journalismus handelt (Vertrauen als Handlung) bzw. auf eine diese Handlung bezogene Einstellung ausgebildet hat (Vertrauen als Einstellung; [...]), kann von einer Konsequenz der Vertrauensrelation gesprochen werden. (Kohring, 2004, S. 182-183)

Dies haben wir Vertrauenshandlung zweiter Ordnung genannt. Zwei Szenarien sind nun vorstellbar: Erstens ist es denkbar, dass die Vertrauenshandlung erster Ordnung der Vertrauenshandlung zweiter Ordnung entspricht. In diesem Falle käme die Nutzung einer Quelle einer Übernahme der dargebotenen Informationen gleich. Etwas überzogen könnte man auch von einer „blinden Übernahme" sprechen: Die Informationen werden in das eigene Meinungsspektrum übernommen, ohne sie erneut zu prüfen. Dies ist in Anbetracht begrenzter mentaler Ressourcen beim Medienkonsum gar nicht mal so unwahrscheinlich. Der Ertrag der Vertrauenshandlung ist ja, dass die Rezipienten erwarten, sich auf die Medienberichterstattung „verlassen" zu können. Eine Vertrauenshandlung zweiter Ordnung unterscheidet sich (im Prozess und möglicherweise auch im Resultat) nur dann von einer Vertrauenshandlung erster Ordnung, wenn für die Rezipienten während der Rezeption das Risiko der Vertrauensentscheidung wieder salient wird, d.h. wenn Vertrauen notwendig wird. Dies kann durch Eigenschaften der Botschaft entstehen, z.B. wenn die dargebotenen Informationen den Einstellungen der Rezipienten widersprechen oder wenn die Informationen unerwartet sind. Auch bei in den Medien dargestellten Handlungsaufforderungen, die eine Änderung von Verhaltensgewohnheiten verlangen (z.B. kein Schweinefleisch zu essen), könnte Risikowahrnehmung aktiviert werden, was dazu führt, dass die Botschaft angezweifelt wird. Erfolgt eine Risikowahrnehmung, so wird die Vertrauenseinstellung wieder salient, Vertrauen wird notwendig. An diesem Punkt ist nun die Stärke des Vertrauens bzw. der Vertrauenseinstellung entscheidend. Bei Salientwerden einer positiven Vertrauenseinstellung wird sich gewissermaßen wieder ins Gedächtnis gerufen, dass man es mit einer glaubwürdigen Quelle zu tun hat – und die Botschaft wird akzeptiert. Natürlich muss die aktivierte Vertrauenseinstellung nicht notwendigerweise positiv sein. Wie die Studien von Tsfati und Cappella (2003, 2005) zeigen, nutzen Menschen oftmals Medien, denen sie nicht oder weniger vertrauen. Der Grund dafür sind habitualisierte Nutzungsgewohnheiten und verschiedenartige Nutzungsmotive. Wird nun eine solche schwache oder negative Vertrauenseinstellung aktiviert, kommt es zur Ablehnung der Botschaft. Im Grunde wird die aktivierte Vertrauenseinstellung gegen die Ursachen der aktivierten Risikowahrnehmung abgewogen. Wie bei anderen Vertrauenshandlungen auch, reicht der „Vertrauensbonus" ab einem gewissen Schwellenwert nicht mehr aus und Vertrauen geht in Misstrauen über, was zu einer Ablehnung der Botschaft führt.[130]

Ein Effekt des Vertrauens auf die Persuasion besteht demnach in zwei Schritten: In einem ersten Schritt bestimmt das Vertrauen die Selektion von Quellen, d.h. Vertrauen ist ein Prädiktor für die Zuwendung zu Informationen. Dies kann, muss aber nicht mit der Übernahme einer Botschaft zusammenfallen. In einem zweiten Schritt bestimmt das Vertrauen die konkrete Annahme von Medien-Frames während der Rezeption – Vertrauen bestimmt die Persuasion. Empirisch sind beide Prozesse sicherlich nicht ohne weiteres zu trennen – vor allem was die Aktivierung von Risikowahrnehmung während der Rezeption betrifft. Sie müssten wahrscheinlich experimentell getestet

[130] Misstrauen kann mit Luhmann (1989) nicht als Gegenteil von Vertrauen, sondern als dessen funktionales Äquivalent verstanden werden. Ähnlich wie Vertrauen ist auch Misstrauen durch unvollständiges Wissen gekennzeichnet: „Wer mißtraut, braucht mehr Informationen und verengt zugleich die Informationen, auf die zu stützen er sich getraut" (ebd., S. 79).

werden, um die spezifische Vertrauenswirkung an beiden Stellen festzumachen. Dies können wir – um es vorweg zu nehmen – in dieser Arbeit nicht leisten. Für uns ist die Unterscheidung beider Vertrauenshandlungen daher zunächst aus theoretischer Sicht relevant: Sie bietet eine Erklärung, warum wir stärkere Medieneffekte bei hohem Vertrauen erwarten im Vergleich zu niedrigem Vertrauen. Eine solche Erklärung ist notwendig, da wir ansonsten von einem „Black-Box“ Modell der Vertrauenseffekte ausgehen müssten, was theoretisch unbefriedigend ist.

3.4 Zusammenfassung

In Kapitel 2 wurden sieben Problempunkte des Framing-Ansatzes herausgearbeitet. Daraufhin wurden in Kapitel 3 Vorschläge zur Lösung dieser Problempunkte unterbreitet. Nun sollen noch einmal die Aspekte zusammengefasst werden, die für unsere empirische Studie relevant sind. Dabei ergeben sich Implikationen für die Analyse und die Wirkung von Medien-Frames. Für die inhaltsanalytische Framing-Forschung lässt sich Folgendes festhalten:

- Frames sollten in ihre Elemente aufgespaltet werden und diese sollten einzeln kodiert werden. Es wird davon abgeraten, Frames als holistische Kategorien zu erfassen, da dies die Sicherstellung der Reliabilität erschwert (vgl. auch Kap. 2.3.7 sowie Kohring & Matthes, 2002; Matthes & Kohring, 2004, 2006a).

- Ein Frame lässt sich als ein spezifisches Muster von Frame-Elementen interpretieren, das sich *über mehrere Texte hinweg* zeigt. Damit wird ein Frame erst dann identifiziert, wenn er eine Bedeutung für den Diskurs hat.

- Inhaltsanalytisch lassen sich explizite und implizite Frames trennen: Werden in einem Medienbeitrag alle Elemente eines Frames angesprochen, so liegt ein expliziter Frame vor. Wenn nicht alle, aber mindestens zwei Elemente kodiert werden können, sprechen wir von einem impliziten Frame. In jedem Fall muss eine Evaluation deutlich werden, damit man von einem Frame sprechen kann.

- Da es sich bei Frames um Sinnhorizonte von Akteuren handelt, können mehrere Frames in einem Medienbeitrag vorhanden sein: Wenn mehrere Akteure in einem Beitrag jeweils mehrere Frame-Elemente ansprechen und dabei ihre Sichtweisen darlegen, kann es auch mehrere Frames geben. Das bedeutet auch, dass zu jedem Frame ein Akteur kodiert werden muss, der gewissermaßen „Träger“ der Frame-Elemente ist.

- In der Inhaltsanalyse müssen zu jedem Akteur die zu den Elementen zugehörigen Variablen kodiert werden. Die Frame-Elemente selbst sind theoretisch abgeleitet, die Variablen sollten jedoch am Datenmaterial entwickelt werden (empiriegeleitete Kategorienbildung).

- Die Frames können über Gruppierungsverfahren wie die Clusteranalyse oder die Analyse Latenter Klassen erfasst werden. Diese Verfahren identifizieren Gruppen von Beiträgen, die sich durch ein spezifisches Muster der Variablen bzw. der Frame-Elemente auszeichnen. Die Analyse Latenter Klassen weist gegenüber der Clusteranalyse eine Reihe von Vorteilen auf.

- Die Analyse Latenter Klassen hat Konsequenzen für das Begriffsverständnis: Es wird nicht jedem Beitrag ein Frame zugewiesen oder nicht, sondern jeder Beitrag hat eine bestimmte Wahrscheinlichkeit, dass ein Frame ausgeprägt ist. Für jeden Frame lässt sich diese Wahrscheinlichkeit beziffern, so dass ein Beitrag rein theoretisch auch mit einer gewissen Wahrscheinlichkeit Frame A und einer bestimmten Wahrscheinlichkeit Frame B zugeordnet werden kann. Damit stellt sich die Frage nicht, ob jeder Beitrag einen Frame aufweisen muss. Die Wahrscheinlichkeit, dass ein Frame vorhanden ist, lässt sich von 0 bis 1 beziffern und wird somit genau angeben. Dies kann in der Wirkungsanalyse exakt berücksichtigt werden.

- Entscheidend ist auch, dass ein Frame als latente Variable verstanden wird, die nicht direkt erfassbar ist, sondern durch das Vorhandensein von bestimmten Indikatoren erschlossen wird.

Durch die Umsetzung dieser Punkte soll eine höchstmögliche Validität und Reliabilität sichergestellt werden. Dies ist die Voraussetzug dafür, die Wirkung von Frames in einem extern validen Design untersuchen. Für die Analyse der Framing-Effekte stellen wir Folgendes heraus:

- Im Gegensatz zur bisherigen Forschung haben wir betont, dass Frames immer mit Bewertungen verbunden sind. Dementsprechend hat man es bei der Analyse von Framing-Effekten mit Effekten auf Urteile und Einstellungen zu tun.

- Bei der Konzeption und Erfassung der Wirkstimuli sollte auf extern valide Frames geachtet werden. Das heißt, dass die Untersuchung von Framing-Effekten so nah wie möglich an inhaltsanalytische Erkenntnisse angelehnt werden sollte. Nur dann wird die Wirkung von Medien-Frames und nicht die

Wirkung einer theoretisch nicht weiter abgeleiteten Variation des Medieninhaltes untersucht.

- Der Frame ist die Wirkeinheit. Da die Elemente eines Frames immer gemeinsam in einem Medienbeitrag auftreten, sind sie auch immer gemeinsam wirkungsrelevant. Den Effekt einzelner Elemente (z.B. nur der Attributionen) zu untersuchen, entspräche nicht den natürlichen Wirkungsbedingungen. Sich widersprechende Medien-Frames (in einem Beitrag oder in einem Diskurs) dürften sich gegenseitig neutralisieren.

- Wenn die Wirkung von Medien-Frames auf die Einstellungen der Rezipienten untersucht werden soll, so gilt es, die Voreinstellungen zu dem jeweiligen Thema zu kontrollieren. Werden die Voreinstellungen – wie dies in weiten Teilen der Framing-Forschung der Fall ist – nicht kontrolliert, werden die Effekte überschätzt. Zudem ist für die Wirkung von Frames die Art der Voreinstellung entscheidend. Urteile können on-line oder gedächtnisbasiert gebildet worden sein. Für die Erklärung der Urteilsbildung lassen sich die Variablen Orientierungsbedürfnis und Evaluationsbedürfnis heranziehen.

- Wenn ein on-line Urteil entsteht (erstmalige Urteilsbildung), so sind die früh rezipierten Medien-Frames wirkungsrelevant. Daraufhin sind on-line Urteile verhältnismäßig stabil und lassen sich nur noch schwer durch die darauf folgende Berichterstattung ändern. Wenn zum Zeitpunkt der erstmaligen Urteilsbildung ein gedächtnisbasiertes Urteil entsteht, so sind häufig und zeitlich spät auftretende Frames wirkungsrelevant. Gedächtnisbasierte Urteile sind auch zu einem späteren Zeitpunkt wieder leicht änderbar: Je nachdem, welche Informationen durch häufige und zeitlich nah zurück liegende Aktivierung salient gemacht werden, wird das Urteil anders ausfallen. Generell sind bei bereits bestehenden Urteilen im gedächtnisbasierten Fall stärkere Framing-Effekte zu erwarten als im on-line Fall.

- Zwei-Prozess-Modelle wie das ELM eignen sich nur bedingt für die Untersuchung von Framing-Effekten, da sie u.a. von Annahmen ausgehen, die in der Framing-Forschung keine Rolle spielen.

- Auf Rezipientenseite ist das Medienvertrauen ein bedeutsamer Prädiktor für Framing-Effekte: Vertrauen übt einen Einfluss auf die Mediennutzung aus, was eine Voraussetzung für Framing-Effekte ist. Zum zweiten ist das Vertrauen möglicherweise während der Rezeption relevant: Wenn eine Risikowahrnehmung während der Rezeption erfolgt, kann dies zu einer Aktivierung der bestehenden Vertrauenseinstellung führen, was die Persuasion begünstigen oder verhindern kann.

4. Fragestellungen und Hypothesen

Im vorangegangenen Kapitel haben wir uns mit dem Frame-Begriff beschäftigt und eine empirisch umsetzbare Konzeption von Frames vorgestellt. Kerngedanke ist, dass ein Frame sich aus mehreren konsistenten Frame-Elementen zusammensetzt und an Akteursaussagen gebunden ist. Die durch eine Inhaltsanalyse erfassten Frame-Elemente gruppieren sich in einer charakteristischen Weise zu einem Muster. Wenn dieses Muster (das mindestens aus zwei Frame-Elementen bestehen sollte) über mehrere Texte hinweg identifiziert werden kann, dann kann man von einem Frame sprechen. Zu jedem Frame muss auch ein Akteur kodiert werden. Da mehrere Akteure in einem Beitrag vorkommen können und jeweils mehrere Frame-Elemente ansprechen können, kann es auch mehrere Frames in einem Beitrag geben. Damit betreten wir für die Framing-Forschung Neuland. Schließlich haben wir vorgeschlagen, die Frames nicht mit einer Clusteranalyse zu identifizieren (vgl. Matthes & Kohring, 2004) sondern mit einer Analyse Latenter Klassen. Inwieweit sich die Analyse Latenter Klassen eignet und ob sich dieses Begriffsverständnis empirisch bewährt, soll in dieser Studie beantwortet werden. Somit können wir zunächst folgende, allgemeine Forschungsfrage stellen:

Forschungsfrage 1: Lassen sich mit Hilfe der vorgeschlagenen Methode und des zu Grunde liegenden Frame-Konzeptes Medien-Frames identifizieren und trennscharf voneinander abgrenzen?

Diese Frage soll in einer umfassenden Inhaltsanalyse der Medienberichterstattung beantwortet werden. Neben der Inhaltsanalyse von Frames, haben wir uns der Wirkung gewidmet. Dabei greifen wir auf eine Panelbefragung zurück, die mit den Daten der Inhaltsanalyse verknüpft werden soll. Im Vordergrund steht die Wirkung der Medien-Frames auf einzelne themenbezogene Einstellungen. Ein Medien Frame ist als *wirkungsrelevante Einheit* zu verstehen. Da die Elemente eines Frames immer in einem spezifischen (und konsistenten) Muster auftreten, sind sie immer zugleich wirksam. Daher würde es wenig Sinn machen, einzelne Elemente als Wirkungsvariable zu definieren anstatt des gesamten Frames. Mit anderen Worten, da die Elemente eines Frames gemeinsam in einem Medien-Beitrag vorhanden sind, sind ihre Effekte nicht voneinander zu trennen – *es wirkt immer der gesamte Frame.*

Ein semantischer Vergleich von Medien-Frames und Rezipienten-Frames wird hier nicht für sinnvoll erachtet. Frames werden nicht transportiert, denn medienvermittelte Realitätsvorstellungen unterliegen Selektions-, Zerfalls-, Modifizierungs- und Konstruktionsprozessen (Früh, 1994, S. 75-80). Folglich gehen wir nicht davon aus, beim Rezipienten die gleichen Frames zu finden wie in der Medienberichterstattung. Da wir dies als Prämisse setzen, sind Input-Output-Analysen, die Medien-Frames mit Rezipienten-Frames vergleichen, wenig gewinnbringend. Anders formuliert: An der deskriptiven Beschreibung von Rezipienten-Frames sind wir nicht interessiert, so dass die Einstellungsvariablen auf Rezipientenseite auch nicht zu Frames zusammengefasst werden sollen. Wir schlagen einen Weg ein, der die *Wirkung von Medien-Frames auf einzelne Einstellungen und Urteile* untersucht. Dies ermöglicht es, die einzelnen Effekte so exakt wie möglich vorherzusagen, ohne davon auszugehen, dass gesamte Frames „übernommen" werden.

Eine methodische Vorbemerkung darf an dieser Stelle nicht fehlen: Da die Frames erst induktiv ermittelt werden, lassen sich keine genauen Wirkungsannahmen (z.B. die Wirkungsweise von Frame XY) treffen. Folglich können wir nur einen allgemeinen Zusammenhang zwischen Medien-Frames und Einstellungen vorhersagen, ohne genau zu spezifizieren, welche (inhaltlichen) Frames welche Einstellungen beeinflussen. Grundsätzlich hängt die Vorhersage vom Urteilstyp ab. Der Urteilstyp ist in zweierlei Hinsicht relevant: Erstens gilt es, den Urteilstyp selbst vorherzusagen, d.h. wann es zu einem gedächtnisbasierten und wann es zu einem on-line Urteil kommt. Zweitens können wir in Kenntnis des Urteilstypes Aussagen über den Inhalt der Urteile machen, d.h. inwieweit Medien-Frames die Rezipientenurteile beeinflussen: Je nach dem ob ein on-line oder ein gedächtnisbasiertes Urteil vorliegt, gibt es andere Wirkungsannahmen.

Was die Vorhersage des Urteilstypes betrifft, so haben wir im vorangegangenen Kapitel argumentiert, dass die Persönlichkeitseigenschaft Evaluationsbedürfnis sowie das themenspezifische Orientierungsbedürfnis zur Ausbildung von on-line Urteilen führen. Zum einen neigen Personen mit hohem Evaluationsbedürfnis generell dazu, Einstellungsobjekte sofort zu bewerten und damit schnell Einstellungen auszubilden. Dies ist der Kern des Konstruktes. Zudem ist der Zusammenhang zwischen dem Evaluationsbedürfnis und on-line Urteilen schon in einer experimentellen Untersuchung (vgl. Bizer et al, 2006) sowie in einer korrelativen Befragung aufgezeigt worden (vgl. Matthes et al., 2007). Zum anderen neigen Personen mit hohem Orientierungsbedürfnis zu on-line Urteilen, da sie das Bedürfnis ausgebildet haben, sich bei ihrer Meinungsbildung an der Berichterstattung zu orientieren. Es besteht demnach ein Urteilsbildungsziel (vgl. Matthes, 2007b). Außerdem wird das Orientierungsbedürfnis durch hohes Themeninteresse erklärt (Matthes, 2006). Letzteres macht die Ausbildung von on-line Urteilen ebenfalls wahrscheinlicher. Daher kommen wir zu den folgenden zwei Hypothesen:

Hypothese 1: *Umso stärker die Persönlichkeitseigenschaft Evaluationsbedürfnis ausgeprägt ist, desto eher werden on-line Urteile ausgebildet.*

Hypothese 2: *Umso höher das themenspezifische Orientierungsbedürfnis einer Person ist, desto eher werden on-line Urteile ausgebildet.*

Die Beziehung zwischen Evaluationsbedürfnis und Orientierungsbedürfnis steht zwar nicht im Kern unseres Forschungsinteresses, dennoch lässt sich auch hier ein Zusammenhang vermuten: Zunächst einmal ist es wichtig zu betonen, dass Evaluationsbedürfnis und Orientierungsbedürfnis nicht gleichzusetzen sind. Beim Evaluationsbedürfnis handelt es sich um eine Persönlichkeitseigenschaft, beim Orientierungsbedürfnis um eine themenabhängige Zuwendungsmotivation. Personen mit einem hohen Evaluationsbedürfnis wollen sich bekanntlich zu verschiedenen Themen eine Meinung bilden und werden daher auch ein stärkeres Orientierungsbedürfnis über verschiedene Themen hinweg ausbilden. Der Grund: Die Orientierung an der medial vermittelten Kommunikation ermöglicht es, das eigene Evaluationsbedürfnis zu befriedigen. Daher gehen wir sowohl von einem Einfluss des Evaluationsbedürfnisses auf die on-line Urteilsbildung als auch auf das Orientierungsbedürfnis aus. Dieser verhältnismäßig einfache Zusammenhang lässt sich wie folgt als Hypothese formulieren:

Hypothese 3: *Umso stärker die Persönlichkeitseigenschaft Evaluationsbedürfnis ausgeprägt ist, desto stärker ist das (themenspezifische) Orientierungsbedürfnis einer Person.*

Neben der Art des Urteils (vgl. Hypothesen 1-3) lassen sich auch Vorhersagen über den Inhalt des Urteils machen, d.h. wie sich bestehende Urteile durch die Medien-Frames verändern. Die Annahme war, dass einmal gebildete on-line Urteile änderungsresistenter sind als gedächtnisbasierte Urteile. Folglich sollte bei bestehenden Urteilen nur bei letzteren ein Effekt von Medien-Frames erwartbar sein, bei ersteren nicht. Der Grund: Bei gedächtnisbasierten Urteilen sind zum Zeitpunkt der Urteilsbildung immer die Informationen entscheidend, die zum Zeitpunkt der Urteilsbildung verfügbar sind. Da die rezipierten Medien-Frames beeinflussen, welche Informationen zum Zeitpunkt der Urteilsbildung verfügbar sind, üben sie einen Einfluss auf die Einstellungen aus. Je nachdem, welche Frames in der Medienberichterstattung vorzufinden sind, wird ein Urteil anders ausfallen.

Zusätzlich unterscheiden sich beide Urteilstypen darin, zu welchem Zeitpunkt Medien-Frames ihre Wirkung entfalten. Bei gedächtnisbasierten Urteilen ist von einem starken Einfluss zeitlich spät rezipierter Frames auszugehen, da diese bei der Urteilsbildung am stärksten verfügbar sind und somit für das Urteil herangezogen werden. Anders formuliert, umso näher die Medien-Frames dem Zeitpunkt der Urteilsabgabe sind, desto stärker sind sie kognitiv verfügbar. Dies macht es wahrscheinlicher, dass sie für das Urteil verwendet werden. Wenn on-line Urteile einmal gebildet sind, lassen sie sich schwer durch darauf folgende Medien-Frames ändern. Jedoch ist bei der ursprünglichen Ausbildung des on-line Urteils auch mit Framing-Effekten zu rechnen. Obwohl wir den Zeitpunkt der erstmaligen Urteilsbildung in dem von uns gewählten Design schwer kontrollieren können, ist anzunehmen, dass bei on-line Urteilen vor allem die früh rezipierten Frames das Urteil beeinflussen, da die Urteilsbildung bei dem erstmaligen Kontakt mit dem Thema erfolgt. Das heißt: Hat eine Person eine hohe Urteilsbildungsmotivation, wird sie sich schnell ein Urteil bilden wollen. Es sind somit die Frames entscheidend für das Urteil, die früh rezipiert werden. Zusammengefasst heißt das:

Hypothese 4: *Bei bestehenden gedächtnisbasierten Urteilen haben Medien-Frames einen stärkeren Einfluss auf Rezipienteneinstellungen als bei bestehenden on-line Urteilen.*

Hypothese 5: *Bei der Ausbildung eines on-line Urteils sind in erster Linie zeitlich früh auftretende Frames wirkungsrelevant (Primacy-Effekt).*

Hypothese 6: *Bei der Ausbildung von gedächtnisbasierten Urteilen sind in erster Linie zeitlich spät auftretende Frames wirkungsrelevant (Recency-Effekt).*

Zudem müssten die Häufigkeit der Frames sowie die Konsonanz der Frames entscheidend für die Wirkung sein, da die Häufigkeit und die Konsonanz die Zugänglichkeit von Informationen im Gedächtnis erhöht. Allerdings können wir diese Hypothesen mit dem von uns gewählten Design nicht testen, da wir beide Faktoren nicht variieren können, wie im Ergebniskapitel deutlich werden wird. Daher werden hierzu keine Hypothesen formuliert.

Schließlich haben wir die Bedeutung des Vertrauens für Framing-Effekte diskutiert: Das der Medienberichterstattung entgegengebrachte Vertrauen ist bedeutsam, da es zum einen zur Mediennutzung führt und zum anderen die Übernahme von Botschaften begünstigt. Was die Nutzung betrifft, so wurde argumentiert, dass Personen bevorzugt die Quellen auswählen, die sie für vertrauenswürdig erachten. Im Umkehrschluss ist eine Nutzung wenig vertrauenswürdiger Medien unwahrscheinlich. Vermutlich ist der Einfluss des Vertrauens auf die Nutzung jedoch gering, da die Mediennutzung von einer Reihe von Variablen abhängt, die unabhängig vom Vertrauen sind (z.B. Zeitbudget, Unterhaltungsmotive, etc.). Folgende Hypothese lässt sich auf Basis dieser Überlegungen formulieren.

Hypothese 7: *Das der Medienberichterstattung entgegengebrachte Vertrauen hat einen positiven Effekt auf die Mediennutzung.*

Die (durch das Vertrauen beeinflusste) Mediennutzung ist die Grundbedingung für Framing-Effekte: Vertrauen kann jedoch auch einen Einfluss ausüben, der sich nicht durch die Nutzung erklären lässt. Vertrauen wird nämlich bei der Übernahme von Botschaften dann noch einmal relevant, wenn eine erhöhte Risikowahrnehmung beim Rezipienten auftritt. Dies macht Vertrauen erneut notwendig. Mit anderen Worten, die Vertrauenseinstellungen von Personen können während der Medienrezeption salient gemacht werden und zur Annahme von Botschaften führen. Damit wird Vertrauen im Prozess der Medienwirkung an zwei Stellen relevant, was als Vertrauenshandlung erster und zweiter Ordnung bezeichnet wurde: Vertrauen ist erstens bei der Selektion von Quellen entscheidend und zweitens kann es bei der Übernahme von Botschaften eine Rolle spielen. Beides ist nicht gleichzusetzen.

Da die Vertrauenshandlung zweiter Ordnung die Erfassung des Rezeptionsprozesses notwendig macht, müsste man Experimente durchführen. Dies können wir in dieser Arbeit nicht leisten. Unter Umständen lassen sich jedoch auch in dem hier gewählten Design Hinweise für den vermuteten Prozess finden: Wenn ein solcher Prozess gehäuft auftritt, müsste er sich auch in unserer Panelbefragung nachweisen lassen. Die Logik ist dabei die folgende: Wenn es einen Einfluss des Vertrauens gibt, der unabhängig von der Mediennutzung auftritt, würde dies den beschriebenen Mechanismus zumindest nahe legen. Dies lässt sich empirisch zeigen, wenn man den Einfluss der Mediennutzung auf die Framing-Effekte kontrolliert. Findet man einen Effekt des Vertrauens, so wäre dieser nicht auf die Mediennutzung zurückführbar. Mit anderen Worten, Vertrauen hätte einen Einfluss auf die Übernahme von Botschaften, der sich nicht durch die Nutzung erklären ließe. Da wir aber nur auf einen solchen Effekt schließen können, soll eine Forschungsfrage formuliert werden:

Forschungsfrage 2: *Zeigt sich bei Personen mit hohem Vertrauen ein stärkerer Framing-Effekt als bei Personen mit niedrigem Vertrauen, wenn der Einfluss der Mediennutzung kontrolliert wird?*

Wie Vertrauen in Medien mit unseren urteilspsychologischen Überlegungen zusammenhängt, lässt sich auf Basis der Literatur nicht ableiten. Es ist jedoch zu vermuten, dass Vertrauen nur bei gedächtnisbasierten Urteilen einen Einfluss hat, da on-line Urteile ohnehin schwer durch die Medienberichterstattung zu beeinflussen sind. Das bedeutet: Wenn Vertrauen entweder bei der Selektion von Medieninhalten oder bei der Annahme von Botschaften wirkungsrelevant wird, so müssen wir für on-line Urteile einen anderen Effekt annehmen als bei gedächtnisbasierten Urteilen. Wenn on-line Urteile bestehen, sind Effekte von Medien-Frames generell unwahrscheinlicher. Von daher mag Vertrauen zwar einen Einfluss auf die Selektion haben, die Frage der Persuasion stellt sich jedoch nicht, da die on-line Urteile wahrscheinlich änderungsresistent sein werden. Bei gedächtnisbasierten Urteilen sieht dies jedoch anders aus: Hier spielt das Vertrauen genau die Rolle, die wir mit der Vertrauenshandlung erster und zweiter Ordnung beschrieben haben. Vertrauen müsste somit nur bei gedächtnisbasierten Urteilen ein relevanter Wirkungsprädiktor sein, nicht aber bei on-line Urteilen. Da dies aber auf Basis der bisherigen Literatur nur eine Vermutung ist, soll folgende Forschungsfrage formuliert werden.

Forschungsfrage 3: *Ist Vertrauen in Medien bei gedächtnisbasierten Urteilen oder bei on-line Urteilen stärker wirkungsrelevant?*

5. Methoden

Um die diskutierten Fragestellungen und Hypothesen empirisch zu überprüfen, wurde in einer breit angelegten Medienwirkungsstudie eine Panel-Befragung mit einer Inhaltsanalyse der von den Befragten genutzten Medien verknüpft. Dieses Design hat zwei Vorteile: Zum einen ermöglicht es eine extern valide Überprüfung von Framing-Effekten, was als bisheriges Manko der Forschung herausgearbeitet wurde. Zum zweiten erlaubt die Panellogik das größte Ausmaß eines Kausalnachweises, das in nicht-experimentellen Studien möglich ist.

Abbildung 10: Abfolge der empirischen Studien

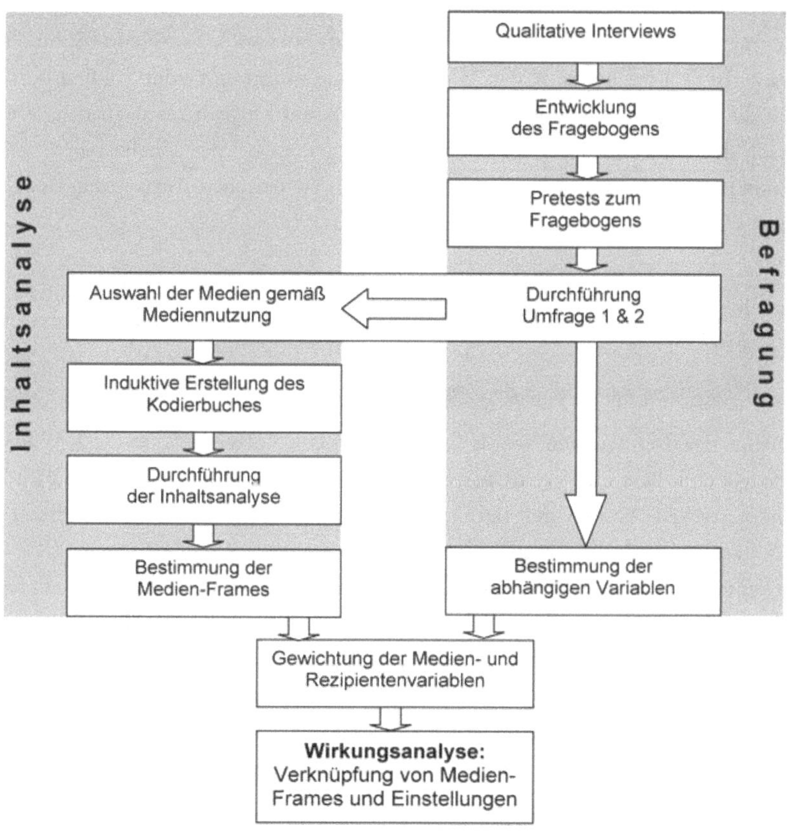

Abbildung 10 gibt einen Überblick über die empirischen Studien, die für diese Arbeit verwendet wurden. Um in einem ersten Schritt relevante Einstellungsfragen für die Panelbefragung zu formulieren, wurden qualitative Interviews geführt. Daraufhin wurde ein umfassender Fragebogen entwickelt, der mehreren Pretests unterzogen wurde. Der Fragebogen kam schließlich in einer zweiwelligen Panelbefragung zum Einsatz. Die Panelbefragung sowie die Vorstudien zu dieser erfolgten im Rahmen eines DFG-Projektes zum Thema „Vertrauen in Medien" (vgl. Kohring, 2004), das von Dr. Matthias Kohring an der Friedrich-Schiller-Universität Jena geleitet wurde. Nach der Durchführung der Panelbefragung wurde die Mediennutzung der Befragten ermittelt und daraufhin die Medienquellen für die Inhaltanalyse ausgewählt. Auf Basis des dem ausgewählten Materials wurde in deduktiven und induktiven Schritten ein umfassendes Kodierbuch entwickelt. Schließlich wurden in einer Wirkungsanalyse den Befragten die Inhalte zugewiesen, die sie (mit hoher Wahrscheinlichkeit) genutzt hatten. Es handelt sich demnach um eine individualisierte Verknüpfung von Inhaltsanalyse und Panelbefragung. In den folgenden Kapiteln wird die Durchführung beider Studien beschrieben. Da die Befragung der Inhaltsanalyse vorgeschaltet war, wird zunächst diese erläutert. Nach der Darstellung des methodischen Vorgehens bei der Inhaltsanalyse werden die Verknüpfungslogik sowie das Vorgehen bei der statistischen Auswertung der Daten erläutert.

5.1 Panelbefragung

5.1.1 Entwicklung und Aufbau des Fragebogens

Als Thema der Befragungen wurde „Arbeitslosigkeit" gewählt. Für diese Wahl war ausschlaggebend, dass im Verlauf der Befragungen aufgrund der Bundestagswahl 2002 mit einem starken Anstieg der Berichterstattung zu diesem Thema zu rechnen war. Diese Veränderung in der Frequenz der Berichterstattung ist eine Bedingung für Wirkungseffekte. Im März 2002 wurden zur Erstellung des Fragebogens 16 Leitfadeninterviews zum Thema durchgeführt. Die Interviews dauerten 30 bis 60 Minuten (vgl. ausführlich Kohring, 2004). Da die Erstellung des gesamten Fragebogens in das DFG-Projekt „Vertrauen in Medien" eingebunden war, bezogen sich die meisten Fragen im Leitfaden auch auf Vertrauen bzw. auf die Erwartungen an und die Wahrnehmung der Medienberichterstattung.[131] In Bezug auf Einstellungen gegenüber dem Thema Arbeits-

[131] Zusätzlich wurden vierzehn weitere Interviews durchgeführt, allerdings zum Thema „innere Sicherheit" (vgl. ausführlicher Kohring, 2004). Interviewer aller 30 Interviews waren Matthias Kohring, Franziska Motikat und der Verfasser.

losigkeit wurden zwei Fragen gestellt: „Was kommt Ihnen in den Sinn, wenn Sie an das Thema Arbeitslosigkeit denken?" und „Was denken Sie persönlich über das Thema?" Zudem wurde am Ende der Interviews gefragt, ob relevante Aspekte im Gespräch ausgelassen wurden. Auf Basis der transkribierten Antworten der Befragten wurde ein standardisierter Fragebogen entwickelt, der folgende Frageblöcke beinhaltete: Assoziationen zum Thema (offen und geschlossen), mehrere Fragen zur subjektiven und gesellschaftlichen Wichtigkeit des Themas, zu Ursachenattributionen und zu den zu ergreifenden Maßnahmen zur Bekämpfung der Arbeitslosigkeit. Zudem wurde offen gefragt, ob wichtige Aspekte des Themas in der Befragung fehlten. Schliesslich wurde die Skala zur Erfassung des Orientierungsbedürfnisses (vgl. Matthes, 2006) erhoben. Den Fragebogen haben in einer Vorstudie im April 2002 insgesamt 100 Studierende der FSU Jena ausgefüllt (59% weiblich). Die schriftliche Befragung wurde vom Verfasser auf dem Campus der FSU Jena durchgeführt, d.h. die Fragebögen wurden dort ausgeteilt und wieder eingesammelt. Auf Basis der korrelationsbasierten Ergebnisse wurden Problemitems identifiziert und fehlende Aspekte ergänzt. Die somit überarbeiteten Frageblöcke wurden nun in den Fragebogen des DFG Projektes „Vertrauen in Medien" eingespeist.[132]

Der Fragebogen bestand aus mehreren thematischen Blöcken (vgl. die Endfassung des Fragebogens im Anhang). Wenn nicht anders erwähnt, wurden alle Fragen auf einer siebenstufigen Skala abgefragt. Im Folgenden wird vor allem auf die für uns potenziell relevanten eingegangen (vgl. für die Erläuterung der anderen Blöcke Kohring, 2004).

- *Mediennutzung*. Es wurde nach den drei meistgenutzten journalistischen Medienangeboten gefragt, die die Teilnehmerinnen und Teilnehmer verwenden, um sich über das aktuelle Geschehen zu informieren. Die Angaben der Befragten wurden von den Interviewern direkt mit einer vorgegebenen Liste aller relevanten Medien verschlüsselt. Zu jedem der drei Medien wurde gefragt, a) wie viele Tage die Befragten das Medium nutzen und b) wie viel Zeit sie durchschnittlich an einem Tag mit diesem Medium verbringen. Wenn Befragte angaben, gar kein Medium zu nutzen bzw. sich gar nicht über das aktuelle Geschehen durch journalistische Informationsangebote zu informieren, wurde das Interview abgebrochen. Der Grund: Ohne Mediennutzung sind die meisten Fragen des Fragebogens schwer zu beantworten. Zudem sind derartige Personen für die Wirkungsstudie ungeeignet.

[132] Neben der Panelbefragung wurde im Rahmen des Projektes eine weitere repräsentative Befragung mit geänderter Frageführung durchgeführt, die allerdings hier nicht berichtet wird (vgl. Kohring, 2004).

- *Themenwichtigkeit.* Die Befragten sollten folgendes Item auf einer siebenstufigen Skala einschätzen: „Die Arbeitslosigkeit ist das wichtigste Thema für die deutsche Politik." Die Formulierung des Items ist das Ergebnis der bereits beschriebenen Pretestbefragung (n = 100). Dort hat sich gezeigt, dass beim Thema Arbeitslosigkeit die Befragten nicht zwischen gesellschaftlicher und subjektiver Wichtigkeit differenzieren, so dass hier nur eine Frage gestellt wurde.

- *Themenassoziationen.* Zunächst wurde offen gefragt, woran die Teilnehmer besonders beim Thema Arbeitslosigkeit denken. Anschließend wurden (ebenfalls als Ergebnis der Vorstudie) insgesamt 21 Aspekte genannt. Die Befragten sollten einschätzen, wie stark sie diese Aspekte mit dem Thema Arbeitslosigkeit in Verbindung bringen. Die Themenassoziationen wurden jedoch für diese Arbeit nicht ausgewertet.

- *Ursachenattributionen.* Gefragt wurde, in wie weit zwölf unterschiedliche Akteure für die Arbeitslosigkeit verantwortlich zu machen sind.

- *Lösungsattributionen.* Hier wurde erfasst, wie viel insgesamt acht Akteure gegen die Arbeitslosigkeit tun. Die Akteure sind aber nicht exakt die gleichen wie bei den Ursachenattributionen, da nicht jeder Verursacher von Arbeitslosigkeit auch Lösungen bereitstellt. Beispielsweise werden die Ausländer von einigen Befragten als Ursache für die Arbeitslosigkeit in Deutschland angesehen – es macht wenig Sinn zu fragen, wie viel die Ausländer für den Abbau der Arbeitslosigkeit in Deutschland tun.

- *Maßnahmen.* In einem umfassenden Block wurde gefragt, in wie weit sich insgesamt siebzehn Maßnahmen zur Bekämpfung der Arbeitslosigkeit eignen.

- *Themenbewertung.* Gefragt wurde, ob sich das Problem der Arbeitslosigkeit in absehbarer Zeit verbessern oder verschlechtern wird, oder ob es so bleiben wird.

- *Urteilsbildung.* Die Urteilsbildung wurde durch eine standardmäßige Abfrage der Einstellungssicherheit operationalisiert. Auf einer siebenstufigen Skala wurde erfasst, wie sicher sich die Personen in ihrer Meinung über das Thema Arbeitslosigkeit sind. Wie inzwischen die Studien von Bizer et al. (2006) sowie Matthes et al. (2007) zeigen, ist diese Abfrage ein guter Indikator für on-line bzw. gedächtnisbasierte Urteile. Für die Auswertungen wurde die Stichprobe auf Basis der Ausprägung dieser Variable (Welle 1) in zwei Teile geteilt (gedächtnisbasiert: Kategorien 1 bis 4; on-line: Kategorien 5 bis 7).

- *Vertrauen in Journalismus.* Hier wurde die validierte und umfassend getestete Skala zum Vertrauen in Journalismus abgefragt (vgl. Kohring, 2004; Kohring & Matthes, 2004, 2007; Matthes & Kohring, 2003). Die Skala besteht aus vier Dimensionen, die sich zu einem hierarchischen Faktor „Vertrauen" zusammensetzen.

- *Orientierungsbedürfnis.* Erhoben wurden zwölf Items, die aus drei Dimensionen bestehen, welche aufgrund ihrer hohen Korrelationen für unsere Zwecke zu einem übergeordneten Faktor zusammengefasst werden. Die Skala ist inzwischen wie auch die Vertrauensskala in mehreren Befragungsstudien in Hinsicht auf ihre Konvergenz-, Diskriminanz- und Konstruktvalidität getestet worden und gilt damit als umfassend validiert (vgl. Matthes, 2006).

- *Soziodemographie.* Erhoben wurden Standardangaben zu Geschlecht, Bildung und Beruf. Für die Auswertungen wurde die Variable Bildung zweifach gestuft (niedrige Bildung: höchster Schulabschluss bis Realschule; hohe Bildung: höchster Abschluss ab Abitur/Fachhochschulreife).

- *Parteiidentifikation.* Es wurde die so genannte Sonntagsfrage gestellt. Für die Auswertungen wurde daraus die Variable „Links-rechts-Präferenz gebildet (links: PDS, B90/Grüne, SPD; rechts: CDU, CSU, FDP, Republikaner).

- *Evaluationsbedürfnis.* In der zweiten Welle wurden vier Items der standardisierten Skala zur Erfassung des Evaluationsbedürfnisses erhoben (vgl. Jarvis & Petty, 1996). Zudem wurden die Persönlichkeitseigenschaften Need for Cognition sowie Need for Structure erfasst, die jedoch für diese Studie nicht ausgewertet werden (vgl. aber Matthes, 2006).

Forschungslogisch wurden die Fragen zum Thema Arbeitslosigkeit induktiv nach den Äußerungen der Interviewten und nach den Antworten der Vorstudie ausgerichtet. Ziel war es, alle für die Bevölkerung relevanten Kategorien und Dimensionen zu berücksichtigen. Bei der Konzeption der Inhaltsanalyse wurde darauf geachtet, dass eine größtmögliche Übereinstimmung mit dem Fragebogen besteht. Dennoch ist klar, dass einige Aspekte von den Befragten genannt werden, die in der Inhaltsanalyse keine Rolle spielen (wie z.B. die Ausländer als Ursache der Arbeitslosigkeit). Im Grunde wurden damit mehr Items erhoben, als für die Wirkungsanalyse gebraucht werden. Zudem war nicht auszuschließen, dass einige Aspekte ausgelassen werden, die sich aber später in der Medienberichterstattung als bedeutsam erweisen, da sie zum Zeitpunkt der Befragung noch nicht relevant waren (was auch tatsächlich der Fall war). Bei der Konzeption des Fragebogens war nicht abzusehen, in welche Richtung die Medienberichterstattung gehen würde, da zum Zeitpunkt der Fragebogenkonstruktion das Thema Arbeitslosigkeit kaum eine Rolle spielte. Dies ist ein Problem forschungslogischer Natur, dass sich bei derart umfangreichen Studien nicht vollends vermeiden lässt.

5.1.2 Pretests

Das Zentrum für Umfragen, Methoden und Analysen (ZUMA) der Universität Mannheim hat ausführliche Pretests ausgewählter Teile des Fragebogens durchgeführt (vgl. Kohring, 2004).[133] Nach einer allgemeinen Redigierung der Frageformulierungen und der Fragelogik wurde in einem ersten Schritt ein kognitiver Pretest der Assoziationen zum Thema Arbeitslosigkeit sowie der Maßnahmen zur Bekämpfung der Arbeitslosigkeit durchgeführt. Von Ende April bis Anfang Mai 2002 fanden beim ZUMA 20 Pretestinterviews statt. Dabei kamen etablierte kognitive Pretestverfahren wie Think A-loud, Probing, Paraphrasing und Confidence Rating zum Einsatz (Kurz, Prüfer & Rexroth, 1999; Prüfer & Rexroth, 1996). Beispielsweise wurden nach der Beantwortung einer Frage mehrere Nachfragen gestellt, um das Frageverständnis zu testen. Die Antworten auf diese Nachfragen wurden wörtlich notiert und in einem insgesamt neunzigseitigen Pretestbericht dokumentiert. Ergebnis des Pretests war die Änderung von Frageeinleitungen und konkreten Frageformulierungen sowie die Streichung weniger Items.

In einem zweiten Schritt führte das ZUMA Ende Mai 2002 einen telefonischen Pretest (CATI-Interviews) mit insgesamt 78 Personen durch. Hauptergebnis dieses Pretests war eine Kürzung des gesamten Fragebogens, da die Befragten die Häufung thematisch ähnlicher Fragen als störend empfanden und es sich abzeichnete, dass die Befragungszeit die Grenze von 30 Minuten überschreiten würde (vgl. ausführlicher Kohring, 2004).

Die eigentliche Panelbefragung wurde von der Abteilung für Umfragen, Methoden und Analysen des Rhein-Ruhr-Instituts für Sozialforschung der Gerhard-Mercator-Universiät Duisburg durchgeführt. Der für CATI programmierte Fragebogen wurde im Juni 2002 einem weiteren telefonischen Standardpretest (N = 40) unterzogen, wobei

[133] Die Tests wurden von Herrn Dipl.-Soz. Rolf Porst, Herrn Dipl.-Psych. Peter Prüfer, Herrn Dipl.-Soz. Michael Schneid und Frau Dipl.-Soz. Angelika Stigeler durchgeführt, für deren hilfreiche Hinweise zu den hier verwendeten Fragen sich der Verfasser bedankt.

sich jedoch kaum noch Verbesserungen ergaben. Das Forschungsteam um Dr. Matthias Kohring, Franziska Motikat und den Verfasser reiste nach Duisburg und führte dort eine umfassende Interviewerschulung durch. Die Interviewer wurden über den Gegenstand und Zweck der Befragung sowie über die Ziele der einzelnen Fragen aufgeklärt.[134] Allfällige Fragen wurden geklärt.

5.1.3 Durchführung der Panelbefragung

Die mit der Panelbefragung beauftragte Abteilung für Umfragen, Methoden und Analysen des Rhein-Ruhr-Instituts für Sozialforschung der Gerhard-Mercator-Universiät Duisburg verfügte über 52 Arbeitsplätze für computergestützte Telefoninterviews. Die Stichprobenziehung erfolgte mit dem Verfahren von Gabler und Häder (2002), welches eine einfache Zufallsauswahl von Haushalten mit Telefonanschlüssen unter Berücksichtigung der Nichteingetragenen gestattet. Die Befragung wurde in beiden Wellen exakt identisch konzipiert. Mit anderen Worten, alle oben beschriebenen Fragen (mit Ausnahme der Persönlichkeitseigenschaften) wurden zu beiden Messzeitpunkten erfasst. Dies gilt auch für die Mediennutzung, da sich diese ändern kann, was eine zweifache Erfassung notwendig macht. „Weiß nicht"- Antworten wurden zugelassen und vom Befragungsinstitut verschlüsselt. Wie bereits erwähnt, wurde bei fast allen Fragen eine siebenstufige Skala verwendet.

Der Abstand zwischen den beiden Panelwellen wurde auf zwei Monate angesetzt. Diese Entscheidung ist eine der schwierigsten und möglicherweise folgenreichsten in der gesamten Anlage einer Wirkungsstudie und damit immer offen für Kritik. Die Wahl des Abstandes in unserer Studie orientierte sich an forschungspragmatischen Überlegungen sowie den Ergebnissen der Agenda Setting Forschung zur optimalen Wirkungsspanne. Forschungspragmatisch galt zu bedenken, dass mit einer Feldzeit von ca. zehn Tagen pro Welle zu rechnen ist. Somit entsteht eine enorme Variation des Zeitintervalls zwischen den Befragungen: Würde man das Intervall auf vier Wochen setzen, könnte es sein, dass einige Befragte erst am letzten Feldtag der ersten Welle und anschließend am ersten Feldtag der zweiten Welle erreicht bzw. befragt werden. Damit würde sich das Intervall zwischen beiden Befragungen auf acht Tage verkürzen, was nicht nur deutlich zu kurz ist, sondern auch das Intervall zwischen beiden Wellen kürzer als die Feldzeit pro Welle macht. Eine Koordination identischer Intervalle für alle Befragten ist forschungspragmatisch kaum zu lösen, da die Personen beispielsweise nicht immer er-

---

134 Dank gebührt Frau Dipl.-Soz.-Wiss. Angelique Leven, die den Pretest, die Interviewerschulung sowie die Panelbefragung betreut hat.

reichbar sind. Nicht nur aus diesem Grund hat das von uns gewählte Intervall von zwei Monaten Vorteile: Für die Analyse der Medien-Frames ist es wichtig, dass genügend Fälle vorhanden sind, um Medien-Frames bestimmen zu können.[135] Wie wir oben gezeigt haben, sprechen wir erst dann von einem Frame, wenn er mehrfach in der Berichterstattung auftritt. Unsere Entscheidung entspricht auch Empfehlungen der Agenda Setting Forschung. Dort hat sich ein Abstand von sechs Wochen bis zwei Monaten als sinnvoll erwiesen (vgl. Stone & McCombs 1981; Watt, Mazza & Snyder, 1993): „Für die empirische Praxis ist der Hinweis wichtig, daß sich die Zusammenhangsmaße [...] nicht mehr verbessern, wenn man in der Medienberichterstattung mehr als zwei Monate vor die Befragung zurückgeht" (Rössler, 1997, S. 143).

Die Befragung wurde in Berlin durchgeführt. Dafür waren zwei Gründe ausschlaggebend: Zum einen konnte die Befragung nicht landesweit erfolgen, da dies den Aufwand bei der Inhaltsanalyse vervielfacht – wenn nicht unmöglich gemacht – hätte. Zum anderen wurde eine Region mit hoher Zeitungsdichte gewählt, um viel Varianz in den inhaltsanalytischen Daten zu erzeugen. Dies wurde für eine Wirkungsanalyse als Vorteil erachtet.[136]

5.1.4 *Stichprobe*

Aufgrund der zu erwartenden Panelmortalität wurden – obwohl 500 Befragte angestrebt waren – zum ersten Messzeitpunkt 812 Personen mit computergestützten Telefoninterviews (CATI) befragt. Die Befragungen wurden vom 24.06. bis zum 04.07.2002 bzw. vom 19.08. bis zum 31.08. 2002 in Berlin durchgeführt. Die maximal mögliche Zeitspanne zwischen beiden Befragungsterminen beträgt damit acht Wochen. Von diesen 812 Personen wurden 501 Personen erneut zu einem zweiten Interview eingeladen. Die durchschnittliche Befragungszeit für die erste Welle betrug $M = 23.3$ ($SD = 7.5$) Minuten; für die zweite Welle $M = 24.1$ ($SD = 7.2$). Gemäß den Standarddefinitionen der American Association for Public Opinion Research (2000) ergibt sich eine Response Rate von $RR_1 = .14$ für die erste Befragungswelle und $RR_1 = .71$ für die zweite Befragungswelle.[137]

---

[135] Dieses Problem stellt sich für die Agenda Setting Forschung nicht notwendigerweise.

[136] Die im Rahmen des Projektes „Vertrauen in Medien" weitere durchgeführte Befragung wurde in Schwerin durchgeführt. Dort gibt es eine geringere Zeitungsdichte als in Berlin, was in Hinsicht auf das Vertrauen in Medien ein wichtiger Testfaktor war (vgl. Kohring, 2004).

[137] Die Anzahl wählbarer Einheiten in Welle zwei entspricht der Anzahl der komplettierten Interviews in Welle eins.

Obwohl eine türkische Interviewführung von Seiten des Befragungsinstitutes möglich gewesen wäre, wurden die Interviews ausschließlich auf Deutsch geführt. Personen ohne gute Deutschkenntnisse bzw. Personen, die das Interview nicht in deutscher Sprache führen wollten, wurden nicht befragt. Grund war die Befürchtung von systematischen Verfälschungen durch Übersetzungen seitens der Interviewer. Dadurch ergibt sich auch eine leichte Verzerrung der Ausschöpfung der Befragung im Vergleich zur Grundgesamtheit. Die Grundgesamtheit bildeten alle Bewohner Berlins ab 16 Jahren. Tabelle 9 zeigt die Charakteristika der Stichprobe (Welle 1) im Vergleich zur Grundgesamtheit gemäß den Erhebungen des statistischen Bundesamtes aus dem Jahr 2001 (vgl. Kohring, 2004). Es wird deutlich, dass eine Überrepräsentierung von Personen mit höheren Bildungsabschlüssen herrscht – ein nicht unbekanntes Problem bei Telefonbefragungen. Es erfolgte keine Quotierung.

Tabelle 9: Charakteristika der Stichprobe im Vergleich zur Grundgesamtheit

Soziodemographie	Grundgesamtheit	Stichprobe
Geschlecht	52% weiblich	54% weiblich
Durchschnittsalter	47 Jahre	47 Jahre
Anteil mit Abitur	24%	40%
Anteil mit Realschulabschluss	20%	27%
Anteil mit Haupt- und Volksschulabschluss	24%	15%
Anteil mit Hochschul- oder Universitätsabschluss	13%	24%
Anteil Erwerbstätige	43%	45%
Anteil Rentner	23%	29%
Anteil Arbeitslose	17%	10%

Die Auswahl der Medien für die Inhaltsanalyse wurde an der Mediennutzung der Befragten (bei Welle 2) ausgerichtet. Daher wird diese hier kurz vorgestellt. Internet und Radio konnten aus forschungspragmatischen Gründen nicht inhaltsanalysiert werden und werden daher im Folgenden nicht aufgeführt. Wie Tabelle 10 zeigt, sind die Zeitungen *Berliner Zeitung*, *Berliner Tagesspiegel*, *Berliner Morgenpost* und *B.Z.* verhältnismäßig häufig genannt worden. Erstaunlich war schon zur ersten Welle die geringe Nutzung der Bild-Zeitung. Daher wurde in der zweiten Welle der Befragung gesondert die Frage gestellt „Lesen Sie zusätzlich auch ab und zu die Bild-Zeitung?“. Ingesamt haben diese Frage immerhin 58 Personen bejaht, was auf eine Verzerrung der Mediennutzungserfassung durch soziale Erwünschtheit hindeutet. Da die Nutzungsangaben zur Bild-Zeitung jedoch nur für die zweite Welle erhoben wurden, kann die Bild-Zeitung nicht in der Inhaltsanalyse berücksichtigt werden.

Tabelle 10: Häufigkeit von Zeitungen und Fernsehsendern als genutzte Medien (für Welle 2)

Medium	Anzahl der Nennungen
Berliner Zeitung	79
Tagesspiegel	76
Berliner Morgenpost	57
B.Z.	43
Spiegel	24
Berliner Kurier	14
Süddeutsche Zeitung	13
Zeit	9
FAZ	7
Welt	7
Bild Zeitung	3
Sonstige Zeitungen	30
ARD	220
ZDF	63
RTL	46
N-TV	37
PRO 7	16
SAT.1	14
Sonstige Sender	70

Anmerkung: Es handelt sich um Mehrfachantworten. Ausgezählt wurde, wie oft eine Quelle in den drei Fragen nach dem meistgenutzten Medium genannt wurde.

Andere Quellen, wie insbesondere der *Spiegel* und überregionale Zeitungen konnten bei der Inhaltsanalyse ebenfalls nicht berücksichtigt werden. Der minimale Zuwachs der

Verknüpfungsoptionen schien in Anbetracht des exponentiellen inhaltsanalytischen Aufwandes nicht angebracht. Bei den Fernsehsendern ergibt sich ein ähnlich deutliches Bild: Hier sind es vor allem die Sender *ARD*, *ZDF* und *RTL*, die eine bedeutsame Frequenz erreichen. Es wurde sich ebenfalls aus forschungsökonomischen Überlegungen gegen eine Aufnahme von *N-TV* entschieden, da dies aufgrund der Nachrichtenfrequenz dieses Senders einen enormen Aufwandszuwachs bedeutet hätte.

5.2 Inhaltsanalyse

Aufgrund der eben dargestellten Mediennutzungsdaten wurden die *B.Z.*, die *Berliner Zeitung*, die *Berliner Morgenpost* und der *Berliner Tagespiegel* sowie die Hauptnachrichtensendungen von *ARD*, *ZDF* und *RTL* für die Inhaltsanalyse ausgewählt. Die Inhaltsanalyse begann zwei Monate vor der ersten Befragung und wurde bis zum letzten Befragungstermin fortgeführt. Insgesamt beträgt der zu untersuchende Zeitraum also ca. vier Monate. Für diesen Zeitraum wurden die gesamten Hauptnachrichtensendungen der oben genannten Sender sowie die Nachrichtensendungen von Sat.1 und ORB im Videolabor des Lehrstuhls „Grundlagen der medialen Kommunikation und der Medienwirkung“ (Prof. Dr. Georg Ruhrmann) auf VHS aufgezeichnet. Es wurde erwartet, dass alle diese Sender von den Befragten verhältnismäßig oft genutzt werden. Sat.1 und ORB wurden jedoch aufgrund der eben beschriebenen Nutzungsdaten der Stichprobe nicht mit in die Inhaltsanalyse aufgenommen. Die Zeitungsbeiträge wurden per Internet-Recherche erfasst, wie weiter unten genauer ausgeführt wird.

5.2.1 Entwicklung und Aufbau des Kodierbuches

Für die Entwicklung des Kategoriensystems galt die Prämisse, die Kategorien so exakt wie möglich zu definieren und zu beschreiben, damit die Kodierer nicht eigene Heuristiken und Kodierregeln entwickeln, die unausgesprochen bleiben und damit das Ergebnis systematisch verfälschen (vgl. Wirth, 2001). Ausgehend von unseren theoretischen Überlegungen (vgl. Kap. 3.1.1) und empirischen Vorarbeiten (vgl. Kohring & Matthes, 2002; Matthes & Kohring, 2004, 2006a; Matthes, 2007a) können zentrale Dimensionen des Kategoriensystems abgeleitet werden: Die Problemdefinition bestehend aus dem (Unter-)Thema und dem sprechenden Akteur, den Ursachenattributionen, den Kompetenzzu- und -abschreibungen, den Handlungsanweisungen bzw. Maßnahmen und der Bewertung. Aus diesen Elementen setzen sich die Medien-Frames zusammen.

Das Kodierbuch wurde in zwei Arbeitsphasen, von Januar bis September 2003 und von September 2005 bis April 2006, entwickelt. In der ersten Phase wurden alle relevanten

Nachrichtensendungen der „Tagesschau" der ARD sowie von „RTL Aktuell" untersucht und relevante Beiträge dokumentiert. Kriterium war, dass sich mindestens ein Akteur innerhalb eines Beitrages zu dem Thema äußert. Diese Beiträge wurden vollständig vom Verfasser und der studentischen Mitarbeiterin Kathrin Klietsch angeschaut. Relevante Beiträge zum Thema Arbeitslosigkeit ließen sich verhältnismäßig einfach identifizieren, da das Thema in bestimmten Zusammenhängen auftritt, die leicht zu erkennen sind (z.B. Bekanntmachung der Arbeitslosenzahlen, Firmenpleiten, Situation der Arbeitslosen, Maßnahmen zur Bekämpfung der Arbeitslosigkeit etc.). Anhand dieser Beiträge wurden zu den vorab definierten Elementen von Frames induktiv einzelne Kategorien notiert. Zunächst war es bedeutsam, alle relevanten Kategorien, die in einem Beitrag über Arbeitslosigkeit auftreten können, zu erfassen. Dies führte zu einer ersten Version des Kodierbuches.

In der zweiten Phase der Kodierbuchentwicklung wurden zunächst die bisher aufgenommenen, sehr ausführlichen Kategorien zu Oberkategorien verdichtet. Die folgenden Schritte wurden unter Mithilfe der Kodiererinnen Arne Zillich, Anne Friedemann und Theresa Junge ebenfalls an der FSU Jena durchgeführt. Zunächst wurden die Kodiererinnen in einer ersten Schulung umfassend über den Zweck der Analyse und die einzelnen Kategorien aufgeklärt. Das bis dahin bestehende Kodierbuch wurde erläutert und diskutiert. Da das Kodierbuch aufgrund der intensiven induktiven Kategorienbildung für die Fernsehnachrichten als vollständig gelten konnte, wurde es in einem zweiten Schritt für die Zeitungsartikel ergänzt bzw. überarbeitet. Dazu wurden insgesamt 30 aus den vier Zeitungen zufällig ausgewählte Beiträge vom Verfasser und den Kodiererinnen kodiert. Die Ergebnisse wurden schriftlich festgehalten, vom Verfasser zusammengestellt und mit den Kodierinnen diskutiert. Hauptaugenmerk lag dabei auf der Trennschärfe zwischen den Kategorien, auf Kategorien, die nicht oder nur schwer einzuordnen waren sowie auf Problemartikeln. Diese Diskussion der Codes diente als zweite Kodiererschulung. Zur weiteren Überprüfung des Kodiersystems wurden zehn zufällig ausgewählte TV-Nachrichtenbeiträge ausgewählt, kodiert und ebenfalls diskutiert. Es zeigte sich, dass das Kodierbuch nun gleichermaßen auf die Nachrichtenbeiträge und die Zeitungsartikel anwendbar war. In einem dritten Schritt wurde ein Reliabilitätstest durchgeführt, der weiter unten beschrieben wird. Die Diskussion der Ergebnisse des Reliabilitätstests war die dritte Kodiererschulung. Zu Beginn der Kodierung hatten alle Kodiererinnen ausreichende Kodiererfahrung.

Im Folgenden soll der Aufbau des Kodierbuches näher erläutert werden. Hierbei wird auf die wichtigsten Kodierregeln eingegangen. Wie wir bereits ausgeführt haben, sind Frames immer an Akteure bzw. Akteursaussagen gebunden, die ihre Sichtweise – also ihre spezifische Problemdefinition, Attribution, Bewertung und Prognose – vertreten. Da auch diffuse Akteure (z.B. „wir") zugelassen sind, muss jeder Beitrag mindestens einen Akteur aufweisen. Auch Journalisten können als Akteur kodiert werden. Theoretisch können in einem Beitrag mehrere Frames auftreten. Dies ist dann der Fall, wenn im Beitrag mehrere, unterschiedliche Akteure ihre Sichtweise darstellen und damit unterschiedliche Kontextualisierungen des Themas gegeben werden. Da sich ein Frame a-priori nicht bestimmen lässt, sondern sich erst durch das Ergebnis des Gruppierungsverfahrens ermittelt wird, ist die Analyseeinheit nicht der Frame, sondern der Artikel/Beitrag. Die Frames werden anschließend mit der Analyse Latenter Klassen bestimmt, mit der Artikel mit unterschiedlichen Berichterstattungsmustern identifiziert werden. Es werden insgesamt die drei inhaltlich wichtigsten Akteure (also die Hauptakteure) eines Beitrages kodiert. Für diese drei Akteure werden alle genannten Frame-Elemente kodiert. Ingesamt können demnach auch drei Frames, also drei unterschiedliche Sinnzusammenhänge kodiert werden. Abbildung 11 zeigt den Aufbau des Kodierbuches und damit den Ablauf des Kodierprozesses in einem vereinfachten Ablaufschaubild. Das Kodierbuch ist im Anhang angeführt – die Kodierregeln sind auf Anfrage beim Autor erhältlich.

Die Anzahl der zugelassenen Akteure ergab sich bei der Entwicklung des Kodierbuches: Hier wurde deutlich, dass nur in einem sehr geringen Teil der Berichterstattung mehr als drei Akteure mit relevanten Aussagen vorkommen. Die An- und Abmoderationen der Nachrichtenbeiträge zählen nicht als einzelner Beitrag, sondern wurden als zum Beitrag gehörig definiert. Wie bereits erwähnt gilt das Kodierbuch gleichermaßen für Print- und TV-Beiträge. Damit liegt der Fokus nicht auf visuellen Darstellungen, sondern auf dem Text eines Beitrages. Dieser ist bei Nachrichten und Zeitungsbeiträgen vergleichbar und somit auch mit dem gleichen System kodierbar. Der Ausschluss von Bildelementen ergab sich aus forschungsökonomischen Notwendigkeiten. Kodiert wurden alle Teile eines Beitrages, die das Thema Arbeitslosigkeit behandeln. Schweift der Beitrag auf ein anderes Thema ab, wurden die entsprechenden Stellen ignoriert.

Abbildung 11: Aufbau des Kodierbuches

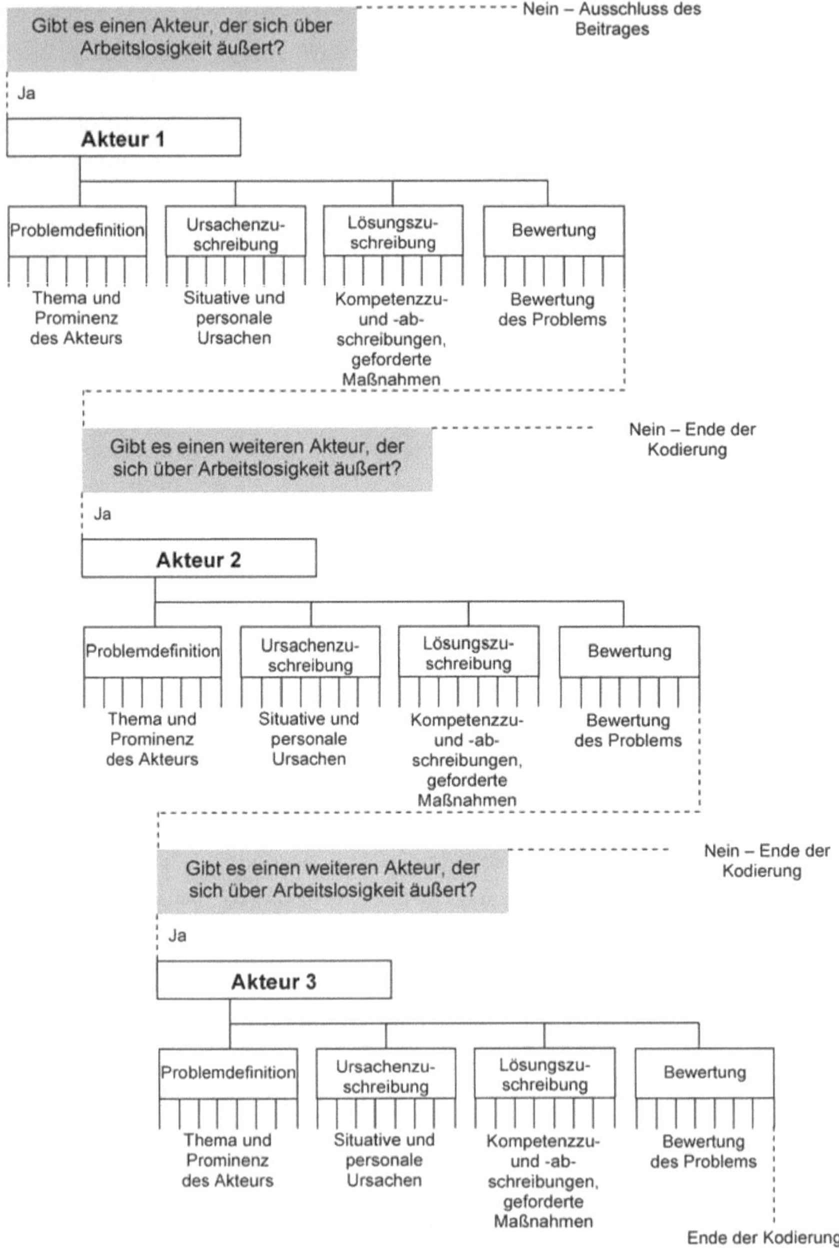

Zu Beginn des Kodierbuches stehen allgemeine Identifikatoren, wie Name der Kodiererin, Beitragsnummer und Name der Medienquelle. Es sollte mit einer weiteren Variable abgeschätzt werden, wie viel Raum dem Thema Arbeitslosigkeit innerhalb des Beitrages eingeräumt wird. Bei Zeitungsartikeln wurde dies am Verhältnis der Wortanzahl aller Absätze zum Thema zur Gesamtanzahl der Wörter abgeschätzt. Bei Fernsehbeiträgen wurde die Dauer der Sequenzen über Arbeitslosigkeit im Verhältnis zur Beitragsdauer abgeschätzt. Für die Zeitungsbeiträge wurde die journalistische Form sowie die Größe des Artikels (Anzahl Wörter) kodiert. Da die Texte elektronisch vorlagen, konnten keine Angaben zur Platzierung erfasst werden. Für die Nachrichtenbeiträge wurde äquivalent die journalistische Form und die Länge des Beitrages in Sekunden kodiert

Zentraler Ausgangspunkt des Kodierbuches ist die Kodierung der **Hauptakteure**. Insgesamt konnten bis zu drei Hauptakteure bestimmt werden. Für jeden dieser Hauptakteure wurden alle Elemente der Frames kodiert. Das Kodierbuch wiederholt sich sprichwörtlich für jeden Akteur (vgl. Abbildung 11). Pro Akteur konnte aus einer Liste von 28 Akteuren ausgewählt werden. Der Hauptakteur ist eine im Mittelpunkt des Beitrages stehende, einzelne Person oder Gruppierung, die sich zum Thema Arbeitslosigkeit äußert oder deren Standpunkt zum Thema dargestellt wird. Es handelt sich also um die in einem Beitrag zentralsten Personen – Akteure, die einfach nur genannt oder aufgezählt werden, wurden nicht als Hauptakteur gewertet. Hauptakteure müssen zu Wort kommen oder ihre Sichtweise wird vom Journalisten paraphrasiert. Auch ein Journalist kann Hauptakteur sein, wenn er Kausalattributionen vornimmt oder wenn kein anderer Akteur ersichtlich ist. Der Hauptakteur ist zugleich Autor der Verantwortungszuschreibung, der Bewertung, der Kompetenzzu- und -abschreibung sowie der Handlungsanweisung. Der erste zu kodierende Hauptakteur wurde als der wichtigste Akteur in einem Beitrag verstanden. Ausschlaggebend dafür ist der Raum bzw. die Zeit, die der Sichtweise dieses Akteurs gewährt wird. Wenn zwei Akteuren der gleiche Raum eingeräumt wird, dann wird der zuerst auftretende Akteur auch zuerst kodiert. Es ist nicht ausschlaggebend, ob die Sichtweise des Akteurs das Fazit des Beitrages verkörpert – dies wurde gesondert kodiert. Beispielsweise kann es vorkommen, dass die Sichtweise von Akteur A sehr breit dargestellt wird, am Ende als Fazit jedoch die Sichtweise von Akteur B steht. In diesem Fall ist der erste zu kodierende Akteur A, da er/sie am breitesten dargestellt wurde. Wenn in einem Beitrag mehrere Themen angeschnitten werden, sollten nur die Akteure kodiert werden, die sich zum Thema Arbeitslosigkeit äußern. Wenn mehrere Akteure Position A vertreten (z.B. wenn sich zwei Vertreter einer Partei mit ihren Statements bewusst gegenseitig bekräftigen) und anschließend im gleichen Beitrag mehrere Akteure für Sichtweise B sprechen, so sollten die Hauptakteure nicht nur als Sichtweise A rekrutiert werden. In diesem Fall sollte der prominenteste (oder wenn nicht möglich) zu erst zu Wort kommende Akteur jeder Sichtweise ausgewählt (vgl. ausführlicher das Kodierbuch im Anhang). Schließlich wurde für den gewählten Akteur kodiert, wie prominent seine Sichtweise im Beitrag abschneidet, ob die Sichtweise am Ende als Fazit steht und ob dieser Sichtweise im Beitrag widersprochen wird.

Das **Hauptthema** muss nicht das in der Überschrift oder vom Journalisten angekündigte Hauptthema sein, sondern das spezifische Thema, zu dem sich ein Akteur äußert bzw. zu dem eine Akteursäußerung dargestellt wird. Dabei sollte das Thema kodiert werden, auf dem das Hauptaugenmerk des Hauptakteurs liegt bzw. auf das sich die Aussagen des Hauptakteurs beziehen. Das Thema muss vom Anlass getrennt werden. Anlass ist das Ereignis, das zur Berichterstattung führt, beispielsweise eine Pressekonferenz. Dann ist aber nicht die Pressekonferenz das Thema, sondern das, über was in der Konferenz gesprochen wird. Insgesamt konnten 27 verschiedene Themen kodiert werden.

Als nächstes sollte die **Verantwortungszuschreibung** für die Problementstehung kodiert werden. Diese bezieht sich ebenfalls auf den Hauptakteur, d.h. es wird kodiert, wen oder was der Hauptakteur für die Arbeitslosigkeit verantwortlich macht. Es können sowohl Personen als auch Situationen verantwortlich gemacht werden. Die als verantwortlich geltenden Personen entsprechen der bereits beschriebenen Liste der Akteure, d.h. jeder Akteur kann theoretisch jeden anderen Akteur für verantwortlich halten. Zusätzlich wurden sechs situative Ursachen für das Problem der Arbeitslosigkeit kodiert. Für beide Verantwortungszuschreibungen wurde zusätzlich kodiert, ob sie begründet wurden oder ob sie einfach nur genannt wurden.

Die (explizite) **Bewertung** der Arbeitslosigkeit, d.h. die Bewertung der zukünftigen Situation des Arbeitsmarktes, wurde mit einer fünfstufigen Ratingskala erfasst. Dies ist zwar ein verhältnismäßig grober Indikator, ließ sich jedoch – wie der nächste Abschnitt zeigen wird – reliabel und verlässlich kodieren.

Neben den Ursachenzuschreibungen und der Bewertung wurde auch die **Kompetenzzuschreibung** für die Problembehebung sowie die **Kompetenzabschreibung** für die Problembehebung kodiert, d.h. wer wird vom jeweiligen Akteur für fähig oder unfähig gehalten, das Problem der Arbeitslosigkeit in den Griff zu bekommen. Bei beiden Kategorien konnte die gesamte Liste der Akteure kodiert werden.

Als eines der umfangreichsten Frame-Elemente wurden die *geforderten* **Maßnahmen** zur Bekämpfung der Arbeitslosigkeit erfasst. Kodiert wurden nur Maßnahmen, die auch vom Akteur gefordert werden, also auch als sinnvoll für die Senkung der Arbeitslosigkeit erachtet werden. Wenn mehrere Maßnahmen einfach aufgezählt werden, ohne sie auch zu fordern, sollte kein Code vergeben werden. Insgesamt wurden 25 Maßnahmen als einzelne Variablen kodiert. In weiteren 25 Variablen wurden die zu unterlassenden Maßnahmen abgedeckt. Für beide Blöcke wurde zusätzlich erfasst, wie stark die Maßnahmen jeweils gefordert worden sind.[138]

Falls ein zweiter Akteur vorhanden war, sollten alle genannten Variablen (bis auf die Identifikatoren) für den zweiten Akteur kodiert werden. Das gleiche gilt für den dritten Akteur. Das heißt, pro Akteur wiederholen sich alle Variablen. Zusätzlich wurde noch die Personalisierung eines Beitrages sowie die Zeit für das Kodieren erfasst. Beide Variablen werden aber für diese Arbeit nicht weiter ausgewertet.

5.2.2 Reliabilitätstest

Für einen Test der Interkodiererreliabilität wurden zufällig zehn Zeitungsartikel ausgewählt. Alle untersuchten Zeitungen waren dabei vertreten. Für jedes Kodiererinnenpaar der vier Kodiererinnen wurden mit dem Software-Programm PRAM (Program for Reliability Assessment with Multiple Coders) die Koeffizienten Holstis R und Scotts Pi berechnet und über alle Kodiererinnen gemittelt. Insgesamt ergab sich eine Reliabilität über alle Variablen von R = .81 und Pi = .68. Dieses Ergebnis ist in Anbetracht der Anzahl der Kodiererinnen akzeptabel. Zudem wird die „wahre" Reliabilität höher sein, da die Auswertung der Daten nicht mit allen Kategorien einer Variable erfolgen wird, da mehrere Kategorien sinnvoll zu übergeordneten Kategorien zusammengefasst werden können (vgl. für dieses Vorgehen auch Matthes & Kohring, 2004, 2006a). Tabelle 11 zeigt die Reliabilität der in dieser Studie verwendeten Variablen im Überblick.

[138] Wichtig ist zu betonen, dass nur geforderte, nicht lediglich genannte Maßnahmen kodiert wurden. Wenn also mögliche Maßnahmen in einem Beitrag aufgezählt werden, ohne sie zu fordern, wird kein Code vergeben. Die Variable zur Vehemenz der geforderten Maßnahmen wurde in dieser Studie bei der Auswertung nicht berücksichtigt.

Tabelle 11: Interkodiererreliabilität der verwendeten Variablen

Variablen	Holsti's R	Scotts Pi
Hauptakteur	.73	.65
Zentralität der Sichtweise des Hauptakteurs	.87	.67
Fazit des Beitrages	.67	.59
Thema	.70	.62
Verantwortungszuschreibung Person	.87	.66
Verantwortungszuschreibung Situation	.87	.66
Bewertung	.70	.62
Kompetenzzuschreibung	.80	.66
Kompetenzabschreibung	.73	.65
Geforderte Maßnahmen[a]	.94	.77
Zu unterlassende Maßnahmen[a]	.99	.88

Anmerkung: [a] Mittelwert über alle Maßnahmen; Werte wurden über alle Kodiererpaare gemittelt

5.2.3 Durchführung der Inhaltsanalyse

Die Kodierung der Beiträge wurde von April 2006 bis Januar 2007 durchgeführt. Da das Kodieren der Beiträge weitaus aufwändiger war als dies vorab eingeschätzt wurde, musste neben den drei Kodiererinnen (die das Kodierbuch in der zweiten Phase der Kodierbucherstellung mitentwickelt hatten) mit Katrin Feltmann eine weitere Kodiererin beschäftigt werden, die das gleiche Schulungsprogramm durchlief wie die anderen und auch am Reliabilitätstest teilnahm. Die Beiträge wurden per Hand auf Codesheets entweder an der Universität oder zu Hause kodiert. Zusätzlich zu den bereits vorgestellten Variablen konnten die Kodiererinnen auf dem Codesheet Probleme oder Besonderheiten beim Kodieren bemerken. Die Beiträge wurden nicht chronologisch, sondern in einer zufälligen Reihenfolge kodiert. Entsprechende Lerneffekte (vgl. Wirth, 2001) dürften sich demnach nicht auf einen bestimmten Zeitabschnitt niederschlagen.

Die Kodiererinnen wurden folgendermaßen angewiesen: Zunächst sollte der Beitrag einmal vollständig angesehen bzw. der Artikel einmal vollständig gelesen werden. Dabei waren die drei wichtigsten Hauptakteure zu bestimmen und ggf. zu notieren. Die Identifikatoren werden ebenfalls schon kodiert. Danach sollte der Beitrag bzw. Artikel für jeden der Hauptakteure noch zweimal analysiert werden. D.h., bei drei Hauptakteuren ist der Beitrag sechs Mal zu schauen bzw. zu lesen. Bei Unsicherheiten sollte der gesamte Beitrag noch einmal komplett geschaut bzw. gelesen werden.

5.2.4 Stichprobe

Es wurde eine Vollerhebung der erwähnten Medienquellen vom 29.04.2002 bis zum 31.08.2002 vorgenommen. Alle Zeitungsartikel der genannten Zeitschriften wurden in den Internetarchiven der jeweiligen Zeitungen nach den Stichworten Arbeitslos*, Erwerbslos*, Hartz und Arbeitsmarkt* durchsucht und als Text abgespeichert. Beiträge, die nicht das gesellschaftliche Problem der Arbeitslosigkeit, sondern beispielsweise die Suche des „arbeitslosen" Stefan Effenberg nach einem neuen Verein beinhalteten, wurden nicht einbezogen.

Tabelle 12: Anzahl der Beiträge nach Medium für den gesamten Untersuchungszeitraum

Medium	Anzahl der Fälle
B.Z	87
Berliner Morgenpost	306
Berliner Zeitung	93
Tagesspiegel	276
ARD Tagesschau	69
ZDF Heute	35
RTL Aktuell	38
Gesamt	904

Wie bereits erwähnt, wurden die Hauptnachrichtensendungen der ausgewählten Sender komplett aufgezeichnet und entsprechende Beiträge ausgewählt. Für eine Validierung der Beitragsauswahl wurden auf der Internetseite des Fernsehsenders ARD im Archiv die behandelten Themen recherchiert und jeder Beitrag, der etwas mit dem Thema

Arbeitslosigkeit zu tun haben könnte, dokumentiert. Aufgrund von Fehlern bei der Videoprogrammierung konnten einige Tage nicht aufgezeichnet werden. Es handelt sich dabei um die Sendungen von „ZDF heute" vom 05.05., 08.05., 09.05., 18.05. und 07.06. sowie die Sendung „RTL Aktuell" vom 05.05.. Jedoch ist nicht klar, ob an diesen Tagen überhaupt relevante Beiträge zum Thema Arbeitslosigkeit ausgestrahlt wurden, so dass der tatsächliche Verlust nicht beziffert werden kann. Tabelle 12 zeigt die Fälle für den gesamten Untersuchungszeitraum für jede untersuchte Quelle.[139] Insgesamt wurden 904 Beiträge kodiert.

5.3 Analyselogik

In diesem Kapitel beschreiben wir unser methodisches Vorgehen. Da dies im Vergleich zur bisherigen Forschung mehrere Neuerungen beinhaltet, muss in diesem Kapitel etwas ausgeholt werden. Die Vorteile der Analyse Latenter Klassen bei der Identifizierung von Medien-Frames wurden bereits in Kapitel 3.2.2 angesprochen. In Kapitel 5.3.1 wird das Verfahren vorgestellt und erklärt. Die längsschnittliche Verknüpfung von Inhaltsanalysedaten mit Befragungsdaten stellt eine äußerst komplexe Methodenkombination dar, die vielfältiger Überlegungen bedarf (Wolling, 2002). Zwei Dinge sind dabei zentral: Das Zusammenspielen der beiden Datensätze sowie die statistische Auswertung der so generierten Daten. Beides wird im Folgenden erläutert. Diese Aspekte werden in den Kapiteln 5.3.2 und 5.3.3. besprochen.

5.3.1 Analyse Latenter Klassen

Die Analyse Latenter Klassen gewinnt in verschiedenen Disziplinen und Themenfeldern wie der Soziologie (vgl. Hagenaars & Halman, 1989), der „Public Opinion"-Forschung (vgl. Feick, 1989), der Medizin (vgl. Formann & Kohlmann, 1996), der Psychologie (vgl. Eid, Langeheine & Diener, 2003) oder der Politikwissenschaft (vgl. McCutcheon, 1985) zunehmend an Bedeutung. Insgesamt bietet dieses Verfahren eine Reihe von bekannten Vorteilen gegenüber der Clusteranalyse. Diese sollen die Clusteranalyse keineswegs als obsolet erscheinen lassen, doch für unseren spezifischen Anwendungsgegenstand, bei dem die Identifizierung der Frames so eine immense Bedeutung hat, erscheint eine Analyse Latenter Klassen lohnenswert. Bevor wie die Analyse Latenter Klassen hier kurz erklären, wollen wir zunächst auf die generellen Vorteile

139 Ich danke Frau Dipl.-Germ. Nicole Diehlmann und Herrn Dipl.-Psych. Thomas Olbrecht bei der Mithilfe zur Beschaffung nicht aufgezeichneter oder durch technische Defekte verlorener Sendungen sowie Herrn Markus Lehmann der Multimedia und E-Learning Services (MELS) der Universität Zürich für die äußerst aufwändige Rekonstruktion defekter Videokassetten.

dieses Verfahrens eingehen (vgl. Andreß, Hagenaars & Kühnel, 1997; Formann, 1984; Magidson & Vermunt, 2002, 2003, 2004; Reinecke, 1999; Vermunt & Magidson, 2002, 2005):

- Die Analyse Latenter Klassen identifiziert wie die Clusteranalyse die (vorher nicht bekannte) Gruppenzugehörigkeit auf der Basis von Gruppenmerkmalen. Sie ist mindestens genauso leistungsfähig wie die Clusteranalyse.

- Unschlagbarer Vorteil ist jedoch, dass die genaue Cluster- bzw. Klassenanzahl besser bestimmt werden kann: „[T]he choice of the cluster criterion is less arbitrary and the approach includes rigorous statistical tests“ (Magidson & Vermunt, 2002, S. 37). Mit anderen Worten, die Analyse Latenter Klassen stellt statistische Tests zur Verfügung, die die Adäquatheit der Clusterlösung prüfen. Damit wird die Gefahr der Willkür gemindert „unter Annahme einer ganz bestimmten Metrik ein ganz bestimmtes Verfahren aus dem überreichen Angebot auszuwählen, auf [den] Datensatz anzuwenden und die [...] vom computerisierten Algorithmus gelieferte Clusterung als Lösung [des] Typisierungsproblems zu akzeptieren“ (Formann, 1984, S. 204).

- Im Ergebnis ist die Analyse Latenter Klassen schärfer, da sie auch aufzeigt, wenn keine Klassifizierung mit hinreichender Anpassungsgüte erreicht werden kann. Die Clusteranalyse hat im Gegensatz dazu keinerlei Modellannahmen, die statistisch geprüft werden können, so dass „sie (zumindest scheinbar) immer eine Lösung der ihr gestellten Gruppierungsaufgabe“ (Formann, 1984, S. 205) findet.

- Die Analyse Latenter Klassen ist verhältnismäßig voraussetzungsarm: „LC models do not rely on the traditional modeling assumptions which are often violated in practice (linear relationship, normal distribution, homogeneity). Hence, they are less subject to biases associated with data not conforming to model assumptions" (Magidson & Vermunt, 2003, S. 1).

- Vorteil gerade für die inhaltsanalytische Forschung ist, dass die Variablen auf völlig beliebigem Skalenniveau mit in die Analyse eingehen können. Es ist also kein Problem, nominale, ordinale und metrische Variablen simultan einzubeziehen. Derart gemischte Datenniveaus sind bei Inhaltsanalysen häufig der Fall.

- Die Analyse Latenter Klassen berücksichtigt, dass Variablen im Allgemeinen fehlerbehaftet gemessen werden, da sie von einer *latenten* Klassenvariable ausgeht. Da jede Person (bzw. jeder Fall) mit einer bestimmten Wahrscheinlichkeit zu jeder Klasse zuordenbar ist, kann der Anteil der Fehlklassifizierungen bestimmt werden, was mitunter eine große Relevanz für die Praxis hat. Für unsere Studie heißt das, dass nicht jedem Beitrag ein Frame zugewiesen wird, sondern wir erhalten eine Angabe über die Wahrscheinlichkeit, mit der *jeder* Frame bei einem Beitrag ausgeprägt ist.

- Nicht zuletzt ermöglicht die Analyse den Anwendern weitaus mehr Informationsgehalt und größere Einsatzmöglichkeiten. Beispielsweise kann die Beziehung zwischen externen Variablen (d.h. Kovariaten) und der Klassenzugehörigkeit simultan modelliert werden. Zudem findet sich in neueren Anwendungen eine Verbindung mit der Faktorenanalyse und der Regressionsanalyse: Bei der so genannten *Latent Class Factor Analysis* erfolgt eine Faktorisierung mit gleichzeitiger Gruppenbildung. Bei der *Latent Class Regression Analysis* werden Klassen identifiziert, innerhalb derer unterschiedliche Regressionsmodelle gültig sind.

Im Folgenden wollen wir aufgrund der relativ geringen Verbreitung des Verfahrens in der Kommunikationswissenschaft einen kurzen, nicht-technischen Abriss über die Analyse Latenter Klassen geben (ausführlicher vgl. das Buch von Forman, 1984 oder den einführenden Aufsatz von Eid et al., 2003). Ausgangspunkt ist die Überlegung, hypothetische Konstrukte als latente Variablen zu begreifen. Latente Variablen sind nicht direkt beobachtbar, sondern können nur indirekt über beobachtbare Indikatoren erfasst werden. Entwickelt wurde die Analyse Latenter Klassen von Paul Lazarsfeld (1950). Lazarsfeld ging von der Notwendigkeit aus, ein mathematisches Modell zu entwickeln, um die beobachtbaren und latenten Variablen miteinander in Beziehung zu setzen. Dabei wollte er aber nicht deterministisch, sondern probabilistisch vorgehen. In ihrer ursprünglichen Form war die Analyse Latenter Klassen nur auf nominale Variablen beschränkt. Heute ist die Analyse für alle Variablentypen durchführbar, und es stehen mehrere anwenderfreundliche Software-Programme zur Verfügung (vgl. Clogg, 1995). Die Grundidee ist die folgende (vgl. Forman, 1984, S. 2ff): In einer Stichprobe, für die mehrere kategoriale Variablen erhoben wurden, besteht eine bestimmte Anzahl an Teilgruppen, die so genannten latenten Klassen. Die Gruppenzugehörigkeit und die Gruppengrößen sind nicht bekannt. Jede Klasse hat in Bezug auf jede einzelne Variable eine für sie charakteristische Wahrscheinlichkeit einer bestimmten Antwort. Dies bedeutet nicht, dass die Objekte einer Gruppe immer dieselbe Antwort haben, sondern die Wahrscheinlichkeiten für eine bestimmte Antwort sind identisch. Die Zusammenhänge zwischen den Variablen lassen sich ausschließlich auf die latente Variable zurückführen. Das heißt, innerhalb einer Klasse korrelieren die manifesten Variablen nicht. Diese Modellannahme ist der Grundstein der Analyse Latenter Klassen. Man nennt sie auch *lokale stochastische Unabhängigkeit.*[140] Nehmen wir ein einfaches Beispiel: Wenn es fünf Variablen gibt, die zweifach gestuft sind (z.B. „ja" und „nein"), so ergeben sich $2^5 = 32$ mögliche Antwortmuster (z.B. auf allen fünf Variablen „nein", auf allen „ja", auf der ersten „ja" auf den anderen „nein" usw.). Jedes spezifische Antwortmuster hat eine bestimmte Wahrscheinlichkeit. Bekannt ist für jede Variable, wie oft die Antwort „ja" ausgeprägt ist, z.B. bei Variable eins in 80% der Fälle ($p_{ja} = .80$; $p_{nein} = .20$). Die Wahrscheinlichkeit der Einzelausprägung „ja" bei der ersten Variablen wäre in dem Beispiel 80%. Geht man von einer lokalen stochastischen Unabhängigkeit aus, so ist die Wahrscheinlichkeit eines Antwortmusters (bzw. des simultanen Auftretens von bestimmten Variablenausprägungen) gleich dem Produkt der Wahrscheinlichkeit aller Einzelausprägungen. Damit können wir die Häufigkeit jedes der 32 Antwortmuster vorhersagen. Diese geschätzte Häufigkeit wird nun mit der tatsächlichen (beobachteten) Häufigkeit verglichen. Dies nennt man Modellvorhersage. Wie gut diese Modellvorhersage ist, lässt sich anhand dreier Testgrößen (χ^2-verteilte Statistiken) ablesen, die die beobachteten und vorhergesagten Häufigkeiten in Beziehung setzen: Person χ^2, Likelihood-Ratio und Cressie-Read. Die Testgrößen können als Fit-Indices verstanden werden. In der Regel werden immer diese drei Fit-Indices berichtet (vgl. Eid et al., 2003). Ist die Modellanpassung gut, so sollte $p > .05$ sein und alle drei Indices ähnliche Werte annehmen. Inhaltlich bedeutet das: Die vorhergesagten Häufigkeiten unterscheiden sich *nicht signifikant* von den beobachteten Häufigkeiten.[141] Ziel ist es, dass die Diskrepanz zwischen den erwarteten und beobachteten Häufigkeiten der Antwortmuster möglichst gering ist. Dies wird über eine Maximum-Likelihood-Lösung umgesetzt. Das bedeutet vereinfacht, dass die Parameter so geschätzt werden, dass die Wahrscheinlichkeit maximal wird, genau die Vorhersage zu treffen, die man auch beobachtet; also häufige Ant wortmuster sollen hohe und seltene Antwortmuster sollen niedrige Wahrscheinlichkeiten haben. Auf diese Weise können Lösungen für zwei, drei usw. Klassen ermittelt

[140] Dies kann man sich wie eine Partialkorrelation vorstellen: Wenn eine (in unserem Fall latente) Variable herauspartialisiert wird, verschwindet der Zusammenhang zwischen zwei Variablen.

[141] Wenn einige Merkmalsausprägungen nur sehr selten auftreten („sparse tables"), sind die drei Prüfstatistiken nicht mehr gültig (die χ^2-Statistik geht von einer gegen unendlich gehenden Stichprobengröße aus). In diesem Fall empfiehlt sich Bootstrapping (sinngemäß: „sich an den eigenen Haaren aus dem Sumpf ziehen"). Der Idee des Verfahrens besteht – vereinfacht ausgedrückt – darin, die nicht bekannte Verteilung einer Statistik zu simulieren. Beim Bootstrapping wird die gezogene Stichprobe als Quasi-Population betrachtet. Dabei werden die Prüfgrößen direkt aus den Daten der untersuchten Stichprobe geschätzt, indem nach dem Urnenmodell mit Zurücklegen zufällig neue Stichproben des Umfangs N gezogen werden. Für jede dieser Stichproben wird die Prüfstatistik berechnet. Damit ergibt sich eine Quasi-Kennwerteverteilung, mit der der p-Wert geschätzt wird (vgl. Langeheine, Pannekoek & van de Pol, 1996).

werden. Der Algorithmus findet für jede vorgegebene Klassenanzahl die optimale Lösung. Ist die Klassenanzahl vorher bekannt, genügt eine einmalige Berechnung der Parameter und der drei erwähnten Testgrößen. Sind diese signifikant, so liegen systematische Unterschiede zwischen den beobachteten und vorhergesagten Antwortmustern vor. Die Lösung wäre in diesem Fall zu verwerfen (falsifizieren).

In der Regel können jedoch mehrere Modelle eine gute Passung aufweisen. Die beste Gesamtklassenanzahl wird nun anhand von Sparsamkeitsmaßen (Parsimony-Maße) bestimmt. Ein solches Maß – das auch wir heranziehen werden – ist das „Bayesian Information Criterion" (BIC). Die Logik ist die Folgende: Mit zunehmender Klassenanzahl wächst der Anteil der Zusammenhänge, die durch das Modell erklärt werden können. Dies hat jedoch auch ein komplexeres Modell zur Folge. Ein Beispiel: Bei einem 2-Cluster-Modell ist der Fit meist schlechter als bei einem 3-Cluster-Modell, da ein Modell mit weniger Clustern restriktiver ist. Jedoch muss man diese bessere Anpassung bei dem 3-Cluster-Modell damit „bezahlen", dass mehr Parameter geschätzt werden müssen. Ziel ist es, ein gut passendes und gleichzeitig sparsames Modell zu finden. Dies wird mit dem BIC-Wert zum Ausdruck gebracht: Das Modell mit dem kleinsten Sparsamkeitsmaß bei gleichzeitig optimalen Fit ist das Beste. Darüber hinaus kann nun an einer Reihe von Kennwerten die Qualität der Klassenlösung beurteilt werden. Dafür verwenden wir den Klassifizierungsfehler, die erklärte Varianz (R^2) und den Wald-Test. Der Klassifizierungsfehler gibt den geschätzten Anteil der Fälle an, die falsch klassifiziert werden, *wenn jeder Fall der Klasse zugeordnet wird, für die er die größte Wahrscheinlichkeit hat.*[142] R^2 gibt an, wie viel Varianz der Indikatoren durch die latente Variable bzw. die Cluster erklärt wird. Schließlich überprüft der Wald-Test, ob sich die Klassen signifikant auf den zur Klassifizierung herangezogenen Variablen unterscheiden.

5.3.2 Verknüpfung von Inhaltsanalyse und Befragung

Schaut man nach Studien, die Inhaltsanalyse mit Befragungsdaten verknüpfen, so wird man in erster Linie in der Agenda Setting Forschung fündig. Erstaunlich ist aber, dass in dieser Forschungstradition, die immerhin mehr als 300 empirische Studien hervorge-

[142] Der Klassifizierungsfehler ist demnach nur dann relevant, wenn man jeden Fall exakt einer Klasse zuordnet und mit dieser neuen „Clustervariable" arbeitet. Man „zwingt" einen Fall gewissermaßen in die ihm am nächsten stehende Klasse. Man kann jedoch auch mit den Zugehörigkeitswahrscheinlichkeiten arbeiten. LATENT GOLD speichert für jede Klasse eine Variable ab, die die Wahrscheinlichkeit angibt, mit der ein Fall zu einer Klasse gehört. Damit kann ein Fall auch für zwei Klassen eine relevante Zugehörigkeitswahrscheinlichkeit aufweisen. So lange man mit diesen Variablen arbeitet, stellt sich das Problem der Fehlklassifizierung nicht.

bracht hat (vgl. Dearing & Rogers, 1996), sich eher selten Studien finden lassen, die eine individuumszentrierte bzw. *individualisierte Verknüpfung von inhaltsanalytischen Daten mit den Befragungsdaten* vornehmen. So schlussfolgert auch Rössler (1997), dass „die vorliegenden Studien zum Agenda Setting Effekt auf individueller Ebene [...] spärlich in ihrer Anzahl und methodisch weitgehend unausgereift scheinen" (S. 138). Der Großteil der Studien arbeitet mit aggregierten Daten, was jedoch in Hinsicht auf Validität (Stichwort: ökologischer Fehlschluss) und mit Blick auf die Schärfe der damit überprüfbaren Hypothesen zu problematisieren ist. Andere Studien implizieren zumindest individuelle Effekte, indem sie die Themenwichtigkeit mit der Mediennutzung in Verbindung setzen, ohne jedoch die Medieninhalte einzubeziehen (Schönbach & Semetko, 1992; Wanta & Hu, 1994). Ausnahmen sind die wertvollen Studien von Erbring, Goldenberg & Miller (1980), Hügel, Degenhardt & Weiß (1989) und Rössler (1997, 1999), die allesamt Individualanalysen vornehmen. In anderen Bereichen der Medienwirkungsforschung lassen sich ebenfalls – im Vergleich zur Anzahl von Aggregatanalysen – nur eine Handvoll Studien finden, die Medieneffekte auf individualisiertem Niveau untersuchen. Zu nennen sind hier die Studien von Früh (1994), Wolling (2002), Maurer (2003, 2004a), Schrott & Meffert (1996), Mutz (1992), Kepplinger, Brosius & Staab (1991), Dalton, Beck & Huckfeld (1998) und Kleinnijenhuis (1991). Wählt man aus den Individualdatenanalysen nun diejenigen heraus, die Panelstudien verwenden, so lässt sich deren Anzahl nach unserem Kenntnisstand „an einer Hand abzählen". Wenn man bedenkt, dass die Panelanalyse als einziges nicht-experimentelles Verfahren „die Beschreibung von Veränderungen und [...] die statistische Analyse der Bedingungen, unter denen Veränderungen besonders wahrscheinlich oder besonders unwahrscheinlich sind" (Scherer, 2004, S. 179), erlaubt, ist der bisherige Einsatz des Verfahrens in der Medienwirkungsforschung als ernüchternd zu bezeichnen (vgl. für die Bedeutung von Panelstudien für die Kommunikationswissenschaft Maurer, 2004b; Scherer, 2000). Mit anderen Worten, nur wenn Medieninhalte a) individualisiert und b) mit Paneldaten verknüpft werden, können wir Medienwirkungen in einem extern validen Design untersuchen und forschungslogisch kausal interpretieren (vgl. für die kausale Interpretation bei Panelanalysen Maurer, 2004b sowie Scherer, 2004). Hier herrscht nach wie vor ein enormer Forschungsbedarf.

So verwundert es wenig, dass sich in der Medienwirkungsforschung über die Verknüpfung beider Datenquellen in einem Paneldesign verhältnismäßig wenig finden lässt. Auch Kepplinger und Maurer (2001) bezeichnen es als „erstaunlich", dass „bisher nicht einmal die Frage diskutiert wurde, wie man die Ergebnisse von Inhaltsanalysen am besten mit den Ergebnissen von Meinungsumfragen verbindet" (S. 168). Dies macht die Arbeit von Wolling (2002) besonders bedeutsam: Wolling (2002) diskutiert die Entscheidungsprozesse bei der Verknüpfung von Inhaltsanalyse und Befragung und zeigt die nicht zu unterschätzenden Konsequenzen verschiedener Verknüpfungsschritte in einer querschnittsbasierten Korrelationsanalyse. In Tabelle 13 wird zusammenfassend, jedoch ohne Anspruch auf Vollständigkeit, versucht, die relevanten Entscheidungen bei der Verknüpfung von Inhaltsanalyse und Befragung in einem Paneldesign aufzulisten (vgl. auch die ausführliche Diskussion der Problematik bei Maurer, 2003, S. 171-180 und Wolling, 2002). Jeder dieser Entscheidungen erfordert im Prinzip eine theoretische Begründung, die allerdings häufig nicht zu leisten ist.

Es wird deutlich, dass es in Bezug auf die Medieninhalte in erster Linie um die Frage geht, wie stark Medieninhalte, die bestimmte Charakteristika haben, zu gewichten sind. Die Wahl des Panelintervalls haben wir bereits weiter oben diskutiert. Darüber hinaus ist die Frage wichtig, ob die Mediennutzung pro Welle und damit nur einmal, beispielsweise in der ersten Welle, erfasst wird. Auch dies wurde in den wenigen bisherigen Studien nur selten thematisiert. Genauso wenig lässt sich eine Antwort auf die Frage finden, wie mit Befragten umzugehen ist, denen keine Medieninhalte zugewiesen werden können: Sollen diese ausgeschlossen werden, was mit Blick auf die Stichprobengröße in den meisten Fällen schmerzhaft wäre, oder soll diesen Personen einfach ein Durchschnittswert der Berichterstattung zugewiesen werden, was wiederum zu einer Nivellierung von Effekten führen kann? Auch bei der Zuweisungslogik stellt sich eine Reihe von bedeutsamen Fragen, wie etwa die Art der zugewiesenen Werte oder die Wahl des Zuweisungstages.

Insgesamt zeigt sich, dass die Daten auf ganz verschiedene Weisen verknüpft werden können. Damit wäre es erforderlich – ganz ähnlich wie Wolling (2002) – verschiedene Gewichtungen und Verknüpfungsmöglichkeiten zu testen und den stärksten Medieneffekt als optimale Verknüpfung zu werten. Dass dies nicht nur vom Aufwand her kaum zu bewältigen ist, sondern zuweilen auch willkürlich erscheinen kann, dürfte einleuchten. Aus diesem Grund entscheiden wir uns für einen pragmatischen Weg, der zum einen versucht, die Verknüpfung mit der größtmöglichen Präzision zu vollziehen und zum anderen so wenig Gewichtungsentscheidungen wie möglich beinhaltet.

Tabelle 13: Entscheidungen bei der Verknüpfung von Inhaltsanalyse und Befragung

	Verknüpfungs-entscheidung	Hauptfrage
Inhaltsanalyse	Zeit	Sind jüngere Beiträge genauso bedeutsam wie ältere?
	Umfang	Sind längere Beiträge gleichbedeutend mit kürzeren?
	Mehrdeutigkeit	Sind einseitige Beiträge gleichbedeutend mit zweiseitigen?
	Prominenz	Sind prominentere Beiträge (Seitenzahl, Stellung im Nachrichtenblock) gleichbedeutend mit weniger prominenten?
	Medium	Sind Zeitungsbeiträge gleichbedeutend mit Fernsehbeiträgen?
	Negativität	Sind negative Informationen gleichbedeutend mit positiven?
Befragung	Panelintervall	Wie ist das Intervall zwischen den Befragungen anzulegen?
	Mediennutzung	Soll die Mediennutzung einmalig oder pro Welle erfasst werden?
	Ausschluss von Befragten	Wie ist mit Befragten umzugehen, denen keine Medieninhalte zugewiesen werden können?
Zuweisungslogik	Art der zugewiesenen Werte	Sollen absolute Werte (wie oft tritt ein Merkmal insgesamt in einem Medium auf) oder relative Werte (wie oft tritt ein Merkmal im Verhältnis zu den anderen Merkmalen auf) eingespeist werden?
	Anzahl der Zuweisungen	Wie ist damit umzugehen, wenn manchen Personen ein Medium und anderen Personen mehrere Medien zugewiesen werden können?
	Wirkungsspanne	Wie soll die Wirkungsspanne definiert werden, auf einen Monat, eine Woche oder einen Tag?
	Tag der Zuweisung	Sind die Medieninhalte am Tag der Befragung mit einzubeziehen?
	Wirkeinheit	Wirkt die Beitrag als Ganzes oder wirken einzelne Aussagen?

Als oberste Prämisse der Verknüpfung soll gelten: *Jedem Befragten sollen zu jeder Befragungswelle die Daten von den Medieninhalten zugewiesen werden, die er bis dahin (wahrscheinlich)*

genutzt hat. Zu Welle 2 sollen jedoch nur die Daten zugewiesen werden, die nach der Befragung von Welle 1 genutzt wurden. Da bei Telefoninterviews nicht alle Interviews an einem Tag durchgeführt werden können, müssen jeder Person die inhaltsanalytischen Daten zugewiesen werden, die er/sie exakt bis zum Interviewtermin genutzt hat – dazu gleich mehr. Um so viele Befragte wie möglich verknüpfen zu können, muss eine umfassende Operationalisierung der Mediennutzung gewährleistet sein. Dies haben wir versucht, in unserer Studie umzusetzen.

Was die Inhaltsanalyse betrifft, so soll in unserer Studie nur eine einzige Gewichtung vorgenommen werden. Da mehrere Frames pro Beitrag bestimmt werden können, haben wir in der Inhaltsanalyse die Prominenz eines Frames innerhalb eines Beitrages erfasst (vgl. Kap. 5.2.1). Es macht durchaus Sinn, dass im Beitrag dominante Frames eine stärkere Wirkung entfalten als Frames, die nur am Rande auftauchen. Ist ein Frame dominanter als die anderen Frames oder der einzige Frame in einem Beitrag, so wird er doppelt gewichtet. Sind zwei oder drei Frames gleichbedeutsam, bleiben sie ungewichtet. Wird ein Frame nur am Rande erwähnt und spielt eine untergeordnete Rolle, so soll er nur zur Hälfte in die Wirkungsanalyse eingehen (Gewichtung: 0.5). Dies ist analog zu der Argumentation und Verknüpfungslogik Maurers (2003, S. 176), wonach die Tendenz der Beiträge wirkungsrelevant ist – also die Richtung, in die ein Beitrag überwiegend tendiert.

Die nächsten Entscheidungen betreffen die zugewiesenen Werte. Dabei unterscheiden wir im Folgenden *Medienrohwerte* und *Impact-Werte*. Medienrohwerte geben Auskunft darüber, wie stark eine Eigenschaft (z.B. ein Frame) in einem definierten Zeitraum für ein bestimmtes Medium vorhanden war. Dies sind die Werte, die den Befragten zugewiesen werden und mit der Mediennutzung der Befragten zu einem Impact-Wert verrechnet werden. Der Impact-Wert gibt somit Auskunft darüber, wie stark die entsprechende Eigenschaft wahrscheinlich rezipiert wurde.

Als Resultat der Analyse Latenter Klassen sollte in dem inhaltsanalytischen Datensatz für jeden Frame ein metrischer Gesamtwert pro Beitrag bestehen. Dieser gibt Auskunft über die Auftretenswahrscheinlichkeit eines Frames für den entsprechenden Beitrag. Man kann sich die Auftretenswahrscheinlichkeit vereinfacht als Faktorladung wie in einer Faktorenanalyse vorstellen. Umso höher die Ladung, desto wahrscheinlicher ist ein Frame bei einem Artikel vorhanden. Diese Werte werden für ein Medium und einen definierten Zeitraum gemittelt. Jedes Medium erhält damit einen Mittelwert pro Frame (und Zeitraum). Dies sind die Medienrohwerte. Rein deskriptiv kann man nun analysieren, wie sich die Frame-Mittelwerte innerhalb eines Mediums und zwischen den Medien unterscheiden. Würde man statt der Mittelwerte die (absoluten) Summenwerte nehmen – also einfach die Auftretenswahrscheinlichkeit eines Frames (innerhalb eines Artikels) für alle Artikel eines Zeitraums addieren –, so würden die Medien „belohnt", die die meisten Artikel einbringen, denn dann wäre der Summenwert höher. Dies hätte in unserem Datensatz zur Folge, dass beispielsweise manche Zeitungen den neunfachen Verknüpfungswert im Vergleich zum Fernsehen erhalten würden. Damit wären wahrscheinlich keinerlei Effekte mehr nachzuweisen, da die meiste Varianz durch die Unterscheidung Fernsehen vs. Zeitung erklärt würde.[143]

Wie bereits erwähnt, muss bei der Zuweisung der Medienrohwerte der Befragungstag bei beiden Wellen berücksichtigt werden: Das Problem entsteht jedoch durch die Feldzeit bei der Panelbefragung (vgl. Scherer, 2004). In Welle 1 wurde an zehn Tagen befragt, in Welle 2 an elf Tagen.[144] Da jeder Person zu jeder Welle die bis dahin genutzten Medien zugewiesen werden sollen, ist die spezifische Kombination der Befragungstage entscheidend. Ein Beispiel: Person 1 wurde am dritten Tag der ersten Welle und am achten Tag der zweiten Welle und Person 2 am fünften Tag der ersten Welle und am ersten Tag der zweiten Welle befragt. Beiden Personen müssen zu beiden Wellen Medienrohwerte aus unterschiedlichen Zeiträumen zugewiesen werden.

In Abbildung 12 ist die Logik noch einmal graphisch verdeutlicht. Bei einer Querschnittstudie ist dies noch leicht zu handhaben, bei einer Panelstudie jedoch multipliziert sich der Aufwand um ein Vielfaches. Angenommen, wir hätten drei Medien-Frames in den sieben erwähnten Medien. Damit hätten wir bei der ersten Welle, bei der ja an zehn Tagen befragt wurde, 3x7x10 = 210 verschiedene Medienrohwerte. Nimmt man nun die zweite Welle mit elf Befragungstagen, macht das 3x7x10x11 = 2310 verschiedene Medienrohwerte! Ingesamt müssen also 2520 Medienrohwerte in die Panelbefragung eingespeist werden. Bei mehr Frames oder mehreren Befragungswellen potenziert sich der Aufwand entsprechend.

143 Dem ist auch so. Eine Berechnung der im Ergebniskapitel dargestellten Analysen führt bei der Verwendung von Summenwerten als Medienrohwerte zu keinen nachweisbaren Medieneffekten.

144 Die Befragungsspanne betrug jedoch elf bzw. dreizehn Tage, da nicht an allen Tagen befragt werden konnte (z.B. Wochenende).

Abbildung 12: Wirkungszeiträume in Abhängigkeit der Befragungstage bei zwei Panelwellen

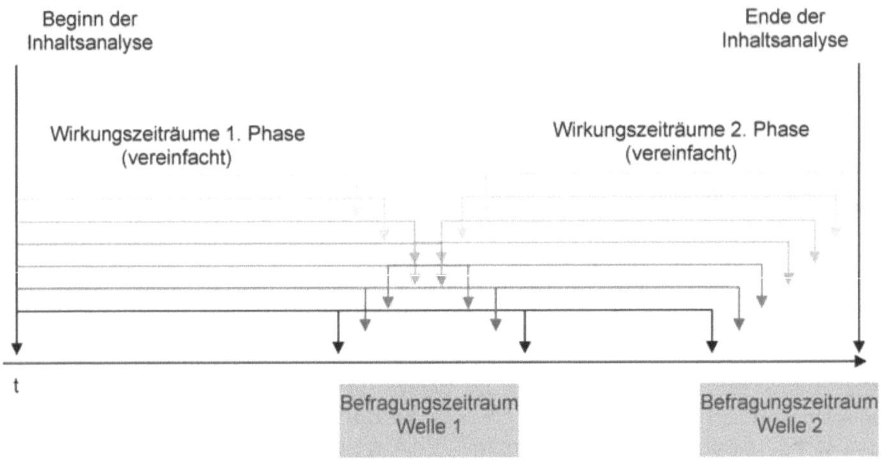

Es ist klar, dass eine solche Zuweisung nicht mehr „per Hand" möglich ist und zumindest bei mehr als zwei Wellen Datenbanklösungen erfordert. Hierzu lässt sich in der Medienwirkungsforschung wenig finden. Wir haben dieses Problem folgendermaßen gelöst:[145] Im Datensatz der Inhaltsanalyse wird durch die Analyse Latenter Klassen pro Artikel für jeden Frame ein Wert abgespeichert, der angibt, wie wahrscheinlich der Frame in diesem Artikel vorhanden ist (vgl. Kap. 3.2.3). Dies macht bei drei Frames logischerweise drei Variablen im Datensatz. Im nächsten Schritt wurden alle möglichen Wirkungszeiträume durch Filterbefehle definiert. Die insgesamt möglichen Wirkungszeiträume ergeben sich, wie erwähnt wurde, aus der Multiplikation der beiden Feldzeiten. In unserem Fall sind dies für die erste Welle zehn und für die zweite Welle (bei der ja der Tag der Erstbefragung berücksichtigt werden muss) 10x11=110 Wirkzeiträume. Dies macht zusammen 120 Wirkzeiträume. Mit dem Befehl „Aggregieren" in SPSS wurden für jeden dieser Zeiträume die entsprechenden – von der Analyse Latenter Klassen abgespeicherten – Variablen für die Frame-Wahrscheinlichkeiten auf Medienebene als Mittelwert aggregiert. Das bedeutet: Man erhält für jeden definierten Zeitraum einen neuen Datensatz, bei dem die sieben Medien die Fälle und die Frames die Variablen darstellen. Die Werte in diesem Datensatz sind die Mittelwerte jedes Frames pro Medium. Technisch gesprochen ist die Medien-Variable die so genannte „Break-Variable". Insgesamt erhalten wir somit 120 Datensätze – 10 für die erste und 110 für

[145] An dieser Stelle sei noch einmal gesondert Prof. Dr. Werner Wirth für die sehr hilfreichen Ratschläge gedankt.

die zweite Welle. Pro Welle werden diese Datensätze nun zu jeweils einem Datensatz zusammengefasst. Diese zwei Datensätze müssen eine weitere Variable enthalten, die das Befragungsdatum definiert. Da die Telefonbefragungen meist am Abend stattfinden, wurden den Befragten die Medienrohwerte bis einschließlich zum Befragungstag zugewiesen. Nun kann der aggregierte Datensatz mit den Medienrohwerten in den Befragungsdatensatz eingespeist werden. Dies wird über den Befehl „Variablen hinzufügen/Externe Datei als Schlüsselvariable" vollzogen. Die Schlüsselvariablen sind zum einen die Datumsvariable und zum anderen die Medienvariable, die angibt, welches der sieben Medien ein Befragter genutzt hat. *Somit erhält jeder Befragte exakt den Medienrohwert für das Medium, das er genutzt hat und für den für ihn spezifisch gültigen Wirkungszeitraum.* Da in der Panelbefragung nach drei verschiedenen genutzten Medien gefragt wurde, wird diese Verknüpfung drei Mal vollzogen. Damit hat jeder Befragte einen Medienrohwert für jedes der drei von ihm genutzten Medien. Das macht beispielsweise bei drei Frames neun Variablen (Frame1-Medium1; Frame2-Medium1; Frame3-Medium1; Frame1-Medium2; usw.). Da wir zwei Wellen haben, wären das in diesem Beispiel insgesamt 18 Variablen. Nun werden die zugewiesenen Medien mit der tatsächlichen Mediennutzung gewichtet. Der Medienrohwert wird zu einem Impact-Wert verrechnet. Dabei wird jedes genutzte Medium einer Person mit seiner Nutzungshäufigkeit gewichtet. Dafür haben wir die Tage der Nutzung verwendet: Wurde ein Medium sieben Tage pro Woche genutzt, wurde es mit dem Wert 1 multipliziert. Wurde es einen Tag genutzt, wurde der Medienrohwert mit einem Siebtel multipliziert.

Anschließend werden die zugewiesenen Impact-Werte (pro Frame) über die drei genutzten Medien gemittelt. Sie wurden nicht aufaddiert, da so die Personen belohnt werden würden, für die mehrere Medien zuweisbar sind.[146] Der Schritt wird für die zweite Welle entsprechend wiederholt. Abbildung 13 fasst die einzelnen Schritte bei der individualisierten Verknüpfung von Inhaltsanalyse und Befragung noch einmal zusammen.

[146] Der Grund ist forschungspragmatischer Natur: Obwohl drei genutzte Medien erfragt wurden, geben die meisten Befragten nur ein Medium oder vielleicht noch ein zweites an. Das bedeutet, bei der Frage nach den zweiten und vor allem dem dritten genutzten Medium häufen sich die fehlenden Werte sehr stark. Obwohl ein Summenwert der Impact-Werte forschungslogisch angebracht ist, wäre ein Summenwert der drei Medien bei unserer Operationalisierung nicht unproblematisch. Es würden die Personen einen sehr hohen Wert erhalten, bei denen die Impact-Werte von drei Medien verknüpft werden konnten. Damit würde allein durch die Eigenschaft der Verknüpfbarkeit mehr Varianz erzeugt als durch die Eigenschaften der Einzelmedien in Bezug auf die Impact-Werte. In zukünftigen Studien wäre stärker darauf zu achten, dass die Befragten bei der Abfrage zu jedem genutzten Medium auch eine Angabe machen (beispielsweise durch stärkeres Insistieren der Interviewerinnen).

Abbildung 13: Ablauf der individualisierten Verknüpfung von Medieninhaltsanalyse und Befragung

Erstellung beider Datensätze – Inhaltsanalyse und Befragung

↓

Bestimmung von Frame-Wahrscheinlichkeiten pro Artikel (je Frame eine Variable)

↓

Festlegung der 120 möglichen Wirkungszeiträume Welle 1 und Welle 2

↓

Aggregieren der Frame-Mittelwerte pro Medium und für jeden Wirkzeitraum (=120 Datensätze)

↓

Zusammenfügung dieser Datensätze *pro Welle* / dabei Definition der Datumsvariablen

↓

Einspeisen der aggregierten Datensätze in die Panelbefragung für das erstgenutzte Medium: **Jeder Befragte erhält den Medienrohwert zugewiesen, der seinem genutzten Medium und seinem individuellen Wirkzeitraum entspricht (Individualzuweisung)**

↓

Einspeisen der Medienrohwerte in die Panelbefragung für das zweitgenutzte Medium

↓

Einspeisen der Medienrohwerte in die Panelbefragung für das drittgenutzte Medium

↓

Bildung von Impact-Werten durch Gewichtung der Medienrohwerte mit der Mediennutzung für das erstgenutzte, das zweitgenutzte und das drittgenutzte Medium

↓

Wiederholung der letzten vier Schritte für die zweite Welle: Es werden die Mediennutzungsdaten der zweiten Welle verwendet

↓

Bilden von Mittelwerten über die Impact-Werte der drei genutzten Medien für Welle 1 und Welle 2

↓

Panelanalytische Datenauswertung (Pfadanalysen, Strukturgleichungsmodelle)

Schließlich sollen die Personen aus der Wirkungsanalyse ausgeschlossen werden, die nur in Welle 1 befragt wurden, nicht aber in Welle 2 (Panelmortalität; vgl. für eine Diskussion des Problems Scherer, 2000). Damit erhalten wir einen Datensatz mit n = 501 gültigen Fällen. Von diesen 501 Fällen konnten zur ersten Welle n = 444 und zur zweiten Welle n = 463 Fälle mit Medienrohwerten verknüpft werden. Dabei wurden Sender, die die Tageschau der ARD ausstrahlen (z.B. 3Sat), mit zur ARD gezählt. Die unterschiedliche Zuweisungszahl zu beiden Wellen kommt dadurch zustande, dass manche

Befragte unterschiedliche Medien zu beiden Befragungszeitpunkten angegeben haben. Personen, die nur zu einem Zeitpunkt, nicht aber zum anderen verknüpft werden konnten, sowie Personen, die in beiden Wellen befragt wurden, jedoch gar nicht verknüpft werden konnten, sollen aber nicht aus dem Datensatz ausgeschlossen werden. Die fehlenden Werte werden mit dem so genannten *Full Information Maximum Likelihood* Verfahren geschätzt, dass eine bestmögliche Berücksichtigung von fehlenden Werten ermöglicht – es gilt als „state of the art" beim Problem der fehlenden Werte (Enders & Bandalos, 2001; Schafer & Graham, 2002). Wir kommen darauf im nächsten Kapitel zurück.

5.3.3 Panelanalytische Auswertung der Daten

Die Vorzüge von Paneldaten für die kausale Interpretation von Zusammenhängen sind hinlänglich bekannt (Maurer, 2004b; Scherer, 2000). Wie wir oben gesehen haben, ist die Panelanalyse das einzige nicht-experimentelle Design, mit dem eine kausale Wirkung der Medienberichterstattung auf die Urteile der Bürger ermöglicht wird. So einig man sich in der Medienwirkungsforschung über diese Feststellung ist, so uneinig ist man sich über die Auswertungsmethoden bei der Panelanalyse. In den letzten 20 Jahren haben sich die Methoden zur Auswertung von Paneldaten verändert, so dass ein breites Nebeneinander von verschiedenen Auswertungsverfahren existiert (vgl. Campbell & Mutran, 1982; Cronbach & Furby, 1970; Collins, 2006; Engel & Reinecke, 1994; Halaby, 2004; Hertzog & Nesselroade, 2003; Johnson, 2005; Pitts, West & Tein, 1996; Wawro, 2002). Um die bekannten Vorzüge der Panelanalyse adäquat nutzen zu können, darf die Komplexität, die man sich bei der Analyse von Wirkungen im Zeitverlauf einkauft, nicht durch unzureichende Auswertungsverfahren wieder relativiert werden. Nicht nur deshalb, sondern auch weil sich zu diesem Punkt in der Medienwirkungsforschung nur wenig finden lässt, müssen wir in einem nächsten Schritt kurz den Stand der Auswertungsverfahren skizzieren. Anschließend stellen wir die Auswertungslogik dieser Studie vor.

Der „Klassiker" unter den Auswertungsverfahren ist die *Cross-Lagged-Correlation-Analysis*, also eine Analyse zeitverzögerter Kreuzkorrelationen. Scherer (2004, S. 180) bezeichnet das Verfahren als die „Standardmethode bei der Kausalanalyse im Panel". Die Logik ist hier die folgende: Wenn die Medienberichterstattung des Zeitpunktes t_1 stärker mit dem Rezipientenurteil zum Zeitpunkt t_2 korreliert als die Medienberichterstattung des Zeitpunktes t_2 mit dem Rezipientenurteil zum Zeitpunkt t_1, so kann man von einem Medieneffekt ausgehen. Das Verfahren ist vor allem in der Agenda Setting Forschung zum Einsatz gekommen und hat dort wichtige Impulse für die Analyse von Medienwirkungen gesetzt (Shaw & McCombs, 1977). Jedoch wird dieses Verfahren seit geraumer Zeit kritisiert, so dass trotz der leichten Handhabbarkeit und intuitiven Plausibilität von zeitverzögerten Kreuzkorrelationen abgeraten werden muss (vgl. für diese Einschätzung Engel & Reinecke, 1994; Gonzenbach & McGavin, 1997; Johnson, 1988). Abgesehen davon, dass diese korrelativen Techniken „keine sicheren Schlüsse darauf zulassen, wie stark und in welcher Weise eine Variable kausal auf eine andere einwirkt" (Engel & Reinecke, 1994, S. 7), hat Rogosa (1980) empirisch nachgewiesen, dass dieses Verfahren zu irreführenden Ergebnissen führen kann. Ein weiteres – für die Panelanalyse ganz zentrales – Problem gilt auch für dieses Verfahren: Die Unreliabilität der Messung kann eine Interpretation der Koeffizienten erschweren. Das bedeutet, dass dieses Verfahren unterstellt, dass die Konstrukte zum Zeitpunkt 1 und zum Zeitpunkt 2 gleichermaßen reliabel gemessen werden – gestestet wird dies aber nicht. Eine niedrige Korrelation kann zum einen als niedriger Zusammenhang (Stabilität) und zum anderen als niedrige Reliabilität interpretiert werden. Wir kommen auf dieses Problem zurück.

Als nächstes prominentes Verfahren lassen sich in der Literatur einfache *Regressionsmodelle* finden, die eine abhängige (manifeste) Variable A zum Zeitpunkt t_2 durch eine unabhängige Variablen B zum Zeitpunkt t_1 erklärt. Einstweilen, aber nicht immer, wird auch die Variable A zum Zeitpunkt t_1 mit in die Regression einbezogen. Die Regressionen werden wie im Querschnitt mit SPSS berechnet. Für jede Welle wird ein derartiges Regressionsmodell aufgestellt und die Koeffizienten verglichen. Damit wird der eigentliche Vorteil des Panels, die simultane Betrachtung von mehreren Variablen im Zeitverlauf wieder untergraben:

> [T]hese studies estimate models on a period-by-period basis (i.e., they estimate a separate, cross-sectional model for each time period), which is inefficient because this approach does not take the advantage of the panel structure of the data and the information it provides. (Wawro, 2002, S. 26).

Eine ebenfalls regressionsbasierte Methode bildet die *Change-Score-Methode*, d.h. das Rechnen von Regressionen mit Differenzvariablen (vgl. Engel & Reinecke, 1994; Johnson, 2005). Die Kritik an diesem Verfahren ist fast so alt wie das Verfahren selbst, wie der vielbeachtete Aufsatz von Cronbach und Furby „How we should measure 'change' – Or should we?" aus dem Jahr 1970 zeigt. Kurz: „'Raw change' or ‚raw gain' scores formed by subtracting pretest scores from posttest scores lead to fallacious conclusions, primarily because such scores are systematically related to any random error in measurement" (Cronbach & Furby, 1970, S. 68). Auch Engel und Reinecke (1994, S. 19-21) warnen mit Verweis auf Burr und Nesselroade (1990) vor diesem Verfahren und nennen mögliche Probleme wie z.B. die unterschiedliche Validität der Messungen zwischen den Messzeitpunkten, das Problem der Regression zur Mitte oder korrelierende Residuen (vgl. auch Hertzog & Nesselroade, 2003).

Die bisher dargestellten Methoden ermöglichen keine gleichzeitige Berücksichtigung von Querschnitts- und Längsschnitteffekten. Dies wird mit *Pfadanalysen* eingelöst. Pfadanalysen sind im Grunde mehrere miteinander verbundene Regressionsmodelle, die jedoch nicht einzeln, sondern simultan in einem Modell geschätzt werden (vgl. einführend Engel & Reinecke, 1994). Derartige Berechnungen sind nicht mehr in SPSS möglich. Im einfachsten Fall hat man zwei (manifeste) Variablen zu zwei Messzeitpunkten. Es kann der Einfluss von Variable A auf die Variable B zum ersten und zum zweiten Messzeitpunkt und gleichzeitig der kreuzverzögerte Effekt von A_{t1} auf B_{t2} bzw. von B_{t1} auf A_{t2} unter Kontrolle des autoregressiven Effektes (also A_{t1} auf A_{t2} bzw. B_{t1} auf B_{t2}) berechnet werden. Die Ergebnisse lassen sich als kausale Effekte interpretieren, da alle Einflussvariablen simultan kontrolliert werden. Das Verfahren ist damit sehr elegant und den anderen bisher diskutierten Methoden in jedem Fall vorzuziehen.

Alle bisher diskutierten Verfahren haben aber einen entscheidenden Nachteil: Sie unterstellen, dass die Variablen zu den beiden Messzeitpunkten mit der gleichen Reliabilität gemessen werden (Engel & Reinecke, 1994). Das Dilemma liegt auf der Hand: Angenommen, es lässt sich eine Änderung einer Variable vom Messzeitpunkt t_1 zum Messzeitpunkt t_2 feststellen: Liegt diese Änderung daran, dass sich tatsächlich das Konstrukt geändert hat oder haben wir es mit einer unreliablen Messung zu tun? Sprichwörtlich ist es bei der Panelanalyse entscheidend, dass die Waage jedes Mal exakt genau misst, wenn wir uns auf sie stellen. Sonst wissen wir nicht – um bei diesem Beispiel zu bleiben –, ob wir zugenommen haben, oder sich nur die Messgenauigkeit geändert hat. Man würde unter Umständen Unterschiede interpretieren, die gar keine sind: „Measurement equivalence, indicating that a measure of a psychological construct has equivalent measurement properties at different [...] times, is a necessary condition for treating differences [...] as reflecting quantitative differences in a given construct" (Hertzog & Nesselroade, 2003, S. 642). Strukturgleichungsmodelle können alle oben genannten Probleme der bisherigen Verfahren lösen und gelten damit unbestritten als „state of the art" bei der Analyse von Paneldaten (vgl. Bielby & Hauser, 1977; Campbell & Mutran, 1982; Christ, Schmidt, Schlüter & Wagner, 2006; Collins, 2006; Engel & Reinecke, 1994; Hertzog & Nesselroade, 2003; Pitts et al., 1996). Neben den allgemeinen Vorzügen von Strukturgleichungsmodellen bei der Messung von Konstrukten und der Überprüfung von komplexen Zusammenhängen (Kline, 1998; Nachtigall, Kroehne, Funke

& Steyer, 2003), erlauben sie eine explizite Modellierung von Messfehlern im Zeitverlauf sowie eine Trennung von Reliabilität und Stabilität.[147]

In dieser Arbeit sollen Medieneffekte auf Basis von Strukturgleichungsmodellen überprüft werden, was für die Verknüpfung von Inhaltsanalyse und Befragung im Paneldesign einen neuen Impuls für die Kommunikationswissenschaft setzt.[148] Bei der Panelanalyse mit Strukturgleichungsmodellen lassen sich zwei verschiedene Möglichkeiten unterscheiden: die sehr weit verbreiteten autoregressiven Modelle und die vor allem in den letzten zehn Jahren stark aufkommenden latenten Wachstumskurvenmodelle (vgl. für eine ausgezeichnete Einführung Christ et al., 2006).[149] Autoregressive Modelle (vgl. Burkholder & Harlow, 2003; Christ et al., 2006; Curran & Bollen, 2001; Jöreskog, 1979; Pitts et al., 1996) ähneln den Pfadanalysen, die wir bereits kennen gelernt haben.[150] Der Unterschied ist aber, dass die Variablen nicht wie in der Pfadanalyse als manifeste Variablen, sondern als latente Variablen erfasst werden, die mit mehreren (mindestens zwei) Indikatoren gemessen werden.[151] Zentral für dieses Modell ist, dass spätere Messungen durch die vorherige Messung vorhergesagt werden. Dies nennt man die autoregressiven Parameter. Die autoregressiven Parameter ermöglichen eine Abschätzung der Stabilität über die Zeit. Darüber hinaus können wir den Einfluss früherer Messungen anderer Konstrukte überprüfen (kreuzverzögerte Effekte). Ist der autoregressive Parameter gleich eins, haben wir eine perfekte Stabilität, d.h. die Beziehung zwischen den Individuen ändert sich nicht. Bei autoregressiven Modellen bedeutet Stabilität jedoch nicht, dass die Gruppenmittelwerte unverändert bleiben. Wir messen *interindividuelle Änderung*, nicht intraindividuelle Änderung. Mit anderen Worten, Stabilität bedeutet, dass sich die relative Ordnung der Personen nicht ändert, z.B. eine Person, die zum Zeitpunkt t_1

---

[147] Der Begriff der Reliabilität ist hier jedoch etwas anderes als das Verständnis, das durch den gängigen Koeffizienten Cronbach's Alpha impliziert wird. Bei Strukturgleichungsmodellen wird von der Reliabilität eines Items gesprochen. Quantifiziert wird Reliabilität als das Ausmaß, in dem eine Messung (also ein Item) messfehlerbedingt vom wahren Wert der Messung abweicht. Interessanterweise wird der Koeffizient Cronbach's Alpha in der neueren Literatur zunehmend kritisiert (vgl. Clark & Watson, 1995; Green, 2003; Miller, 1995). Aus theoretischer Sicht ist hier ein Punkt erwähnenswert, der selten gesehen wird: Alpha unterstellt gleiche Faktorladungen, also dass jedes Items genauso gut durch das Konstrukt erklärt wird (so genannte Tau-Äquivalenz). Das heißt, jedes Item müsste exakt die gleiche Faktorladung haben. Diese Annahme ist jedoch in den meisten Fällen verletzt. Streng genommen baut Alpha damit (meistens) auf falschen Prämissen auf.

[148] In dieser Arbeit wird das Programm AMOS (Analysis of Moment Structures) verwendet (vgl. Arbuckle & Wothke, 1999).

[149] In neueren Arbeiten werden mit dem so genannten autoregressiven Wachstumsmodell die Stärken beider Verfahren miteinander verbunden, was dem Panelanalytiker äußerst spannende Einsatzmöglichkeiten eröffnet (vgl. die sehr gute Einführung von Christ et al., 2006; oder auch die wichtigen Beiträge von Bollen & Curran, 2004 sowie Curran & Bollen, 2001).

[150] Autoregressive Modelle werden oft auch „quasi-simplex-models" oder „Markov-models" genannt.

[151] Bei nur einem Indikator müsste man wie in der Pfadanalyse entweder perfekte Stabilität oder perfekte Reliabilität annehmen. Beides lässt sich nur schwer begründen.

einen hohen Wert im Vergleich zu den anderen Personen hat, hat auch zum Zeitpunkt t_2 einen hohen Wert im Vergleich zu den anderen Personen. Wollen wir die Änderung innerhalb einer jeden Person untersuchen, dann müssen wir latente Wachstumskurvenmodelle rechnen (vgl. Christ et al, 2006; Hancock, Kuo & Lawrence, 2001; Hertzog & Nesselroade, 2003). Dabei wird für jede Person eine Wachstumskurve über alle Messzeitpunkte geschätzt – es geht um die *intraindividuelle Veränderung*. Nimmt man diese Wachstumskurven für mehrere Personen zusammen, so kann man Mittelwertsunterschiede über die Zeit berechnen.[152] Allerdings ist dieses Verfahren erst ab drei Panelwellen leistungsfähig, so dass wir hier auf eine weitere Darstellung verzichten. Ein Einsatz dieses Verfahrens in der Medienwirkungsforschung steht noch aus und lässt auf viel versprechende Anwendungsmöglichkeiten hoffen.

In unserer Studie werden wir mit autoregressiven Modellen rechnen, da diese aus unserer Sicht die besten Möglichkeiten zur Panelanalyse bei zwei Panelwellen bieten. Abbildung 14 zeigt ein Beispiel für eine solche Analyse: Es ist der Einfluss von Konstrukt A auf Konstrukt B im Zeitverlauf dargestellt. Jedes Konstrukt ist in diesem Beispiel mit drei Items gemessen. Der Einfluss von Konstrukt B auf Konstrukt A wird hier aus Übersichtlichkeitsgründen nicht berücksichtigt, obwohl dies möglich wäre. Ebenso wenig haben wir in diesem Beispielmodell die Messfehler eines Konstruktes über die Zeit korrelieren lassen (z.B. e1 mit e4), obwohl auch dies denkbar und üblich ist (vgl. Christ et al., 2006; Engel & Reinecke, 1994, S. 26; Pitts et al., 1996).[153] Auch könnte man an diesem Modell die Logik zeitverzögerter Kreuzkorrelationen mit allen möglichen Pfaden abbilden und entsprechend überprüfen. An der Abbildung wird deutlich, dass der Einfluss von A auf B nicht nur im Querschnitt, sondern auch im Längsschnitt gezeigt werden kann. Letzteres drückt der diagonale Effekt aus. Ist dieser signifikant, so können wir einen kausalen Einfluss von A auf B interpretieren, da ja sowohl der frühere Effekt von B als auch der zeitgleiche Effekt von A zum Zeitpunkt t_2 kontrolliert werden. Die Wirkung einer früheren Variablen unter gleichzeitiger Kontrolle anderer Variablen auf einen späteren Zustand ist eine Bedingung der Kausalität.

[152] Es lassen sich damit auch nicht-lineare Effekte abbilden.

[153] Dies macht durchaus Sinn. Messfehler eines Items – also ein Anteil eines Items, der etwas anderes misst als die latente Variable – setzen sich ja über die Zeit fort bzw. wiederholen sich. Daher sind sie korreliert. Es ist durchaus üblich, diese zu berücksichtigen bzw. im Modell „einzuzeichnen", womit sich der Fit des Modells verbessern wird. Die Zerlegung der Fehlerkomponenten in Methodenfaktoren wäre auch mit der Multi-Trait-Multi-Method-Matrix möglich (Marsh & Grayson, 1995; Wothke, 1996). Dies wäre durchaus lohnenswert, ist aber hier nicht zu leisten.

Abbildung 14: Einfluss von Konstrukt A auf Konstrukt B im strukturgleichungsbasierten Paneldesign

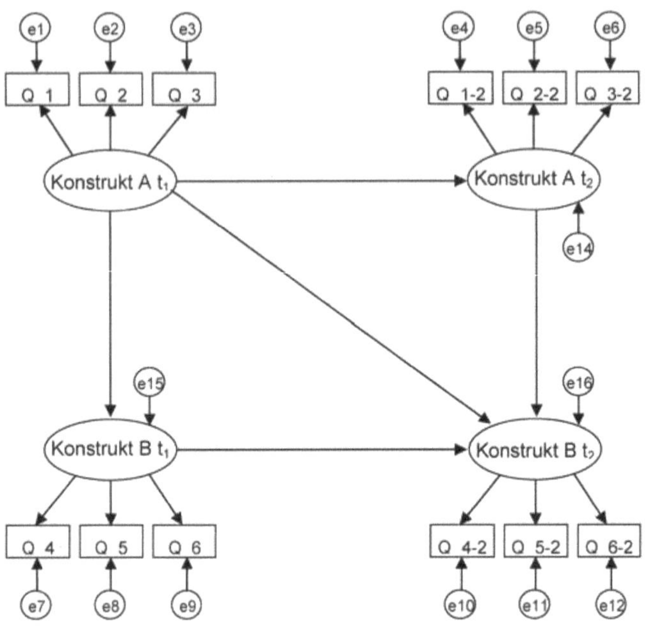

Die Beziehungen zwischen den Konstrukten in der Panelanalyse können also mit diesen Modellen recht elegant überprüft werden. Dafür sind insgesamt drei Schritte notwendig (vgl. Pitts et al., 1996):

- Erstens wird die faktorielle Struktur jedes Konstruktes im Querschnitt mit konfirmatorischen Faktorenanalysen überprüft. Ohne eine gute Messung im Querschnitt kann auch keine längsschnittliche Messung funktionieren. Konfirmatorische Faktorenanalysen sind den gängigen explorativen Faktorenanalysen in vielerlei Hinsicht überlegen (Bollen & Lennox, 1991; Noar, 2003) und setzen sich auch in der Kommunikationswissenschaft immer mehr durch (vgl. für Beispiele Holbert & Stephenson, 2002, 2003; Hügel et al., 1989; Kohring, 2004; Kohring & Matthes, 2004, 2006; Matthes, 2006; Matthes & Kohring, 2003; Stephenson & Holbert, 2003).

- Zweitens wird die Messinvarianz über die Zeit festgestellt, d.h. es muss sichergestellt werden, dass das Konstrukt zum Zeitpunkt t_1 das gleiche misst wie zum Zeitpunkt t_2. Dabei wird ein Modell mit freien Parametern (d.h. die Faktorladungen können verschieden sein über die Zeit) mit einem Modell verglichen, in dem die Restriktion gesetzt wird, dass alle Faktorladungen über die Zeit gleich sind. Würden sich die Ladungen über die Zeit ändern, so spricht dies logischerweise für eine Änderung in der Bedeutung des Konstruktes (Cheung & Rensvold, 2002; Pitts et al., 1996). Mit einem χ^2-Differenztest (vgl. Satorra & Bentler, 2001) wird nun geschaut, ob die Restriktion zu einem signifikant schlechteren Modell-Fit führt.[154]

- Erst wenn beide Schritte erfolgreich waren, werden drittens die Stabilitätskoeffizienten berechnet, also die inhaltlichen Hypothesen zum Kausaleinfluss überprüft.

Diese Abfolge mag sehr umständlich erscheinen. Deshalb ist es wichtig, an dieser Stelle darauf hinzuweisen, dass diese Verfahren kein Selbstzweck sind. Der Zweck ist die *Überprüfung von theoretischen Annahmen.* Diese theoretischen Annahmen sind jedoch wie bei nahezu allen statistischen Verfahren von gewissen Prämissen abhängig. Da die Prämissen – die in unserem Fall intuitiv einleuchtend sind – explizit getestet werden, erhalten unsere empirischen Ergebnisse eine viel höhere Sicherheit. Natürlich kann es sein, dass diese Annahmen nicht immer erfüllt sein werden. Damit kennen wir aber das Problem, das in den Daten steckt und können es beim nächsten Mal ggf. beheben. Dazu Johnson (1988): „it is better for researchers to make assumptions guided by theory, knowledge of the data, and previous research, rather than letting the technique of choice (e.g., regression) dictate those assumptions" (S. 952). Eben dies ist der Vorteil von Strukturgleichungsmodellen: Man kann Annahmen explizit testen, die wir mit unterlegenen Verfahren unterstellen müssten, was meistens dazu führt, dass sie gar nicht thematisiert werden.

Das eben vorgestellte Vorgehen bei der Berechnung von autoregressiven Modellen ist in der sozialwissenschaftlichen Panelanalyse weit verbreitet und etabliert. Jedoch lässt sich nach unserem Kenntnisstand keine Arbeit finden, die diese Logik auf aus inhaltsanalytischen Daten zugewiesene Impact-Werte überträgt. Damit betreten wir in dieser Arbeit Neuland. Im Vergleich zum obigen Beispiel lassen sich nämlich bei der Einspeisung von inhaltsanalytischen Daten zwei wichtige Unterschiede ausmachen: Erstens sind die Impact-Werte, die wir den Befragten zuweisen, selbstverständlich immer manifeste Variablen, die wir nicht als latente Variablen behandeln können. Es gibt pro Frame und Welle immer nur einen einzigen Impact-Wert. Damit müssen wir unterstellen,

[154] Dies ist ein recht „lockerer" Test. Andere Forscher bevorzugen konservativere Tests, z.B. dass auch die Messfehler über die Zeit invariant sind (vgl. z.B. Conroy, Metzler & Hofer, 2003; Cheung & Rensvold, 2002).

dass die Erfassung der Mediennutzung und die Kodierung der Beiträge über die Zeit reliabel sind.[155] Zweitens ist die Interpretation eines solchen Modells leicht anders. Dies ist in Abbildung 15 dargestellt.

Abbildung 15: Der Einfluss eines Medien-Frames auf ein Konstrukt im Zeitverlauf

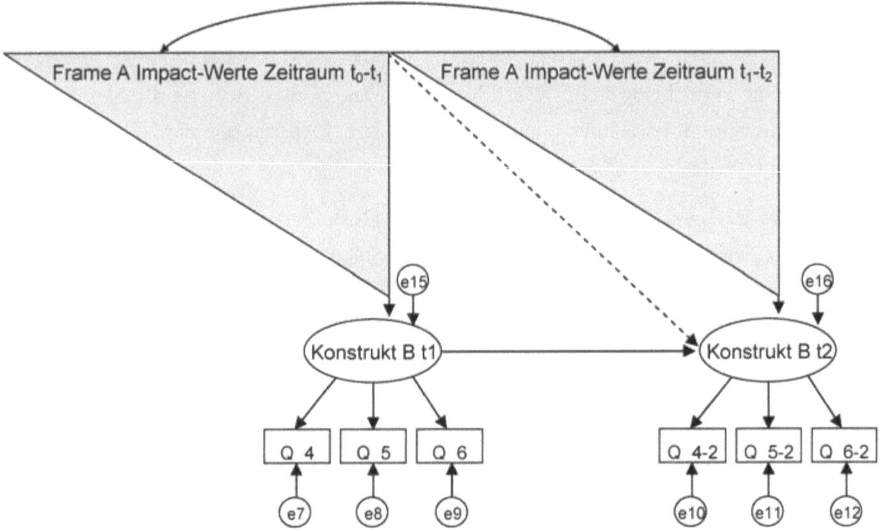

Zunächst ist zu erkennen, dass die Impact-Werte manifeste Variablen sind, da keine Indikatoren eingezeichnet wurden. Beide manifesten Variablen korrelieren, da wir davon ausgehen, dass eine Person, die einen Frame zum Zeitpunkt 1 in den Medien wahrnimmt, diesen auch zum Zeitpunkt 2 wahrnehmen wird. Diese Korrelation hat für uns allerdings keine weitere inhaltliche Bedeutung. Entscheidend ist der folgende Gedanke: Die Impact-Werte umfassen ja nicht wie im obigen Beispiel einen festen Zeitpunkt (z.B. die Ausprägung eines Zustandes zum Zeitpunkt t_1), sondern einen ganzen Zeitraum t_0 bis t_1. Wir haben versucht, dies durch graue Flächen in der Abbildung zu verdeutlichen. Das gleiche gilt für die Frame-Impact-Werte von t_1 bis t_2. Damit macht es inhaltlich keinen Sinn, einen diagonalen (zeitverzögerten Effekt) zuzulassen. Der Grund: Warum sollte die Berichterstattung, die eine Person bis zu t_1 rezipiert hat, erst bei t_2 einen Effekt haben? Anders ausgedrückt: Die zugewiesenen Impact-Werte bein-

[155] Bei der Inhaltsanalyse ist dies durchaus eine wichtige Frage, da im Verlauf der Kodierung immer mit Lerneffekten zu rechnen ist, z.B. der Ausbildung von Kodiererschemata (vgl. Wirth, 2001). In dieser Arbeit wurden die Beiträge aber nicht chronologisch, sondern durcheinander kodiert, so dass sich eine mögliche Änderung der Reliabilität beim Kodieren nicht am Datum des Beitrages ablesen lassen sollte.

halten ja schon eine zeitliche Dimension – sie sind zeitlich der Befragung vorgeschaltet. Dies ist im obigen Beispiel nicht der Fall, da dort die erfassten Variablen einer Welle zeitgleich sind. Da also der zeitverzögerte Effekt schon in den Frame-Impact-Werten beinhaltet ist, wird sich kein kreuzverzögerter Effekt mehr zeigen lassen. Ihn einzuzeichnen, ließe sich genauso wenig theoretisch erklären. In Abbildung 15 ist er daher gestrichelt dargestellt. Der Effekt der Berichterstattung von t_0 bis t_1 auf das Konstrukt B zum Zeitpunkt t_2 lässt sich aber durch den indirekten Effekt bestimmen. Das heißt, die Berichterstattung von t_0 bis t_1 beeinflusst das Konstrukt B zum Zeitpunkt t_1. Durch den autoregressiven Effekt von Konstrukt B zu t_1 auf B zu t_2 ergibt sich automatisch auch ein indirekter Effekt der Berichterstattung von t_0 bis t_1 auf das Konstrukt B zum Zeitpunkt t_2. Dieser lässt sich rechnerisch ermitteln.

Wie ist dann der Medieneffekt zu interpretieren? Die Abbildung zeigt die Medieneffekte zu beiden Messzeitpunkten. Aus Sicht des Kausalnachweises ist die Erklärung von Konstrukt B zu t_2 zentral: Wenn sich dort ein Effekt der Medien-Frames nachweisen lässt, dann können wir dies als kausale Wirkung interpretieren, da ja die Effekte zum Zeitpunkt t_1 kontrolliert werden. Das heißt, wir erwarten einen Effekt unter der Berücksichtigung der Autoregression. Auch den Effekt auf B zum Zeitpunkt t_1 können wir als Medieneffekt deuten. Allerdings handelt es sich bei diesem „nur“ um einen Querschnittseffekt. Bei diesem Querschnittseffekt können zusätzlich noch soziodemographische Variablen kontrolliert werden. Für die Beantwortung der Frage nach Framing-Effekten sind demnach diese beiden Pfade relevant. Jedoch haben wir das Auftreten von Framing-Effekten aus theoretischer Sicht von einer zentralen Bedingung abhängig gemacht: Es müsste sich bei gedächtnisbasierten Urteilen ein stärkerer Effekt zeigen lassen als bei on-line Urteilen. Für die Überprüfung dieser Annahmen stellen Strukturgleichungsmodelle sehr elegante Techniken bereit. Wenn man das Modell für beide Gruppen, also die gedächtnisbasierte und die on-line Gruppe, rechnet, so können wir die jeweiligen Pfadkoeffizienten dieser Gruppen vergleichen. Dies kann mit einem Multi-Gruppen-Vergleich vollzogen werden. Dieser liefert ein eindeutiges Ergebnis, ob sich die entsprechenden Pfadkoeffizienten signifikant unterscheiden.[156] Damit lässt sich unser Vorgehen bei der Überprüfung der Framing-Effekte wie folgt beschreiben: Es wird für jede abhängige Variable ein Modell spezifiziert, in dem die Impact-Werte aller Frames einen Einfluss zu beiden Messzeitpunkten ausüben. Das Modell wird sowohl für die gedächtnisbasierte also auch für die on-line Gruppe gerechnet. Die errechneten

[156] Im Grunde ist dies die Modellierung eines Interaktionseffektes mit Strukturgleichungsmodellen (vgl. Marsh, Wen & Hau, 2004; Rigdon, Schumacker & Wothke, 1998).

Pfadkoeffizienten werden in einem Multigruppenvergleich daraufhin untersucht, ob sie sich signifikant zwischen den Gruppen unterscheiden.

Für die Schätzung der Modelle müssen noch zwei Fragen geklärt werden: der Umgang mit Missings und die für uns relevanten Fit-Indices. Beim Umgang mit fehlenden Werten bieten sich mehrere klassische Möglichkeiten an: pairwise deletion, listwise deletion oder Mittelwertsersetzung. Diese drei Ad-hoc Verfahrensweisen haben allesamt gravierende Nachteile, so dass sie als problematisch einzuschätzen sind (vgl. Allison, 2003; Brown, 1994; Byrne, 2001, S. 292; Schafer & Graham, 2002). Als Alternative wird auf Basis von Monte-Carlo-Studien zur Full-Information-Maximum-Likelihood-Methode (FIML-Methode) geraten, die alle zur Verfügung stehenden Werte berücksichtigt und keine Fälle ausschließt: „Relative to ad hoc methods such as listwise deletion, [Full Information Maximum Likelihood] [...] parameter estimates exhibit less bias and greater efficiency in many circumstances" (Enders & Peugh, 2004, S. 2). Daher werden wir in dieser Studie FIML anwenden, was mit dem Programm AMOS möglich ist (vgl. einführend zur FIML-Methode Kline, 1998, S. 302f).

Wenn wir mit FIML arbeiten, können nicht die gängigen Fit-Indices GFI (Goodness of Fit) und AGFI (Adjusted Goodness of Fit) verwendet werden. Fit-Indices geben den Grad der Kongruenz zwischen dem theoretischen Modell und den beobachteten Daten an. Zur Beurteilung des Modell-Fits wählen wir die folgenden Indices (vgl. Browne & Cudeck, 1993; Kline, 1998, S. 128): der Chi-Quadrat-Wert geteilt durch die Anzahl der Freiheitsgrade (Anspruchsniveau: $\chi^2/df < 3$); der Comparative Fit Index (Anspruchsniveau: CFI $\geq .95$), der das postulierte Modell mit einem Modell vergleicht, in dem von der Unkorreliertheit aller Variablen ausgegangen wird; der Root Mean Square Error of Approximation (Anspruchsniveau: RMSEA $\leq .05$), der prüft, ob das theoretische Modell die Populations-Kovarianzmatrix hinreichend gut approximiert und dabei die Sparsamkeit eines Modells berücksichtigt; und der PCLOSE (Mindestanspruchsniveau: PCLOSE $> .05$), der der p-Wert für die Null-Hypothese ist, dass der RMSEA tatsächlich kleiner als .05 ist.

6. Ergebnisse

Im Folgenden werden gemäß den in Kapitel 4 vorgestellten Forschungsfragen und Hypothesen die Ergebnisse der Studien vorgestellt. Ein erstes Ziel bestand in der inhaltsanalytischen Ermittlung von Medien-Frames mit dem Verfahren der Analyse Latenter Klassen. Dies wird in Kapitel 6.1 ausführlich beschrieben. Nach der Darstellung und Interpretation dieser Befunde wird in Kapitel 6.2 auf den Kern unserer Arbeit, den Einfluss der inhaltsanalytisch ermittelten Medien-Frames auf die Einstellungen der Rezipienten, eingegangen. Zudem werden die Hypothesen zur Entstehung von on-line bzw. gedächtnisbasierten Urteilen untersucht.

6.1 Inhaltsanalyse

Die Inhaltsanalyse dient der Identifizierung von Medien-Frames, die später für die Wirkungsanalyse herangezogen werden. Damit unterscheidet sich diese Inhaltsanalyse in gewisser Hinsicht von anderen Frame-Inhaltsanalysen, die ohne Befragung konzipiert wurden und selbst das Haupterkenntnisinteresse bilden (vgl. z.B. Harden, 2002; Leonarz, 2006; B. Scheufele, 2003). Aus diesem Grund soll in den folgenden Kapiteln weitestgehend auf ausführliche deskriptive und kreuztabellarische Auswertungen verzichtet werden. Es werden in Kapitel 6.1.1 nur die (deskriptiven) Befunde berichtet, die für die Analyse Latenter Klassen sowie für die Verknüpfung mit den Befragungsdaten relevant sind. Dies betrifft vor allem die Verdichtung bzw. Zusammenfassung von selten auftretenden Kategorien zu Oberkategorien (vgl. Matthes & Kohring, 2004) bzw. die Ausprägungen auf den Variablen, die später für die Frame-Analyse verwendet werden sollen. Darauf aufbauend beschreiben wir in Kapitel 6.1.2 die Operationalisierung der Frame-Elemente durch die inhaltsanalytischen Variablen. Danach werden die Ergebnisse der Frame-Analyse vorgestellt (Kap. 6.1.3). Anschließend werden die Frames näher beschrieben (Kap. 6.1.4) und die Ergebnisse werden zusammenfassend diskutiert (Kap. 6.1.5).

6.1.1 Auswertung der Einzelvariablen

Bevor wir auf die Ergebnisse eingehen, soll eine kurze Beschreibung des Themas und des Themenhintergrundes erfolgen. Die in dieser Studie berücksichtigte Berichterstattung zum Thema Arbeitslosigkeit fand im Vorfeld der Wahl des 15. Deutschen Bundestages (22.09.2002) statt. Kanzlerkandidat der SPD war Bundeskanzler Gerhard Schröder, Kanzlerkandidat der Unionsparteien CDU und CSU Edmund Stoiber und – dies war ein Novum für Bundestagswahlen – Kandidat der FDP Guido Westerwelle. Die hohe Arbeitslosigkeit war neben dem Elbhochwasser und einer möglichen Beteiligung am Krieg gegen den Irak das beherrschende Wahlkampfthema. Um die Arbeitslosigkeit zu senken, wurde am 22.02.2002 die Hartz-Kommission von der Bundesregierung formiert. Die Hartz-Kommission wurde nach ihrem Leiter Peter Hartz benannt. Sie bestand aus insgesamt 15 Mitgliedern aus Politik, Wirtschaft und Wissenschaft. Der Bericht der Hartz-Kommission wurde am 16.08.2002 der Öffentlichkeit präsentiert, einzelne Vorschläge wurden jedoch schon ab dem Mai 2002 diskutiert. Im Kern standen eine effizientere Arbeitsmarktpolitik und eine Reform der Bundesanstalt für Arbeit. Zu den Vorschlägen gehörte u.a. der „Job-Center", die schnellere Vermittlung von Jobs, die Personal-Service-Agenturen, die Förderung von Zeitarbeit, die „Ich-AG" oder die „neue Zumutbarkeit und Freiwilligkeit" für Arbeitslose (vgl. ausführlich Schmid, 2003). Die SPD begann ihren Wahlkampf mit ihrem Parteitag am 2. Juni. Die CDU/CSU stellte dem Hartz-Konzept die Vorschläge des so genannten „Kompetenzteams" gegenüber. Diese zielten darauf ab, den Mittelstand zu fördern, die Bürokratie abzubauen und die Steuern zu senken. Am 25.08. wurde das erste und am 08.09. das zweite TV-Duell der Kanzlerkandidaten Gerhard Schröder und Edmund Stoiber ausgestrahlt. In einem „Kopf-an-Kopf-Rennen" konnte „Rot-Grün" schließlich die Wahl für sich entscheiden.

Im Folgenden werden einige deskriptive Befunde zu den Variablen skizziert, die für die Frame-Analyse aufschlussreich sind. Wie zu erwarten war, zeigt sich in dem von uns gewählten Untersuchungszeitraum ein starker Anstieg der Berichterstattung über das Thema Arbeitslosigkeit. Gemessen an der Gesamtzahl von Beiträgen in unserem Sample wurden im Monat Mai 14% der Beiträge veröffentlicht, im Juni waren dies 23%, im Juli 30% und im August 33%. In 62% der Fälle widmeten sich die Beiträge zu 100% dem Thema Arbeitslosigkeit; in 20% der Beiträge nahm das Thema bis zu 25% des Beitrages ein, bei 10% der Fälle nahm das Thema 50% eines Beitrages ein und bei 9% der Fälle 75% eines Beitrages. Von den 763 Zeitungsartikeln sind 73% Berichte, 14% Kommentare, 9% Interviews und 4% sonstige Beitragsformen. Die 141 TV-Beiträge bestehen zu 72% aus Filmberichten, 24% Sprechermeldungen, 3% Interviews/Studiogesprächen und 1% Kommentaren.

In allen der 904 kodierten Artikeln und Beiträgen wurde – wie im Kodierbuch definiert – ein Hauptakteur bestimmt. Da jeder Beitrag einen Hauptakteur haben muss, darf es hier keine fehlenden Werte geben. Von diesen 904 Beiträgen weisen 363 einen zweiten und von diesen wiederum nur noch 131 Beiträge einen dritten Akteur auf. Das bedeutet: In 541 Fällen kann es nur einen Frame pro Beitrag geben, da nur der Sinnhorizont eines Akteurs dargestellt wird. In den restlichen Fällen sind jedoch mehrere Frames möglich, was für unsere Konzeptualisierung von Medien-Frames spricht (vgl. Kap. 3.1.1).

Für die spätere Wirkungsanalyse wird relevant sein, wie prominent die Sichtweise eines Akteurs innerhalb eines Beitrages ist (vgl. zur Messung von Prominenz Kap. 5.2.1). Wenn es nur einen Akteur gibt (n = 541), dann ist dessen Sichtweise auch automatisch die prominente. Wenn mindestens zwei Akteure ihre Sichtweisen innerhalb eines Medien-Beitrages äußern, so ist in 52% dieser Fälle die Sichtweise des ersten Akteurs dominant und in 48% sind die Sichtweisen des ersten und des zweiten Akteurs gleich prominent. Im letzteren Fall wäre ein Beitrag ausgewogen. Bei den wenigen Beiträgen mit drei Akteuren sind meist die Sichtweisen aller drei Akteure gleich prominent (54%) oder die dritte Sichtweise spielt im Beitrag nur eine randständige Rolle (46%). Auf diese Art und Weise lässt sich bestimmen, welche Sichtweise in einem Beitrag die dominante, zentrale Sichtweise ist. Diese dürfte auch am stärksten wirkungsrelevant sein, was bei der Verknüpfung der Inhaltsanalyse mit den Paneldaten zu beachten sein wird. Tabelle 14 zeigt die vorkommenden Akteure für den ersten, zweiten und dritten Hauptakteur. Die Akteursnennungen wurden zu acht verschiedenen Kategorien zusammengefasst. Am häufigsten treten die Bundesregierung oder die Opposition als Akteure auf (über alle drei Nennungen hinweg). Interessant ist, dass Journalisten nur beim ersten Akteur eine Rolle spielen, nicht aber beim zweiten und dritten Akteur eines Beitrages. Dies lässt sich folgendermaßen erklären: Wenn der Journalist als Hauptakteur kodiert wird, gibt er eine Kontextualisierung, Problemanalyse oder Kommentierung des Themas, ohne dass andere Akteure ihre Position äußern. Folgt man dieser Logik, so dürfte es in diesen Beiträgen seltener einen zweiten oder dritten Akteur (und damit Frame) geben, der sich neben dem Journalisten innerhalb eines Beitrages zum Thema äußert. Dies ist auch der Fall: Ist der Journalist der erste Hauptakteur, so gibt es nur in 20% dieser Fälle auch noch einen zweiten Akteur. Ist jedoch die Bundesregierung der erste Akteur, so gibt es in 52% dieser Fälle noch einen zweiten Akteur (und damit einen zweiten Frame). Ein ähnliches Bild zeigt sich auch für alle anderen Akteure, bei denen in ca. 40 bis 50% der Fälle noch ein zweiter Hauptakteur auftritt.[157]

[157] Lediglich bei der Kategorie „Sonstige" ist das nicht der Fall: Bei „sonstigen" Akteuren gibt es ebenfalls nur in 21% der Fälle einen weiteren Akteur, der sich innerhalb eines Beitrages zu dem Thema äußert.

Tabelle 14: Prozentualer Anteil einzelner Akteure für den ersten, zweiten und dritten Akteur

	Erster Akteur (n=904)	Zweiter Akteur (n=363)	Dritter Akteur (n=131)
Rot-Grün[a]	21.24	29.04	18.32
Opposition[b]	18.69	23.99	39.69
Wirtschaftsakteure/Arbeitgeber[c]	12.72	12.37	9.16
Betroffene/Arbeitnehmer[d]	8.19	12.63	11.45
Hartz-Kommission	8.19	8.59	9.16
Arbeitsvermittler/Bundesanstalt für Arbeit	8.74	4.55	6.11
Journalist	19.14	5.81	4.58
Sonstige[e]	3.10	3.03	1.53
Gesamt	100%	100%	100%

Anmerkung: [a]Bundesregierung, Vertreter der SPD und der B.90/Grüne; [b]Vertreter der CDU, FDP und PDS; [c]Akteure aus der Wirtschaft, Wirtschaftsexperten; [d]Arbeitnehmer, Arbeitslose, Auszubildende, Rentner, „die" Ostdeutschen, „die" Bevölkerung; [e]„die" Politik/Politiker, Verantwortliche aus dem Bildungssektor, Experten, sonstige Akteure

Für die drei Akteure eines Beitrages wurde kodiert, über welches Thema gesprochen wird. Daher kann es durchaus sein, dass zwei Akteure innerhalb eines Beitrages über verschiedene Themen sprechen. Dies ist auch der Fall: Tabelle 15 zeigt die Themen, über die die Akteure sich äußern. Das Thema Hartz bzw. die Arbeit der Hartz-Kommission und die Vorschläge der Kommission waren das häufigste Thema in der Berichterstattung über Arbeitslosigkeit. Obwohl für alle Akteure eines Beitrages Hartz das Thema ist, zu dem sich ein Akteur am häufigsten äußert, wird das Thema vor allem beim dritten Akteur angesprochen. Dass es bei manchen Themen Unterschiede zwischen dem ersten, zweiten und dritten Akteur eines Beitrages gibt, deutet darauf hin, dass die Beiträge eine ganz bestimmte Narration haben könnten. Mit anderen Worten, gewisse Themen leiten sich aus dem Anlass der Berichterstattung ab (z.B. Bekanntgabe der Arbeitslosenzahlen) und andere Themen werden eher in Reaktion auf ein bereits angesprochenes Thema aufgegriffen. Dies ist jedoch nicht unser Erkenntnisziel und soll deshalb nicht weiter analysiert werden.

Tabelle 15: Prozentualer Anteil der Hauptthemen für den ersten, zweiten und dritten Akteur

	Erster Akteur (n=904)	Zweiter Akteur (n=363)	Dritter Akteur (n=131)
Arbeitslosenzahlen/Entwicklung[a]	15.04	14.88	12.98
Arbeitsmarktpolitik[b]	15.15	16.25	8.40
Hartz-Vorschläge/Kommission	32.85	47.11	62.60
Situation der Arbeitslosen[c]	15.82	9.37	9.92
Wahlkampf[d]	17.26	7.44	3.82
Sonstige[e]	3.87	4.96	2.29
Gesamt	100%	100%	100%

Anmerkung: [a]Arbeitslosenzahlen, Konjunkturlage, Firmenpleiten, Entwicklung der Arbeitslosen Ost vs. West; [b]Reformierung des Arbeitsmarktes allgemein, Tarifabschlüsse; [c]Arbeitslosigkeit in den neuen Bundesländern, lokale Arbeitslosigkeit, Jugendarbeitslosigkeit, Frauenarbeitslosigkeit, Langzeitarbeitslosigkeit, Qualifikationsniveau von Arbeitslosen, Armut, Vermittlung von Arbeitslosen; [d]Wahlkampf der Parteien, Beurteilung der Bundesregierung; [e]Schwarzarbeit, Zuwanderung, Sozialhilferegelungen, Rentenbeiträge und weitere sonstige Themen

Welche Verantwortungszuschreibungen erfolgen, unterscheidet sich im Durchschnitt kaum zwischen den Nennungen des ersten, zweiten und dritten Akteurs. Aus diesem Grund stellen wir im Folgenden nur die Ergebnisse für den ersten Akteur vor. Beim ersten Akteur wird nur in 40% (n = 364) der Fälle eine verantwortliche Person bzw. Instanz für die Arbeitslosigkeit benannt. Nennenswert ist hier lediglich die Bundesregierung, die 270 Mal genannt wird (dies entspricht 31% aller Fälle). Andere Akteure spielen kaum eine Rolle. Beispielsweise werden in je nur 2% aller Artikel Arbeitslose und Arbeitnehmer und in je nur 1% der Artikel Arbeitsämter, „die" Politiker, Arbeitgeber und die Opposition für das Problem der Arbeitslosigkeit verantwortlich gemacht. Neben dem verantwortlichen Akteur wurde auch kodiert, ob eine situative Ursache für die Arbeitslosigkeit genannt wurde. Dies war bei den Nennungen des ersten Akteurs bei 32% aller Beiträge der Fall. Bedeutsam sind dabei vor allem die Konjunkturschwäche, die 141 Mal genannt wird (dies entspricht 16% aller Fälle) sowie Bürokratie/Desinteresse in Deutschland, was immerhin in 80 Artikeln genannt wird (dies entspricht 9% aller Fälle). Weitere situative Ursachen, die genannt werden, sind die Arbeitsvermittlung (4% der Fälle), das Lohnkostenniveau (2% der Fälle) und sonstige situative Faktoren (1% der Fälle).

Tabelle 16: Kompetenzzu- und -abschreibungen für den ersten, zweiten und dritten Akteur

	Erster Akteur (n=904)	Zweiter Akteur (n=363)	Dritter Akteur (n=131)
+++ Rot-Grün	14.49	13.77	9.92
+++ Opposition	18.47	13.50	19.84
+++ Hartz-Kommission	24.67	31.40	35.12
Keine Kompetenzzuschreibung genannt	42.27	41.33	35.12
Gesamt	100%	100%	100%
- - - Rot-Grün	18.47	16.25	17.66
- - - Opposition	6.74	11.02	5.34
- - - Hartz-Kommission	8.19	15.15	21.37
Keine Kompetenzabschreibung genannt	66.59	57.58	55.73
Gesamt	100%	100%	100%

Anmerkung: +++ Kompetenzzuschreibung; - - - Kompetenzabschreibung

Neben den Ursachenattributionen wurden auch Lösungsattributionen kodiert, d.h. die Akteure äußerten sich in den Beiträgen, wem die Kompetenz zugeschrieben oder abgeschrieben werden kann, das Problem der Arbeitslosigkeit zu lösen. Die Ergebnisse sind in Tabelle 16 dargestellt. Bei mehr als der Hälfte der Beiträge werden Kompetenzzuschreibungen genannt. Bei allen Akteuren wird dabei der Hartz-Kommission in den meisten Fällen die Kompetenz zugeschrieben, gefolgt von der Opposition und der

Bundesregierung. Was die Kompetenzabschreibung betrifft, so macht es anscheinend einen Unterschied, ob sie vom ersten, zweiten oder dritten Akteur eines Beitrages getroffen wird. Beispielsweise wird der Hartz-Kommission vom zweiten und dritten Akteur stärker die Kompetenz abgesprochen, als dies beim ersten Akteur der Fall zu sein scheint. Dies deckt sich mit den oben dargestellten Befunden, dass beim zweiten und dritten Akteur etwas häufiger die Opposition als Akteur und die Arbeit der Hartz-Kommission als Thema kodiert wurde.

In Bezug auf die geforderten Maßnahmen zur Bekämpfung der Arbeitslosigkeit wurden jeweils 25 verschiedene geforderte und zu unterlassende Maßnahmen erfasst. Im Folgenden sollen jedoch nur die verhältnismäßig häufig auftretenden Variablen besprochen werden, da nur diese sowohl in der Frame-Analyse als auch in der Wirkungsanalyse relevant sein werden.[158] Beim ersten Akteur werden in 38% der Fälle die Hartz-Vorschläge bzw. die Verbesserung der Arbeitsvermittlung als geforderte Maßnahme genannt, in 19% der Fälle Investitionen, in 12% der Fälle die Flexibilisierung des Arbeitsmarktes, in 11% Steuer-, Renten- und Gesetzesreformen, in je 6% die Ablösung der Bundesregierung und mehr Einsatz der Arbeitnehmer und in 14% diffuse Maßnahmen wie etwa ein „allgemeiner Sparkurs", „weniger Polemik und Schlechtmacherei", „Entbürokratisierung", „Warten auf Konjunkturverbesserung" oder allgemeinen Formulierungen wie die „Suche nach neuen Wegen". Beim zweiten Akteur werden folgende Maßnahmen zur Bekämpfung der Arbeitslosigkeit gefordert: die Hartz-Vorschläge bzw. die Verbesserung der Arbeitsvermittlung (36% der 363 Fälle), Investitionen (9%), Flexibilisierung des Arbeitsmarktes (4%), Steuer-, Renten- und Gesetzesreformen (5%), Ablösung der Bundesregierung (3%), mehr Einsatz der Arbeitnehmer (4%) und diffuse Maßnahmen (7%). Schließlich werden beim dritten Akteur die Maßnahmen Hartz-Vorschläge bzw. die Verbesserung der Arbeitsvermittlung (41% der 131 Fälle), Investitionen (11%), Flexibilisierung des Arbeitsmarktes (6%), Steuer-, Renten- und Gesetzesreformen (5%), Ablösung der Bundesregierung (3%), mehr Einsatz der Arbeitnehmer (5%) und diffuse Maßnahmen (7%) gefordert.

Die Variablen „zu unterlassende Maßnahmen" haben sich als nicht brauchbar erwiesen. Offenbar wurde bei diesem Thema äußerst selten gefordert, eine Maßnahme zu unterlassen. Dies zeigen auch die Häufigkeitsauszählungen für die zu unterlassenden Maßnahmen, die der erste Akteur fordert: In 5% der Fälle wird gefordert, die Hartz-Vorschläge zu unterlassen, in 3% der Fälle wird von Tarifabschlüssen und in 2% der

[158] Die Maßnahmen unterscheiden sich von den kodierten Themen. Zwar kann bei beiden „Arbeitsvermittlung" auftreten, jedoch ist ein Thema, über das *gesprochen* wird, noch keine Maßnahme, die *gefordert* wird. Beispielsweise kann man über die Hartz-Vorschläge sprechen, ohne sie aber zu fordern.

Fälle von der Ablösung der Bundesregierung abgeraten und in jeweils 1% der Fälle wird sich gegen mehr staatliche Investitionen, gegen eine Flexibilisierung des Arbeitsmarktes und gegen eine Zunahme der Opferbereitschaft der Arbeitnehmer ausgesprochen. Alle anderen Variablen haben Ausprägungen von unter 1%. Aufgrund ihres seltenen Auftretens werden die zu unterlassenden Maßnahmen bei der Frame-Analyse nicht berücksichtigt.

Die letzte Variable, die für Frame-Analyse relevant sein wird, ist die zukünftige Bewertung der Situation des Arbeitsmarktes. Hier wurde mit einer metrischen Variable kodiert, wie positiv oder wie negativ ein Akteur die Situation des Arbeitsmarktes einschätzt. Fasst man jeweils die beiden negativen (Skalenpunkte 1 und 2) und die beiden positiven (Skalenpunkte 4 und 5) Antwortmöglichkeiten zusammen, so ergibt sich folgendes Ergebnis: Beim ersten Akteur wurde die zukünftige Situation des Arbeitsmarktes in 28% der Fälle negativ bewertet und in 33% der Fälle positiv. Beim zweiten Akteur waren dies 29% positive Bewertungen und 31% negative und beim dritten Akteur 35% positive und 28% negative.

Bisher haben wir die Ausprägungen einzelner Variablen vorgestellt. Es deutet sich an, dass ein Beitrag ein ganz spezifisches Muster dieser Ausprägungen aufweisen kann. Ein Akteur kann über ein bestimmtes Thema sprechen, gewisse Ursachenzuschreibungen vornehmen, Maßnahmen vorschlagen und eine Einschätzung des zukünftigen Verlaufs des Themas abgeben. Bei einem anderen Akteur kann wiederum eine andere Ausprägung dieser Variablen vorkommen. Hinzu kommt, dass die Sichtweisen bzw. Sinnhorizonte von mehreren Frames innerhalb eines Beitrages dargestellt werden. Die Komplexität der möglichen Kombinationen von Variablen, die in den kodierten Beiträgen auftreten können, ist damit enorm. Dies lässt sich mit den bisherigen deskriptiven Auswertungen nicht aufzeigen, da sie nur Aussagen über die prozentualen Ausprägungen einzelner Variablen erlauben. Damit wird die Notwendigkeit einer Frame-Analyse deutlich, da nur auf diese Weise Muster über die Beiträge hinweg identifiziert werden können. Die Identifizierung der Frames mit einer Analyse Latenter Klassen wird im nächsten Kapitel beschrieben.

6.1.2 Zuweisung relevanter Variablen zu den Frame-Elementen

Im vorangegangenen Kapitel wurden bereits die relevanten Variablen für die Frame-Analyse vorgestellt. Ein kritischer Moment bei allen Gruppierungsverfahren ist die Anzahl der Variablen und das Problem der so genannten „sparse tables“, also Variablen, die bei den meisten Fällen fehlende Werte bzw. keine Ausprägung haben. Dies muss bei der Auswahl der Variablen für die Frame-Analyse berücksichtigt werden. Daher sollen nur die Variablen mit in die Analyse aufgenommen werden, die eine relative Bedeutung für den Diskurs haben, d.h. bei denen nicht größtenteils fehlende Werte auftreten. Allerdings muss dabei zwischen Kategorien von mehrfach gestuften nominalen Variablen (wie z.B. den Akteursvariablen) und einzelnen Variablen, die das Vorhandensein einer einzigen Ausprägung signalisieren (wie beispielsweise den Maßnahmen), unterschieden werden. Bei der Akteursvariable und der Themenvariable lassen sich 100% der Fälle einem Wert zuweisen. Hier besteht höchstens das Problem, dass einzelne Ausprägungen (z.B. „sonstige“) sehr selten auftreten. Dennoch sollen die Fälle, die auf einer mehrfach gestuften, nominalen Variable derartige „seltene“ Ausprägungen aufweisen, nicht ausgeschlossen werden. Dies hätte fehlende Werte zur Folge. Anders bei den zweifach gestuften nominalen Variablen, die anzeigen, ob eine Eigenschaft vorhanden ist oder nicht: Hier sollen basierend auf den Erfahrungen aus bisherigen Studien (vgl. Matthes & Kohring, 2004, 2006a) nur die Variablen berücksichtigt werden, die eine Häufigkeit von mehr als 5% aufweisen. Aus pragmatischen Gründen haben wir dies an den Ausprägungen beim ersten Akteur bemessen.

Legt man dieses Kriterium zugrunde, so lassen sich den in Kap. 3.1.1 definierten Frame-Elementen die entsprechenden Variablen zuordnen, mit denen die Elemente operationalisiert werden sollen (vgl. Tabelle 17). Zur Problemdefinition werden entsprechend unserer Definition der Akteur und das Thema gezählt. Mit anderen Worten, ein Akteur legt einen Gegenstand fest, über den gesprochen wird und widmet sich damit einem Aspekt des Themas Arbeitslosigkeit. Bei der Ursachenzuschreibung können nur wenige Variablen verwendet werden, da die meisten Variablen zur Ursachenzuschreibung zu wenige Ausprägungen aufweisen. Übrig bleibt die Schuldzuschreibung auf Rot-Grün sowie die Konjunktur und die Bürokratie als situative Ursachen. Die Lösungszuschreibung/Handlungsaufforderung wird durch die Kodierung der Kompetenzzu- und -abschreibung und die geforderten Maßnahmen operationalisiert. Bei der Kompetenzzu- und -abschreibung sind jeweils drei Akteure relevant: Rot-Grün, Opposition und die Hartz-Kommission. Insgesamt konnten sieben Maßnahmen für die Frame-Analyse berücksichtigt werden. Schließlich wird die Bewertung durch die Einschätzung der zukünftigen Situation auf dem Arbeitsmarkt erfasst.

Tabelle 17: Operationalisierung der Frame-Elemente

Frame-Elemente	Variablen	Ausprägungen
Problemdefinition	Akteur	Bundesregierung/Rot-Grün, Opposition, Wirtschaftsakteure/Arbeitgeber, Betroffene/ Arbeitnehmer, Hartz-Kommission, Arbeitsvermittler/ Bundesanstalt für Arbeit, Journalist, Sonstige
	Hauptthema	Arbeitslosenzahlen/Entwicklung, Arbeitsmarktpolitik, Hartz-Vorschläge, Situation der Arbeitslosen, Wahlkampf, Sonstige
Ursachenzuschreibung	Verantwortung Akteur	Rot-Grün
	Verantwortung Situation	Konjunktur
	Verantwortung Situation	Bürokratie/Desinteresse
Lösungszuschreibung/ Handlungsaufforderung	Kompetenzzuschreibung	Rot-Grün
	Kompetenzzuschreibung	Opposition
	Kompetenzzuschreibung	Hartz-Kommission
	Kompetenzabschreibung	Rot-Grün
	Kompetenzabschreibung	Opposition
	Kompetenzabschreibung	Hartz-Kommission
	Geforderte Maßnahme	Investitionen
	Geforderte Maßnahme	Flexibilisierung des Arbeitsmarktes
	Geforderte Maßnahme	Verbesserung der Arbeitsvermittlung
	Geforderte Maßnahme	Mehr Einsatz der Betroffenen
	Geforderte Maßnahme	Steuer-, Renten- und Gesetzesreform
	Geforderte Maßnahme	Ablösung der Bundesregierung
	Geforderte Maßnahme	Diffuse Maßnahmen
Bewertung	Zukunftsprognose	positiv, negativ

Anmerkung: Die Ursachenzuschreibung sowie die Kompetenzzuschreibung und die Kompetenzabschreibung sind Variablen mit Mehrfachnennungen.

6.1.3 Bestimmung der Medien-Frames: Analyse Latenter Klassen

Wie bereits mehrfach erwähnt wurde, konnten für jeden Beitrag bis zu drei Akteure kodiert werden. Das bedeutet, alle Frame-Elemente wurden dreifach kodiert. Will man nun die Frame-Elemente und die dazu gehörigen Variablen zu Mustern verdichten, also über mehrere Beiträge hinweg Frames identifizieren, so könnte man die Analyse Latenter Klassen drei Mal (d.h. für jeden Akteur einzeln) rechnen.[159] Die Daten würden auf Beitragsebene analysiert und die jeweiligen Variablen zum ersten (1. Analyse), zweiten (2. Analyse) und dritten (3. Analyse) Akteur in eine Analyse Latenter Klassen eingespeist. Dies hätte aber einen hohen Aufwand und möglicherweise (leicht) unterschiedliche Clusterlösungen zur Folge, da beim ersten, zweiten und dritten Akteur unterschiedliche Fallzahlen vorliegen. Daher soll die Analyse Latenter Klassen nicht auf Beitragsebene und pro Akteur, sondern über alle Akteure hinweg, d.h. auf Akteursebene, durchgeführt werden. Hauptvorteil dieses Vorgehens ist, dass die Frames innerhalb eines Beitrages vergleichbar sind. Das bedeutet: Aus dem Datensatz auf Beitragsebene wird ein Datensatz auf Akteursebene erstellt. Dies ist möglich, da für jeden Akteur exakt die gleichen Variablen kodiert wurden. Die Fälle sind in diesem Datensatz nicht mehr die Beiträge, sondern die Akteure. Wie wir bereits gesehen haben, weisen von den 904 Beiträgen 363 einen zweiten und 131 Beiträge einen dritten Akteur auf. Bildet man einen Datensatz auf Akteursebene, erhält man 904 + 363 + 131 = 1398 Fälle. Über diese Fälle werden nun die Frames bestimmt. Anschließend wird der Datensatz wieder disaggregiert und die neuen Frame-Variablen den Beiträgen zugewiesen. In dem so entstehenden Datensatz auf Beitragsebene ist somit die Information enthalten, welche Frames innerhalb eines Beitrages wie stark vorkommen. Die Analyse wird für den gesamten Zeitraum durchgeführt, d.h. es wird keine Analyse bis zur ersten Welle der Befragung bzw. ab der ersten bis zur zweiten Welle der Befragung durchgeführt. Der Grund: Es ist davon auszugehen, dass sich über die Zeit die gleichen Frames ergeben, die jedoch in ihrer Häufigkeit variieren können.

Die nächste Entscheidung betrifft die Auswahl der Variablen: Wie deutlich wurde, gibt es bei den oben beschriebenen Variablen zwei verschiedene Typen. Die Variablen für die Themen und die Akteure sind mehrfach gestufte nominale Variablen: Jeder Fall der Inhaltsanalyse muss eine Ausprägung auf diesen Variablen haben – es darf gemäß der Definition im Kodierbuch keine fehlenden Werte geben. Bei den anderen Variablen wie den Attributionen und den geforderten Maßnahmen handelt es sich im eigentlichen Sinne um Mehrfachnennungen, d.h. es können Personen *und* Situationen für die Ar-

[159] Die Analyse mit allen Variablen aller Akteure zu rechnen, schließt sich aufgrund der sehr hohen Variablenanzahl aus.

beitslosigkeit verantwortlich gemacht werden, und es können mehrere Maßnahmen gleichzeitig gefordert werden. Daher bietet es sich an, diese Variablen in einem vorgeschalteten Schritt zu verdichten. Dafür ist auch noch ein weiterer Grund ausschlaggebend: Bei Gruppierungsverfahren gibt es Probleme, wenn zu viele Variablen in der Analyse berücksichtigt werden (vgl. stellvertretend für viele andere Autoren Speece, 1994) – ein Problem, dass sich in dieser Studie stärker stellt als bei vergangenen Anwendungen der Methode (vgl. Matthes & Kohring, 2004, 2006a).[160] Dies ist auch ein Problem der Analyse Latenter Klassen, die bei zu vielen Variablen oftmals keine brauchbaren Lösungen findet (Eid et al., 2003). Aus diesen Gründen soll bei der Bestimmung der Medien-Frames folgendermaßen vorgegangen werden: Inhaltlich miteinander verbundene Variablen müssen in einer vorgeschalteten Analyse Latenter Klassen verdichtet werden. Ein ähnliches Vorgehen wird auch in der clusteranalytischen Literatur empfohlen und ist gängige Praxis (vgl. Büschken & von Thaden, 1999) – meist wird dort zum Vorschalten einer explorativen Faktorenanalyse geraten. Zweifelsohne ist das eine pragmatische Entscheidung, die mit Nachteilen verbunden ist (vgl. Kap. 6.1.5). Vorteil dieser geschichteten Gruppenbildung ist jedoch die Handhabbarkeit einer hohen Anzahl von Variablen. Zudem kann bei einer solchen Analyse die Güte der Gruppenbildung Schritt für Schritt detailliert beurteilt werden, was unter Umständen zu einer genaueren Fehleranalyse führt, als wenn man alle Variablen gleichzeitig integriert und dabei keine zufriedenstellende Lösung findet.

In einem ersten Schritt werden folglich alle akteursbezogenen Attributionen mit einer Analyse Latenter Klassen verdichtet. Dies sind die Schuldzuschreibungen und die Kompetenzzu- und -abschreibungen. Die Gemeinsamkeit dieser Variablen ist, dass sie sich alle auf Akteure beziehen. Daraufhin wird in einem zweiten Schritt eine Analyse Latenter Klassen mit den Variablen zu den Maßnahmen zur Bekämpfung der Arbeitslosigkeit und der Bewertung durchgeführt. Auch dies macht Sinn, da die geforderten Maßnahmen nicht von der zukünftigen Bewertung der Situation auf dem Arbeitsmarkt zu trennen sind: Wenn bestimmte Maßnahmen gefordert werden, müsste dies eine bessere Bewertung zur Folge haben. Die aus beiden Analysen entstehenden Gruppierungsvariablen werden in einem dritten Schritt zusammen mit der Akteurs- und der Themenvariable erneut verdichtet. Die resultierenden Cluster bzw. Klassen können nun als Frames interpretiert werden, da sie Auskunft über die Ausprägung alle Frame-Elemente geben. Sind mehr als zwei Frame-Elemente für die Beiträge eines Clusters

[160] Bei Matthes & Kohring (2004, 2006a) handelt es sich um Sekundäranalysen, während in dieser Arbeit die Variablen eigens für eine Frame-Analyse operationalisiert wurden. Dies hat zur Folge, dass mehr Variablen zur Verfügung stehen als dies in den vorangegangen Arbeiten der Fall war.

ausgeprägt, deuten wir sie als Frames. Insgesamt werden somit drei Analysen durchgeführt und dabei alle den Frame-Elementen zugehörigen Variablen berücksichtigt. Die letzte Analyse identifiziert Gruppen von Beiträgen, die sich jeweils durch ein spezifisches Muster aller Frame-Elemente auszeichnen.

In Kapitel 5.3.1 haben wir die relevanten Kennwerte bei der Analyse Latenter Klassen bereits beschrieben, so dass an dieser Stelle nur noch kurz darauf eingegangen wird: Da die Cluster- bzw. Klassenanzahl nicht bekannt ist, werden mehrere Clusterlösungen berechnet und verglichen. Um umfangreiche Informationen über mögliche Lösungen zu erhalten, sollen die 1-Cluster- bis zur 10-Clusterlösung ausgegeben werden. Diese zehn möglichen Clusterlösungen werden anhand der drei Testgrößen Likelihood-Ratio, Person χ^2 und Cressie-Read beurteilt. Aus Übersichtsgründen geben wir im Folgenden nur den Likelihood-Ratio-Test für alle zehn Klassenlösungen an, für die anderen beiden Testgrößen berichten wir das Signifikanzniveau der identifizierten Lösung. Die Testgrößen geben Auskunft darüber, ob die Modellvorhersage mit den beobachteten Werten übereinstimmt. Sind die p-Werte der Prüfgrößen signifikant, so gibt es eine Abweichung der Modellvorhersage von den beobachteten Werten. Eine solche Klassenlösung wäre abzulehnen. Sind die p-Werte nicht signifikant, so „passt" das Modell auf die Daten. Dies signalisiert eine akzeptable Clusterlösung. In der Regel gibt es jedoch für mehrere Clusterlösungen nicht-signifikante p-Werte, also mehrere mögliche Lösungen. Als die „beste" Lösung wird nun die gewählt, die am sparsamsten ist. Sparsamkeit bedeutet, eine gute Modellanpassung zu erreichen und gleichzeitig die wenigsten Parameter schätzen zu müssen (vgl. ausführlicher Kap. 5.3.1). Darüber gibt das „Bayesian Information Criterion" (BIC) Auskunft. Das Modell mit dem kleinsten BIC (bei gleichzeitig optimalem Fit) ist das beste.

Wie bereits erwähnt wurde eine erste Analyse für die Ursachenzuschreibungen und die Kompetenzzu- und -abschreibungen durchgeführt.[161] Tabelle 18 zeigt die Testgröße Likelihood-Ratio und das BIC für die 1- bis 10-Klassenlösung. Die Spalte mit den p-Werten gibt Auskunft darüber, bei welchen Modellen sich eine Abweichung der Modellvorhersage mit den beobachteten Daten feststellen lässt.

Es wird deutlich, dass ab der 3-Cluster-Lösung alle Modelle einen guten Modell-Fit aufweisen. In einem zweiten Schritt muss nun das sparsamste Modell ausgewählt werden (vgl. Kap. 5.3.1). Dafür suchen wir das Modell, das den geringsten BIC-Wert auf-

[161] Die Analysen wurden mit dem Programm LATENT GOLD berechnet. Ich danke Prof. Dr. Werner Wirth, Dr. Walter Hättenschwiler und dem Institut für Publizistikwissenschaft und Medienforschung der Universität Zürich (IPMZ) für die Anschaffung und Bereitstellung der Software.

weist. Die BIC-Werte werden bis zur 5-Cluster-Lösung immer kleiner, steigen jedoch danach wieder an. Somit lässt sich eindeutig die 5-Cluster-Lösung als die „beste" Lösung identifizieren. Auch die anderen drei Testgrößen weisen für die 5-Cluster-Lösung nicht-signifikante p-Werte auf: Person χ^2 = 187.3 (p = 1.0); Cressie-Read = 167.4 (p = 1.0). Gemäß den Empfehlungen in der Literatur zur Analyse Latenter Klassen (vgl. Eid et al., 2003) wird der Likelihood-Ratio-Test zusätzlich mit Bootstrapping überprüft. Auch der Bootstrapping-p-Wert der 5-Cluster-Lösung ist nicht signifikant (p = .13), so dass die 5-Cluster-Lösung beibehalten werden kann.

Tabelle 18: Likelihood-Ratio-Test und Bayesian Information Criterion (BIC) für zehn Cluster-Lösungen (Attributionsvariablen)

	Likelihood-Ratio	p	BIC
1-Cluster	1909	0.00	10540
2-Cluster	861	0.00	9565
3-Cluster	510	0.19	9287
4-Cluster	242	1.00	9090
5-Cluster	166	1.00	9087
6-Cluster	112	1.00	9105
7-Cluster	87	1.00	9153
8-Cluster	80	1.00	9218
9-Cluster	63	1.00	9273
10-Cluster	55	1.00	9338

Als Ergebnis der Analyse bekommt jeder Fall eine Wahrscheinlichkeit zugewiesen, einer der fünf Klassen anzugehören. Damit kann ein Fall auch (bedeutsame) Wahrscheinlichkeiten aufweisen, mehreren Klassen anzugehören. Der Klassifizierungsfehler für die 5-Cluster-Lösung Lösung beträgt 6%. Das bedeutet, „zwingt" man jeden Fall in die Klasse, für die er die höchste Wahrscheinlichkeit hat, so beträgt der geschätzte Anteil der Fälle, die den Klassen falsch zugeordnet werden, 6%.[162]

Nachdem die beste Lösung ermittelt wurde, können nun die Cluster interpretiert werden. In Tabelle 19 sind die Wahrscheinlichkeiten dargestellt, mit der die Variablen für die jeweiligen Cluster ausgeprägt sind. Diese nennen wir Ausprägungswahrscheinlichkeiten. Sie können einen Wert von 0 bis 1 annehmen: Ist der Wert 1, so ist der jeweilige Frame mit einer Wahrscheinlichkeit von 100% bei einem Beitrag ausgeprägt. In der Tabelle sind die Mittelwerte der Ausprägungswahrscheinlichkeiten für alle Beiträge eines Clusters dargestellt. Als Interpretationshilfe sind bedeutsame Zahlen mit einem grauen Feld gekennzeichnet. Zusätzlich sind die relative Clustergröße sowie die erklärte Varianz abgebildet.

Tabelle 19: Mittlere Ausprägungswahrscheinlichkeit, relative Größe und erklärte Varianz (R^2) der Attributionsvariablen bei fünf Clustern

	Cluster 1	Cluster 2	Cluster 3	Cluster 4	Cluster 5	R^2
Verantwortlich: Rot-Grün	0.06	0.81	0.04	0.25	0.36	.44
Verantwortlich: Konjunktur	0.04	0.08	0.17	0.63	0.00	.24
Verantwortlich: Bürokratie	0.09	0.08	0.08	0.00	0.02	.02
Kompetenz: Rot-Grün	0.00	0.01	0.97	0.00	0.02	.93
Kompetenz: Opposition	0.09	0.59	0.00	0.03	0.19	.30
Kompetenz: Hartz	0.69	0.04	0.00	0.00	0.01	.42
keine Kompetenz: Rot-Grün	0.00	0.94	0.00	0.00	0.00	.92
keine Kompetenz: Opposition	0.06	0.00	0.72	0.00	0.06	.34
keine Kompetenz: Hartz	0.04	0.00	0.01	0.09	0.87	.60
Relative Größe der Cluster	44.74	18.76	14.02	13.27	9.21	100%

[162] Dies ist eine wichtige Information, die eine Aussage über die Eindeutigkeit der Zuordnung erlaubt. In den gängigen SPSS-Clusteranalysen fehlt diese Information. Es wird damit impliziert, es gäbe gar kein Klassifizierungsproblem. Dies verdeutlicht einmal mehr die Vorzüge einer Analyse Latenter Klassen.

Beim ersten Cluster erfolgen keine Schuldzuschreibungen und keine Kompetenzabschreibung. Mit anderen Worten, in den Beiträgen dieses Clusters wird nicht nach Schuldigen, sondern nur nach Lösungen gesucht. Es ist das einzige Cluster, in dem der Hartz-Kommission die Kompetenz zugesprochen wird. In den Beiträgen des zweiten Clusters wird Rot-Grün die Schuld für die Entstehung des Problems gegeben. Gleichzeitig wird Rot-Grün die Kompetenz abgesprochen und der Opposition die Kompetenz zugesprochen, die Arbeitslosigkeit in den Griff zu bekommen. Im dritten Cluster ist letzteres genau umgedreht: Der Opposition wird die Kompetenz abgesprochen und Rot-Grün wird sie zugesprochen. Bei den Beiträgen in Cluster 4 erfolgen keinerlei Kompetenzzu- und -abschreibungen. Es wird lediglich die Konjunktur für die Situation auf dem Arbeitsmarkt verantwortlich gemacht. Cluster 5 richtet sich wie kein anderes Cluster gegen die Hartz-Kommission: Der Hartz-Kommission wird die Kompetenz abgesprochen, die Arbeitslosigkeit erfolgreich zu reduzieren. Die Varianzerklärung der Variablen durch die latente Klassenvariable ist bis auf die Variable „Bürokratie" als akzeptabel bis sehr gut zu bezeichnen. Die Varianzen der Variablen „Kompetenz: Rot-Grün" und „keine Kompetenz Rot-Grün" können sogar mehr als 90% durch die Clusterzugehörigkeit erklärt werden. Als letztes Kriterium zur Beurteilung der Clusterlösung wird der Wald-Test herangezogen: Bis auf die Variable „Verantwortlich Bürokratie" unterscheiden sich die Klassen signifikant auf den Variablen ($p < .01$). Für die spätere Verwendung der Clusterlösung werden die Cluster wie folgt bezeichnet: Cluster 1: Kompetenz Hartz; Cluster 2: Schuld Rot-Grün, Kompetenz Opposition, keine Kompetenz Rot-Grün; Cluster 3: Kompetenz Rot-Grün, keine Kompetenz: Opposition; Cluster 4: Schuld: Konjunktur; Cluster 5: keine Kompetenz: Hartz.

Bisher wurde eine Analyse Latenter Klassen mit den Ursachenzuschreibungen und den Kompetenzzu- und -abschreibungen durchgeführt. Diese Variablen beziehen sich allesamt auf Akteure, denen Verantwortung oder Kompetenzen/Inkompetenzen zugeschrieben werden. Im folgenden Schritt wird eine Analyse Latenter Klassen mit den Variablen zu den Maßnahmen und der Bewertung der zukünftigen Arbeitsmarktsituation durchgeführt. Wie in Tabelle 20 ersichtlich wird, lässt sich eine 3-Cluster-Lösung identifizieren. Zwar weisen alle Modelle ab der 2-Cluster-Lösung eine akzeptable Modellanpassung auf, jedoch erreicht der BIC-Wert bei der 3-Cluster-Lösung sein Minimum. Die anderen beiden Testgrößen Person χ^2 und Cressie-Read weisen für diese

Lösung ebenfalls nicht-signifikante p-Werte auf. Der Bootstrapping p-Wert beträgt p = .10.[163] Der geschätzte Klassifikationsfehler liegt bei 6%.

Tabelle 20: Likelihood-Ratio-Test und Bayesian Information Criterion (BIC) für zehn Cluster-Lösungen (Maßnahmen und Bewertungen)

	Likelihood-Ratio	p	BIC
1-Cluster	1257	0.00	10394
2-Cluster	525	0.15	9734
3-Cluster	294	1.00	9576
4-Cluster	263	1.00	9617
5-Cluster	235	1.00	9662
6-Cluster	220	1.00	9719
7-Cluster	212	1.00	9783
8-Cluster	203	1.00	9847
9-Cluster	186	1.00	9903
10-Cluster	182	1.00	9970

Die Cluster lassen sich wie folgt interpretieren (vgl. Tabelle 21): Beim ersten Cluster werden keine Maßnahmen vorgeschlagen und die Bewertung der zukünftigen Situation auf dem Arbeitsmarkt fällt negativ aus. Mit anderen Worten, es werden keine Möglichkeiten gesehen, die Arbeitslosigkeit zu senken. Die Beiträge im zweiten Cluster fordern die Hartz-Vorschläge bzw. eine verbesserte Arbeitsvermittlung als Lösung. Dementsprechend erfolgt auch eine positive Bewertung. Schließlich findet sich auch bei den Beiträgen im dritten Cluster eine positive Bewertung. In diesen Beiträgen wird eine Reihe von Maßnahmen gefordert. Außer bei den Hartz-Vorschlägen haben alle Variablen ihre höchsten Werte in dieser Spalte. Besonders wahrscheinlich ist jedoch, dass die

[163] Zwischen den Variablen „Ablösung der Bundesregierung" und „Diffuse Maßnahmen" sowie zwischen „Ablösung der Bundesregierung" und „Investitionen" musste ein direkter Effekt zugelassen werden, da der Bootstrapping p-Wert sonst $p < .05$ gewesen wäre. Das bedeutet, der Zusammenhang zwischen diesen Variablen kann nicht vollständig durch die latenten Klassen erklärt werden. Für diese Variablenpaare wird damit die Bedingung der lokalen stochastischen Unabhängigkeit aufgehoben. An der Clusterlösung ändert sich jedoch in diesem Fall nichts. Die genannten Variablen können auch generell sehr schwach durch die latenten Klassen erklärt werden (vgl. Tabelle 21).

Beiträge in diesem Cluster eine Flexibilisierung des Arbeitsmarktes und eine Steuer-, Renten- und Gesetzesreform fordern. Die drei ermittelten Cluster werden wie folgt bezeichnet: Cluster 1: keine Maßnahmen, Bewertung negativ; Cluster 2: Maßnahme Hartz, Bewertung positiv; Cluster 3: verschiedene Maßnahmen, Bewertung positiv.

Tabelle 21: Mittlere Ausprägungswahrscheinlichkeit, relative Größe und erklärte Varianz (R^2) der Maßnahmen und der Bewertung bei drei Clustern

	Cluster 1	Cluster 2	Cluster 3	R^2
Investitionen	0.15	0.12	0.37	0.04
Flexibilisierung des Arbeitsmarktes	0.05	0.01	0.69	0.43
Hartz-Vorschläge	0.08	0.71	0.27	0.39
Mehr Einsatz der Betroffenen	0.05	0.04	0.17	0.03
Steuer-, Renten- und Gesetzesreform	0.06	0.03	0.54	0.25
Ablösung der Bundesregierung	0.06	0.00	0.16	0.05
Diffuse Maßnahmen	0.10	0.10	0.33	0.04
Bewertung: negativ	0.69	0.00	0.09	0.40
Bewertung: positiv	0.00	0.65	0.55	0.44
Relative Größe der Cluster	47.84	43.01	9.15	100%

Insgesamt zeigt sich jedoch bei einigen Variablen eine sehr geringe Varianzaufklärung, d.h. sie können kaum durch die latenten Klassen erklärt werden. Zurückzuführen ist dies auf die geringe Anzahl an gültigen Ausprägungen auf diesen Variablen (vgl. Kap. 6.1.1). Dennoch unterscheiden sich die Cluster gemäß dem Wald-Test signifikant ($p < .01$) auf den Variablen. In den vorangegangen Schritten wurden die Attributionsvariablen zu fünf Klassen und die Maßnahmen/Bewertungen zu drei Klassen verdichtet. Für beide Analysen konnte eine eindeutige Lösung mit ausreichender Modellanpassung ermittelt werden. Der Klassifikationsfehler (und damit der Informationsverlust) ist in beiden Analysen gering.[164] In einer letzten Analyse sollen nun die bereits verdichteten Variablen sowie die Themen-Variable und die Akteurs-Variable für eine Analyse Latenter Klassen herangezogen werden. Ziel ist die Bestimmung der Medien-Frames. Das

[164] Biernacki und Govaert (1999, S. 57) bezeichnen einen Klassifikationsfehler von 5% als „klein", einen Wert von 15% als mittel und einen Wert von 30% als hoch.

Vorgehen ist genauso wie bei den letzten beiden Analysen. Wie Tabelle 22 zeigt, weisen alle Lösungen ab der 5-Clusterlösung eine gute Modellanpassung auf. Dem BIC-Wert zu Folge ergibt sich eindeutig eine 5-Clusterlösung. Die Testgrößen Person χ^2 und Cressie-Read weisen ebenfalls nicht-signifikante p-Werte auf. Der Bootstrapping p-Wert beträgt p = .06.

Tabelle 22: Likelihood-Ratio-Test und Bayesian Information Criterion (BIC) für zehn Cluster-Lösungen zur Bestimmung der Medien-Frames

	Likelihood-Ratio	p	BIC
1-Cluster	2180	0.00	15839
2-Cluster	1414	0.00	15211
3-Cluster	1011	0.00	14946
4-Cluster	740	0.01	14812
5-Cluster	472	1.00	14681
6-Cluster	416	1.00	14763
7-Cluster	363	1.00	14848
8-Cluster	331	1.00	14954
9-Cluster	318	1.00	15079
10-Cluster	289	1.00	15187

Die mittleren Ausprägungswahrscheinlichkeiten dieser 5-Cluster-Lösung sind in Tabelle 23 dargestellt. Es wird deutlich, dass die Variablen zufriedenstellend durch die latenten Klassen erklärt werden können. Auch der Wald-Test zeigt, dass sich die Klassen signifikant auf den Variablen unterscheiden (p < .01). Cluster 1 kann als der *Hartz-Frame* bezeichnet werden: Die Hartz-Kommission oder die Bundesregierung sprechen über die Hartz-Vorschläge. Dabei wird der Hartz-Kommission die Kompetenz zugesprochen, die Arbeitslosigkeit in Deutschland zu vermindern. Der Fokus liegt mehr auf der Zukunft als auf der Vergangenheit, denn Schuldige oder die Arbeitslosigkeit verursachende Umstände werden nicht benannt.

Tabelle 23: Mittlere Ausprägungswahrscheinlichkeit, relative Größe und erklärte Varianz (R^2) der fünf Cluster (C1 bis C5)

		C 1	C 2	C 3	C 4	C 5	R^2
Akteure	Bundesregierung/Rot-Grün	0.30	0.01	0.05	0.82	0.02	0.24
	Opposition	0.07	0.63	0.00	0.02	0.36	
	Wirtschaftsakteure/Arbeitgeber	0.09	0.07	0.28	0.01	0.23	
	Betroffene/Arbeitnehmer	0.11	0.08	0.06	0.05	0.22	
	Hartz-Kommission	0.39	0.00	0.00	0.00	0.01	
	Arbeitsvermittler/Bundesanstalt für Arbeit	0.04	0.00	0.27	0.00	0.06	
	Journalist	0.08	0.20	0.27	0.08	0.02	
	sonstige	0.01	0.01	0.07	0.02	0.08	
Thema	Arbeitslosenzahlen/Entwicklung	0.00	0.10	0.50	0.15	0.00	0.27
	Arbeitsmarktpolitik	0.10	0.27	0.06	0.19	0.03	
	Hartz-Vorschläge	0.80	0.16	0.00	0.23	0.96	
	Situation der Arbeitslosen	0.06	0.08	0.38	0.13	0.01	
	Wahlkampf	0.00	0.33	0.00	0.38	0.00	
	sonstige	0.04	0.06	0.06	0.02	0.00	
Attributionen	Kompetenz Hartz	0.96	0.24	0.05	0.26	0.05	0.49
	Schuld Rot-Grün, Kompetenz Opposition, keine Kompetenz Rot-Grün	0.00	0.66	0.02	0.01	0.00	
	Kompetenz Rot-Grün, keine Kompetenz: Opposition	0.03	0.01	0.05	0.72	0.00	
	Schuld: Konjunktur	0.00	0.04	0.43	0.01	0.05	
	keine Kompetenz: Hartz	0.01	0.05	0.00	0.00	0.90	
Maßnahme Bewertung	keine Maßnahmen, Bewertung negativ	0.20	0.72	0.74	0.26	0.94	0.34
	Maßnahme Hartz, Bewertung positiv	0.78	0.07	0.22	0.72	0.02	
	verschiedene Maßnahmen, Bewertung positiv	0.02	0.21	0.04	0.02	0.04	
Relative Größe der Cluster		28.78	26.98	19.55	16.20	8.50	100%

Folgerichtig wird bei diesem Frame die Umsetzung der Hartz-Maßnahmen gefordert, wobei die Bewertung der zukünftigen Entwicklung auf dem Arbeitsmarkt positiv ausfällt. Dieser Frame ist mit knapp 29% der häufigste Frame.

Cluster 2 zeigt einen anderen Blickwinkel auf die Arbeitslosigkeit. Hier sind es vor allem Vertreter der Opposition, die sich zur Arbeitsmarktpolitik oder zum Wahlkampf äußern. Dabei wird die damalige rot-grüne Bundesregierung als Verursacher der Arbeitslosigkeit betrachtet. Gleichzeitig wird der Bundesregierung auch die Kompetenz abgesprochen und sich selbst die Kompetenz zugesprochen, die Arbeitslosigkeit zu bewältigen. Im Vergleich zum vorherigen Frame handelt es sich um einen vergangenheitsorientierten Frame: Es werden zwar Schuldige benannt, jedoch bleiben eigene Vorschläge zur Minderung der Arbeitslosigkeit aus. Stattdessen wird ein negatives Bild von der zukünftigen Situation des Arbeitsmarktes gezeichnet. Da dieses Cluster sich deutlich gegen die Bundesregierung richtet und damit die Arbeitslosigkeit aus Sicht der (regierungskritischen) Opposition betrachtet, wird dieses Cluster als *Oppositions-Frame* bezeichnet. Der Oppositions-Frame ist mit Häufigkeit von 27% fast genauso prominent wie der Hartz-Frame.

Cluster 3 lässt sich als *Konjunktur-Frame* interpretieren. Wirtschaftsakteure, Arbeitsvermittler oder Journalisten äußern sich zu den Arbeitslosenzahlen bzw. der aktuellen Entwicklung auf dem Arbeitsmarkt. In manchen Beiträgen wird auch über die Situation der Arbeitslosen gesprochen. Dies ist das einzige Cluster, in dem eine situative Ursache für die Entstehung der Arbeitslosigkeit genannt wird: die Konjunktur. Mit anderen Worten, das Thema wird stark unter einem wirtschaftlichen Gesichtspunkt betrachtet: Allein die Auftragslage der Unternehmen entscheidet, ob mehr Arbeitsplätze geschaffen werden oder nicht. Die Politik wird nicht für die Arbeitslosigkeit verantwortlich gemacht, und es wird auch keinem Akteur die Kompetenz abgesprochen. Aus dieser Perspektive gibt es auch keine direkten Maßnahmen zur Bekämpfung der Arbeitslosigkeit, da die Konjunktur nicht kurzfristig verbessert werden kann, sondern beispielsweise auch von weltwirtschaftlichen Faktoren abhängt. Insgesamt wird die zukünftige Situation auf dem Arbeitsmarkt als negativ eingeschätzt.

Der nächste Frame kann als *Rot-Grün* bezeichnet werden (Cluster 4). Fast im spiegelbildlichen Gegensatz zum Oppositions-Frame wird der Opposition die Kompetenz abgesprochen und der rot-grünen Bundesregierung zugesprochen. Die rot-grüne Bundesregierung ist auch der dominante Akteur dieses Frames. Allerdings lässt sich diesem Frame kein Thema eindeutig zuordnen. Am häufigsten wird sich (wie dies auch beim Oppositions-Frame der Fall ist) zum Thema Wahlkampf geäußert. Als Maßnahme zur

Verringerung der Arbeitslosigkeit werden die von der Bundesregierung initiierten Hartz-Vorschläge gefordert. Da man sich davon einen Rückgang der Arbeitslosigkeit verspricht, wird eine positive Entwicklung der Arbeitslosigkeit erwartet. Der Rot-Grün-Frame macht 16% aller Frames aus. Obwohl der Rot-Grün-Frame dem Hartz-Frame ähnelt, sind beide keineswegs gleichzusetzen: Zentrales Unterscheidungsmerkmal sind die Attributionen: Beim Rot-Grün-Frame wird der Regierung die Kompetenz zugeschrieben und der Opposition die Kompetenz abgesprochen. Beim Hartz-Frame ist dies nicht der Fall – hier gibt es keinerlei Schuldzuweisungen.

War der Rot-Grün-Frame das Spiegelbild des Oppositions-Frame, so ist der letzte Frame, der *Anti-Hartz-Frame*, das Spiegelbild des Hartz-Frames: Verschiedene Akteure wie Opposition, Wirtschaftsakteure oder Betroffene äußern sich zu den Hartz-Vorschlägen. Ursachen für die Entstehung der Arbeitslosigkeit werden nicht benannt, jedoch wird der Hartz-Kommission die Kompetenz abgesprochen, die Arbeitslosigkeit zu vermindern. Es handelt sich offenbar mehr um eine Reaktion auf die Vorschläge der Kommission, als um die Darstellung einer eigenen Position zur Verminderung der Arbeitslosigkeit. Es werden keine Maßnahmen gefordert und die zukünftige Situation auf dem Arbeitsmarkt wird negativ eingeschätzt. Der Anti-Hartz-Frame tritt im Vergleich zu den anderen Frames am seltensten auf.

6.1.4 Deskription der Frames

Im letzten Kapitel wurde die Bestimmung der Medien-Frames vorgestellt und die Frames interpretiert. In diesem Kapitel sollen einige weitere deskriptive Auswertungen folgen, um die Frames zu umschreiben. Hier wird sich jedoch – wie bereits angekündigt – nur auf die Ausführungen beschränkt, die vor dem Hintergrund der Wirkungsanalyse relevant sind.

Zunächst wurde in einem ersten Schritt der Datensatz wieder auf Beitragsebene zurückaggregiert. Ergebnis ist ein Datensatz mit 904 Fällen, in dem die neu gebildeten Frame-Variablen enthalten sind. Für jeden Beitrag wurde pro Frame eine Variable abgespeichert, die die Wahrscheinlichkeit angibt, dass dieser Frame ausgeprägt ist (Ausprägungswahrscheinlichkeit; Werte von 0 bis 1).[165] Zur Erinnerung: Dem Beitrag wird damit nicht eindeutig ein einziger Frame zugewiesen, sondern wir erhalten eine Wahrscheinlichkeit dafür, dass jeder Frame bei einem Beitrag ausgeprägt ist. Zusätzlich wird eine Gruppenvariable abgespeichert, in der jeder Beitrag basierend auf der höchsten

[165] Das Programm Latent Gold erlaubt das Abspeichern von Variablen in einem SPSS-Datensatz. Damit kann die Lösung, die in Latent Gold errechnet wurde, in SPSS übertragen werden.

Clusterwahrscheinlichkeit einem Cluster zugeordnet wird (geschätzte Clusterzugehörigkeit). Diese Frame-Variablen gibt es logischerweise für jeden Akteur. Daher werden in dem Datensatz auf Beitragsebene 15 Variablen für die Ausprägungswahrscheinlichkeiten und drei Variablen für die Clusterzugehörigkeit abgespeichert.

Tabelle 24: Verteilung der Frames beim ersten, zweiten und dritten Akteur

	Erster Akteur (n=904)	Zweiter Akteur (n=363)	Dritter Akteur (n=131)
Hartz-Frame	26.77	34.99	34.35
Oppositions-Frame	27.77	23.14	23.66
Konjunktur-Frame	24.45	14.33	12.21
Rot-Grün-Frame	15.82	15.43	11.45
Anti-Hartz-Frame	5.20	12.12	18.32
Gesamt	100%	100%	100%

Im Folgenden soll die Ausprägung der Frames bei den drei Akteuren betrachtet werden. Tabelle 24 zeigt die (geschätzte) Clusterzugehörigkeit der Fälle für alle drei Akteure. Insgesamt zeigt sich, dass der Hartz-Frame und der Oppositions-Frame die größte Bedeutung für den untersuchten Berichterstattungszeitraum haben. Deutlich wird zudem, dass der Anti-Hartz-Frame vom ersten bis zum dritten Akteur eine immer stärkere Ausprägung hat. Dies könnte ein Hinweis sein, dass Anti-Hartz vermehrt in Reaktion auf andere Frames auftritt – dazu gleich mehr. Genau das Gegenteil ist beim Konjunktur-Frame der Fall: Dieser tritt häufiger beim ersten Akteur auf und etwas seltener beim zweiten und beim dritten. Der Hartz-Frame tritt wiederum beim zweiten und dritten Akteur etwas häufiger auf als beim ersten. Bei den anderen Frames sind die Unterschiede marginal.

Diese ersten Befunde geben Hinweise auf die Narration von Beiträgen, was hier allerdings nur kurz betrachtet werden soll, da es für die Wirkungsanalyse von untergeordneter Bedeutung ist. Interessant ist zunächst die Frage, ob es Frames gibt, die eher zusammen mit anderen Frames innerhalb eines Beitrages auftreten bzw. ob es Frames gibt, die innerhalb eines Beitrages eher „alleine" stehen (d.h. es gibt nur einen Frame im

Beitrag). Es lassen sich nur geringe Unterschiede finden: Bei den Frames (des ersten Akteurs), die die alleinigen Frames innerhalb eines Beitrages sind (n = 541), tritt der Konjunktur-Frame (29%) am häufigsten auf. Schaut man sich jedoch die Frames an, zu dem es innerhalb eines Beitrages auch einen zweiten Frame gibt (n = 363), ist der Konjunktur-Frame seltener vertreten (18%). Ein umgekehrtes Bild zeigt sich beim Hartz-Frame: Dieser tritt häufiger auf, wenn es auch einen zweiten Frame gibt (35%) als wenn es nur einen Frame innerhalb eines Beitrages gibt (21%). Das bedeutet vereinfacht: Auf den Hartz-Frame wird eher reagiert, d.h. es gibt innerhalb des Beitrages meist einen weiteren Akteur, der sich äußert. Dies ist beim Konjunktur-Frame weniger der Fall – dieser steht verhältnismäßig häufig als alleinige Perspektive innerhalb eines Beitrages. Damit stellt sich die Frage, welche Frames zusammen auftreten, wenn zwei oder drei Frames innerhalb eines Beitrages vorhanden sind. Im Grunde gibt es bei drei Akteuren 5x5x5 verschiedene Kombinationsmöglichkeiten der Frames innerhalb eines Beitrages. Diese können hier nicht alle vorgestellt werden – es soll sich im Folgenden nur auf die wichtigsten Kombinationen beschränkt werden. Wenn zwei Frames in einem Beitrag vorkommen, so sind dies in erster Linie die Kombinationen Hartz/Hartz (n = 76), Rot-Grün/Opposition (n = 31), Opposition/Rot-Grün (n = 29), Hartz/Anti-Hartz (n = 29), Konjunktur/Konjunktur (n = 27), Opposition/Hartz (n = 20), Hartz/Opposition (n = 18), Opposition/Opposition (n = 18), Konjunktur/Opposition (n = 17), Anti-Hartz/Hartz (n = 15). Bei den 131 Beiträgen, in denen drei Frames vorkommen, sind dies vor allem Hartz/Hartz/Hartz (n = 14), Hartz/Hartz/Anti-Hartz (n = 13), Hartz/Anti-Hartz/Hartz (n = 5), Rot-Grün/Hartz/Opposition, Rot-Grün/-Opposition/Hartz (n = 5). Die restlichen Kombinationen treten jeweils weniger als fünf Mal auf.

Damit wurde deutlich, dass zum einen der gleiche Frame mehrfach innerhalb eines Beitrages vorkommen kann und zum anderen sich stark antagonistische Frames in einem Beitrag gegenüberstehen. Letzteres lässt sich aus der Literatur zum strategischen Framing ableiten (vgl. Kap. 2.1), ersteres ist jedoch diskussionswürdig. Wir kommen darauf in Kapitel 6.1.5 zurück. Für die weiteren Auswertungen sowie für die Wirkungsanalyse müssen die bestehenden 15 Frame-Variablen (fünf pro Akteur) weiter verdichtet werden: Dafür werden die Frame-Wahrscheinlichkeiten der jeweils gleichen Frames über alle drei Akteure addiert. Das bedeutet, die Ausprägungswahrscheinlichkeit eines Frames beim ersten Akteur wird mit der Ausprägungswahrscheinlichkeit des gleichen Frames beim zweiten Akteur sowie mit der Ausprägungswahrscheinlichkeit des Frames beim dritten Akteur addiert. Die Logik ist die folgende: Je stärker ein Frame bei allen drei Akteuren vorhanden ist, desto größer ist die *Gesamtausprägungswahrscheinlichkeit* des

Frames für den Beitrag. Da jedoch die Frames der drei Akteure innerhalb eines Beitrages unterschiedlich prominent sein können, muss die Prominenz eines Frames ebenfalls berücksichtigt werden. Mit anderen Worten, es macht einen Unterschied, ob zwei gleich prominente Frames im Beitrag vorkommen oder ob ein Frame prominenter ist als der andere und damit mehr Raum einnimmt. Dies haben wir bereits in Kap. 3.5.2 beschrieben. Aus diesem Grund wurden die Frames mit ihrer Prominenz gewichtet: Wenn ein Frame dominanter als die anderen Frames ist oder der einzige Frame in einem Beitrag ist, so wird er doppelt gewichtet. Er hat damit ein höheres Wirkungspotenzial. Sind hingegen zwei oder drei Frames gleichbedeutsam, bleiben sie ungewichtet. Wird ein Frame nur am Rande erwähnt und spielt eine untergeordnete Rolle, so soll er mit 0.5 gewichtet werden. Dadurch ergibt sich die Gesamtausprägungswahrscheinlichkeit W_{frame} eines Frames für einen Beitrag wie folgt:

$$W_{frame1} = W_{frame1\text{-}Akteur1} \times Prom_{Akteur1} + W_{frame1\text{-}Akteur2} \times Prom_{Akteur2} + W_{frame1\text{-}Akteur3} \times Prom_{Akteur3}$$

wobei:

$W_{frame1\text{-}Akteur\,1}$: Ausprägungswahrscheinlichkeit des ersten Frames beim ersten Akteur

$Prom_{Akteur1}$: Prominenz des ersten Akteurs im gesamten Beitrag

Als Resultat bekommt man für jeden Frame eine Gesamtausprägungswahrscheinlichkeit – also werden aus 15 Variablen nun fünf Variablen. Diese sind gleichbedeutend mit den Medienrohwerten, die wir in Kap. 3.5.2 beschrieben haben. Im Folgenden sollen noch zwei weitere Ergebnisse berichtet werden, die vor dem Hintergrund der Wirkungsanalyse interessant sind: die Ausprägung der Frames in den erfassten Medien und der Verlauf der Frames im Untersuchungszeitraum.[166] In Tabelle 25 sind die Mittelwerte der Frames für jedes der sieben analysierten Medien dargestellt. Für uns haben diese Unterschiede insofern Bedeutung, als dass Medienwirkungen wahrscheinlicher werden, wenn sich die Medien, die wir den Befragten zuweisen, sich in ihrem Framing zum Thema Arbeitslosigkeit unterscheiden. Dies ist der Fall. Bei drei der fünf Frames lassen sich varianzanalytisch ermittelte Unterschiede zwischen den Medien ausmachen: Post-Hoc-Tests zeigen, dass die B.Z. stärker den Oppositions-Frame aufweist als die Berliner Zeitung, der Tagesspiegel und die Tagesschau. RTL Aktuell hat auch signifikant

[166] Es werden bewusst die Mittelwertsunterschiede der mit der Prominenz gewichteten Gesamtausprägungswahrscheinlichkeiten berechnet, da hier nicht die Unterschiede zwischen den Medien an sich, sondern die Konsequenzen der Unterschiede für Framing-Effekte relevant sind. Schließlich werden die gewichteten Variablen für die Wirkungsanalyse verwendet und nicht die ungewichteten.

höhere Werte als die Berliner Zeitung. Der Hartz-Frame ist in der Berichterstattung der Berliner Zeitung stärker ausgeprägt als in der B.Z., der Berliner Morgenpost, ZDF heute und RTL Aktuell. Zudem kommt der Hartz-Frame öfter in der Tagessschau vor als in der B.Z.. Schließlich wird in der Berliner Zeitung mehr der Anti-Hartz-Frame berichtet als in der Berliner Morgenpost.

Tabelle 25: Mittelwerte (Standardabweichung) der fünf Frames pro Medium

	B.Z.	Berliner Morgen-post	Berliner Zeitung	Tages-spiegel	ARD Tages-schau	ZDF Heute	RTL Aktuell
Konjunktur-Frame	0.39 (0.67)	0.61 (0.85)	0.36 (0.69)	0.42 (0.74)	0.46 (0.78)	0.48 (0.89)	0.41 (0.68)
Oppositions-Frame	0.93 [a] (0.87)	0.65 (0.85)	0.35 [b] (0.57)	0.60 [bc] (0.78)	0.51 [bc] (0.73)	0.74 (0.87)	0.76 [ac] (0.82)
Hartz-Frame	0.33 [a] (0.60)	0.43 [ac] (0.71)	1.01 [b] (0.93)	0.68 [bc] (0.84)	0.73 [bc] (0.95)	0.59 [ac] (0.88)	0.53 [ac] (0.74)
Rot-Grün-Frame	0.31 (0.60)	0.40 (0.70)	0.36 (0.61)	0.26 (0.53)	0.38 (0.64)	0.40 (0.65)	0.56 (0.70)
Anti-Hartz-Frame	0.14 (0.42)	0.09 [a] (0.34)	0.23 [b] (0.51)	0.21 (0.53)	0.21 (0.55)	0.14 (0.40)	0.12 (0.26)

Anmerkung. Dargestellt sind die Gesamtausprägungswahrscheinlichkeiten eines Frames für einen Beitrag. In einer Reihe mit unterschiedlichen Buchstaben gekennzeichnete Werte unterscheiden sich signifikant ($p < .05$)

Der Verlauf der Frames im Untersuchungszeitraum ist in Abbildung 16 dargestellt. Der Oppositions-Frame bleibt bis zum Juli 2002 auf einem recht hohem Niveau, fällt dann allerdings etwas ab. Ganz anders der Hartz-Frame: Dieser wird über die vier Monate hinweg immer prominenter in der Medienberichterstattung. Dies trifft auch auf den Anti-Hartz-Frame zu, obwohl hier der Anstieg deutlich geringer ist. Der Verlauf des Rot-Grün-Frames ändert sich nur marginal. Schließlich verliert der Konjunktur-Frame über die Zeit hinweg an Bedeutung für den Diskurs.

Abbildung 16: Mittelwerte der Gesamtausprägungswahrscheinlichkeiten der Frames für die untersuchten Monate im Jahr 2002

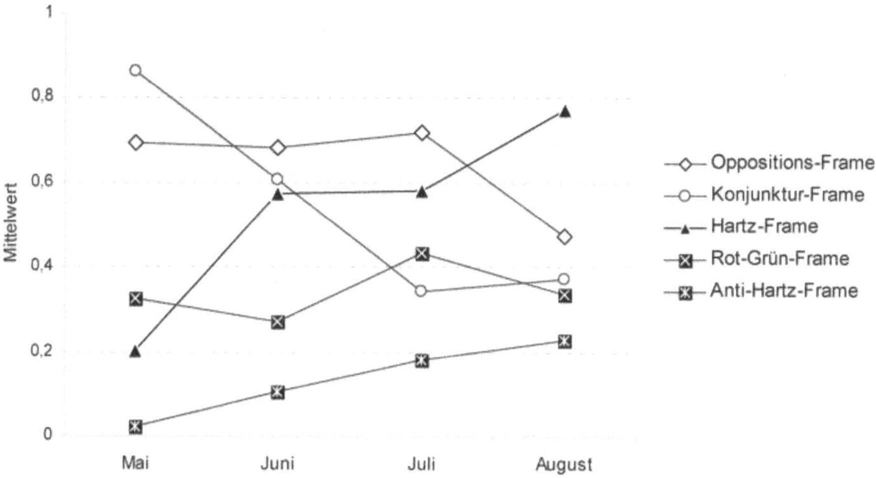

6.1.5 *Diskussion der Befunde*

Die Auswertung der einzelnen Variablen hat zunächst gezeigt, dass die möglichen Kombinationen der erfassten Variablen für mehrere Akteure eines Beitrages ein komplexes Muster annehmen. Zum einen kann es für einen Akteur verschiedene Muster dieser Variablen geben, zum anderen können mehrere solche Muster in einem Beitrag vorhanden sein. Aus unserer Sicht wird damit die Notwendigkeit einer Frame-Analyse noch stärker als in der bisherigen Forschung deutlich. Ein derart komplexes Muster lässt sich durch die Auswertung von Einzelvariablen kaum abbilden. Aus diesem Grund wurden mit mehreren Analysen Latenter Klassen spezifische Muster von Variable nausprägungen ermittelt und als Medien-Frames interpretiert. Insgesamt konnten Modelle mit zufriedenstellenden Kennwerten und Anpassungsmaßen gefunden werden. Alle drei Clusterlösungen ließen sich inhaltlich interpretieren, was letztlich zur Identifizierung von fünf Medien-Frames geführt hat: der Hartz-Frame, der Oppositions-Frame, der Konjunktur-Frame, der Rot-Grün-Frame und der Anti-Hartz-Frame. Obwohl die Frames nur für einen begrenzten Untersuchungszeitraum (ca. vier Monate) identifiziert wurden, spiegeln sie den Diskurs über das Thema Arbeitslosigkeit im Zuge der Bundestagswahlen im Jahr 2002. Es wird ein stark antagonistisches Verhältnis der Sichtweisen unterschiedlicher Akteure deutlich. Während aus Sicht der rot-grünen Bundesregierung die zukünftige Situation auf dem Arbeitsmarkt als positiv zu betrachten ist, was vor allem den eigenen Kompetenzen zugeschrieben wird (Rot-Grün-

Frame), sehen die Vertreter der Opposition die Entwicklung des Arbeitsmarktes eher negativ, machen dafür Rot-Grün verantwortlich und erachten einen Regierungswechsel als die beste Möglichkeit, die Arbeitslosigkeit in Deutschland zu vermindern (Oppositions-Frame). Eine bedeutende Rolle für den Wahlkampf spielten die Vorschläge der Hartz-Kommission, deren Vorschläge im Hartz-Frame und im Anti-Hartz-Frame diskutiert wurden. Auch diese beiden Frames stehen in einem antagonistischem Verhältnis: Beiträge, die den Hartz-Frame aufweisen, versprechen sich von den Hartz-Vorschlägen eine Verminderung der Arbeitslosigkeit, was mit einer positiveren Einschätzung der zukünftigen Arbeitslosenzahlen einhergeht. Ganz anders der Anti-Hartz-Frame: Hier wird der Hartz-Kommission die Kompetenz abgesprochen und keine Verbesserung der Arbeitsmarktproblematik gesehen. Ähnlich wird beim Konjunktur-Frame eine negative Entwicklung des Arbeitsmarktes prognostiziert, was vor allem auf die Konjunkturlage zurückgeführt wird.

In weiteren Analysen wurde die Verteilung der Frames über die Zeit, über alle Beiträge, innerhalb der Beiträge und über die verschiedenen Medien gezeigt. Dabei konnten zwei für die Wirkungsanalyse wichtige Bedingungen nachgewiesen werden: Erstens zeigten sich Unterschiede der untersuchten Medien und zweitens ließ sich eine zeitliche Dynamik der Frames ablesen. Beide Aspekte sind für Framing-Effekte zentral: Lassen sich keine Unterschiede zwischen den Medien und über die Zeit finden, so würde man den Befragten sehr ähnliche Werte – um es deutlicher zu sagen: eine Konstante – zuweisen.

Die Ergebnisse können in theoretischer und methodischer Hinsicht diskutiert werden. Aus theoretischer Sicht zeigt sich, dass die von uns vorgeschlagene Konzeptualisierung von Medien-Frames umsetzbar ist. Die vorab definierten Frame-Elemente konnten mit induktiv entwickelten Variablen operationalisiert werden. In der Inhaltsanalyse wurden damit keine abstrakten Frames als holistische Variablen kodiert, sondern verhältnismäßig einfach zu erfassende Variablen, bei denen sich eine gute Reliabilität sicherstellen lässt. Was die Validität der gewonnenen Lösung betrifft, so bleibt festzuhalten, dass sich bei allen Frames Ausprägungen auf mindestens zwei Frame-Elementen abzeichneten. Dies haben wir als Kriterium für die Interpretierbarkeit eines Frames herausgestellt. Besonders interessant ist darüber hinaus, dass die bei der Identifizierung herangezogenen Variablen gut durch die gefundenen Cluster erklärt werden können. Dies spricht für die Eignung der Variablen und damit der Frame-Elemente für die Bestimmung von Frames. Schließlich lassen sich die Frames auf Basis der Variablenausprägungen klar voneinander abgrenzen.

Auf die Bedeutung der Bewertung als relevantes Frame-Element haben wir ausführlich in Kapitel 3.1.1 hingewiesen. Dies wurde in der bisherigen Framing-Forschung zwar implizit berücksichtigt, jedoch selten explizit theoretisch konzeptualisiert. Wie die Ergebnisse zeigen, hat die Bewertung bei allen Frames eine große Bedeutung: Es konnte kein Frame identifiziert werden, bei dem die Bewertung nicht für die Interpretation relevant gewesen wäre. Die Varianzaufklärung dieser Variable durch die ermittelten Cluster ist mit 34% die zweithöchste. Würde man die Bewertung nicht berücksichtigen, ginge eine der zentralsten Informationen eines Frames verloren. Im Gegensatz zur Bewertung wurden aber bei einigen Frames keine Schuldzuschreibungen (Hartz-Frame), keine Kompetenzzu- oder -abschreibungen vorgenommen (Konjunktur-Frame) oder keine Maßnahmen gefordert (Oppositions-Frame, Konjunktur-Frame, Anti-Hartz-Frame). Dennoch lassen sich alle Frames inhaltlich sinnvoll interpretieren. Das Ausbleiben einzelner Forderungen oder Maßnahmen ist für die Interpretation nicht unentscheidend. Betrachtet man Arbeitslosigkeit aus Sicht der Wirtschaftskonjunktur, sind Kompetenzzuschreibungen für die Lösung des Problems gar nicht zwangsläufig zu erwarten. Dies gilt vor allem dann, wenn die Akteure dieses Frames – wie dies hier der Fall ist – keine politischen Akteure sind, sondern Akteure aus den Bereichen Wirtschaft, Arbeitsvermittlung und Journalismus. Diese Akteure werden wahrscheinlich keinen Akteur benennen, der die Konjunktur verbessern kann, da selbige von vielen, verhältnismäßig komplexen Faktoren abhängt. Ebenso wenig werden diese Akteure einen einzigen Akteur für eine schwache Konjunktur verantwortlich machen. Es macht durchaus Sinn, dass bei einem Frame, der sich vor allem gegen ein konkretes Bündel an Maßnahmen richtet (Anti-Hartz-Frame), nicht eigene Maßnahmen zur Bekämpfung der Arbeitslosigkeit im Vordergrund stehen. Der Frame ist eine Reaktion auf die Vorschläge der Hartz-Kommission, und damit werden diese auch stärker diskutiert als andere Vorschläge. Wenn also gewisse Variablen bei den ermittelten Frames nicht ausgeprägt sind, so würden wir dies nicht als Auslassung eines Elementes interpretieren. Anders formuliert, wir haben es gemäß unserer eigenen Begrifflichkeit mit expliziten Frames zu tun (vgl. Kap. 3.1.1). Einen impliziten Frame hätten wir dann, wenn einzelne Elemente nicht mehr explizit angesprochen werden, da sie bereits zu einem früheren Zeitpunkt angesprochen worden sind oder sich automatisch ergeben. Implizite Frames ließen sich wahrscheinlich nur für einzelne Beiträge nachweisen, wenn die expliziten Frames bereits bestimmt sind. Dies würde weitere qualitative Analysen erforderlich machen, die jedoch hier zu weit führen.

Für die Beantwortung der bisher vernachlässigten Frage, ob jeder Beitrag einen Frame aufweisen muss, gibt die Analyse Latenter Klassen eine sehr elegante, empirische Antwort. Der Vorteil des Verfahrens ist, dass nicht nur (wie bei herkömmlichen Clusterverfahren) die Clusterzugehörigkeit ausgegeben wird, sondern die Ausprägungswahrscheinlichkeit: Für jeden Beitrag lässt sich eine Wahrscheinlichkeit angeben, ob die fünf Frames ausgeprägt sind. Damit wird die „Entweder-Oder" Frage der Frame-Zuweisung obsolet: Nicht jeder Beitrag *muss* einen Frame mit einer einhundertprozentigen Wahrscheinlichkeit aufweisen, sondern ein Beitrag besitzt für alle Frames eine bestimme Ausprägungswahrscheinlichkeit. Ist die Ausprägungswahrscheinlichkeit für alle Frames schwach, so wird das auch im Ergebnis berücksichtigt. Dies hat besondere Implikationen für die Wirkungsanalyse, bei der die Ausprägungswahrscheinlichkeiten als Medienrohwerte mit den Befragungsdaten verknüpft werden (vgl. Kap. 5.3.2). Hat ein Beitrag eine geringe Ausprägungswahrscheinlichkeit für einen Frame, so wird auch nur diese in der Wirkungsanalyse beachtet.

Insgesamt führen wir damit ein neues Begriffsverständnis ein. Ein Frame wird als latente Variable (Klasse) begriffen. Obwohl das empirische Modellieren von latenten Variablen eher in der Befragungsforschung prominent ist, eignet es sich – so unsere Schlussfolgerung – ebenso für inhaltsanalytische Daten: Durch verschiedene, theoretisch abgeleitete Elemente wird auf das Vorhandensein einer latenten Dimension – hier: der Frame – geschlossen. Ein Frame ist damit nicht direkt beobachtbar und erfassbar, sondern nur erschließbar; und ein Beitrag ist nicht eindeutig einem Frame zuzuordnen, sondern er hat – je nach Ausprägung der einzelnen Indikatoren – eine bestimme Wahrscheinlichkeit, einer latenten Gruppe anzugehören. Es mag zwar sein, dass ein solches theoretisches Verständnis von Variablen in vielen inhaltsanalytischen Studien innerhalb und außerhalb der Framing-Forschung theoretisch angedacht ist, jedoch wird es nicht explizit modelliert. Dies unterstreicht den Nutzen von komplexeren Auswertungsverfahren für die theoretische Präzision: Es werden Annahmen berücksichtigt und explizit empirisch umgesetzt, die sonst unterstellt werden müssten.[167]

Ein weiteres Novum bei der Analyse von Medien-Frames besteht in der theoretischen Herleitung (vgl. Kap. 3.1.1) und expliziten Modellierung von mehreren Frames innerhalb eines Beitrages. In der bisherigen Forschung wurde sich entweder auf die Erfassung eines dominanten Frames pro Beitrag konzentriert, oder es wurden Frames auf Aussagenebene erfasst, ohne diese komplexen Befunde auf Beitragsebene wieder zusammenzuführen (vgl. dazu ausführlich Kap. 2.3). Wir haben die Medien-Frames an den Aussagen von Akteuren festgemacht und damit einen neuen Vorschlag zur Operationalisierung von Medien-Frames unterbreitet. Dass dieser Vorschlag inhaltsanalytisch

[167] Das gleiche gilt im Übrigen für Strukturgleichungsmodelle, vgl. die Diskussion der Wirkungsanalyse in Kap. 6.2.6.

umsetzbar ist, zeigen die Ergebnisse. Dabei wird vor allem eines deutlich: Nur einen Frame pro Beitrag zu kodieren, wäre eine falsche a-priori Festsetzung gewesen. Obwohl mit zunehmender Anzahl der berücksichtigten Akteure auch die Fälle abnehmen, in denen Ausprägungen vorhanden sind, lassen sich bis zu drei Medien-Frames pro Beitrag bestimmen. Zudem legt die Tatsache, dass beim dritten Akteur nur noch 131 Fälle vorhanden waren, Folgendes nahe: Für eine Frame-Analyse wäre es bei dem von uns gewählten Berichterstattungsthema und -zeitraum wenig ertragreich, einen vierten Akteur zu kodieren. Dies bestätigt das Vorgehen bei der Entwicklung des Kodierbuches (vgl. Kap. 5.2.1). Legt man die Abnahme der Fälle vom ersten bis zum dritten Akteur zu Grunde ($n_{A1} = 904$; $n_{A2} = 363$; $n_{A3} = 131$), so wäre bei einem vierten Akteur mit ca. 50 gültigen Fällen zu rechnen, was eine Clusterbildung aufgrund der Anzahl der zu berücksichtigenden Variablen enorm erschwert. In diesem Fall könnten mit dem von uns vorgeschlagenen methodischen Vorgehen keine Frames identifiziert werden.

Die Frames eines Beitrages können in verschiedenen Kombinationen auftreten, was Hinweise für eine themenspezifische Narration der Beiträge gibt: Manche Frames treten häufiger allein stehend in einem Beitrag auf, andere sind wahrscheinlicher, wenn sie nicht die allein stehenden Frames sind. Besonders interessant sind in diesem Kontext zwei Dinge: Erstens gibt es offenbar Beiträge, in denen der gleiche Frame zwei Mal auftritt. Dies könnte man sich als Bekräftigung vorstellen. Mit anderen Worten, ein Akteur äußert seine Sichtweise zum Thema Arbeitslosigkeit, und innerhalb des gleichen Beitrages kommt ein weiterer Akteur zur Wort, der im Grunde die Position des ersten Akteurs wiederholt und damit bekräftigt. Gerade im politischen Kontext ist das Phänomen bekannt, dass sich Akteure gegenseitig bekräftigen, um Einigkeit bzw. Geschlossenheit zu demonstrieren. Oder es handelt sich um PR-Strategien, die von mehreren Akteuren umgesetzt werden. Denkbar ist auch, dass Experten eine dargelegte Position bekräftigen. Dies zu berücksichtigen, halten wir insbesondere für die Wirkungsanalyse für einen Vorteil: Wenn eine Frame bzw. eine Sichtweise auf ein Phänomen innerhalb eines Beitrages mehrfach bekräftigt wird (und dabei die gleichen Frame-Elemente angesprochen werden), so hat dies vermutlich ein höheres Wirkungspotenzial, als wenn die Position nur einmal dargestellt würde. Würde man zwei gleiche Frames innerhalb eines Beitrages als einen einzigen Frame werten, ginge diese Information verloren. Genauso wie zwei gleiche Frames innerhalb eines Beitrages vorkommen können, zeigt sich als zweites relevantes Ergebnis auch ein stark antagonistisches Verhältnis der Frames. Vor allem im Kontext des strategischen Framings ist dieser Befund relevant: In Kapitel 2.1 wurde herausgearbeitet, dass Framing aus Sicht eines strategischen Akteurs immer einen Wettbewerb mit den Frames anderer Kommunikatoren beinhaltet. Mehrere strategische Frames kämpfen in der Regel um die öffentliche Aufmerksamkeit und damit um die Medienpräsenz (Callaghan & Schnell, 2005). Dies lässt sich nun erstmalig für die Framing-Forschung auf *der Ebene einzelner Beiträge* nachweisen. Dissonanz tritt nicht nur zwischen verschiedenen Beiträgen verschiedener Medien auf, sondern kann auch innerhalb eines Beitrages vorhanden sein. Dabei stehen die dissonanten Frames meistens in einem stark antagonistischen Verhältnis. Dies lässt sich am spezifischen Muster der Ausprägungen ablesen: Wenn aus Sicht des Rot-Grün-Frames die Opposition für unfähig gehalten wird, wird beim Oppositions-Frame Rot-Grün die Kompetenz zur Minderung der Arbeitslosigkeit abgesprochen. Auch beim Anti-Hartz-Frame wird im Grunde das Gegenteil behauptet wie beim Hartz-Frame. Möglicherweise sind antagonistische Frames das Resultat des strategischen Wettbewerbs der Frames: Wenn ein Akteur etwas behauptet, muss ein anderer Akteur diese Behauptung in Frage stellen, um seine eigene Sichtweise durchsetzen zu können. Anders formuliert, da Akteure auf die anderen Frames reagieren müssen, führt dies automatisch zu derartigen antagonistischen Relationen. Neben dieser akteurstheoretischen Erklärung bietet sich auch eine journalismustheoretische an: Der Antagonismus spiegelt journalistische Strategien wider, die Beiträge besonders konfliktreich zu gestalten. Mit anderen Worten, es werden von den geäußerten Statements der Akteure vor allem die ausgewählt, die sich widersprechen. Der Konfliktgehalt erhöht den Nachrichtenwert und steigert damit das Aufmerksamkeitspotenzial. Eine solche Konfliktorientierung der Beiträge hat Implikationen für die Wirkungsanalyse, denn mit Peter (2004) ist davon auszugehen, dass Frames, die alleinig in einem Beitrag vorkommen, ein höheres Wirkungspotenzial haben als Frames, die durch einen anderen Frame gewissermaßen wieder relativiert werden. Zwei sich diametral widersprechende Frames dürften sich in ihrer Wirkung gegenseitig neutralisieren (vgl. hierzu die Befunde von Brewer, 2002; siehe Kap. 2.4.3).

Neben den angesprochenen theoretischen Punkten, ist aus methodischer Sicht die Anwendbarkeit der Analyse Latenter Klassen für die Identifizierung von Medien-Frames und das dabei durchgeführte mehrstufige Vorgehen zu diskutieren. Prinzipiell wäre es denkbar, neben der Analyse Latenter Klassen auch eine hierarchische Clusteranalyse durchzuführen und die Ergebnisse zu vergleichen. Dies halten wir aber aus mehreren Gründen für wenig sinnvoll: Selbst wenn man mit beiden Verfahren Clusterlösungen ermitteln würde, so stellt sich die Frage, auf welcher Basis man diese vergleichen könnte. Die Clusterlösungen werden bei beiden Verfahren mit unterschiedlichen Prämissen identifiziert, d.h. es gelten unterschiedliche Modellannahmen. Damit könnte eine nicht übereinstimmende Lösung weder „für" noch „wider" die Analyse Latenter Klassen interpretiert werden.

Für die gefundenen Clusterlösungen konnte sowohl eine gute Modellanpassung gefunden als auch eine eindeutige Interpretation der Clusteranzahl gewährleistet werden. Den theoretischen Mehrwert, dass die Frames als latente Variablen behandelt werden sowie die Vorteile bei der Berücksichtigung von Ausprägungswahrscheinlichkeiten, haben wir bereits angesprochen. Dennoch ist unser Verfahren nicht unproblematisch, da bei der angewandten mehrstufigen Gruppenbildung die Gefahr der Fehlklassifikation erhöht wird. Das Hauptproblem ist, dass sich durch die Einteilung der Fälle in die Gruppen ein Klassifizierungsfehler ergibt. Wenn ein Fall einem Cluster zugeordnet wird, so geschieht das basierend auf der höchsten Ausprägungswahrscheinlichkeit, die ein Fall für einen Frame aufweist. Ist jedoch eine mittlere oder hohe Ausprägungswahrscheinlichkeit für mehrere Cluster vorhanden, wird der Fall unter Umständen in eine Gruppe „gepresst", die er weniger gut repräsentiert als ein Fall, der eine Ausprägungswahrscheinlichkeit von W = 1 für den Frame hat. Da wir zwei Analysen vorgeschaltet haben, kann sich das Problem entsprechend erhöhen. Dies zeigt, dass sich bei einer Analyse Latenter Klassen zwei Kriterien gegenüber stehen können: Zum einen ermöglicht das Verfahren eine eindeutige Identifizierung der Clusteranzahl, zum anderen ist es so „streng", dass die Analysen gestuft durchgeführt werden müssen. Damit wird sich die Präzision bei der Clusteridentifizierung durch eine Unschärfe bei der gestuften Gruppenzuteilung „erkauft". Dennoch lässt sich der Klassifizierungsfehler bei der Analyse Latenter Klassen – im Unterschied zur Clusteranalyse – beziffern und damit kann eingeschätzt werden, wie stark eine Verzerrung durch vorgeschaltete Analysen ist. Für beide vorgeschaltete Analysen ließen sich eine gute Modellanpassung und ein niedriger Klassifizierungsfehler finden, so dass sich der damit eingehandelte Fehler in Grenzen hält. Ein Hauptgrund, eine Analyse Latenter Klassen durchzuführen, war jedoch die uneindeutige Identifikation der Gruppen bei der herkömmlichen Clusteranalyse. Dies wurde als Problempunkt „Operationalisierung" bezeichnet (vgl. Kap. 2.5). Dieser Problempunkt konnte mit der Analyse Latenter Klassen gelöst werden, da sich die Lösung eindeutig zeigen ließ. Jedoch muss dies in zukünftigen Studien nicht automatisch der Fall sein: Die Analyse Latenter Klassen würde auch anzeigen, wenn sich keine adäquate Lösung finden ließe. In dem Fall wäre entweder eine Bestimmung von Medien-Frames nicht möglich, oder man müsste zumindest die Interpretation der Befunde entsprechend einschränken. Ausschlaggebend für das Finden einer adäquaten Lösung ist – wie unsere Erfahrungen und die Empfehlungen von Eid et al. (2003) zeigen – der Anteil der „fehlenden" Werte („sparse tables"). Falls die Variablen, die den Frame-Elementen zugeordnet werden, eine zu geringe Ausprägung aufweisen, wird eine passende Clusterlösung unwahrscheinlich. Dies unterstreicht, wie wichtig es ist, die Auswahl der Variablen in einem induktiven Schritt der Kodierbuchentwicklung zu überprüfen.

Auch in dieser Studie hat sich gezeigt, dass zwar eine große Anzahl an Variablen erfasst wurde, jedoch letztlich nur ein verhältnismäßig kleiner Teil für die Bestimmung der Medien-Frames verwendet werden konnte. Beispielsweise haben sich die zu unterlassenden Maßnahmen als nicht brauchbar erwiesen. Dies könnte ein Hinweis für Probleme beim Kodieren sein. Wahrscheinlicher ist jedoch, dass derartige Variablen in der Medienberichterstattung eine untergeordnete Rolle spielen. Zumindest beim Thema Arbeitslosigkeit wurde äußerst selten gefordert, eine Maßnahme zu unterlassen. Ob dies auch bei anderen Themen der Fall ist, müssen weitere Studien zeigen.

Weitere Studien drängen sich auch in Hinsicht auf die mehrfache Identifizierung von Medien-Frames innerhalb eines Beitrages auf. Notwendig wären sowohl vertiefende Analysen des Phänomens als auch weiterführende Studien aus Sicht der Wirkung von Medien-Frames. In erster Linie wäre das Verhältnis der einzelnen Frames innerhalb eines Beitrages zu explorieren. Zur Erinnerung: Die Kodiererinnen wurden in der vorliegenden Studie angehalten, möglichst Akteure mit unterschiedlichen Sichtweisen als die Hauptakteure eines Beitrages zu kodieren, um die Konflikthaftigkeit eines Beitrages abzubilden. Dennoch hat sich eine Reihe von Beiträgen finden lassen, in denen der gleiche Frame mehrfach im Beitrag vertreten ist. Auf Basis der Kodieranweisungen ist davon auszugehen, dass es keine konfligierenden Frames in diesem Beiträgen gab. Dies ist aus inhaltsanalytischer Sicht ein interessantes Phänomen, für das sich vertiefende qualitative Analysen anbieten würden. In derartigen qualitativen Frame-Studien könnte das exakte Verhältnis der Frames in einem Beitrag näher beschrieben werden. Ziel müsste es sein, genauere Kriterien abzuleiten, ab wann von einem Frame und ab wann von zwei Frames zu sprechen ist. Falls zwei oder drei Frames in einem Beitrag vorkommen, könnte man das in einer qualitativen Studie sicherlich besser interpretieren als das hier der Fall war. Die Erkenntnisse könnten anschließend in einer quantitativen Inhaltsanalyse umgesetzt werden und zu schärferen Kriterien der Frame-Identifizierung führen.

Die Ergebnisse zum mehrfachen Auftreten von Frames innerhalb eines Beitrages ließen sich auch mit Experimenten verknüpfen, die die Wahrnehmung derartiger Beitragsstrukturen näher beleuchten. Vor allem die Frage, inwieweit sich gleiche Frames in ihrer Wirkung verstärken und antagonistische Frames sich neutralisieren, lässt spannende Befunde erwarten. In den bisherigen experimentellen Studien wird ausschließlich mit einem Frame pro Beitrag gearbeitet. Dieses Vorgehen ist durchaus berechtigt, um in einem ersten Schritt Framing-Effekte grundsätzlich nachzuweisen. In einem zweiten Schritt könnte jedoch durch die Angleichung der experimentellen Stimuli an die Befunde der inhaltsanalytischen Frame-Studien eine höhere externe Validität der Experimente gewährleistet werden. Bei der im nächsten Kapitel folgenden Verknüpfung von Inhaltsanalyse und Befragung und der Überprüfung der Wirkungshypothesen werden konsonante und dissonante Beiträge berücksichtigt. Allerdings kann die Konsonanz und Dissonanz nicht variiert werden. Die Art und Weise, wie die Rezipienten mit derartigen Beiträgen umgehen, kann damit nicht geklärt werden. Dies unterstreicht die Notwendigkeit von an diese Studie anknüpfenden experimentellen Wirkungsstudien, die einen spezifischen Vorteil liefern, der mit unserem Design nicht zu gewährleisten ist.

6.2 Wirkungsanalyse

Nachdem wir die Medien-Frames identifiziert haben, können wir uns den Wirkungsaspekten widmen. Dabei werden die inhaltsanalytisch ermittelten Frames mit der Panelbefragung zusammengespielt (vgl. für eine ausführliche Beschreibung Kap. 5.3.2). Wir erhalten einen Datensatz, in dem für jede Person zu beiden Wellen der Befragung ein Wert abgespeichert ist, wie wahrscheinlich ein Frame rezipiert wurde (Impact-Werte, vgl. Kap. 5.3.2). Im Mittelpunkt der folgenden Ausführungen steht die Unterscheidung zwischen on-line und gedächtnisbasierten Urteilen. Bevor wir uns den Wirkungsannahmen widmen, klären wir zunächst die Frage, unter welchen Umständen on-line und gedächtnisbasierte Urteile besonders wahrscheinlich sind (Kap. 6.2.1). Hierzu wurden Hypothesen zur Rolle des Orientierungsbedürfnisses und der Persönlichkeitseigenschaft Evaluationsbedürfnis formuliert. Nachdem die Vorhersage des Urteilstypus behandelt wurde, soll sich in einem nächsten Schritt der Vorhersage der Framing-Effekte zugewendet werden. Dazu müssen die relevanten abhängigen Variablen ausgewählt werden (Kap. 6.2.2). Dies kann erst jetzt geschehen, da erst in Kenntnis der fünf Medien-Frames deutlich wird, welche Einstellungen durch die Frames beeinflusst werden könnten. Danach wird überprüft, ob sich bei gedächtnisbasierten Urteilen stärkere Framing-Effekte zeigen lassen als bei on-line Urteilen, was unsere zentrale Wirkungsannahme war (Kap. 6.2.3). Abschließend werden die Wirkzeiträume variiert, d.h. es werden den Befragten die Frames aus unterschiedlichen Berichterstattungszeiträumen zugewiesen (Kap. 6.2.4). Damit kann ermittelt werden, zu welchem Zeitpunkt die Framing-Effekte maximal sind. Schließlich wird die Rolle des Vertrauens für die Wirkung von Medien-Frames thematisiert (Kap. 6.2.5) und alle Ergebnisse diskutiert (Kap. 6.2.6).

6.2.1 Vorhersage der Urteilstypen

In Kap. 3.3.2. haben wir ein Modell vorgestellt, das zum einen vorhersagt, wann die Ausbildung eines on-line und wann die Ausbildung eines gedächtnisbasierten Urteils wahrscheinlich ist. Zum anderen macht das Modell Vorhersagen über die Beeinflussbarkeit von bestehenden on-line und gedächtnisbasierten Urteilen durch das mediale Framing. In diesem Kapitel soll der erste der beiden Aspekte empirisch untersucht werden: die Ausbildung des Urteilsbildungstypus. Es wurde argumentiert, dass die Urteilsbildungsmotivation entscheidend für die Bildung eines on-line oder erinnerungsbasierten Urteils ist. Dafür wurden zwei Einflussgrößen ausgemacht: Erstens sollten Personen mit einer hohen Ausprägung der Persönlichkeitseigenschaft Evaluationsbedürfnis wahrscheinlicher ein on-line Urteil bilden als Personen mit einer niedrigen Ausprägung dieser Persönlichkeitseigenschaft. Zweitens wurde erwartet, dass Personen mit einem hohen Orientierungsbedürfnis gegenüber Massenmedien sich ebenfalls eher ein on-line Urteil bei der Medienrezeption bilden als Personen mit einem niedrigen Orientierungsbedürfnis. Wichtig für die folgenden Ausführungen ist, dass wir davon ausgehen, dass Personen *entweder* ein on-line *oder* ein gedächtnisbasiertes Urteil ausbilden bzw. ausgebildet haben. Dies spiegelt sich auch in der gewählten Operationalisierung des Urteilsbildungstypus, der Einstellungssicherheit: Je höher die Einstellungssicherheit, desto eher liegt ein on-line Urteil vor.

Abbildung 17: Theoretisches Modell zur Vorhersage der Urteilsbildungstypen

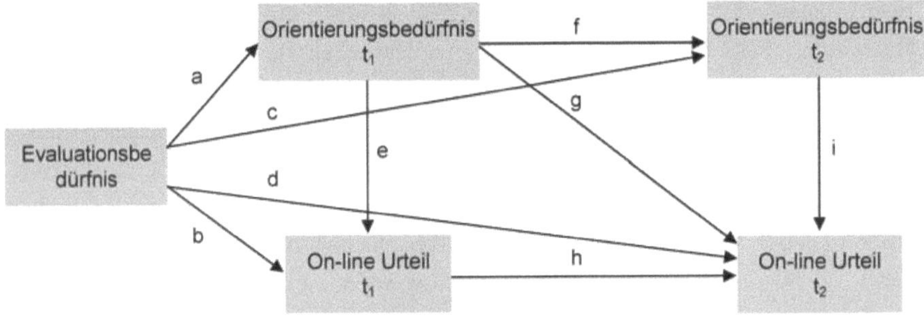

In Kapitel 5.3.3 wurde schließlich die panelanalytische Auswertungslogik basierend auf Strukturgleichungsmodellen dargestellt. Die formulierten Hypothesen lassen sich nun in ein Strukturgleichungsmodell übersetzen und die Pfade zwischen den Konstrukten entsprechend interpretieren (vgl. Kap. 5.3.3). In Abbildung 17 sind die Hypothesen zur Vorhersage des Urteilsbildungstypus dargestellt. Da eine hohe Einstellungssicherheit ein on-line Urteil signalisiert, wird in der Abbildung das Gegensatzpaar gedächtnisbasiert/on-line nur durch die on-line Urteilsbildung dargestellt.

Das Evaluationsbedürfnis ist eine Persönlichkeitseigenschaft und somit ist diese Variable per definitionem über die Zeit konstant. Der Einfluss einer Persönlichkeitseigenschaft müsste sich also zeitunabhängig aufzeigen lassen. Demnach gibt es einen erwartbaren Pfad des Evaluationsbedürfnisses auf das Orientierungsbedürfnis (Pfade „a" und „c") und die Urteilsbildung (Pfade „b" und „d"). Die Querschnittseffekte zwischen dem Orientierungsbedürfnis und der Urteilsbildung sind mit den Pfaden „e" und „i" berücksichtigt. Die autoregressiven Einflüsse wurden durch „f" und „h" gekennzeichnet. Für die kausale Interpretation entscheidend ist jedoch der zeitversetzte Einflusspfad („g"). In der Logik der strukturgleichungsbasierten Panelanalyse bildet dieser den *kausalen Einfluss* einer zeitlich vorangegangenen Variablen auf eine zukünftige Variable ab, da der autoregressive Effekt (Pfad „h") sowie der Querschnittseffekt (Pfad „i") simultan berücksichtigt werden.

Das Orientierungsbedürfnis besteht aus drei Dimensionen: Orientierung nach Themen, Orientierung nach Fakten und Orientierung nach Bewertungen. Diese drei Dimensionen machen *zusammengenommen* das Konstrukt aus (Matthes, 2006). Für die folgende Analyse werden die drei Dimensionen des Konstruktes durch einen hierarchischen Faktor (Faktor „zweiter Ordnung") abgebildet, da keine Hypothesen zu differentiellen Effekten einzelner Dimensionen vorliegen. Dieses Vorgehen ist bei Strukturgleichungsmodellen dann üblich, wenn die entsprechenden Faktoren („erster Ordnung") eine hohe bis sehr hohe Korrelation aufweisen (vgl. Kline, 1998, S. 233 ff). Dies ist beim Orientierungsbedürfnis der Fall (Matthes, 2006). Das Hauptargument für die Modellierung eines hierarchischen Faktors ist pragmatischer Natur: Mit einem hierarchischen Faktor kann das Orientierungsbedürfnis mit Hilfe einer einzigen, aussagekräftigen latenten Variable angegeben werden. Zudem wird damit das Multikollinearitätsproblem umgangen, das man hätte, wenn man drei stark korrelierende Dimensionen des Orientierungsbedürfnisses (als unabhängige Variablen) berücksichtigen müsste.

Die Ergebnisse des gesamten Strukturgleichungsmodells sind in Abbildung 18 dargestellt. Es wird ersichtlich, dass das Orientierungsbedürfnis als hierarchischer Faktor modelliert wird, welcher drei untergeordnete Faktoren aufweist. Gemäß dem gängigen Vorgehen in Panelanalysen (vgl. Christ et al., 2006; Engel & Reinecke, 1994; Pitts et al., 1996) wird eine Autokorrelation der Fehlerterme der Items zum Orientierungsbedürfnis zugelassen.[168] Die Ladung eines Items wird ebenfalls standardmäßig auf 1 gesetzt, um das Modell zu identifizieren. Die Urteilsbildung wurde nur mit einem Item gemessen und wird damit als manifeste Variable behandelt. Die Messinvarianz des Orientierungsbedürfnisses zu beiden Wellen wird hier nicht getestet, da dies an den gleichen Daten bereits in einer früheren Publikation dargestellt wurde: Orientierungsbedürfnis kann über die Zeit reliabel gemessen werden (Matthes, 2006). Bei der Messung des Urteilsbildungstypes (Einstellungssicherheit) muss jedoch eine reliable Messung unterstellt werden, da der Unterschied zwischen Stabilität und Reliabilität bei manifesten Variablen nicht ermittelbar ist.

Abbildung 18: Strukturgleichungsmodell zum Einfluss des Evaluations- und Orientierungsbedürfnisses auf die Urteilsbildung

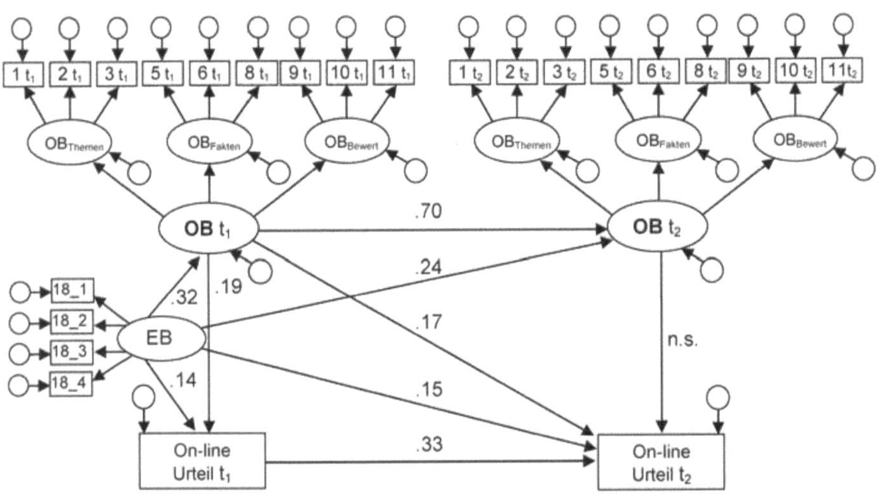

Anmerkung: EB = Evaluationsbedürfnis, OB = Orientierungsbedürfnis; die Messfehlerbezeichnungen wurden aus Übersichtsgründen ausgelassen. Die Autokorrelationen der Fehlerterme der Items zum Orientierungsbedürfnis sind aus dem gleichen Grund nicht dargestellt.

Das gesamte Modell weist einen guten Modell-Fit auf (χ^2/df = 2.58; CFI = .95; RMSEA = .04; PCLOSE= .99). Wenn nicht anders bezeichnet, so sind alle dargestellten Pfadkoeffizienten signifikant ($p < .05$). Die Faktorladungen der Items zum Evaluationsbedürfnis sind alle hoch (λ_1 = .76, λ_2 = .71, λ_3 = .70, λ_4 = .69). Ebenfalls hoch

168 Dies macht inhaltlich durchaus Sinn: Wenn ein Item einen Messfehler aufweist, so wird dieser auch zu einem späteren Zeitpunkt vorhanden sein. Würde man diese – tatsächlich existierenden – Zusammenhänge nicht berücksichtigen, so hätte dies einen schlechteren Modell-Fit zur Folge (vgl. auch Jöreskog, 1979).

sind die 18 Faktorladungen der Items zum Orientierungsbedürfnis, die wir schon an anderer Stelle berichtet haben und hier nicht gesondert ausgeben (Matthes, 2006). Die Ladungen des hierarchischen Faktors des Orientierungsbedürfnisses (Faktor zweiter Ordnung) auf die jeweils drei Faktoren erster Ordnung sind sehr hoch (Welle 1: $\lambda_{Themen} = .96$, $\lambda_{Fakten} = .96$, $\lambda_{Bewertungen} = .83$; Welle 2: $\lambda_{Themen} = .96$, $\lambda_{Fakten} = .99$, $\lambda_{Bewertungen} = .77$). Die beiden autoregressiven Pfade sind ebenfalls signifikant, werden jedoch hier nicht näher interpretiert, da für uns die Beziehungen zwischen den Konstrukten im Vordergrund stehen.

In Hypothese 1 haben wir angenommen, dass eine hohe Ausprägung der Persönlichkeitseigenschaft Evaluationsbedürfnis zur Ausbildung von on-line – im Gegensatz zu gedächtnisbasierten – Urteilen führt. Dies lässt sich für beide Messzeitpunkte zeigen. Das Evaluationsbedürfnis hat einen signifikanten Einfluss auf die Urteilsbildung zum Zeitpunkt t_1 ($\gamma = .14$; $p < .05$) und zum Zeitpunkt t_2 ($\gamma = .15$; $p < .001$). Hypothese 1 kann damit als bestätigt gelten. Zu beachten ist dabei, dass Evaluationsbedürfnis nur einmal (in Welle 2) erfasst wurde. Da es sich aber um eine Persönlichkeitseigenschaft handelt, die sich über die Zeit nicht ändert, können die Pfade zu beiden Zeitpunkten berücksichtigt und interpretiert werden.

In Hypothese 2 wurde die Überlegung angestellt, dass auch das Orientierungsbedürfnis die Ausbildung von on-line Urteilen begünstigt. Im Gegensatz zum Evaluationsbedürfnis ist hier vor allem der zeitverzögerte Pfad entscheidend. Sowohl der Querschnittspfad zum Zeitpunkt t_1 ($\gamma = .19$; $p < .001$) als auch der zeitverzögerte Pfad ($\gamma = .17$; $p < .001$) sind signifikant. Allerdings ist der Querschnittspfad zu t_2 nicht mehr signifikant. Das bedeutet: Der zeitverzögerte Pfad ist ein Beleg für die kausale Beziehung zwischen dem Orientierungsbedürfnis und der Urteilsbildung. Mit anderen Worten, ein hohes Orientierungsbedürfnis ist ursächlich an der Ausprägung von on-line Urteilen beteiligt. Ein solcher Effekt ist in der panelbasierten Logik als kausaler Effekt zu interpretieren, da a) die Ursache der Wirkung zeitlich vorgeschaltet ist und b) der autoregressive Effekt sowie der Einfluss im Querschnitt kontrolliert sind. Dass der Querschnittseffekt zu t_2 nicht mehr signifikant ist, macht vor diesem Hintergrund Sinn: Die Urteilsbildung zum Zeitpunkt t_2 wird nämlich nicht durch das Orientierungsbedürfnis *zum gleichen Zeitpunkt* beeinflusst. Vielmehr ist eine zeitlich vorgeschaltete Variable für die Ausprägung eines zukünftigen Zustandes verantwortlich. Wir haben bereits in Kapitel 5.3.3 darauf hingewiesen, dass dies der strengste kausale Nachweis ist, der mit nicht-experimentellen Untersuchungen möglich ist.

Schließlich haben wir in Hypothese 3 angenommen, dass das Evaluationsbedürfnis einen Einfluss auf das Orientierungsbedürfnis hat. Auch dies lässt sich durch die signifikanten Pfade zum Zeitpunkt t_1 ($\gamma = .32$; $p < .001$) und Zeitpunkt t_2 ($\gamma = .24$; $p < .001$) zeigen. Das heißt: Ein hohes Evaluationsbedürfnis einer Person bedeutet, dass eine Person danach strebt, zu einem Thema eine feste Meinung zu haben. Um sich diese Meinung bilden zu können, erfolgt eine Orientierung an der Medienberichterstattung. Das Evaluationsbedürfnis führt damit zu einer Zuwendungsmotivation. Zusätzlich hat diese Persönlichkeitseigenschaft einen direkten Einfluss auf die Ausbildung von on-line Urteilen, die ja als feste, überdauernde Urteile verstanden werden können. Da das Evaluationsbedürfnis jedoch auch das Orientierungsbedürfnis beeinflusst, ergibt sich ein indirekter Effekt des Evaluationsbedürfnisses auf die Ausbildung von on-line Urteilen, der über das Orientierungsbedürfnis führt: Ein hohes Evaluationsbedürfnis führt zu einem hohem Orientierungsbedürfnis nach Massenmedien und dies wiederum löst die on-line Urteilsbildung aus. Es lassen sich demnach direkte und indirekte Effekte dieser Persönlichkeitseigenschaft nachweisen.

6.2.2 Zuordnung der Medien-Frames und der Rezipienteneinstellungen

In Kapitel 4 wurde dargelegt, dass die Zuordnung der Medien-Frames zu den abhängigen Variablen erst dann geschehen kann, wenn die Frames bestimmt wurden. Bei der Einspeisung der Frame-Variablen in den Befragungsdatensatz ergab sich jedoch ein Multikollinearitätsproblem. Dies zeigt sich in einer Korrelationsanalyse der unabhängigen Variablen bzw. der Medien-Frames, welche in Tabelle 26 für die erste Welle dargestellt ist. Wie ersichtlich wird, liegt eine sehr hohe Korrelation zwischen den Impact-Werten des Hartz-Frames und den Impact-Werten des Anti-Hartz-Frames sowie den Impact-Werten des Oppositions-Frames und den Impact-Werten des Rot-Grün-Frames vor. Dies lässt sich folgendermaßen interpretieren: Wenn eine Person im Wirkungszeitraum bis zur ersten Welle (vgl. zur Definition der Wirkzeiträume Kap. 5.3.2) den Hartz-Frame rezipiert hat, so wurde sehr wahrscheinlich auch der Anti-Hartz-Frame rezipiert.[169] Immer wenn in der Berichterstattung eines Mediums der eine Frame einen hohen Wert annimmt, so nimmt auch der andere Frame einen hohen Wert an. Mitverursacht wird das Problem wahrscheinlich dadurch, dass ein Beitrag für mehrere Frames eine Ausprägungswahrscheinlichkeit aufweisen kann. Aus Sicht der Wirkungs-

[169] Der Effekt lässt sich auch aufzeigen, wenn man die Medienrohwerte auf die Fallebene der Medien aggregiert (d.h. sieben Fälle). Das bedeutet, es wird auf Basis des Datensatzes der Inhaltsanalyse ein aggregierter Datensatz gebildet, in dem für jedes Medium ein Frame-Mittelwert abgespeichert ist. Diese Werte sind es, die den Befragten zugewiesen werden. Umso höher dieser Mittelwert, desto stärker war der Frame beim entsprechenden Medium (für den definierten Zeitraum) ausgeprägt.

analyse stellt die Multikollinearität ein massives Problem dar, denn es lassen sich die Effekte der einzelnen Frames streng genommen nicht mehr bestimmen. Im Grunde fallen – experimentallogisch gedacht – zwei Experimentalgruppen zusammen, wodurch der spezifische Einfluss einer Variablen nicht mehr ermittelbar ist. Nach unserem Kenntnisstand ist dieses Problem bei der Verknüpfung von Inhaltsanalyse und Befragung bisher nicht diskutiert worden. Wahrscheinlich liegt dies darin begründet, dass in den meisten Studien – etwa beim Agenda Setting – nicht mehrere Variablen gleichzeitig, sondern immer nur eine einzige betrachtet werden. Jedoch ist anzunehmen, dass dieses Problem häufiger vorkommt, als dies nach der bisherigen Literaturlage zu erwarten wäre.

Tabelle 26: Korrelationen der den Befragten zugewiesenen Impact-Werte (Welle 1; n = 718)

	1	2	3	4	5
1 Impact-Wert: Hartz-Frame	-				
2 Impact-Wert: Oppositions-Frame	.07	-			
3 Impact-Wert: Konjunktur-Frame	-.04	.19**	-		
4 Impact-Wert: Rot-Grün-Frame	.19**	.63**	-.03	-	
5 Impact-Wert: Anti-Hartz-Frame	.83**	.25**	.10**	-.07	-

Anmerkung: ** $p < .001$

Wie ist dieses Problem zu lösen? Bei Multikollinearität gibt es nur die Möglichkeit des Variablenausschlusses oder der Zusammenfassung der hoch korrelierenden Variablen. Beide Möglichkeiten sind unbefriedigend. Eine dritte Möglichkeit wird indirekt im Aufsatz von Kepplinger und Maurer (2001) angesprochen: Sie schlagen vor, als Medienrohwerte den Saldo aus negativen und positiven Aussagen zu bilden, d.h. die negativen werden von den positiven abgezogen. Schließlich ist es möglich, dass in einem Beitrag (aber auch in einem definierten Wirkzeitraum) sowohl positive als auch negative Aussagen auftreten. Mit dem Saldo wird ersichtlich, ob insgesamt die positiven oder die negativen Aussagen überwiegen. Eine ähnliche Logik ließe sich auch in unserem Fall anwenden: Wie in Kapitel 6.1.5 herausgestellt wurde, sind die Frames, die das Multikollinearitätsproblem aufweisen, auch diejenigen, die in einem stark antagonistischen Verhältnis stehen. Der Anti-Hartz-Frame stellt im Grunde die Negation des Hartz-Frames dar. Genauso verhält es sich beim Oppositions-Frame und beim Rot-Grün-Frame.

Damit lässt sich eine ähnliche Logik wie bei Kepplinger und Maurer (2001) ausmachen: Ein Befragter erhält in einem bestimmten Zeitraum den Hartz-Frame und den Anti-Hartz-Frame. Da sich beide Frames aufgrund ihres antagonistischen Verhältnisses (ähnlich wie die positiven und negativen Aussagen bei Kepplinger und Maurer) vermutlich gegenseitig „neutralisieren", erlaubt der Saldo eine Aussage darüber, welcher der beiden Frames wahrscheinlich überwiegend rezipiert wurde. Sicherlich ist diese Lösung nicht der Königsweg bei der Zuweisung der inhaltsanalytischen Daten zu den Befragungsdaten. Jedoch stellt diese Variante die einzige Möglichkeit dar, die Verknüpfungslogik zu retten und damit die Effekte der Medien-Frames auf die Rezipienten-Frames zu überprüfen. Daher wurden bereits im inhaltsanalytischen Datensatz folgende Saldi S gebildet:

$S_{Hartz} = W_{Hartz\text{-}Frame} - W_{Anti\text{-}Hartz\text{-}Frame}$

$S_{Opposition} = W_{Opposition} - W_{Rot\text{-}Grün}$

wobei:

W: Ausprägungswahrscheinlichkeit eines Frames für einen Beitrag

Inhaltlich formuliert, wurde für jeden Beitrag ein Saldo der antagonistischen Frames gebildet. Dieser neue Wert erlaubt damit eine Aussage, welcher Frame den Beitrag letztendlich dominiert. Umso höher beispielsweise der Wert von S_{Hartz} ist, desto mehr ist der Hartz-Frame in einem Artikel dominant. Weist S_{Hartz} einen negativen Wert auf, so war der Anti-Hartz-Frame für den Beitrag gewichtiger. Auf diese Art und Weise werden aus vier Medienrohwerten zwei Werte gemacht. Der Einfachheit halber werden beide Werte im Folgenden als Hartz-Frame und als Oppositions-Frame bezeichnet, da die positive Ausprägung der Saldo-Werte eben den Ausprägungen dieser beiden Frames entspricht.

Diese beiden Werte können nun zusammen mit den Medienrohwerten des Konjunktur-Frames erneut mit den Befragungsdaten zusammengespielt werden. Jedoch ist das Multikollinearitätsproblem damit noch nicht vollständig gelöst: Obwohl die beiden Saldo-Werte nicht signifikant korrelieren, findet sich für die zugewiesenen Daten der Welle 1 eine signifikante Korrelation von $r = -.51$ zwischen dem Konjunktur-Frame und dem (neu gebildeten) Hartz-Frame. Dieser Wert ist nicht zu tolerieren. Da eine Saldobildung nun nicht in Frage kommt, muss der Konjunktur-Frame von der Wirkungsanalyse ausgeschlossen werden. Damit können nur Wirkungen von vier der fünf Frames überprüft werden (wobei die vier Frames zu zwei verrechnet wurden). Dies ist zwar ein inhaltlicher Verlust, jedoch aufgrund des Multikollinearitätsproblems der einzig mögliche Weg.

Da in einem ersten Schritt die unabhängigen Variablen bestimmt wurden, gilt es nun, die abhängigen Variablen auszuwählen. Dafür lassen sich zwei Kriterien ausmachen: Zum einen müssen sich die Items sinnvoll den Frames zuordnen lassen. Zum anderen müssen die Items eine reliable Messung über die Zeit aufweisen (Messinvarianz, vgl. Kap. 5.3.3). Um beiden Aspekten gerecht zu werden, wurde in einem ersten Schritt eine inhaltliche Vorselektion vorgenommen. Dabei gehen wir konfirmatorisch vor, d.h. relevante Aspekte werden auf Basis inhaltlicher Überlegungen sondiert und nicht etwa durch eine explorative Faktorenanalyse ermittelt. Fünf Aspekte konnten auf diese Weise ausgemacht werden: Erstens sind Items abgefragt worden, die die Bundesregierung für die Arbeitslosigkeit verantwortlich machen bzw. eine Ablösung der Bundesregierung fordern. Zweitens wurde erfragt, ob die vorherige Bundesregierung bzw. die jetzige Opposition verantwortlich sind. Drittens wurden nach der Verantwortung der Arbeitslosen und viertens nach der Arbeitsvermittlung für die Entstehung des Problems gefragt. Schließlich wurde fünftens die Einschätzung der zukünftigen Situation auf dem Arbeitsmarkt erfragt. Mit einer zusätzlichen Korrelationsanalyse der ausgewählten Items wurden inhaltlich ähnliche Items mit hohen Korrelationen sondiert. Der Grund: Nur wenn die entsprechenden Items hoch korrelieren, ist eine reliable Erfassung der abhängigen Variablen möglich. Ein Kompromiss muss jedoch bei der zukünftigen Bewertung der Arbeitslosigkeit gemacht werden: Hier wurde nur ein Item erfasst, so dass kein Faktor gebildet werden kann. Jedoch ist dieses Item und damit dieses Frame-Element für die Wirkung der Medien-Frames enorm wichtig (vgl. Kap. 3.1.1), so dass es als Einzelitem in die Wirkungsanalyse eingehen soll. Das Ergebnis der Analyse ist vor diesem Hintergrund zu interpretieren.

Kommen wir nun zur Überprüfung der Messinvarianz, also dem Test, ob eine Messung über die Zeit hinweg konstant ist. Dazu vergleichen wir die Faktorladungen der Items. Die Faktorladungen geben Auskunft darüber, wie stark ein Item durch eine latente Dimension bestimmt wird bzw. wie stark das Item etwas anderes misst. Bleiben die Faktorladungen über die Zeit konstant, so ändert sich die Bedeutung eines Items nicht. In diesem Fall sprechen wir von Invarianz der Messung (Christ et al., 2006; Pitts et al., 1996; Kap. 5.3.3). Dies kann man mit Strukturgleichungsmodellen testen. Dabei wird ein Modell, in dem alle Faktorladungen „frei“ sind, gegen ein Modell getestet, bei dem die Ladungen eines Items zu beiden Messzeitpunkten gleichgesetzt werden. Ergibt sich eine schlechtere Modellanpassung für das letztere, restriktivere Modell, so ist die Annahme gleicher Faktorladungen zu verwerfen. In Tabelle 27 sind die Dimensionen bzw.

Faktoren dargestellt, die sich auf Basis der inhaltlichen und korrelationsanalytischen Sondierung ergeben haben.

Tabelle 27: Faktor, Items, Faktorladungen (λ) und Messinvarianz (MI) über die Zeit

Faktor	Items	λ_{Welle1}	λ_{Welle2}	MI
Anti-Rot-Grün	Schuld: Die jetzige Bundesregierung[1]	.48	.49	n.s.
	Maßnahme: Ablösung der jetzigen Bundesregierung[2]	.80	.78	
Anti-Opposition	Schuld: Die jetzige politische Opposition[1]	.68	.68	n.s.
	Schuld: Die vorige Bundesregierung[1]	.80	.86	
Anti-Arbeitslose	Schuld: Die Arbeitslosen selbst[1]	.64	.63	n.s.
	Maßnahmen: Mehr Engagement der Arbeitslosen[2]	.70	.81	
	Maßnahmen: Höhere Mobilität von Arbeitnehmern[2]	.51	.52	
Anti-Arbeitsvermittlung	Schuld: Die Arbeitsämter[1]	.50	.38	$p < .01$
	Maßnahme: Effektivere Arbeitsvermittlung[2]	.79	.64	

Anmerkungen: [1] Frageeinleitung: „Inwieweit sind die folgenden Personen oder Einrichtungen Ihrer Meinung nach für die Arbeitslosigkeit in Deutschland verantwortlich zu machen?“ [2] Frageeinleitung: „Ich nenne Ihnen jetzt einige mögliche Maßnahmen zur Bekämpfung der Arbeitslosigkeit in Deutschland. Sagen Sie mir bitte jeweils, für wie wirksam Sie die genannte Maßnahme halten.“

Die ersten beiden Items der Tabelle werden dem Faktor „Anti-Rot-Grün“ zugeordnet. Diese Bezeichnung wird deshalb gewählt, weil die Items eine negative Einstellung gegenüber Rot-Grün zum Ausdruck bringen. Am stärksten lädt das Item „Ablösung der Bundesregierung“, das als Maßnahme zur Bekämpfung der Arbeitslosigkeit erfragt wurde. Die Ladungen (λ) beider Items über die Zeit sind sehr ähnlich. Ein Test der Messinvarianz (MI) ergibt keinen signifikant schlechteren Fit des restriktiveren Modells, so dass sich beide Items für die Panelanalyse eignen. Das gleiche ist der Fall bei den zwei Items des Faktors „Anti-Opposition“ und bei den drei Items des Faktors „Anti-Arbeitslose“.

Jedoch zeigt sich bei den Items zum Faktor „Anti-Arbeitsvermittlung“ eine Abweichung der Faktorladungen beider Items von Welle 1 zu Welle 2. Dieses Ergebnis hängt möglicherweise damit zusammen, dass die Arbeitsvermittlung ein Gegenstand der Hartz-Reformen war, die stark in der Öffentlichkeit diskutiert wurden. Die Diskussion um die Arbeitsvermittlung kam jedoch erst nach der ersten Befragung auf. Offenbar hat die intensive Diskussion des Themas, so die Vermutung, die Bedeutung der Items für die Befragten geändert. Dafür lassen sich auch vereinzelte Hinweise in den Befragungsdaten finden: Die Forderung der Maßnahme „Bessere Arbeitsvermittlung“ korreliert in der ersten Welle signifikant mit der Schuldzuschreibung auf die Bundesregierung ($r = .15$, $p < .001$). In der zweiten Welle ist dies nicht der Fall ($r = .06$, n.s.). Ohnehin sind die beiden Items zur Arbeitsvermittlung nur schwer mit dem Hartz-Frame gleichzusetzen. Ein Nachteil der Studie ist, dass nicht direkt nach den Hartz-Vorschlägen gefragt werden konnte, da sich zum Zeitpunkt der Fragebogenentwicklung die Prominenz der Hartz-Vorschläge nicht erahnen ließ (vgl. Kap. 5.1.1). Die Forderung nach einer Umsetzung der Hartz-Vorschläge konnte demnach nicht operationalisiert werden. Da die beiden Items, die sich auf die Arbeitsvermittlung beziehen, sich a) nicht eindeutig den Hartz-Vorschlägen zuordnen lassen und b) auch nicht messinvariant über die Zeit sind, schließen wir sie aus der Studie aus. Dies unterstreicht unser Kalkül bei der Auswahl der abhängigen Variablen: besser wenige Items nehmen, die sich klar den Frames zuordnen lassen und sehr gute psychometrische Eigenschaften aufweisen, anstatt mit vielen Items zu arbeiten, deren Reliabilität und Validität unbefriedigend sind.

Tabelle 28: Korrelationen der abhängigen Variablen (Welle 1; $n_{max} = 493$)

	1	2	3	4
1 Faktorwert: Anti-Rot-Grün	-			
2 Faktorwert: Anti-Opposition	.15**	-		
3 Faktorwert: Anti-Arbeitslose	.30**	.05	-	
4 Negative Bewertung der zukünftigen Situation auf dem Arbeitsmarkt[1]	.17**	.01	.03	-

Anmerkung: [1] „Was denken Sie: Wird sich die Situation auf dem Arbeitsmarkt in absehbarer Zeit verbessern, bleibt sie so, oder wird sie schlechter?“ ** $p < .001$

Bevor die Ergebnisse dargestellt werden, müssen jedoch noch die Korrelationen der abhängigen Variablen untersucht werden. Falls die ermittelten Faktoren zu hoch korrelieren, dann würde bei der Überprüfung der Framing-Effekte womöglich mehrfach „das Gleiche gezeigt". Die Gefahr besteht jedoch nicht (vgl. Tabelle 28).[170] Lediglich der Faktor „Anti-Rot-Grün" korreliert signifikant mit allen anderen abhängigen Variablen. Die Korrelationen sind aber gering bis moderat. Die abhängigen Variablen eignen sich demnach für die Wirkungsanalyse.

6.2.3 Framing-Effekte bei bestehenden on-line und memory-based Urteilen

Nach den bisherigen Ausführungen kann nun in der Wirkungsanalyse die Wirkung der beiden Frames, Hartz und Opposition, auf die Einstellungen der Rezipienten untersucht werden. Auf die panelanalytische Auswertungslogik mit Strukturgleichungsmodellen sind wir in Kapitel 5.3.3 eingegangen, so dass wir die formulierten Hypothesen in ein Modell übertragen können. Dies ist in Abbildung 19 dargestellt.

Abbildung 19: Theoretisches Modell zur Bestimmung der Framing-Effekte

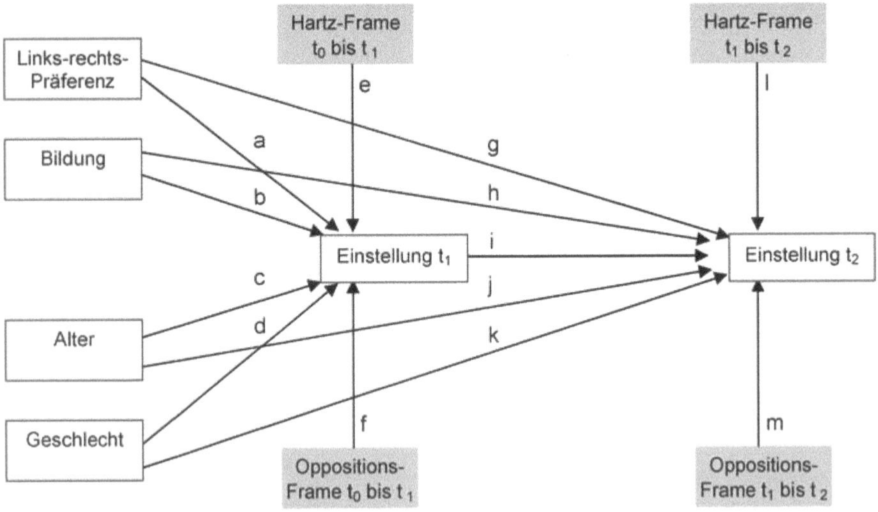

Zunächst wird der Einfluss von Standardvariablen wie politische Orientierung (Links-Rechts-Präferenz), Bildung (niedrig vs. hoch), Alter und Geschlecht einbezogen. Der Einfluss dieser Variablen auf die Einstellungen wird zu beiden Messzeitpunkten be-

170 Verwendet werden nur die Fälle, die bei beiden Wellen teilgenommen haben.

rücksichtigt. Dies ist mit den Pfaden „a" bis „d" sowie „g", „h", „j" und „k" dargestellt. Der Pfad „i" bezeichnet den autoregressiven Effekt der Einstellung bzw. die Stabilität. Für die Interpretation eines Framing-Effektes ausschlaggebend sind jedoch die vier Pfade „e", „f", „l" und „m". Zur Erinnerung: Es wird kein zeitverzögerter Effekt berücksichtigt, da die Impact-Werte des Hartz-Frames und des Oppositions-Frames nicht als zeitgleich zur Befragung, sondern als zeitlich vorgeschaltet zu verstehen sind. Dabei sind die Pfade „l" und „m" als kausaler Einfluss zu interpretieren, da durch den Pfad „i" die Einstellung zu einem früheren Zeitpunkt kontrolliert wird. Die Pfade „e" und „f" werden zwar auch als Medien-Effekt interpretiert, allerdings wird hier kein autoregressiver Effekt kontrolliert, so dass wir Kausalität nur unterstellen, nicht aber nachweisen können. Im Folgenden wird ein solches Modell für die vier ausgewählten abhängigen Variablen vorgestellt. Die Modelle sind in Aufbau und Logik identisch. Der Unterschied liegt lediglich in den abhängigen Variablen des Modells bzw. den Einstellungen. Es werden alle Korrelationen zwischen den exogenen Variablen zugelassen, jedoch nicht weiter interpretiert. Bei keinem der Modelle herrscht Multikollinearität zwischen den Prädiktoren, d.h. auch die Impact-Werte der Frames korrelieren weder untereinander noch über die Zeit bedeutsam.[171] Da die Faktorladungen der Items bereits oben vorgestellt wurden, werden sie hier nicht berichtet.

Wie bereits erwähnt, wurden die Befragten nach ihrer Antwort auf die Frage nach der Einstellungssicherheit in zwei Gruppen eingeteilt: eine Gruppe mit sicheren Einstellungen zum Thema (on-line) und eine Gruppe mit weniger sicheren Einstellungen zum Thema (gedächtnisbasiert). Im Folgenden werden die Modelle zunächst für die Gruppe mit gedächtnisbasierten Urteilen gerechnet. Anschließend wird das gleiche Modell für die on-line Gruppe überprüft. Gemäß den Hypothesen wird erwartet, dass sich bei Personen mit gedächtnisbasierten Urteilen stärkere Framing-Effekte finden lassen als bei Personen mit on-line Urteilen.

Einstellungen über die rot-grüne Bundesregierung.
Beginnen wir mit der Gruppe mit gedächtnisbasierten Urteilen (n = 211). Die Ergebnisse für den ersten Faktor, Anti-Rot-Grün, sind in Abbildung 20 dargestellt. Das gesamte Modell weist einen guten Fit auf (χ^2/df = 1.25; CFI = .98; RMSEA = .03; PCLOSE= .72). Wie zu erwarten war, findet sich ein sehr hoher Einfluss der Links-Rechts-Präferenz auf die Einstellung gegenüber den beiden Regierungsparteien: Umso stärker sich die Personen auf einer politischen Skala rechts verorten, desto mehr lehnen sie Rot-Grün ab. Dies lässt sich für die erste und etwas schwächer auch für die zweite

[171] Die Korrelationen der Impact-Werte bewegen sich von r = -.22 bis r = .22.

Welle zeigen. Zudem hat das Geschlecht einen signifikanten Einfluss auf die Einstellung gegenüber Rot-Grün: Männer stehen der Regierung leicht negativer gegenüber als Frauen. Von den vier möglichen Framing-Effekten lassen sich drei nachweisen: Personen, die in den beiden Wirkzeiträumen den Hartz-Frame rezipiert haben, machen die Bundesregierung weniger für die Arbeitslosigkeit verantwortlich und fordern weniger die Ablösung der Bundesregierung. Ein gegenteiliger Effekt lässt sich beim Oppositions-Frame ausmachen: Dieser führt vor allem bei Welle 2 dazu, dass die Befragten Rot-Grün die Schuld geben und eine Ablösung der Bundesregierung fordern. Beim ersten Wirkzeitraum lässt sich zwar eine Tendenz nachweisen ($\gamma = .13$; $p = .12$), die jedoch nicht signifikant ist. Insgesamt werden 36% der Varianz (quadrierte multiple Korrelation) des Anti-Rot-Grün Faktors der Welle 1 durch die unabhängigen Variablen erklärt. Bei der zweiten Welle beträgt die Varianzerklärung (aufgrund der hohen Autokorrelation) sogar 96%.

Abbildung 20: Framing-Effekte für den Faktor Anti-Rot-Grün (Anti-RG) bei der Gruppe mit gedächtnisbasierten Urteilen

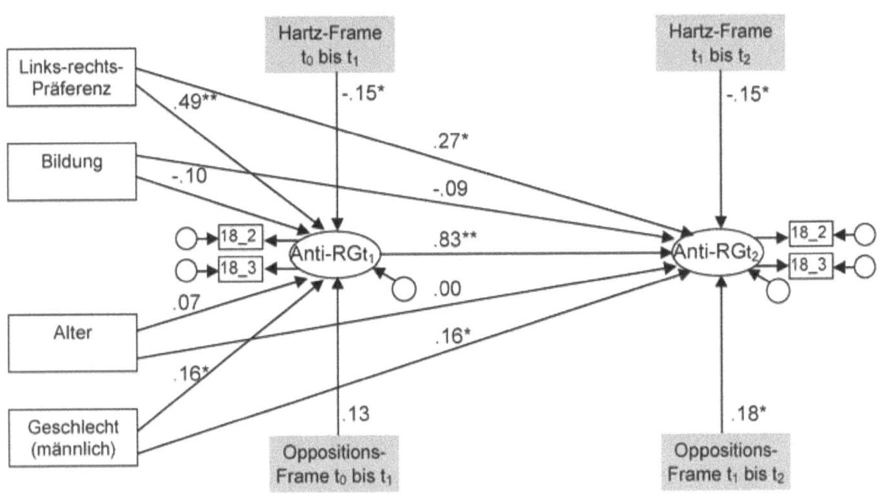

Anmerkung: *p < .05; **p < .001. Die Messfehlerbezeichnungen wurden aus Übersichtsgründen ausgelassen. Die Autokorrelationen der Fehlerterme der Items sowie die Korrelationen der exogenen Variablen sind aus dem gleichen Grund nicht dargestellt.

Für die Gruppe mit on-line Urteilen (n = 277) lässt sich ebenfalls eine gute Modellanpassung ausmachen ($\chi^2/df = 1.06$; CFI = .99; RMSEA = .02; PCLOSE= .93). Die Ergebnisse sind in Abbildung 21 dargestellt. Wie ersichtlich wird, sind keine signifikanten Framing-Effekte vorhanden. Dies bestätigt auch ein Multigruppenvergleich, in dem die Unterschiedlichkeit der Framing-Effekte in beiden Modellen getestet wird. Das bedeutet, es wird getestet, ob sich die on-line und die gedächtnisbasierte Gruppe signifikant in Hinsicht auf die vier Pfade (e, f, l, m; vgl. Abbildung 19) unterscheiden.[172] Dies ist bis auf den Pfad f (Pfad des Oppositions-Frames t_0 bis t_1) der Fall. Dieser war auch für die gedächtnisbasierte Gruppe nicht signifikant. Der Stabilitätskoeffizient der gedächtnisbasierten Gruppe ist zwar mit $\gamma = .83$; ($p < .001$) geringer als der Koeffizient der on-line Gruppe ($\gamma = .91$; $p < .001$). Dieser Unterschied ist jedoch nicht signifikant. Die Varianzerklärung des Rot-Grün-Faktors beträgt 7% bei Welle 1 und 90% bei Welle 2.

Abbildung 21: Framing-Effekte für den Faktor Anti-Rot-Grün (Anti-RG) bei der Gruppe mit on-line Urteilen

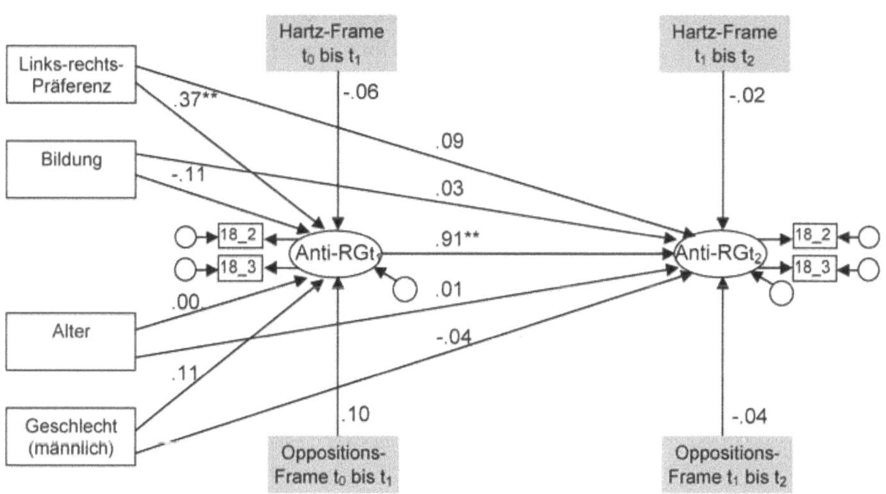

Anmerkung: **p < .001. Die Messfehlerbezeichnungen wurden aus Übersichtsgründen ausgelassen. Die Autokorrelationen der Fehlerterme der Items sowie die Korrelationen der exogenen Variablen sind aus dem gleichen Grund nicht dargestellt.

172 Die Logik dieses Tests ist ähnlich wie bei der Überprüfung der Messinvarianz: Es wird in einem Multigruppenvergleich ein „freies“ Modell mit einem Modell verglichen, in dem die beiden Pfade, deren Unterschiedlichkeit ermittelt werden sollen, gleichgesetzt werden. Hat das restriktivere Modell (in dem die Pfade gleich sind) einen signifikant schlechteren Fit, kann man die Pfade nicht gleichsetzen. Sie unterscheiden sich signifikant.

Einstellungen über die Opposition.

Für die erste abhängige Variable lassen sich stärkere Framing-Effekte für Personen mit gedächtnisbasierten Urteilen finden als für Personen mit on-line Urteilen. Im Folgenden wird ein bis auf die abhängigen Variablen exakt identisches Modell für die nächste abhängige Variable, Anti-Opposition, spezifiziert. Aus Übersichtlichkeitsgründen soll nun aber eine andere Darstellungsweise gewählt werden: Die Ergebnisse werden nicht mehr graphisch, sondern in Tabellenform dargestellt.

Tabelle 29: Pfadkoeffizienten des Strukturgleichungsmodells für den Faktor Anti-Opposition für Personen mit gedächtnisbasierten bzw. on-line Urteilen

	Gedächtnisbasierte Urteile (n = 211)		On-line Urteile (n = 277)	
	AV: Anti-Opposition t_1	AV: Anti-Opposition t_2	AV: Anti-Opposition t_1	AV: Anti-Opposition t_2
UV: Anti-Opposition t_1	-	.59**	-	.53**
UV: Hartz-Frame t_0 bis t_1	.02	-	.10	-
UV: Oppositions-Frame t_0 bis t_1	.07	-	.08	-
UV: Hartz-Frame t_1 bis t_2	-	.01	-	-.06
UV: Oppositions-Frame t_1 bis t_2	-	-.08	-	-.01
UV: Links-rechts-Präferenz	-.17*	.06	-.04	-.03
UV: Bildung	-.06	-.19*	-.14*	-.08
UV: Alter	-.04	-.13	-.04	-.09
UV: Geschlecht	.09	.15*	.01	.10
Varianzerklärung[1]	4%	44%	4%	33%

Anmerkung: [1]quadrierte multiple Korrelationen; *p < .05; **p < .001.

Tabelle 29 zeigt die Ergebnisse für die Gruppe mit gedächtnisbasierten ($\chi^2/df = 1.83$; CFI = .93; RMSEA = .06; PCLOSE= .23)[173] und die Gruppe mit on-line Urteilen

[173] Bei dieser Gruppe konnte keine Korrelation der Fehlerterme der Items zugelassen werden, da dies zu negativen Messfehlervarianzen führen würde. Der verhältnismäßig schwache Fit des Modells ist die Folge.

(χ^2/df = 2.12; CFI = .94; RMSEA = .06; PCLOSE= .18). Wie die Ergebnisse zeigen, lassen sich weder für die Gruppe mit gedächtnisbasierten Urteilen noch für die Gruppe mit on-line Urteilen signifikante Framing-Effekte ausmachen. Damit erübrigt sich auch ein Vergleich, ob die Pfadkoeffizienten beider Gruppen sich unterscheiden. Erwähnenswert ist ein signifikant negativer Effekt der Links-Rechts-Präferenz bei Welle 1: Umso eher die befragten Personen sich auf der „rechten" Seite des Spektrums einordnen, desto weniger haben sie eine negative Einstellung gegenüber der damaligen Opposition (deren stärkste Fraktion die CDU/CSU war). Vereinzelt findet sich auch Effekte der Bildung und des Geschlechtes, die für uns allerdings inhaltlich weniger bedeutsam sind.

Einstellungen über Arbeitslose.
Als nächste abhängige Variable wird die negative Einstellung gegenüber den Arbeitslosen untersucht, die mit drei Items gemessen wurde. Die Ergebnisse dieser Strukturgleichungsmodelle sind in Tabelle 30 dargestellt. Das Modell weist für die gedächtnisbasierte Gruppe eine akzeptable Modellanpassung auf (χ^2/df = 1.54; CFI = .95; RMSEA = .05; PCLOSE= .46). Der Modell-Fit für die on-line Gruppe ist gut (χ^2/df = 1.33; CFI = .98; RMSEA = .04; PCLOSE= .86). Vergleicht man die Framing-Effekte für beide Gruppen, so lassen sich für Personen mit gedächtnisbasierten Urteilen drei Effekte und für Personen mit on-line Urteilen ein signifikanter Effekt ausmachen. Der Pfadkoeffizient des Hartz-Frames auf die Einstellung zum Zeitpunkt t_1 ist signifikant (Multigruppenvergleich; $p < .05$) unterschiedlich in den beiden Gruppen. Obwohl der Pfadkoeffizient des Hartz-Frames zum Zeitpunkt t_2 auf die Einstellung zum Zeitpunkt t_2 bei der gedächtnisbasierten Gruppe signifikant ist ($\gamma = -.13$; $p = .05$) und bei der on-line Gruppe nicht ($\gamma = -.09$; n.s.), unterscheiden sich beide Pfadkoeffizienten nicht, wenn man dies in einem Multigruppenvergleich testet. Die Tendenz beider Koeffizienten ist ähnlich. Auch die anderen Pfadkoeffizienten der Frames unterscheiden sich nicht signifikant zwischen beiden Gruppen.

Das Auslassen der Korrelationen der Fehlerterme hat jedoch keinen bedeutsamen Einfluss auf die Ausprägung der Pfadkoeffizienten.

Tabelle 30: Pfadkoeffizienten des Strukturgleichungsmodells für den Faktor Anti-Arbeitslose für Personen mit gedächtnisbasierten bzw. on-line Urteilen

	Gedächtnisbasierte Urteile (n = 211)		On-line Urteile (n = 277)	
	AV: Anti-Arbeitslose t_1	AV: Anti-Arbeitslose t_2	AV: Anti-Arbeitslose t_1	AV: Anti-Arbeitslose t_2
UV: Anti-Opposition t_1	-	.83**	-	.79**
UV: Hartz-Frame t_0 bis t_1	-.18*	-	.04	-
UV: Oppositions-Frame t_0 bis t_1	.22*	-	.28**	-
UV: Hartz-Frame t_1 bis t_2	-	-.13*	-	-.09
UV: Oppositions-Frame t_1 bis t_2	-	-.07	-	-.08
UV: Links-rechts-Präferenz	.25*	.09	.32**	-.04
UV: Bildung	-.07	.09	-.23*	-.06
UV: Alter	.01	-.01	-.27**	-.07
UV: Geschlecht	-.10	.14*	.09	.00
Varianzerklärung[1]	22%	73%	27%	67%

Anmerkung: [1]quadrierte multiple Korrelationen; *p < .05; **p < .001;

Einstellung zur zukünftigen Situation des Arbeitsmarktes.

Als letzte abhängige Variable wurde die Einschätzung der zukünftigen Situation des Arbeitsmarktes untersucht. Allerdings muss hier auf eine Ein-Item-Messung zurückgegriffen werden, so dass das Modell als panelanalytische Pfadanalyse zu bezeichnen ist. Auf die Nachteile, die mit einer derartigen Messung verbunden sind, wurde bereits mehrfach hingewiesen. Tabelle 31 zeigt die Ergebnisse für die gedächtnisbasierte und die on-line Gruppe. Die Modellanpassung ist für beide Gruppen zufriedenstellend (gedächtnisbasiert: $\chi^2/df = 2.39$; CFI = .96; RMSEA = .08; PCLOSE= .16; on-line: $\chi^2/df = 2.40$; CFI = .96; RMSEA = .07; PCLOSE= .21). Erneut gibt es unterschiedliche Framing-Effekte für beide Gruppen: Bei Personen mit gedächtnisbasierten Urteilen gibt es einen signifikanten Effekt des Oppositions-Frames zu beiden Messzeitpunkten.

Das bedeutet, umso stärker die Personen den Oppositions-Frame rezipiert haben, desto eher schätzen sie die zukünftige Situation auf dem Arbeitsmarkt negativ ein.

Tabelle 31: Pfadkoeffizienten der Pfadanalyse für die (negative) Bewertung der zukünftigen Arbeitsmarktsituation für Personen mit gedächtnisbasierten bzw. on-line Urteilen

	Gedächtnisbasierte Urteile (n = 211)		On-line Urteile (n = 277)	
	AV: negative Bewertung t_1	AV: negative Bewertung t_2	AV: negative Bewertung t_1	AV: negative Bewertung t_2
UV: Anti-Opposition t_1	-	.40**	-	.48**
UV: Hartz-Frame t_0 bis t_1	.06	-	-.01	-
UV: Oppositions-Frame t_0 bis t_1	.17*	-	-.04	-
UV: Hartz-Frame t_1 bis t_2	-	-.10	-	-.11
UV: Oppositions-Frame t_1 bis t_2	-	.11*	-	-.07
UV: Links-rechts-Präferenz	.06	.10	-.07	-.04
UV: Bildung	-.31**	-.13*	-.14*	-.14*
UV: Alter	-.09	-.15*	-.10	.05
UV: Geschlecht	.00	-.04	.19*	.00
Varianzerklärung[1]	15%	29%	7%	28%

Anmerkung: [1]quadrierte multiple Korrelationen; *p < .05; **p < .001; Fragetext: „Was denken Sie: Wird sich die Situation auf dem Arbeitsmarkt in absehbarer Zeit verbessern, bleibt sie so, oder wird sie schlechter?

Zusätzlich haben die Bildung und das Alter einen Einfluss auf die Bewertung: Umso niedriger die Bildung und umso jünger eine Person ist, desto negativer ist die Einschätzung der zukünftigen Situation auf dem Arbeitsmarkt. Der Stabilitätskoeffizient ist deutlich niedriger als bei den vorher diskutierten Strukturgleichungsmodellen. Dies liegt daran, dass die Bewertung nur mit einer Frage gemessen werden konnte und somit die Reliabilität der Messung nicht kontrolliert werden kann. Der Stabilitätskoeffizient ist daher mit Vorbehalt zu interpretieren. Bei den Personen mit on-line Urteilen sind keine signifikanten Framing-Effekte mehr vorhanden. Dabei ist vor allem der Effekt des

Oppositions-Frames zum ersten Messzeitpunkt zwischen beiden Gruppen signifikant unterschiedlich ($p < .05$).

Zwischenfazit.
Insgesamt zeichnet sich eine Tendenz ab: Zählt man die signifikanten Framing-Effekte für die on-line und die gedächtnisbasierte Gruppe zusammen, so lassen sich bei letzterer häufiger signifikante Framing-Effekte nachweisen. Jedoch sind auch bei den gedächtnisbasierten Urteilen nur acht der insgesamt 16 möglichen Effekte signifikant – bei den on-line Urteilen ist dies nur ein einziger Effekt. Zudem zeigen sich bei beiden Gruppen einige tendenzielle Effekte, die jedoch nicht signifikant sind, so dass wir sie für die Interpretation nicht berücksichtigen können. Die Ergebnisse legen nahe, dass Hypothese 4 bestätigt werden kann. Die Einstellungen zur rot-grünen Bundesregierung werden durch die beiden Frames klar beeinflusst, genauso verhält es sich bei den Einstellungen gegenüber Arbeitslosen und etwas geringer bei der zukünftigen Bewertung des Arbeitsmarktes. Lediglich bei den Einstellungen gegenüber der Opposition findet sich kein Effekt. In der Summe spricht das dafür, dass die Rezeption von Medien-Frames die politischen Einstellungen der Bürger beeinflussen kann, insofern gedächtnisbasierte Urteile vorliegen. Jedoch darf das Auszählen von signifikanten Effekten nicht darüber hinwegtäuschen, dass manche Effekte der on-line Gruppe zwar nicht mehr signifikant sind, jedoch sich auch nicht bedeutsam von dem jeweiligen (signifikanten) Effekt der gedächtnisbasierten Gruppe unterscheiden. Dies haben Multigruppenvergleiche gezeigt, bei denen die Unterschiedlichkeit einzelner Pfade auf Signifikanz getestet wurde. Das bedeutet: Die Ergebnisse stimmen zwar in der Tendenz, jedoch besteht auch ein Klärungsbedarf für die ausbleibenden und die unerwarteten Effekte. Wir kommen darauf in der Diskussion zurück.

6.2.4 Variation der Wirkungsspanne

Die bisherigen Ergebnisse geben Hinweise darauf, dass bei gedächtnisbasierten Urteilen ein stärkerer Effekt von Medien-Frames auftritt als bei on-line Urteilen. In den Hypothesen 5 und 6 wurde angenommen, dass on-line Urteile vor allem durch früh rezipierte Frames beeinflusst werden, da die Urteilsbildung beim erstmaligen Kontakt mit dem Thema erfolgt. Hingegen müssten bei gedächtnisbasierten Urteilen zeitlich spät rezipierte Frames wirkungsrelevanter sein, da diese bei der Urteilsbildung am stärksten verfügbar sind und somit für das Urteil herangezogen werden. Damit wäre bei on-line Urteilen ein Primacy-Effekt und bei gedächtnisbasierten Urteilen ein Recency-Effekt zu erwarten. Dies kann überprüft werden, indem die Wirkungsspanne variiert wird. Anders formuliert, der Framing-Effekt müsste bei Personen mit on-line Urteilen höher sein, wenn man den Befragten nur die Medien-Impact-Werte der weit zurückliegenden Berichterstattung zuweist. Auf der anderen Seite müssten die Framing-Effekte bei der gedächtnisbasierten Gruppe noch stärker werden, wenn den Personen die zeitlich nah zurückliegende Berichterstattung zugewiesen wird.

Im Grunde könnte man diese Annahme für mehrere Wirkzeiträume testen und nach dem optimalen Wirkungszeitraum für beide Urteilstypen suchen. Dies können wir hier jedoch nicht leisten. Von daher sollen nur zwei ausgewählte Wirkzeiträume miteinander verglichen werden. Den obigen Ergebnissen lag ein Wirkzeitraum von ca. acht Wochen zu Grunde. Für die Überprüfung der Primacy-Effekte wird den Personen die Berichterstattung der jeweils ersten vier Wochen zugewiesen – die vier Wochen unmittelbar vor den beiden Befragungswellen werden damit ausgeschlossen. Bei den Recency-Effekten werden nicht die ersten (Woche 1 bis 4), sondern pro Befragungswelle die zweiten vier Wochen (Woche 5-8) verwendet: Den Befragten werden die Medienrohwerte zugewiesen, die sich für die vier Wochen unmittelbar vor der Befragung ergeben. Auf Basis der Hypothesen wäre zu erwarten, dass sich je nach zugewiesenem Wirkzeitraum stärkere Framing-Effekte für die gedächtnisbasierte oder die on-line Gruppe ergeben müssten.

Für beide Wirkzeiträume werden exakt die gleichen Modelle wie oben spezifiziert. Aus Übersichtlichkeitsgründen konzentrieren wir uns im Folgenden nur auf die Framing-Effekte und stellen die Effekte der kontrollierenden Variablen (Links-Rechts-Tendenz, Bildung, Alter, Geschlecht) hier nicht dar. Ebenso wenig gehen wir auf die Fit-Indices der Modelle ein, die genau wie die oben beschriebenen Modelle alle zufriedenstellend sind. Verzichtet wird auch auf ausführliche Multigruppenvergleiche, mit denen einzelne Pfade auf ihre Unterschiedlichkeit in Bezug auf die beiden Gruppen untersucht werden. Im Folgenden steht lediglich im Vordergrund, ob signifikante Framing-Effekte auftreten oder nicht. Dabei können sich bei jedem zugewiesenen Wirkzeitraum für die on-line Gruppe und die gedächtnisbasierte Gruppe maximal je 16 signifikante Effekte ergeben: Es gibt vier abhängige Variablen und pro abhängige Variable können vier Framing-Effekte auftreten (die Effekte des Hartz-Frames und des Oppositions-Frames zu beiden Messzeitpunkten).

Die Ergebnisse der Strukturgleichungsmodelle sind in Tabelle 32 dargestellt. Im oberen Teil der Tabelle sind die Ergebnisse für die erwarteten Primacy-Effekte aufgeführt. Zunächst fällt auf, dass die oben dargestellten acht Framing-Effekte bei gedächtnisbasierten Urteilen nicht mehr auftreten oder sich sogar ins Gegenteil kehren. Beispielsweise führt der Hartz-Frame zu einer negativeren Einschätzung der zukünftigen Situation auf dem Arbeitsmarkt ($\gamma = .22$; $p < .05$) und einer negativeren Einstellung gegenüber Arbeitslosen ($\gamma = .17$; $p < .05$), was inhaltlich schwer zu interpretieren ist. Statt acht von 16 sind nun nur noch vier von 16 möglichen Effekten signifikant – davon gehen einige aber in eine inhaltlich nicht vermutete Richtung. Dies legt den Schluss nahe, dass die Framing-Effekte bei gedächtnisbasierten Urteilen geringer sind, wenn man statt der gesamten Wirkungsspanne nur die ersten vier Wochen berücksichtigt. Bei den Personen mit on-line Urteilen lassen sich vier der 16 möglichen Framing-Effekte nachweisen. Dies sind mehr Effekte, als wir für die gesamte Wirkungsspanne zeigen konnten. Zudem treten sie allesamt zum ersten Messzeitpunkt auf, was theoretisch Sinn macht, da die Urteilsbildung ja zu diesem Zeitpunkt operationalisiert wurde und die Effekte streng genommen nur vorher, nicht aber nachher auftreten dürften. Dennoch sind die Effekte in der Anzahl gering. Hinzu kommen Probleme bei der Interpretation. Bei den Einstellungen gegenüber Arbeitslosen hat sowohl der Hartz-Frame als auch der Oppositions-Frame einen signifikanten Effekt. Ingesamt lassen die eher „ernüchternden" Ergebnisse nicht den Schluss zu, dass bei on-line Urteilen vor allem früh rezipierte Frames relevant sind. Hypothese 5 kann damit nicht bestätigt werden.

Schaut man sich nun die Framing-Effekte für die letzten vier Wochen des Zeitraums an (Recency-Effekte), so zeigt sich bei den gedächtnisbasierten Urteilen ein ähnliches Bild wie für den gesamten Wirkzeitraum. Immerhin sieben von 16 möglichen Effekten sind signifikant, wobei die Richtung dieser signifikanten Effekte auch den inhaltlichen Erwartungen entspricht. Interessant ist, dass im Vergleich zur gesamten Wirkungsspanne auf der einen Seite Effekte ausbleiben (wie etwa bei der Bewertung), auf der anderen Seite aber auch Effekte hinzukommen. Beispielsweise zeigt sich ein signifikanter Einfluss des Oppositions-Frames auf die Einstellungen gegenüber der Opposition ($\gamma = -.17$; $p < .05$). Dieser Effekt trat für die gesamte Wirkungsspanne nicht auf. Insgesamt muss jedoch die Erwartung, dass sich stärkere Framing-Effekte nachweisen lassen, zurückgewiesen werden. Die Framing-Effekte sind weder in ihrer Anzahl mehr geworden, noch sind sie in ihrer Höhe angestiegen. Damit muss Hypothese 6 verworfen werden. Auch was die on-line Urteile betrifft, so sind die Ergebnisse für die letzten vier Berichterstattungswochen vor der Feldzeit ähnlich wie die Ergebnisse, die wir für die gesamte Wirkungsspanne berichtet haben. Nunmehr sind zwei der 16 möglichen Effekte signifikant. Auch hier zeigen sich zwei Effekte, die sich oben nicht finden ließen: Zum einen führt die Rezeption des Hartz-Frames dazu, dass die Personen eine negativere Einstellung gegenüber der Opposition aufweisen ($\gamma = .16$; $p < .05$). Zum anderen gibt es einen Zusammenhang zwischen dem Oppositions-Frame und der negativen Einstellung gegenüber Arbeitslosen ($\gamma = .28$; $p < .001$).

Tabelle 32: Pfadkoeffizienten (Framing-Effekte) für alle vier abhängigen Variablen in Abhängigkeit des Urteilstypes und des zugewiesenen Wirkzeitraums

		AV: Anti-Rot-Grün				AV: Anti-Opposition				AV: Anti-Arbeitslose				AV: negative Bewertung			
		Gedächtnis-basiertes Urteil (n = 211)		On-line Urteil (n = 277)		Gedächtnis-basiertes Urteil (n = 211)		On-line Urteil (n = 277)		Gedächtnis-basiertes Urteil (n = 211)		On-line Urteil (n = 277)		Gedächtnis-basiertes Urteil (n = 211)		On-line Urteil (n = 277)	
		t_1	t_2	t_1	t_2	t_1	t_2	t_1	t_2	t_1	t_2	t_1	t_2	t_1	t_2	t_1	t_2
Wirk-zeitraum	UV: Hartz t_0 bis t_1	.11	-	.04	-	.00	-	.15*	-	.17*	-	.28**	-	.22*	-	-.10	-
	UV: Opposition t_0 bis t_1	.21*	-	.05	-	-.07	-	.07	-	.20*	-	.19*	-	.00	-	.18*	-
Primacy	UV: Hartz t_1 bis t_2	-	-.12	-	-.01	-	-.02	-	-.03	-	-.12*	-	-.06	-	-.10	-	-.03
	UV: Opposition t_1 bis t_2	-	.03	-	.03	-	-.01	-	.02	-	-.05	-	.05	-	-.03	-	.04
Wirk-zeitraum	UV: Hartz t_0 bis t_1	-.16*	-	.04	-	.00	-	.16*	-	-.17*	-	-.02	-	-.01	-	.04	-
	UV: Opposition t_0 bis t_1	.07	-	.05	-	-.03	-	.06	-	.19*	-	.28**	-	.17*	-	.03	-
Recency	UV: Hartz t_1 bis t_2	-	-.17*	-	-.01	-	-.02	-	-.05	-	-.12*	-	.-5	-	-.08	-	.04
	UV: Opposition t_1 bis t_2	-	-.03	-	-.03	-	-.17*	-	-.08	-	.00	-	.03	-	.03	-	-.02

Anmerkung: *p < .05; **p < .001; Recency = Zugewiesene Berichterstattung der letzten vier Wochen vor dem Befragungstermin (Woche 5 bis 8); Primacy = Zugewiesene Berichterstattung der ersten vier Wochen der gesamten Zeitspanne (Woche 1 bis 4)

Für die Überprüfung der Recency-Effekte wurde in weiteren Analysen das Zeitfenster des Wirkzeitraums auf zwei (statt vier) Wochen verengt. Die Überlegung: Möglicherweise ist das Zeitfenster von vier Wochen zu lang, um derartig kurzfristige Effekte nachweisen zu können. Erstaunlicherweise bleiben aber nicht nur stärkere gedächtnisbasierte Effekte aus, sondern die bisher beobachteten signifikanten Pfade für die Gruppe mit gedächtnisbasierten Urteilen verschwinden fast vollständig. Das bedeutet: Es lassen sich bei zwei Wochen Wirkungsspanne fast keine Framing-Effekte mehr nachweisen. Ähnliche Befunde gibt es bei einer Wirkungsspanne von zehn Tagen vor den jeweiligen Befragungen. Der Grund dafür lässt sich leicht finden: Wenn ein derartig kurzer Wirkungszeitraum zugewiesen wird, gehen nur noch sehr wenige Fälle in die Bildung der Medienrohwerte ein. Beispielsweise gibt es für den gesamten Zeitraum (vier Monate) insgesamt nur 35 ZDF Beiträge und 38 RTL Beiträge. Die Konsequenz: Bei einem kurzen Wirkzeitraum wächst die Wahrscheinlichkeit, dass manchen Befragten keine Fernsehberichterstattungswerte mehr zugewiesen werden können. Zudem wächst auch die Wahrscheinlichkeit, dass die Befragten gar keinen der zugewiesenen Beiträge gesehen oder gelesen haben. Bei einem Wirkzeitraum von einer Woche ist die Verknüpfung nicht mehr ohne Fallverlust möglich: Es können einer Reihe von Befragten keine Fernsehbeiträge mehr zugeteilt werden, weil in der jeweiligen Woche kein Beitrag gesendet wurde. Dies ist für die Wirkungsanalyse nicht tolerierbar. Aufgrund der ausbleibenden Effekte und der methodischen Schwierigkeiten bei der Zuweisung soll auf eine ausführliche Dokumentation der Effekte für zwei Wochen, zehn Tage und eine Woche verzichtet werden.

6.2.5 Vertrauen in Medien als Prädiktor für Framing-Effekte

Wie die vorangegangenen Kapitel gezeigt haben, kann die gedächtnisbasierte Urteilsbildung als wichtige Bedingung für Framing-Effekte verstanden werden. Eine weitere Bedingung haben wir im Medienvertrauen vermutet. Vertrauen, so die Annahme, hat in zweierlei Hinsicht eine Bedeutung für Framing-Effekte: Zum einen führt Vertrauen zur Mediennutzung, was die Voraussetzung für Medienwirkungen ist. Dies wurde Vertrauenshandlung erster Ordnung genannt. Zum anderen kann Vertrauen einen Einfluss ausüben, der sich nicht durch die Nutzung erklären lässt: Während der Rezeption kann die Vertrauenseinstellung einer Person wieder aktiviert werden. Dies ist vor allem bei einer entstehenden Risikowahrnehmung der Fall. Die während der Rezeption aktivierte Vertrauensentscheidung beeinflusst, ob eine Wirkung eintritt oder nicht. Das nennen wir Vertrauenshandlung zweiter Ordnung.

Der Zusammenhang zwischen Vertrauen und Mediennutzung kann in der Analyselogik des Panels folgendermaßen modelliert werden (vgl. Abbildung 22): Vertrauen hat einen Einfluss auf die Mediennutzung sowohl im Querschnitt (Pfade a und e), als auch im Längsschnitt (Pfad c). Der zeitversetzte Pfad c kann als kausaler Einfluss des Vertrauens verstanden werden, da – genauso wie bei den Hypothesen zur Entstehung des Urteilstypes (vgl. Kap. 6.2.1) – eine zeitlich vorgeschaltete Variable eine spätere Variable erklärt, wobei der autoregressive Einfluss aller früheren Variablen sowie der Querschnittseffekt kontrolliert werden.

Abbildung 22: Theoretisches Modell zum Einfluss des Vertrauens auf die Mediennutzung

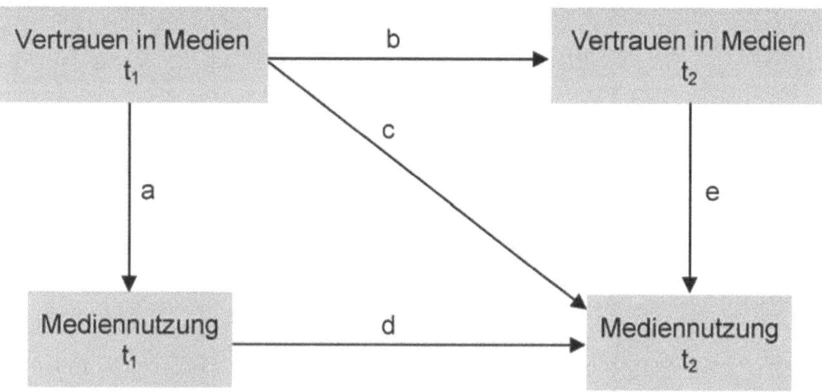

Es sei darauf hingewiesen, dass dieses theoretische Modell sich von dem der beiden vorangegangenen Kapitel unterscheidet: Dort wurde kein zeitversetzter Effekt berücksichtigt, da die Medien-Frames bereits zeitlich vorgeschaltet waren. Hier ist jedoch der zeitversetzte Pfad entscheidend, da Vertrauen und Mediennutzung sich pro Welle auf den gleichen Zeitpunkt beziehen (vgl. zur Analyselogik Kap. 5.3.3).

Die Ergebnisse des vollständigen Strukturgleichungsmodells sind in Abbildung 23 dargestellt. Vertrauen wurde als hierarchischer Faktor modelliert, was den theoretischen Annahmen entspricht (vgl. Kohring, 2004; Kohring & Matthes, 2007). Damit ist das Modell zwar verhältnismäßig komplex, dennoch weist es einen guten Modell-Fit auf ($\chi^2/df = 2.07$; CFI = .95; RMSEA = .04; PCLOSE= 1.00). Die insgesamt 32 Faktorladungen der Items zum Vertrauen sind allesamt hoch. Da dies schon an anderer Stelle berichtet wurde (vgl. ausführlich Kohring, 2004, S. 229), werden die Ladungen hier nicht angegeben. Das gleiche gilt für die Messinvarianz über die Zeit (vgl. Kohring,

2004, S. 236 ff). Die Ladungen des hierarchischen Faktors Vertrauen (Faktor zweiter Ordnung) auf die jeweils vier Faktoren erster Ordnung sind ebenfalls sehr hoch (Welle 1: $\lambda_{Themen} = .86$, $\lambda_{Fakten} = 1.00$, $\lambda_{Richtigkeit} = .80$. $\lambda_{Bewertungen} = .93$; Welle 2: $\lambda_{Themen} = .86$, $\lambda_{Fakten} = 1.00$, $\lambda_{Richtigkeit} = .83$, $\lambda_{Bewertungen} = .89$). Die beiden autoregressiven Pfade (bzw. Stabilitätskoeffizienten) sind ebenfalls signifikant.

Abbildung 23: Strukturgleichungsmodell zum Einfluss des Medienvertrauens auf die Mediennutzung

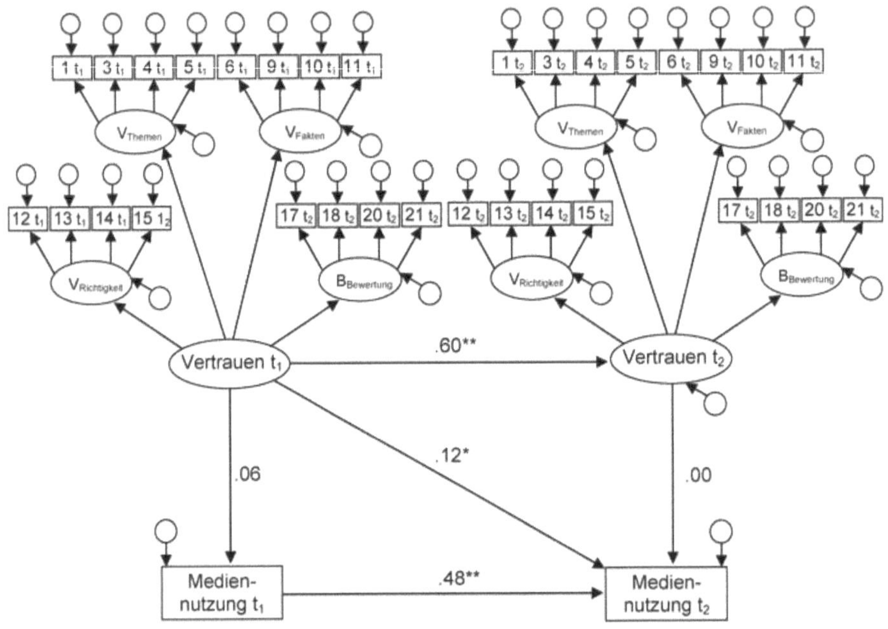

Anmerkung: V = Vertrauen; *p < .05; **p < .001; Die Angaben zur Mediennutzung und zum Medienvertrauen bezogen sich für jeden Befragten auf das jeweils gleiche Medium. Gefragt wurde nach der Anzahl an Nutzungstagen in einer Woche. Die Messfehlerbezeichnungen wurden aus Übersichtsgründen ausgelassen. Die Autokorrelationen der Fehlerterme der Items sind aus dem gleichen Grund nicht dargestellt.

Wie die Abbildung zeigt, lässt sich ein schwacher, aber signifikanter Effekt des Vertrauens auf die Mediennutzung nachweisen ($\gamma = .12$; $p = .05$). Hypothese 7 wird damit nicht verworfen. Die beiden Querschnittseffekte des Vertrauens auf die Mediennutzung sind nicht signifikant. Für Welle 2 ist das nicht weiter erstaunlich, da gleichzeitig der zeitverzögerte Effekt berücksichtigt wird. Bei Welle 1 wäre jedoch ein Querschnittseffekt zu erwarten gewesen. Insgesamt kann aber nur ein geringer Teil der Varianz der

Mediennutzung erklärt werden. Bei der ersten Welle sind dies nur 0.04% und bei der zweiten Welle 25%.

Wenn Vertrauen einen Einfluss auf die Mediennutzung hat, so ergibt sich automatisch ein indirekter Effekt auf die Wirkung von Medien-Frames. Das heißt: Vertrauen beeinflusst die Nutzung und diese ist eine Voraussetzung für die Wirkung. Möglicherweise hat aber das Vertrauen auch einen Einfluss, der über die Nutzung hinausgeht: Vertrauenseinstellungen können während der Medienrezeption salient werden und zur Annahme von Botschaften führen. Der Einfluss des Vertrauens würde sich nach dieser Überlegung nicht nur in einer Nutzungsentscheidung, sondern auch in der konkreten Übernahme während der Rezeption äußern. Wie lässt sich dies mit unseren Daten überprüfen? Die Mediennutzung ist ja bereits in den Medien-Impact-Werten berücksichtigt. Damit wird auch der Effekt des Vertrauens auf die Mediennutzung kontrolliert. Wenn sich nun ein zusätzlicher Effekt des Vertrauens zeigen ließe, so wäre dieser unabhängig von der Nutzung. Mit anderen Worten, ließen sich stärkere Framing-Effekte bei Personen mit hohem Vertrauen nachweisen, so kann dies nicht mehr auf die Nutzung zurückgeführt werden, da diese ja bereits im Modell berücksichtigt ist. Vertrauen hätte damit einen Einfluss, der über die Nutzung hinausgeht. Vorweg soll aber erwähnt werden, dass diese Analyselogik nur Hinweise auf den vermuteten Effekt liefern kann. Ein kausaler Nachweis des exakten Wirkmechanismus ist vermutlich nur im Experiment zu leisten, wenn der Rezeptionsprozess kontrolliert wird.

Die Rolle des Vertrauens für die Wirkung von Medien-Frames soll in den folgenden Schritten gestestet werden: Basierend auf einem Median-Split des Gesamtfaktors „Vertrauen" (Md = 4.62; Skala von 1 bis 7) wird die Stichprobe in eine Gruppe mit niedrigem/mittleren und eine Gruppe mit hohem Vertrauen eingeteilt. Anschließend werden die oben beschriebenen Framing-Effekt-Modelle für diese beide Gruppen gerechnet. Zeigen sich bei der Gruppe mit hohem Vertrauen stärkere Effekte, so würde dies für einen Einfluss des Vertrauens während der Rezeption sprechen, der über die Zeit hinweg wiederholt aufgetreten ist.

Tabelle 33: Pfadkoeffizienten (Framing-Effekte) für alle vier abhängigen Variablen in Abhängigkeit des Urteilstypes und des Medienvertrauens

		AV: Anti-Rot-Grün						AV: Anti-Opposition						AV: Anti-Arbeitslose						AV: negative Bewertung					
		Gedächtnis-basiert[1]		On-line[2]		Gesamt-stichprobe[3]		Gedächtnis-basiert		On-line		Gesamt-stichprobe		Gedächt-nisbasiert		On-line		Gesamt-stichprobe		Gedächt-nisbasiert		On-line		Gesamt-stichprobe	
		t_1	t_2	t_1	t_2	t_1	t_2	t_1	t_2	t_1	t_2	t_1	t_2	t_1	t_2	t_1	t_2	t_1	t_2	t_1	t_2	t_1	t_2	t_1	t_2
Niedriges Vertrauen	UV: Hartz t_0 bis t_1	-.08	-	-.06	-	-.09		.04	-	.17*		.00	-	-.26*	-	.03	-	-.04	-	.01	-	.02	-	.02	-
	UV: Opposition t_0 bis t_1	.19*	-	.23*	-	.13*		-.10	-	.07		.01	-	.26*	-	.38**	-	.24*	-	.32**	-	.02	-	.10	-
	UV: Hartz t_1 bis t_2	-	-.09	-	-.05	-	-.07		-.09	-	-.06		-.08	-	-.16*	-	.03	-	.02	-	-.05	-	-.11	-	-.08
	UV: Opposition t_1 bis t_2	-	.27**	-	-.06	-	.06		-.16*	-	-.09		-.12*	-	.05	-	.03	-	.03	-	.15	-	-.05	-	.02
Hohes Vertrauen	UV: Hartz t_0 bis t_1	-.13*	-	-.03	-	-.01		.03	-	.17*		.13*	-	-.13*	-	-.02	-	-.09	-	-.15*	-	-.02	-	.08	-
	UV: Opposition t_0 bis t_1	.05	-	-.01	-	-.02		-.17*	-	.07		.04	-	.24*	-	.19*	-	.16*	-	.04	-	.05	-	.02	-
	UV: Hartz t_1 bis t_2	-	-.28**	-	-.01	-	-.08	-	.11	-	-.04	-	.02	-	-.25*	-	-.22*	-	-.21*	-	-.17*	-	-.03	-	-.02
	UV: Opposition t_1 bis t_2	-	-.01	-	-.03	-	-.01	-	-.05	-	.02	-	.01	-	.05	-	.04	-	.06	-	.07	-	.03	-	.03

Anmerkung: [1]gedächtnisbasiert/niedriges Vertrauen: n = 107, gedächtnisbasiert/hohes Vertrauen: n = 104; [2]on-line/niedriges Vertrauen: n = 131, on-line/hohes Vertrauen: n = 144; [3]Gesamtstichprobe/niedriges Vertrauen: n = 257; Gesamtstichprobe/hohes Vertrauen: n = 242; *p < .05; **p < .001.

Die Ergebnisse der Strukturgleichungsmodelle sind in Tabelle 33 zusammengestellt. Ähnlich wie bei der Untersuchung verschiedener Wirkzeiträume werden nur die Pfadkoeffizienten für die Framing-Effekte berichtet. Aus Übersichtsgründen sind die Effekte für hohes Vertrauen und niedriges Vertrauen grau hinterlegt. Da hier nicht zwischen den Urteilstypen differenziert wird, wird diese Spalte mit „Gesamtstichprobe" bezeichnet. Im Grunde müssen die Koeffizienten für die Gruppe mit niedrigem Vertrauen mit den Koeffizienten der Gruppe mit hohem Vertrauen für die vier abhängigen Variablen verglichen werden. Es wird deutlich, dass die Effekte bei hohem Vertrauen nicht stärker sind als bei niedrigem Vertrauen: Sowohl bei hohem als auch bei niedrigem Vertrauen sind nur drei der 16 möglichen Effekte signifikant. Vertrauen hat damit keinen Einfluss auf das Ausmaß der Medieneffekte.

Möglicherweise hängt dies jedoch damit zusammen, dass der Urteilstyp nicht berücksichtigt wurde. Schließlich konnten wir in Kapitel 6.2.3 zeigen, dass die Framing-Effekte bei gedächtnisbasierten Urteilen stärker ausfallen. Verbindet man dieses Ergebnis mit den Überlegungen zum Vertrauen in Medien, so könnte man vermuten, dass Vertrauen nur bei gedächtnisbasierten Urteilen zu stärkeren Framing-Effekten führt. Unsere Forschungsfrage 2 lautete daher: *Ist Vertrauen in Medien bei gedächtnisbasierten Urteilen oder bei on-line Urteilen stärker wirkungsrelevant?* Wie Tabelle 33 zeigt, finden sich im Vergleich zum niedrigen Medienvertrauen weder bei gedächtnisbasierten noch bei on-line Urteilen stärkere Framing-Effekte, wenn das Vertrauen hoch ist. Bei gedächtnisbasierten Urteilen und hohem Vertrauen sind acht von möglichen 16 Effekten signifikant – bei niedrigem Vertrauen sind es sieben. Dieser Unterschied ist zu gering, um interpretiert zu werden. Auch an der Höhe der Koeffizienten lassen sich keine bedeutsamen Unterschiede erkennen, so dass sich ein Multigruppenvergleich (in dem die Unterschiedlichkeit einzelner Pfade getestet werden kann) erübrigt. Bei on-line Urteilen spielt das Vertrauen ebenso keine Rolle: Sowohl für die Gruppe mit on-line Urteilen und hohem Vertrauen als auch für die on-line Gruppe mit niedrigem Vertrauen sind drei Effekte signifikant. Technisch gesprochen liegt den Ergebnissen zufolge kein Interaktionseffekt zwischen Vertrauen und der Urteilsbildung vor. Ein Haupteffekt des Vertrauens zeigt sich ebenso wenig.

6.2.6 *Diskussion der Befunde*

In der Wirkungsanalyse wurde sich zum einen der Vorhersage von gedächtnisbasierten und on-line Urteilen gewidmet. Zum anderen wurde die Wirkung von Medien-Frames bei bestehenden gedächtnisbasierten und on-line Urteilen untersucht. Was die Hypothesen zur Entstehung der Urteilstypen betrifft, so haben diese sich bestätigt. Die Persönlichkeitseigenschaft Evaluationsbedürfnis ist ein signifikanter Prädiktor für die online im Gegensatz zur gedächtnisbasierten Urteilsbildung. Dies ist ein bedeutsamer Befund: Sowohl für klassische Methoden zur Erfassung von on-line und gedächtnisbasierten Urteilen, wie beispielsweise die Latenzzeit (Bizer et al., 2006), als auch für die jüngst entwickelte Skala zur Erfassung beider Urteilstypen (Matthes et al., 2007) lässt sich dieser Zusammenhang nachweisen. Damit können wir das Ergebnis auch als Beleg für die Konstruktvalidität der Messung deuten: In dieser Studie wurde die online/gedächtnisbasierte Urteilsbildung über die Einstellungssicherheit erfasst, was zwar mit mehreren Nachteilen verbunden ist (wie wir weiter unten ausführlicher diskutieren werden), sich aber in Anbetracht dieser Ergebnisse als guter Indikator erweist. Würde sich der Zusammenhang nicht aufzeigen lassen, so müsste man die hier gewählte Operationalisierung überdenken. Neben dem Evaluationsbedürfnis ließ sich ebenfalls ein Zusammenhang zwischen der Urteilsbildung und dem Orientierungsbedürfnis aufzeigen. Auch dieser Befund entspricht unseren Modellannahmen. Orientierungsbedürfnis ist keine Persönlichkeitseigenschaft, sondern eine themenabhängige Variable. Mit anderen Worten, bei manchen Themen hat eine Person ein hohes, bei anderen wiederum ein niedriges Orientierungsbedürfnis. Als Folge eines hohen Orientierungsbedürfnisses werden sich on-line Urteile einstellen, die voraussichtlich stabil sind und sich schwer ändern lassen. Bei einem niedrigen Orientierungsbedürfnis werden sich eher gedächtnisbasierte Urteile ergeben. Die Zuwendungsmotivation ist damit entscheidend für die Ausbildung des Urteilstypes. Insgesamt wird deutlich, dass gedächtnisbasierte oder online Urteile sowohl von motivationalen Faktoren (Orientierungsbedürfnis), als auch von Persönlichkeitsvariablen abhängen. Beides ist keineswegs gleichzusetzen, da dies auf der einen Seite zeitlich überdauernde Eigenschaften und auf der anderen Seite themenspezifische Motivationen sind.

Im Zentrum des Interesses dieser Arbeit steht die Wirkung von Medien-Frames auf die Einstellungen der Bürger. In einer aufwändigen Verknüpfung von Inhaltsanalyse und Befragungsdaten wurden jeder befragten Person für jeden Frame die Werte zugewiesen, die der jeweiligen Mediennutzung entsprechen. Damit sollte sichergestellt werden, dass für jede Person eine Information in den Befragungsdatensatz eingespeist wird, die angibt, welche Frames wahrscheinlich in welchem Ausmaß rezipiert wurden. Nur bei einer derartigen Zuweisung können wir von Framing-Effekten sprechen. Anschließend wurden die in den Datensatz eingefügten Impact-Werte mit den Einstellungen der Rezipienten in Verbindung gebracht. Allerdings musste ein Frame aufgrund von Multikollinearitätsproblemen ausgeschlossen werden. Die antagonistischen Frames wurden aus dem gleichen Grund jeweils zu Saldi zuzusammengefasst, so dass am Ende mit zwei

Saldi-Werten (Hartz-Frame und Oppositions-Frame) gerechnet werden konnte. Für die Auswertung haben wir auf Strukturgleichungsmodelle zurückgegriffen, die es ermöglichen, die Stabilität einer Messung von der Reliabilität zu trennen. Insgesamt, so das Fazit, hat sich der Verknüpfungsaufwand gelohnt. Für die zwei zugewiesenen Frames ließen sich Framing-Effekte finden. Die Frames in der Medienberichterstattung beeinflussen damit die Einstellungen der Rezipienten. Dabei waren die Effekte in ihrer Anzahl bei den gedächtnisbasierten Urteilen deutlich häufiger als bei den on-line Urteilen. Das bedeutet: Wenn die befragten Personen gedächtnisbasierte Urteile ausgebildet haben, so hängt ihr Urteil davon ab, welche Medien-Frames in der Berichterstattung salient sind. Das Urteil wird demzufolge durch die Informationen beeinflusst, die zum Zeitpunkt der Urteilsabgabe (also der Befragung) am leichtesten verfügbar waren. Hat eine Person den Hartz-Frame stark rezipiert und wird nach ihrem Urteil gefragt, so sind die Elemente des Hartz-Frames kognitiv zugänglich und werden für die Urteilsbildung herangezogen. Liegt jedoch ein on-line Urteil vor, so hat zu einem – allerdings für uns unbekannten Zeitpunkt – eine „feste" Urteilsbildung stattgefunden. Diese Urteile sind – genau das besagt die Unterscheidung zwischen den beiden Urteilstypen und belegen sozialpsychologische Befunde – stabil und damit weniger leicht durch die Medienberichterstattung zu beeinflussen.[174]

Die Framing-Effekte waren am deutlichsten, wenn ein langer Wirkzeitraum berücksichtigt wurde. Aus theoretischer Perspektive müssten bei gedächtnisbasierten Urteilen jedoch vor allem die Medien-Frames einen Einfluss haben, die zeitlich nah zur Urteilsabgabe sind. Der Grund: Personen können sich an das, was nah zurückliegt, besser erinnern als an weit zurückliegende Informationen. Diese Recency-Effekte ließen sich allerdings nicht zeigen: Wenn den Personen nur die Medien-Frames zugewiesen wurden, die einen Monat vor dem (jeweiligen) Befragungstermin in den (jeweiligen) Medien berichtet wurden, waren keine stärkeren Framing-Effekte auszumachen. Für eine Spanne von zwei Wochen, zehn Tagen und sieben Tagen ließen sich sogar kaum noch signifikante Effekte nachweisen.

Wie lässt sich dieser Befund erklären? Zunächst ist es denkbar, dass die Häufigkeit der Frames ein stärkeres Gewicht hat als die Zeitspanne zwischen letzter Aktivierung und

[174] Die Ergebnisanalyse hat sich stark an der Unterscheidung zwischen on-line und gedächtnisbasierten Urteilen orientiert. Technisch gesprochen wurden keine Haupteffekte der Medien-Frames dargestellt. Dafür gab es keine theoretische Veranlassung. Testweise wurden jedoch auch die Framing-Effekte für die Gesamtstichprobe exploriert: Es sind nur noch vier Effekte signifikant. Wie jedoch der Vergleich zwischen der online und der gedächtnisbasierten Gruppe zeigt, kommen diese durch die gedächtnisbasierte Gruppe zustande. Es wäre also zu kurz gedacht, „nur" die Haupteffekte zu interpretieren.

Befragung. Mit anderen Worten, wenn etwas häufig aktiviert wird, ist dies für die Urteilsbildung relevanter, als wenn eine zeitlich nahe Aktivierung erfolgt. Die Häufigkeit überschattet die zeitliche Nähe. Ein vergleichbares Ergebnis finden auch Schrott und Meffert (1996) in ihrer Analyse von Kampagneneffekten, welche ähnlich wie in unserer Studie Befragungsdaten und Mediendaten auf individueller Ebene verknüpften: „The media impact we find is rather slow and cumulative" (S. 16). Man kann dieses Ergebnis aber keineswegs so lesen, dass es keine kurzfristigen Effekte gibt bzw. dass diese generell nicht zu erwarten sind. Möglicherweise muss man den Befund vor dem Hintergrund der angewandten Methode diskutieren: Dies wäre eine weitere Erklärung. Wenn man langfristige Effekte nachweisen will, spielt die Kumulation bzw. das wiederholte Auftreten der Stimuli eine zentrale Rolle. Kumulation ist die conditio sine qua non für langfristige Medienwirkungen. Kurzfristige Effekte sind jedoch mit dem von uns gewählten Design nur schwer nachweisbar. Wie es der Name schon sagt, sind sie „kurz". Damit fallen sie verhältnismäßig leicht durch das eher grobe Raster unserer Methode: Die Verknüpfung von Inhaltsanalyse und Befragung bringt trotz aller Vorteile in punkto externe Validität eine Reihe von Unschärfen mit sich, die sich nur schwer ausschalten lassen. Zu nennen sind hier beispielsweise die lange Feldzeit und die sich dadurch ergebenden Unterschiede zwischen den Befragten, die nicht vollständige Zuweisung der wahrgenommenen Medieninhalte, die Unkontrollierbarkeit des Rezeptionsprozesses und auch die generellen Probleme bei der Erfassung der Mediennutzung in Befragungsstudien. So kann es sein, dass einfach aufgrund methodischer Unsauberkeiten sich keine kurzfristigen „kleinen", sondern nur kumulative, „massive" Effekte demonstrieren lassen. Dies sehen wir beispielsweise an einem ganz zentralen Verknüpfungsproblem beider Datensätze: Ein Wirkzeitraum von einer Woche war mit den vorhandenen Daten nicht mehr zu realisieren, ohne dass weitere Fälle ausgeschlossen werden müssten. Das heißt, für manche Befragte wurden in der einen Woche vor der Befragung keine Fernsehbeiträge ausgestrahlt – damit waren die Befragten nicht mehr dem Fernsehen zuweisbar. Dennoch ist es wahrscheinlich, dass diese Befragten in jener Woche etwas über das Thema gesehen oder gelesen haben. Nur sind diese Inhalte nicht durch die Inhaltsanalyse abgedeckt.

Ähnlich wie bei den Recency-Effekten für gedächtnisbasierte Urteile waren auch die Befunde für die vermuteten Primacy-Effekte bei den on-line Urteilen ernüchternd. Es konnten keine stärkeren Framing-Effekte nachgewiesen werden, wenn den Personen die zeitlich früh rezipierten Medien-Frames zugewiesen wurden. Auch dafür sind mehrere Gründe denkbar: Genauso wie bei den gedächtnisbasierten Überlegungen muss man hier die Frage stellen, ob die Urteile langfristig, d.h. durch das wiederholte Auftreten gewisser Frames bei gleichzeitig hoher Verarbeitungsmotivation der Befragten, auftreten, oder ob on-line Urteile eher in einem kurzen Wirkzeitraum entstehen und dann nicht mehr veränderbar sind. Auf Basis der theoretischen Überlegungen zur Urteilsbildung sind bei on-line Urteilen Effekte der Häufigkeit nicht zu erwarten. Wenn eine Person eine hohe Urteilsbildungsmotivation ausbildet (z.B. durch ein hohes Orientierungsbedürfnis) und damit zu einem Urteil über ein Thema kommen will, so wird die Person nicht erst einen langen Zeitraum abwarten und sich danach – sozusagen nach eingehender Überlegung – ein festes Urteil bilden. Dies ist zwar möglich und wird auch empirisch vereinzelt vorzufinden sein, jedoch betrachten wir dies für die on-line Urteilsbildung als die Ausnahme, nicht als Regel. In der Regel werden sich Personen mit einer hohen Urteilsbildungsmotivation sofort ein Urteil bilden. Damit wird die Information wirkungsrelevant, die zu Beginn des Rezeptionsprozesses steht. Dies ist keine Vermutung, sondern ein empirischer Fakt, der aus mittlerweile 20 Jahren Forschung zu diesem Urteilstypus als gesichert gilt (vgl. Hastie & Park, 1986; Mackie & Asuncion, 1990; Mackie et al., 1993; McConnel, 2001). Die Schwierigkeit tritt nun auf, da wir diese Annahme auf langfristige Medienwirkungen übertragen und damit eine andere Forschungslogik eingehen. Geht man nämlich davon aus, dass on-line Urteile in einem kurzen Zeitraum gebildet werden, so lässt sich dies mit unserem Design schwer nachweisen. Die Analyse ist zu „grob“, um derartig rasch auftretende Effekte aufzeigen zu können. Das Ausbleiben der Primacy-Effekte wäre damit ein methodisches Problem. Aber auch eine andere Erklärung erscheint bedeutsam: Es ist nicht nur schwierig, mit dem Design kurze Wirkmechanismen nachzuweisen, sondern möglicherweise lagen die Urteile schon vor dem Beginn der Untersuchung vor. Wenn die Personen die Urteile schon über einen langen Zeitraum haben, so verwundert es wenig, dass diese sich nicht mehr durch die Medienberichterstattung in einem Gesamtzeitraum von acht Wochen ändern lassen. In diesem Fall hätten wir die Medien gar nicht inhaltsanalysiert, die ursprünglich zur Ausbildung der Urteile geführt haben. Dies ist beim Thema Arbeitslosigkeit auch nicht so unwahrscheinlich, da Arbeitslosigkeit ein verhältnismäßig prominentes Thema in der Medienberichterstattung ist, zu dem ein Teil der Personen durchaus eine feste Meinung ausgebildet haben wird.

Insgesamt ließen sich bei gedächtnisbasierten, nicht aber bei on-line Urteilen bedeutsame Framing-Effekte nachweisen. Heißt das, dass es nur bei gedächtnisbasierten Urteilen Framing-Effekte gibt? Keineswegs, denn auch die on-line Urteile müssen ja zu einem Zeitpunkt entstanden sein und dabei hat möglicherweise auch die Medienberichterstattung eine Rolle gespielt. Dies zeigt, dass der Zeitpunkt der Urteilsentstehung bei beiden Typen unterschiedlich ist. Will man die Wirkung von Medien-Frames nachweisen, die bei der Entstehung von on-line Urteilen auftritt, so wäre ein anderes Design zu wählen. Entweder man würde ein verhältnismäßig neues Thema wählen und dazu eine ähnliche Langzeitstudie durchführen, oder man müsste experimentell arbeiten und die Entstehung von Einstellungen zu einem vorher unbekannten Thema simulieren. Mit beiden methodischen Vorgehensweisen ließen sich Framing-Effekte sowohl für on-line als auch für gedächtnisbasierte Urteile erwarten. Der Unterschied läge dann darin, dass sich einmal gebildete on-line Urteile nur schwer wieder durch weitere Medienberichterstattung ändern ließen, währenddessen dies bei gedächtnisbasierten Urteilen der Fall sein müsste.

Als letztes haben wir die Rolle des Vertrauens für die Wirkung von Medien-Frames untersucht. Relativ klar ist das Ergebnis, dass Vertrauen die Mediennutzung beeinflusst. Ist das Vertrauen hoch, so werden sich die Personen auch stärker einem Medium zuwenden, um sich zu informieren. Der Zusammenhang zwischen beiden Variablen ist allerdings gering. Dafür lassen sich mehrere Gründe nennen: Erstens haben wir wenig Streuung in den Vertrauenswerten. Dies liegt daran, dass die Personen die Angaben zum Vertrauen ja in Bezug auf die Medien machen sollten, die sie häufig nutzen: Bei der Mediennutzung sollten die Befragten angeben, welche Medien sie am meisten nutzen, um sich über das aktuelle politische Geschehen zu informieren. Das Medium, was hier an erster Stelle genannt wurde, diente auch als Referenz für die Vertrauensfragen. Daraus folgt, dass kaum Personen niedriges Vertrauen berichten. Zweitens hängt die Mediennutzung von ganz verschiedenen Faktoren ab, so dass ohnehin nur ein geringer Effekt des Vertrauens zu erwarten ist. Zum Beispiel entscheiden das Zeitbudget oder die Nutzungsgewohnheiten über die Inanspruchnahme eines journalistischen Angebotes. Drittens wissen wir aus anderen empirischen Studien, dass Rezipienten auch Medien nutzen, denen sie wenig Vertrauen schenken, etwa aus Motiven der Unterhaltung oder des sozialen Austausches mit anderen Personen (vgl. Tsfati & Cappella, 2003). Viertens wissen wir wenig über die optimale Zeitspanne zwischen einem Vertrauensurteil und einer zukünftigen Nutzung. Mit anderen Worten, wie schnell und über welchen Zeitraum hinweg schlägt sich ein Vertrauensurteil auf eine zeitlich spätere Nutzung nieder? In dieser Studie haben wir einen Effekt nachweisen können, obwohl ca. acht Wochen zwischen beiden Befragungen lag. Dies ist angesichts der genannten Relativierungen als beachtlich einzustufen.

Hinsichtlich der Bedeutung des Vertrauens für Framing-Effekte müssen mehr Fragen offen bleiben, als wir mit den Ergebnissen beantworten können. Auf Basis der Ergebnisse ist davon auszugehen, dass Vertrauen die Mediennutzung beeinflusst. Die Mediennutzung ist logischerweise eine Grundvoraussetzung für Medienwirkungen. Daraus folgt: Beeinflusst das Vertrauen die Nutzung, so determiniert es auch die Wirkung. Wenn man den Einfluss der Mediennutzung auf die Wirkung kontrolliert, ergeben sich allerdings entgegen unserer Erwartung keine stärkeren Effekte für Personen mit hohem im Vergleich zu Personen mit niedrigem Vertrauen. Dies gilt sowohl für die Gesamtstichprobe als auch für die Personen mit on-line oder gedächtnisbasierten Urteilen, die nach ihren Vertrauenswerten unterschieden werden. Hierfür sind mehrere Ursachen denkbar: Genauso wie beim Einfluss des Vertrauens auf die Nutzung ist natürlich die schiefe Verteilung der Vertrauenswerte in Rechnung zu stellen. Dies macht es schwer, Unterschiede zwischen verschiedenen Vertrauensgruppen aufzuzeigen. Auch die geringen Fallzahlen bei der gleichzeitigen Berücksichtigung des Urteilstypes und des Vertrauens können eine Ursache dafür sein, dass die erwarteten Effekte nicht eintreten. Es ist nicht unproblematisch, Strukturgleichungsmodelle mit etwas mehr als 100 Personen zu rechnen. Möglicherweise ist aber auch der von uns angenommene Mechanismus zu hinterfragen: Vermutet wurde, dass Vertrauen im Prozess der Rezeption eine Rolle spielt, wenn bei der Verarbeitung von Botschaften eine erneute Risikowahrnehmung auftritt und Vertrauen benötigt wird. Das Ausmaß des Vertrauens, so die Vermutung, wird dann mit der Risikowahrnehmung abgewogen. Kurz: Das Vertrauen wird nicht nur bei der Auswahl von Quellen als Entscheidungskriterium herangezogen, sondern auch bei der Akzeptanz konkreter Botschaften. Die Risikowahrnehmung während der Rezeption konnte in dieser Untersuchung nicht berücksichtigt werden. Damit wissen wir auch nicht, ob das Ausbleiben eines Effektes dieser Tatsache geschuldet ist oder ob die Annahme generell unzutreffend ist. Ob dieser Mechanismus existiert, können nur zukünftige Studien klären.

Zusammenfassend sind die Ergebnisse folgendermaßen einzuschätzen: Wenn die Bürgerinnen und Bürger die Medien-Frames über das Thema Arbeitslosigkeit rezipieren, so wirkt sich das auf ihre Einstellungen aus. Diese Framing-Effekte treten vor allem dann auf, wenn Personen gedächtnisbasierte Voreinstellungen aufweisen und wenn ein langer Wirkzeitraum berücksichtigt wird. Bei sehr kurzen Wirkzeiträumen wie etwa zwei Wochen oder weniger lassen sich kaum noch Framing-Effekte demonstrieren. Von daher haben wiederkehrende Frames das größte Einflusspotenzial. Kurz: Es zählt die Wiederholung von identischen Medien-Frames über die Zeit, nicht ein einmaliges Aufblitzen. Die Ergebnisse unterstreichen die Relevanz eines langen Wirkzeitraums, in dem Framing-Effekte kumulativ und wiederholt auftreten: Nur wenn die Rezipienten mit den gleichen Frames mehrfach in Berührung kommen, lässt sich ein Einfluss auf die politischen Einstellungen nachweisen. In der Gesamtschau der Ergebnisse fällt auf, dass einige Effekte nur dann auftraten, wenn gewisse Bedingungen wie etwa eine Wirkungsspanne von vier Wochen gegeben waren. Beispielsweise gab es einen signifikanten Einfluss des Oppositions-Frames auf die Einstellungen gegenüber der Opposition nur bei einer Wirkungsspanne von vier Wochen, nicht aber bei acht Wochen. Andere Effekte blieben bei der Spanne von vier Wochen aus, die sich aber bei acht Wochen noch zeigen ließen. Unter allem Vorbehalt was die Interpretierbarkeit dieser „Schwankungen" betrifft, so könnte das Ergebnis auch ein Hinweis sein, dass es für bestimmte Einstellungen einen optimalen Wirkzeitpunkt gibt, bei dem die Berichterstattung den maximalen Effekt verursacht. Da sich mit jedem beachteten Tag und jeder einbezogenen Woche die zugewiesenen Impact-Werte ändern, ist es bei gedächtnisbasierten Urteilen durchaus denkbar, einen Effekt nachzuweisen, der sich eine Woche später oder eine Woche früher nicht mehr finden lässt. Zudem kann der optimale Wirkzeitpunkt für verschiedene Variablen und für verschiedene Person ganz unterschiedlich ausfallen. Um dies aufzeigen zu können, müsste man allerdings mehrere Wellen einbeziehen sowie die intraindividuelle Wirkung betrachten, also Wirkverläufe für jede Person. Folgt man dieser Argumentation, werden die gefundenen Framing-Effekte in ein anderes Licht gerückt: In Anbetracht der Unklarheit über den optimalen Wirkzeitpunkt sind die gefundenen acht von 16 Effekten nicht so ernüchternd, wie sie auf den ersten Blick erscheinen mochten.

Gleichwohl sind die gefundenen Effekte in ihrer Höhe als gering bis moderat einzuschätzen. Dies ist aber auch der Tatsache geschuldet, dass mit der gewählten Modellierung mehrere Einflussvariablen zeitgleich in ihren direkten und indirekten Effekten kontrolliert werden. Besonders die autoregressiven Effekte der gleichen Variable zu einem früheren Zustand sind sehr hoch. Es ist ein Unterschied, ob man den früheren Zustand der gleichen Variable kontrolliert oder generelle politische Einstellungen und Prädispositionen, wie dies in vielen Medienwirkungsstudien der Fall ist. Die Ergebnisse machen mehr als deutlich, dass der frühere Zustand einer Variable den stärksten Effekt auf den späteren Zustand der Variable hat. Teilweise finden wir eine Varianzerklärung der abhängigen Variablen von 96%, was klar auf den autoregressiven Effekt zurückzuführen ist. Nichtsdestotrotz Medienwirkungen nachweisen zu können, stellt ein beachtliches Ergebnis dar, das sich in der bisherigen Forschung nur schwer finden lässt. Besonders erwähnenswert ist an dieser Stelle auch, dass die Effekte – bis auf die Bewertung der Arbeitslosigkeit – nicht durch die Unreliabilität der Messung zustande gekommen sein können. Die Reliabilität der Messung über die Zeit wurde mit Strukturgleichungsmodellen getestet und sichergestellt. Auch dies lässt sich in der bisherigen Medienwirkungsforschung selten – aus unserer Sicht *zu* selten – finden.

Trotz dieser positiven Impulse dürfen einige Probleme der Wirkungsanalyse nicht unerwähnt bleiben. An erster Stelle treten wie bereits erwähnt bei der Verknüpfung beider Datensätze Unschärfen auf, deren Folgen sich schwer abschätzen lassen. Nicht unerwähnt bleiben darf auch die Entscheidung, die innerhalb eines Beitrages prominenten Frames bei der Berechnung der Medienrohwerte stärker zu gewichten als weniger prominente Frames. Damit wird eine Rezeptionsannahme unterstellt, die zwar plausibel ist, jedoch nicht belegt werden konnte. Auch das aufgetretene Multikollinearitätsproblem ist zu problematisieren, welches für die Studie einen starken Informationsverlust zur Folge hatte. Vor diesem Hintergrund werden die gefundenen Effekte wieder etwas relativiert: Es können keine Aussagen darüber gemacht werden, welche Effekte die einzelnen Frames für sich genommen erzielt hätten. Auch die Lösung, für die antagonistischen Frames den Saldo zu bilden, ist lediglich als Kompromiss zu verstehen und keineswegs optimal. Die Frames stehen zwar in einem entgegengesetzten Verhältnis, jedoch werden mit der Saldobildung feine Besonderheiten einzelner Frames verwischt. Die Wirkungsanalyse ist nicht nur aus diesem Grund als relativ „grob" einzustufen und folglich nicht frei von methodischen Unwägbarkeiten. Ob sich die erwähnten Probleme bei der Verknüpfung von Inhaltsanalyse und Befragung in zukünftigen Untersuchungen vollends kontrollieren lassen, erscheint fraglich. Für die zukünftige Forschung sollten vor allem Multikollinearitätsprobleme stärker thematisiert werden. Es ist davon auszugehen, dass sie in ähnlichen Designs nicht selten anzutreffen sind. Bleiben sie unentdeckt, können sie zu völlig falschen Ergebnissen führen. Eine Prüfung der Korrelation der unabhängigen Variablen ist damit ein wichtiger Ratschlag für die zukünftige Forschung.

Ein weiterer Ratschlag für die zukünftige Forschung ist sicherlich die bessere Operationalisierung der Urteilstypen. On-line und gedächtnisbasierte Urteile wurden lediglich mit einem Item erfasst, das die Einstellungssicherheit misst. Damit konnten wir keine direkte Messung der Urteilstypen vorweisen, sondern nur eine indirekte. Die Wahl des Indikators deckt sich zwar mit den Befunden bisheriger Forschung (vgl. Matthes et al., 2007, Bizer et al., 2006), ist jedoch für die zukünftige Forschung nicht der Königsweg. Generell ist es eine methodische Herausforderung, Konstrukte, die im Rahmen experimentell psychologischer Forschung entwickelt und überprüft wurden, auf die Befragung zu übertragen (Schemer et al., 2006). Dabei ist mit einigen Unschärfen zu rechnen. Möglicherweise ergeben sich durch die unlängst entwickelte Skala zur Erfassung von gedächtnisbasierten und on-line Urteilen (vgl. Matthes et al., 2007) neue Perspektiven. Diese Skala ließe sich problemlos in der Umfrageforschung einsetzen und als Wirkungsprädiktor verwenden. Damit wäre auch die Reliabilität sichergestellt, was hier nur unterstellt werden musste.

Ein zusätzliches Problem ist die geringe Anzahl an abhängigen Variablen. Dieses Problem ist zum einen forschungslogischer Natur: Da man den Verlauf der Medienberichterstattung bei der Erstellung des Fragebogens nur schwer antizipieren kann, entstehen automatisch Unschärfen in der Vergleichbarkeit von Inhaltsanalyse und Befragung. Genau dieses Problem ist in dieser Studie für die Hartz-Vorschläge aufgetaucht. Es konnte nicht direkt nach den Hartz-Vorschlägen gefragt werden, da sich die Bedeutung der Hartz-Kommission für die Medienberichterstattung zum Zeitpunkt der Fragebogenentwicklung nicht antizipieren ließ. Umso gewichtiger ist es für die Interpretation der Befunde, dass der Hartz-Frame trotzdem einen Einfluss auf die herangezogenen Einstellungen ausüben konnte. Möglicherweise hätte man bei einer besseren Operationalisierung noch stärkere Effekte nachweisen können.

Ein weiterer Grund für die wenigen Items liegt in den Anforderungen an die psychometrischen Eigenschaften eines Items bei der Panelanalyse mit Strukturgleichungsmodellen. Bei derartigen Analysen ist es die Regel, dass nur zwei bis drei Items verwendet werden (vgl. für eine kurze Diskussion der Problematik auch Christ et al., 2006). Dass eine Operationalisierung mit wenigen Items aus Sicht der Konstruktvalidität problematisch sein kann, ist sicherlich unbestritten. Nur ist es das Grundprinzip einer Messung über die Zeit, dass die Messungen auch über mehrere Messzeitpunkte invariant sind. Diese Annahme ist – nimmt man z.B. die explorative Faktorenanalyse als Gegenmaß – sehr streng. Sie zeigt aber auch den Vorteil von komplexeren Auswertungsverfahren, auf den wir schon mehrfach hingewiesen haben: Es können Annahmen getestet werden, die sonst nur unterstellt würden. Zeigt sich bei der Verwendung von wenigen, aber dafür reliablen Items ein erwarteter Effekt, so ist dieser aussagekräftiger als ein Effekt mit vielen, jedoch über die Zeit nicht reliablen Items. Kurz: Reliabilität ist die Voraussetzung der Validität. Eine valide Messung mit mehreren Fragen „nützt nichts", wenn die Items nicht reliabel sind. Dies rechtfertigt u.E. die Beschränkung auf wenige, nach methodischen Kriterien ausgewählte Items.

7. Allgemeine Diskussion

Wenn die Rezipientinnen und Rezipienten sich über das aktuelle politische Geschehen informieren, sehen sie sich mit einer Vielzahl von Sichtweisen und Interpretationen konfrontiert. Diese Sichtweisen finden ihren Niederschlag in der Medienberichterstattung, werden dort definiert, ausgehandelt und bewertet. Wir bezeichnen sie als Frames. Mit dieser Feststellung haben wir unsere Arbeit begonnen und daraufhin drei Leitziele formuliert: Erstens sollte die Definition von Frames präzisiert, zweitens die methodische Erfassung verbessert und drittens der Framing-Ansatz für die Medienwirkungsforschung aufbereitet werden.

Zunächst haben wir in einem umfassenden Forschungsüberblick die gesamte Framing-Forschung mit ihrer enormen Anzahl an Studien dargestellt, diskutiert und das integrative Potenzial des Ansatzes herausgestellt. Ein Ergebnis war die Ausarbeitung von sieben Problempunkten, die wir für die zukünftige Forschung und dabei insbesondere für die Untersuchung von Framing-Effekten als zentral erachten. Aus theoretischer Sicht war die bisherige Definition von Frames unbefriedigend (**Problempunkt „Definition"**). Im Grunde gilt für einen Großteil der Studien die Frage zu stellen, was denn eigentlich gemeint ist, wenn man von Frames spricht. Selbst wenn Frames theoretisch präziser gefasst werden, so bleibt die empirische Umsetzung in den meisten Fällen unspezifisch und methodisch fragwürdig: Vor allem die zentrale Frage nach den Kriterien, ab wann man von einem Frame sprechen kann (**Problempunkt „Zugriffskriterium"**) und wie man Frames intersubjektiv nachvollziehbar und valide erfassen kann (**Problempunkt „Operationalisierung"**), blieben bisher weitestgehend unbeantwortet. Dies hat auch damit zu tun, dass der Status des Ansatzes nicht geklärt ist: Nur in wenigen Arbeiten lassen sich ausgereifte Bemühungen finden, aus theoretischer Sicht herauszuarbeiten, was denn die Kernannahmen des Ansatzes sind und welche dieser Annahmen überhaupt einer empirischen Prüfung unterzogen werden können (**Problempunkt „Kernannahmen"**). Zu vorschnell wurde in der Literatur von einer „Theorie der Massenkommunikation" gesprochen, ohne deutlich zu machen, was denn eigentlich „die" Framing-Theorie ist.

Die vier Stränge der Framing-Forschung – das strategische Framing, das journalistische Framing, Frames in Medientexten sowie die Wirkung von Frames – sind nur lose miteinander verbunden und nehmen zu selten aufeinander Bezug. Dies zeigt sich nicht nur daran, dass beispielsweise die soziologische Literatur zum strategischen Framing in vielen kommunikationswissenschaftlichen Framing-Studien kaum beachtet wird. Auch wird in den Arbeiten zu Framing-Effekten zu wenig Bezug auf die inhaltsanalytische Framing-Forschung genommen. Dies hat weitreichende Konsequenzen: Die zentrale Annahme des strategischen Framings, Frames als Muster von Einstellungen eines Akteurs zu einem bestimmten Thema zu begreifen, wird bei einem Großteil der Arbeiten zu Medien-Frames und Framing-Effekten übersehen. Damit wurde die Tatsache verkannt, dass sich mehrere Frames in einem Medienbeitrag manifestieren können. Auf der Ebene des Inhaltes wurden Medien-Frames vornehmlich als „Eigenschaften" eines Textes begriffen – welcher Akteur in einem Beitrag etwas zur Sprache bringt und wie viele unterschiedliche Sichtweisen auf ein Thema im Beitrag vorkommen, blieb meistens außen vor. Auf der Ebene der Wirkung wurden in den Experimenten recht einfache Stimuli verwendet, die sich nur schwer an die inhaltsanalytisch ermittelten und die von Seiten des strategischen Framings erwartbaren Frames anbinden lassen. Eine ganze Reihe von Effekt-Studien haben damit Wirkungen untersucht, die möglicherweise nicht viel mit Medien-Frames – nach unserem Verständnis – zu tun haben.

Bei der Erforschung von Framing-Effekten lassen sich noch einige weitere Schwachpunkte ausmachen: Trotz einer Vielzahl von Experimenten gibt es kaum Arbeiten, die Voreinstellungen der Rezipienten kontrollieren, was wir als Tabula-Rasa-Modell der Meinungsbildung bezeichnet haben (**Problempunkt „Voreinstellungen"**). Dies ist der Tatsache geschuldet, dass Themen untersucht wurden, die kaum an inhaltsanalytisch ermittelte Frames angebunden sind und somit für die Befragten weitestgehend unbekannt sein dürften. Insgesamt bleibt die Erforschung von Framing-Effekten auf das Labor beschränkt. Feldstudien, die inhaltsanalytische Daten mit Befragungen verknüpfen, fehlen (**Problempunkt „externe Validität"**). Und wenn sie – wie beim Second-Level Agenda Setting – zum Einsatz kommen, sind ihre Ergebnisse aufgrund der Querschnittslogik, der nicht-individualisierten Verknüpfung von Inhaltsanalyse und Befragung sowie den korrelativen Auswertungen einzuschränken. Framing-Effekte wurden demnach in der bisherigen Literatur vermutlich überschätzt. Zudem hat sich das in fast allen Arbeiten unterstellte oder herangezogene Wirkmodell als unzureichend erwiesen: Die Wirkungsannahmen wurden auf ein gedächtnisbasiertes Modell beschränkt – on-line Urteile wurden vollkommen ausgeklammert. Selbst in den wenigen Studien, in denen Voreinstellungen kontrolliert wurden, blieb offen, ob es sich um bestehende gedächtnisbasierte oder bestehende on-line Urteile handelt. Nahezu vollkommen ungeklärt sind Prädiktoren auf Stimulus- und Rezipientenseite, die eine Aussage darüber erlauben, wann Framing-Effekte besonders wahrscheinlich bzw. besonders stark sind. Dies haben wir als **Problempunkt „Prädiktoren"** bezeichnet.

7.1 Theoretische, empirische und methodische Erkenntnisse

Die *theoretischen Erkenntnisse* dieser Arbeit lassen sich wie folgt zusammenfassen: Zunächst wurde in Anlehnung an Lakatos (1974) der Versuch unternommen, den Framing-Ansatz als Forschungsprogramm zu begreifen (**Lösungsvorschlag „Kernannahmen“**). Im Kern dieses Programms steht die Annahme von Frames, die sich als konsistente Sichtweisen eines Akteurs auf ein Thema in sprachlichen Texten manifestieren können. Neben der Annahme von Frames geht das Forschungsprogramm von drei Prinzipien aus, die wie der Frame-Begriff die Prämissen des Ansatzes darstellen: Das *Ambivalenzprinzip* besagt, dass bei politischen Themen mehrere, in Konflikt stehende Aspekte koexistieren. Das *Selektionsprinzip* beschreibt die Funktion von Frames, gewisse Aspekte aus dieser „ambivalenten Welt“ herauszugreifen, wobei andere außen vor gelassen werden. Frames sind damit immer ein selektiver Ausschnitt eines Themas. Beim dritten Prinzip, dem *Konsistenzprinzip,* geht es um die konsistente Verknüpfung der Elemente eines Frames, so dass sich ein zusammenhängender Sinnhorizont ergibt.

Die einzelnen Elemente eines Frames – die Problemdefinition, die Ursachenzuschreibung, die Lösungszuschreibung bzw. Handlungsaufforderung und die Bewertung – ergeben eine logische Argumentationskette, die ein Akteur in einem Diskurs vertritt. Konsistent bedeutet dabei, dass die Elemente die gleiche Evaluation zu einem Thema nahe legen. Dies wird in den meisten Diskursen der Fall sein, da Akteure stets bedacht sind, sich in ihren öffentlichen Aussagen nicht zu widersprechen. Da die Problemdefinition nicht zwangsläufig eine Evaluation deutlich machen muss, müssen mindestens zwei Elemente ausgeprägt sein, damit man von einem Frame sprechen kann (**Lösungsvorschlag „Zugriffskriterium“**). Das Kriterium für die Existenz eines Frames ist demnach, dass eine Evaluation vorhanden ist. Dieses Verständnis von Frames integriert die Arbeiten zum strategischen Framing und macht sie für die Analyse von Medieninhalten fruchtbar (**Lösungsvorschlag „Definition“**). Inhaltsanalytisch bedeutet das, dass ein Frame aus den Aussagen eines Textes besteht, bei denen ein Akteur die konsistent zueinander stehenden Frame-Elemente anspricht. Wenn mehrere Akteure „ihre“ Frame-Elemente in einem Text ansprechen und ihren Sinnhorizont darlegen, so können auch mehrere Frames in einem Beitrag identifiziert werden.

Damit ergeben sich Konsequenzen für die Erfassung von Medien-Frames (**Lösungsvorschlag „Operationalisierung“**): Frames werden nicht als holistische Kategorien kodiert, sondern in ihre einzelnen Elemente aufgespaltet (vgl. Kohring & Matthes, 2002; Matthes & Kohring, 2004, 2006a). Kodiert werden die Variablen, die sich den Frame-Elementen (eines jeden Akteurs) zuordnen lassen. Damit kann es theoretisch so viele Frames in einem Diskurs geben, wie sich unterschiedliche Akteure zu einem Thema äußern und dabei relevante Frame-Elemente ansprechen. Aus forschungspragmatischen Überlegungen haben wir jedoch die Identifizierung eines Frames an das Kriterium geknüpft, dass ein Frame mehrfach in einem Diskurs auftreten muss, d.h. es muss ein und derselbe Frame in mehreren Texten vorhanden sein (**Lösungsvorschlag „Zugriffskriterium"**). Folglich werden nur die Frames erfasst, die eine relative Bedeutung für den Diskurs haben und daher für die Rezipienten am wahrscheinlichsten wirkungsrelevant sind. Auf Basis der kodierten Einzelvariablen können die Frames über Gruppierungsverfahren wie die Clusteranalyse oder die Analyse Latenter Klassen erfasst werden. Dabei werden Gruppen von Beiträgen identifiziert, die sich durch ein spezifisches Muster der Variablen bzw. der Frame-Elemente auszeichnen. Tritt ein solches Muster über mehrere Texte hinweg auf, sprechen wir von einem Frame. Wir haben vorgeschlagen, für die Identifizierung von Frames die Analyse Latenter Klassen einzusetzen, was ebenfalls mit Konsequenzen für das Begriffsverständnis verbunden ist: Frames werden nicht als direkt kodierbare, manifeste Variablen, sondern als latente Klassen begriffen. Latente Klassen sind nicht direkt erfassbar, sie können nur durch das Vorhandensein von bestimmten Indikatoren erschlossen werden. Es wird nicht jeder Beitrag einem Frame zugeordnet, sondern die Frames haben eine bestimmte Wahrscheinlichkeit, dass sie in einem Beitrag vorhanden sind. Auf diese Weise wird die zentrale Frage der bisherigen Forschung beantwortet, ob denn jeder Beitrag einen Frame aufweisen muss oder ob es auch Beiträge geben kann, für die sich keine Medien-Frames ausmachen lassen (**Lösungsvorschlag „Zugriffskriterium"**). Die Antwort: Die Wahrscheinlichkeit, dass ein Frame vorhanden ist, kann gering oder hoch sein und dies lässt sich durch die Ausprägungswahrscheinlichkeiten, die in einer Analyse Latenter Klassen für jeden Beitrag ausgegeben werden, empirisch ermitteln. Somit wird verhindert, dass ein Beitrag einem Frame zugeordnet wird, der den Beitrag nur schwach repräsentiert. Diese Ausprägungswahrscheinlichkeit kann wiederum in der Wirkungsanalyse berücksichtigt werden, was zu einer genaueren Verknüpfung der inhaltsanalytisch ermittelten Medien-Frames mit den Befragungsdaten führen sollte.

Diese Konzeption ermöglicht eine theoretisch fundiertere und damit validere Erfassung von Frames als dies bislang möglich war. Ist das Werkzeug für die inhaltsanalytische Erfassung der Frames bereit gestellt, so kann sich der Wirkung dieser Frames auf die Einstellungen der Rezipienten gewidmet werden. Auch hierfür haben wir eine Reihe von theoretischen Überlegungen angestellt: Grundprämisse unserer Untersuchung war, bei der Analyse von Framing-Effekten mit „realen" Medien-Frames zu arbeiten, die sich auch in der inhaltsanalytischen Forschung nachweisen lassen. Auf diese Weise sollte verhindert werden, dass Effekte untersucht werden, die gar keine Framing-Effekte sind. Demnach wird bei der Untersuchung der Framing-Effekte das gleiche Begriffsverständnis angebracht wie bei der inhaltsanalytischen Erfassung von Medien-Frames. Die Studie sollte im lebensweltlichen Kontext der Befragten stattfinden und die Medien-Effekte bei einem real existierenden Thema überprüfen. Damit wird die externe Validität sichergestellt (**Lösungsvorschlag „externe Validität"**). Wenn ein Rezipient beim Lesen der Zeitung oder dem Schauen von Nachrichten mit Medien-Frames in Berührung kommt, so ist immer der gesamte Frame die Wirkeinheit. Dies hängt damit zusammen, dass die einzelnen Frame-Elemente immer in exakt dem gleichen oder einem stark ähnlichen Muster auftreten. Da die Frame-Elemente also immer gemeinsam präsent sind, wirken sie auch gemeinsam. Die Effekte einzelner Frame-Elemente auf die Einstellungen der Rezipienten lassen sich demzufolge nicht ermitteln.

Theoretischer Ausgangspunkt bei der Analyse von Framing-Effekten ist die Berücksichtigung von Voreinstellungen (**Lösungsvorschlag „Voreinstellungen"**). Voreinstellungen spielen in zweierlei Hinsicht eine Rolle: Erstens ist bei der Untersuchung von Framing-Effekten zu berücksichtigen, wie ein Rezipient vor dem Kontakt mit den Medien-Frames über ein Thema denkt. Nur wenn man dies kontrolliert, kann man die Framing-Effekte real einschätzen. Zweitens ist es für die Wirkung der Medien-Frames entscheidend, welche Art der Voreinstellung bei einem Rezipienten vorliegt. Hierbei haben wir auf die in der Sozialpsychologie etablierte Unterscheidung zwischen on-line und gedächtnisbasierten Urteilen zurückgegriffen und ein Modell der Framing-Effekte entwickelt. Das Modell macht zum einen eine Vorhersage, unter welchen Bedingungen on-line und unter welchen Bedingungen gedächtnisbasierte Urteile entstehen. Dabei wurde auf die Persönlichkeitseigenschaft Evaluationsbedürfnis und die motivationale Variable Orientierungsbedürfnis zurückgegriffen. Wenn beide Variablen stark ausgeprägt sind, so haben die Rezipienten ein starkes Bedürfnis, sich zu einem Thema eine (feste) Meinung zu bilden. Dies wird zu on-line Urteilen, nicht aber zu gedächtnisbasierten Urteilen führen. Sind beide Variablen schwach ausgeprägt, so verfolgen die Rezipienten wahrscheinlich ein Thema, ohne sich dabei ein festes, später leicht verfügbares Urteil zu bilden. Damit wird die gedächtnisbasierte Urteilsbildung wahrscheinlich. Wird zu einem späteren Zeitpunkt ein Urteil abverlangt, haben die Personen mit online Urteilen bereits ein Urteil zur Hand, das sie schnell abrufen können. Personen mit gedächtnisbasierten Urteilen hingegen bilden sich erst zum Zeitpunkt der Urteilsabfrage ein Urteil auf Basis der Informationen, an die sie sich erinnern können. Somit ergeben sich Konsequenzen für die Wirkung von Medien-Frames: Wenn Personen sich ein online Urteil erstmalig bilden, so sind die früh rezipierten Medien-Frames wirkungsrelevant, da die Rezipienten versuchen werden, bei bestehender Urteilsbildungsmotivation schnell zu einem Urteil zu kommen. Wenn zum Zeitpunkt der erstmaligen Urteilsbildung ein gedächtnisbasiertes Urteil entsteht, so werden zeitlich spät auftretende Frames wirkungsrelevant sein, da zeitlich spät auftretende Informationen zum Zeitpunkt der Urteilsbildung am besten erinnert werden können. Im Zeitverlauf müsste ein einmal ausgebildetes on-line Urteil nur noch schwer durch später rezipierte Medien-Frames zu beeinflussen sein. Gedächtnisbasierte Urteile werden jedoch auch zu einem späteren Zeitpunkt von der Medienberichterstattung abhängen, da die Personen bei einer späteren Urteilsbildung erneut die Informationen heranziehen, an die sie sich erinnern können. Generell sind damit bei bereits bestehenden gedächtnisbasierten Urteilen stärkere Framing-Effekte zu erwarten als bei on-line Urteilen.

Schließlich haben wir in einer ersten Sondierung das Vertrauen in medial vermittelte journalistische Kommunikation als Prädiktor für Framing-Effekte herausgearbeitet (**Lösungsvorschlag „Prädiktoren"**) und dabei den Einfluss des Vertrauens auf die Wirkung von Medien-Frames an zwei Punkten ausgemacht: Erstens übt Vertrauen einen Einfluss auf die Mediennutzung aus, was eine Voraussetzung für Framing-Effekte ist. Zweitens kann Vertrauen während der Rezeption relevant werden, wenn eine Risikowahrnehmung erfolgt und eine vorher ausgebildete Vertrauenseinstellung aktiviert wird, die die Persuasion begünstigen oder verhindern kann.

Die skizzierten theoretischen Erkenntnisse wurden in einer umfassenden Panelstudie über das Thema Arbeitslosigkeit überprüft. Um Medienwirkungen zu untersuchen, wurden die Befragungsdaten mit einer Inhaltsanalyse der von den Befragten genutzten Medien verknüpft. Die *empirischen Erkenntnisse* dieser beiden Studien lassen sich wie folgt zusammenfassen: Bei der durchgeführten Inhaltsanalyse ließen sich mit dem entwickelten Begriffsverständnis und methodischen Instrumentarium fünf verschiedene Frames identifizieren und sinnvoll interpretieren. Der Hartz-Frame beschreibt die optimistische Sichtweise der Hartz-Kommission, dass die Hartz-Vorschläge sich eignen, um die Arbeitslosigkeit nachhaltig zu reduzieren. Der Anti-Hartz-Frame sieht dies anders: Die Vorschläge werden keinen Erfolg erzielen und entsprechend ist die zukünftige Situation auf dem Arbeitsmarkt negativ einzuschätzen. Ein ähnlich antagonistisches Verhältnis findet sich beim Rot-Grün-Frame und beim Oppositions-Frame: Während der erste vor allem die rot-grüne Bundesregierung als fähig erachtet, die Arbeitslosigkeit zu verbessern und ein positives Bild der zukünftigen Arbeitslosensituation zeichnet, wird beim Oppositions-Frame Rot-Grün klar die Schuld für das Problem gegeben, wobei nur ein Regierungswechsel eine Verbesserung auf dem Arbeitsmarkt bewirken könnte. Schließlich werden beim Konjunktur-Frame keine Akteure für die Arbeitslosigkeit verantwortlich gemacht, sondern die allgemeine Konjunkturlage. Zentral ist das Ergebnis der Frame-Analyse, dass erstmalig mehrere Frames pro Beitrag theoretisch hergeleitet und empirisch nachgewiesen werden konnten. Damit ließ sich die Frame-Struktur der Beiträge demonstrieren: Zum einen gibt es Beiträge, bei denen der gleiche Frame mehrfach auftritt, was als gegenseitige Verstärkung zu interpretieren ist. Zum anderen finden wir ein stark antagonistisches Verhältnis der Frames innerhalb eines Beitrages, was auf starke Dissonanz und einen Wettbewerb der strategischen Akteure um die Deutungshoheit des Themas schließen lässt.

In einer Panelstudie wurden die ermittelten Frames in einer umfassenden Wirkungsanalyse mit den Einstellungen der Rezipienten in Verbindung gebracht. Jedem Befragten wurde zu jedem Frame und für jeden Zeitraum ein Wert zugewiesen, der angibt, wie stark der jeweilige Frame in diesem Zeitraum von dem Befragten wahrgenommen wurde (Verknüpfung auf Individualniveau). Dabei musste jedoch aufgrund von Multikollinearitätsproblemen ein Frame ausgeschlossen und für die Frames der zwei antagonistischen Frame-Paare jeweils ein Saldo-Wert gebildet werden. Die Hypothesen zur Vorhersage der Urteilstypen konnten bestätigt werden: Sowohl das Evaluationsbedürfnis als auch das Orientierungsbedürfnis tragen zur on-line Urteilsbildung bei. Das zentrale Ergebnis der Wirkungsanalyse ist, dass die Rezeption der Medien-Frames einen Einfluss auf die politischen Einstellungen der Bürger ausübt. Dieser Einfluss ließ sich aber nur bei gedächtnisbasierter Urteilsbildung nachweisen. Je mehr die Rezipienten mit gedächtnisbasierten Urteilen in der von ihnen genutzten Berichterstattung mit dem Hartz-Frame in Berührung gekommen sind, desto positiver waren ihre Einstellungen gegenüber der rot-grünen Bundesregierung, desto weniger machten sie die Arbeitslosen für die Arbeitslosigkeit verantwortlich und desto positiver betrachteten sie die zukünftige Situation auf dem Arbeitsmarkt. Das Gegenteil ist der Fall, wenn die Rezipienten dem Oppositions-Frame ausgesetzt sind: Dies führte dazu, dass mehr der Bundesregierung die Schuld für die Arbeitslosigkeit gegeben wurde, die Arbeitslosen selbst verantwortlich gemacht wurden und eine negativere Einschätzung der zukünftigen Situation auf dem Arbeitsmarkt erfolgte. Fasst man die einzelnen Einstellungswirkungen zusammen, so findet man so etwas wie ein Wirkungsmuster: Beim Rezipienten werden die Variablen beeinflusst, die sich auch als Frame-Elemente interpretieren lassen (Attributionen, Maßnahmen, Bewertungen). Damit konnte unsere zentrale Wirkannahme bestätigt werden.

Allerdings fanden sich keine stärkeren Effekte, wenn den Befragten zeitlich früh rezipierte Frames zugewiesen wurden, was für die Personen mit on-line Urteilen zu erwarten gewesen wäre. Ebenso ließ sich kein stärkerer Framing-Effekt nachweisen, wenn man den Befragten mit gedächtnisbasierten Urteilen die zeitlich nah zurückliegende Berichterstattung zuweist. Auch konnten wir für Personen mit hohem Vertrauen zwar eine stärkere Mediennutzung, aber keine stärkeren Framing-Effekte aufzeigen als bei Personen mit niedrigem Vertrauen. Insgesamt unterstreichen die Befunde die Bedeutung des mehrfachen und kumulativen Kontaktes der Rezipienten mit den Medien-Frames: Nur die Frames, die sich auch im Diskurs dauerhaft durchsetzen, können die Einstellungen der Bürgerinnen und Bürger beeinflussen. Sprichwörtlich könnte man sagen „steter Tropfen höhlt den Stein".

Die Durchführung beider Studien hat auch eine Reihe von *methodischen Erkenntnissen* eingebracht, die wir noch einmal kurz zusammenfassen wollen: Der Einsatz der Analyse Latenter Klassen hat sich bewährt. Es konnten gute Modellanpassungen für alle Clusterlösungen ermittelt werden. Überdies ermöglichte das Verfahren eine eindeutige Identifizierung der Cluster- bzw. Klassenanzahl. Diese Feststellung lässt sich auch mit den bereits herausgestellten theoretischen und empirischen Erkenntnissen verknüpfen: Die Erfassung von Medien-Frames sollte durch eine Erfassung einzelner Frame-Elemente geschehen, welche durch Gruppierungsverfahren zu Frames „zusammengefasst" werden. Dies hat nicht nur enorme Vorteile für die Reliabilität der Frame-Erfassung, sondern auch für die Validität (vgl. Matthes & Kohring, 2006a). Auch die Verknüpfung beider Datensätze auf Individualdatenniveau empfiehlt sich für zukünftige Studien. Dieses Vorgehen ist zwar weitaus aufwändiger als der bisher übliche semantische Vergleich von Medien- und Rezipienten-Frames oder die Untersuchung von aggregierten Zusammenhängen. Jedoch ist es der einzig gangbare Weg für die Framing-Forschung: Nur bei einer derartigen Verknüpfung können die Zusammenhänge als tatsächliche Medienwirkungen interpretiert werden. Ein weiteres Novum der Studie ist der Einsatz von Strukturgleichungsmodellen bei der Ermittlung der Framing-Effekte. Gegenüber anderen Verfahren der Panelanalyse haben Strukturgleichungsmodelle deutliche Vorteile. Zu nennen sind hier die gleichzeitige Kontrolle der Effekte aller einbezogenen Variablen und damit der Nachweis kausaler Beziehungen sowie die Trennung von Reliabilität und Stabilität: Da in einem ersten Schritt empirisch nachgewiesen wurde, dass die Messung einer latenten Variable über die Zeit hinweg reliabel ist, kann in einem zweiten Schritt diese Variable in einer strukturgleichungsbasierten Panelanalyse eingesetzt werden. Die gefundenen Zusammenhänge können dann nicht mehr auf die (mögliche) Unrealibilität der Messung zurückgeführt werden. Auf diese Weise wird eine für die Panelanalyse zentrale Annahme getestet – eine Annahme, die in nahezu der gesamten Medienwirkungsforschung bisher immer nur unterstellt wurde. Damit wurden in dieser Arbeit auch methodische Akzente gesetzt, die für die zukünftige Untersuchung von Medienwirkungen in einem nicht-experimentellen Design von Bedeutung sein könnten.

Die theoretischen, empirischen und methodischen Erkenntnisse der Studie schließen eine Lücke der bisherigen Framing-Forschung. Zum ersten Mal wurden Framing-Effekte in einem nicht-experimentellen Design nachgewiesen. Möglicherweise ist dieses Ergebnis nicht nur für die Framing-Forschung im Speziellen, sondern auch für die Medienwirkungsforschung im Allgemeinen bedeutsam. Trotz der in vielen Belangen „konservativen" Analyse- und Auswertungsstrategie dieser Studie zeigen die Ergebnisse, dass sich die (realen) politischen Einstellungen der Bürgerinnen und Bürger durch die Medienberichterstattung beeinflussen lassen. Die Studie bekräftigt damit das in der jüngeren Medienwirkungsforschung immer stärker werdende Wiedererwachen der Untersuchung von persuasiven Einflüssen. Die Medienberichterstattung prägt nicht nur das Wissen der Rezipienten oder die Einschätzung der öffentlichen Agenda, sondern auch die politischen Einstellungen und Präferenzen. Die viel zitierte „Macht der Voreinstellungen", die Medienwirkungen unmöglich machen, wird damit wieder ein wenig relativiert.

7.2 Forschungsbedarf

Welche Impulse lassen sich aus diesen Ergebnissen für die zukünftige Forschung ableiten? Zunächst gibt es eine Reihe von Einschränkungen dieser Studie, die weitere Arbeiten notwendig erscheinen lassen: Die Bildung von Saldo-Werten bei der Zuweisung der Medien-Frames zu den Befragungsdaten haben wir als Kompromiss bezeichnet. Obwohl sich derartige Multikollinearitätsprobleme nicht bei der Konzeption einer Studie planen lassen, wäre es dennoch wichtig, die Effekte einzelner Frames in weiteren Studien zu untersuchen. Bei einer exakten Zuweisung der Frames zu den entsprechenden Einstellungen wären die Effekte aussagekräftiger als die Effekte von Saldo-Werten, bei denen möglicherweise geringe Effekte nicht mehr aufzeigbar sind. In einer solchen Studie wäre auch die Erfassung der on-line und gedächtnisbasierten Urteilsbildung zu optimieren. Diese wurde hier nur mit einem Indikator erfasst, was in vielerlei Hinsicht unbefriedigend ist. Besonders interessant wäre in diesem Kontext die Überprüfung von Änderungen im Urteilstypus. Das bedeutet, wann werden gedächtnisbasierte Urteile zu on-line Urteilen und wann werden on-line Urteile zu gedächtnisbasierten? Hierzu haben wir bereits an anderer Stelle theoretische Überlegungen angestellt (Matthes, 2007b). Eine empirische Überprüfung der Entwicklung der Urteilstypen im Zeitverlauf steht jedoch aus. Zu vermuten ist, dass sich der Urteilstyp dann ändert, wenn sich auch die Urteilsbildungsmotivation ändert. Da das Evaluationsbedürfnis eine Persönlichkeitseigenschaft ist, die weitestgehend zeitlich konstant sein wird, ist davon auszugehen, dass eine Änderung im Orientierungsbedürfnis ein wichtiger Faktor für die Änderung der Urteilsbildungsmotivation ist: Steigt das Orientierungsbedürfnis einer Person mit gedächtnisbasierten Urteilen – etwa wenn sich das Themeninteresse aufgrund persönlicher Begebenheiten erhöht – dann steigt auch die Motivation, sich zu diesem Thema eine feste Meinung zu bilden. Aus einem gedächtnisbasierten Urteil könnte ein on-line Urteil werden (vgl. auch Matthes, 2007b).

Was die Erforschung und Erfassung von Medien-Frames betrifft, so ist zu einer stärkeren Berücksichtigung der Dynamik eines Diskurses zu raten. In dieser Studie haben wir für einen Zeitraum von vier Monaten die gleichen Frames für den gesamten Zeitraum bestimmt. Änderungen von Frames standen aufgrund des Wirkungsdesigns dieser Studie nicht im Mittelpunkt – für die Analyse von Framing-Effekten war es notwendig, den Personen zu beiden Zeitpunkten die gleichen Frames zuzuweisen. Aber auch die Forschung, die sich hauptsächlich mit Medien-Frames beschäftigt, hat die Dynamik von Frames bisher außer Acht gelassen. Wie die Meta-Studie von Matthes (2007a) zeigt, werden Änderungen von Frames in kaum einer inhaltsanalytischen Studie zugelassen. Es wird für einen Diskurs nur die relative Zu- und Abnahme von Frames erfasst. Dies kann auch damit zusammenhängen, dass es bisher an reliablen Methoden mangelte, die Änderungen von Frames in einem Diskurs zu ermitteln. Hierfür eignet sich die Gruppierung von Frame-Elementen mit Clusteranalysen oder Analysen Latenter Klassen vorzüglich, wie die Untersuchung von Kohring und Matthes (2002) zeigt: Man kann die Analyse einfach für verschiedene Zeiträume wiederholen und die Frames objektiv identifizieren. Kriterien für die Einteilung könnten Schlüsselereignisse sein, es könnten aber auch die Frames für verschiedene Zeiträume explorativ ermittelt werden, um den besten Änderungszeitpunkt zu identifizieren. Eine stärkere Fokussierung auf die Dynamik eines Diskurses würde die Analyse von Medien-Frames noch besser als bisher für die inhaltsanalytische Forschung qualifizieren. Zweifelsohne ist die Dynamik ein ganz zentraler Faktor, dem man bei der Analyse der Medienberichterstattung im Allgemeinen und der Analyse von Medien-Frames im Speziellen stärker Rechnung tragen sollte.

In dieser Studie haben wir Framing-Effekte als Einflüsse von Medien-Frames auf Einstellungen modelliert. Die tatsächliche Änderung einer Einstellung – beispielsweise wenn von einer Person zum Zeitpunkt t_1 die Hartz-Vorschläge als geeignet und zum Zeitpunkt t_2 als ungeeignet angesehen werden – wurde hier nicht untersucht. Dies ist ebenfalls mit Strukturgleichungsmodellen möglich, aber nicht mit den hier verwendeten autoregressiven Modellen. Hierfür wären latente Wachstumskurvenmodelle einzusetzen, die die Einstellungsänderung einer jeden Person modellieren und für die gesamte

Stichprobe testen können (vgl. Christ et al, 2006; Hancock et al., 2001; Hertzog & Nesselroade, 2003). Bedingung für ein solches Verfahren ist jedoch das Vorhandensein von mindestens drei Befragungswellen, was sicherlich ein hoher Aufwand ist, der sich aber lohnt. Bei drei Wellen kann die Dynamik der Einstellungsänderung nachgezeichnet werden, das heißt, es können lineare und nicht-lineare Einstellungsänderungen modelliert werden. Dies wird wahrscheinlich der Dynamik von politischen Themen und Debatten eher gerecht als zwei Panelwellen. Bei zwei Panelwellen greift man sich eine Zeitspanne im Prozess der Einstellungsbildung und -änderung heraus, ohne aber genau vorhersagen zu können, zu welchem Zeitpunkt weitere Änderungen bzw. keine weiteren Änderungen mehr zu erwarten sind. Mit anderen Worten, zwei Wellen geben keine Auskunft darüber, ob das „System des Einstellungsbildungsprozesses" schon „zur Ruhe" gekommen ist oder ob man nur einen Ausschnitt aus der Entwicklung von politischen Einstellungen abdeckt. Aus diesen Gründen halten wir die Untersuchung von Framing-Effekten in einer langfristig angelegten Studie mit mehreren Befragungswellen für notwendig und fruchtbar.

Neben dem Einsatz solcher komplexen Feldstudien könnten auch Experimente weiterführende Erkenntnisse einbringen. Experimentalstudien können stärker die zugrunde liegenden Prozesse beleuchten, was mit Feldstudien schwer möglich ist. Bei einer Feldstudie können wir nur auf die ablaufenden kognitiven Prozesse schließen, sie jedoch nicht genau überprüfen. Hier ist eine ganze Reihe von Experimenten denkbar, die sich für die Erforschung von Framing-Effekten anbieten würde. Nachteil der bisherigen Experimente war es ja, dass keine Voreinstellungen gemessen bzw. berücksichtigt wurden. Es wurde davon ausgegangen, dass sich die Rezipienten bei dem jeweiligen Thema eine Einstellung neu bilden. Wie deutlich geworden ist, lassen solche Experimente keine Aussage darüber zu, ob es sich bei den so gebildeten Urteilen um on-line oder um gedächtnisbasierte Urteile handelt. Von daher halten wir es für lohnenswert, diese Forschungslücke zu schließen und in einem Experiment die frame-basierte Bildung und möglicherweise auch Änderung von Einstellungen zu untersuchen. Wie könnte ein solches Experiment aussehen? In einem ersten Schritt müsste man wie bei den klassischen Studien von Hastie und Park (1986) die Urteilsbildung manipulieren: Eine Gruppe soll ein gedächtnisbasiertes, die andere ein on-line Urteil ausbilden (vgl. die experimentelle Manipulation bei Hertel & Bless, 2000). Die entscheidende Frage ist, wie sich diese einmal gebildeten Urteile durch die Medienberichterstattung ändern lassen. Die einmal gebildeten on-line Urteile müssten stabil sein, die gedächtnisbasierten Urteile jedoch nicht. Denkbar wäre beispielsweise Folgendes: Nach der Urteilsbildungsmanipulation würden die Probanden einen Text mit einem Medien-Frame lesen. Anschließend müsste die Einstellung zum Text abgefragt werden sowie der gebildete Urteilstyp (online oder gedächtnisbasiert). Nach dieser Abfrage müsste eine Ablenkung erfolgen und anschließend müssten die Probanden erneut einen Text mit einem Medien-Frame rezipieren. Bei dieser zweiten Rezeption müsste dies jedoch ein zum ersten Frame antagonistischer Frame sein. Rein theoretisch wäre zu erwarten, dass die Personen, die sich einmal ein on-line Urteil ausgebildet haben, sich nicht mehr in ihrer Einstellung durch den zweiten Frame beeinflussen lassen. Die Personen jedoch, die ein gedächtnisbasiertes Urteil ausgebildet haben, müssten ihre Meinung nach der Rezeption des zweiten Frames wieder ändern. Ein solches Experiment könnte den ablaufenden Prozess der Urteilsbildung und Meinungsänderung genau vorhersagen und überprüfen.

Weitere experimentelle Studien bieten sich auch für die bedeutende Frage an, wie denn antagonistische Frames oder sich gegenseitig bekräftigende Frames innerhalb eines Beitrages auf die Rezipienten wirken. Diese Frage war in unserer Studie nicht zu beantworten, da die Rezeption von mehreren Frames vs. einem Frame innerhalb eines Beitrages nicht systematisch variiert werden konnte. Es gibt zwar in der Persuasionsliteratur eine traditionsreiche Forschungsrichtung, die sich mit der Wirkung von einseitigen und zweiseitigen persuasiven Botschaften beschäftigt (vgl. einführend O'Keefe, 1999), diese Forschung ist jedoch noch nicht für den Framing-Ansatz aufbereitet worden. Grundsätzlich würden wir davon ausgehen, dass sich widersprechende Frames, die gemeinsam innerhalb eines Beitrages auftreten, sich in ihrer Wirkung gegenseitig neutralisieren. Zwei gleiche Frames innerhalb eines Beitrages, was gemäß unserer Befunde häufig aufzutreten scheint, sollten sich in ihrem Wirkpotenzial gegenseitig bekräftigen.

Eine letzte Frage, für die sich auf Basis unserer Ergebnisse zusätzliche Experimente anbieten würden, betrifft das Vertrauen in Medien. Hier wäre der Frage nachzugehen, an welchen Stellen des Wirkungsprozesses das Vertrauen relevant wird. Wir haben postuliert, dass Vertrauen sowohl die Nutzung als auch die – über die Nutzung hinausgehende – Persuasion determiniert. Allerdings konnten wir nur zeigen, dass Vertrauen in Medien mit einer verstärkten zukünftigen Mediennutzung einhergeht. Im Grunde haben die sozialpsychologischen Persuasionsstudien (vgl. z.B. Homer & Kahle, 1990) den Effekt des Vertrauens auf die Nutzung von Botschaften vollkommen außer Acht gelassen. Den Probanden werden üblicherweise Botschaften (keine Medienquellen) vorgelegt, die sie nicht auswählen konnten. Allerdings lernen wir aus diesen Studien, dass das Vertrauen die konkrete Übernahme von Botschaften begünstigt. In ersten Überlegungen zur Rolle des Vertrauens haben wir nun argumentiert, dass die Rezipienten die Medienquellen auf Basis ihrer Vertrauenseinstellungen auswählen. Jedoch müssen sie nicht automatisch alles übernehmen, was in der einmal ausgewählten Medienberichterstattung gesagt wird. Möglicherweise kann während der Rezeption die bestehende Vertrauenseinstellung erneut aktiviert werden und – je nach Stärke des Vertrauens – die Ablehnung oder Annahme einer Botschaft begünstigen. Dies ist deshalb relevant, da die Personen ihre Selektionsentscheidung nicht auf einer Vertrauenseinstellung aufbauen müssen, beispielsweise wenn eine Person aus Langeweile eine im Zug liegen gebliebene Zeitschrift in die Hand nimmt. Wenn während der Rezeption jedoch eine Risikowahrnehmung erfolgt, so die Überlegung, wird das Vertrauen in die Medienquelle wieder relevant. Kurz: Vertrauen muss während der Rezeption notwendig werden. Möglicherweise könnte man den sozialpsychologischen Persuasionsstudien genau dies unterstellen: Da die Personen meist Dinge einschätzen sollen, die sie nicht beurteilen können, muss automatisch die Vertrauensinformation genutzt werden. In unserer Sprache bedeutet das: Es war eine Risikowahrnehmung vorhanden. Vertrauen war notwendig, um die gestellte Aufgabe im Versuchsablauf der Experimente zu bewältigen. Jedoch wurde diese Risikowahrnehmung nicht empirisch erfasst bzw. kontrolliert. Dies könnte man in der kommunikationswissenschaftlichen Vertrauensforschung jedoch explizit umsetzen, da dort die Risikowahrnehmung eine zentrale Variable für eine Vertrauensrelation ist (vgl. ausführlich Kohring, 2004).

Alles in allem wird deutlich, dass weitere experimentelle Studien in vielerlei Hinsicht notwendig sind. Zwar lassen sich zu all diesen Fragen ähnliche experimentelle Befunde aus anderen (meist sozialpsychologischen) Forschungsbereichen heranziehen, jedoch müssten diese erst für die Untersuchung von Framing-Effekten fruchtbar gemacht werden. Der klare Vorteil der Framing-Perspektive gegenüber klassischen sozialpsychologischen Persuasionsstudien könnte in seiner externen Validität liegen. Frames treten nachweislich in der Medienberichterstattung auf. Es werden in einem Beitrag simultan mehrere Frame-Elemente angesprochen, die gemeinsam wirkungsrelevant sind. In der Persuasionsforschung wird jedoch häufig nicht mit ganzen (extern validen) Medientexten, sondern mit einzelnen Argumenten oder stark verkürzten Botschaften gearbeitet. Dies liegt am Diktum der internen Validität dieser Experimente. Unseres Erachtens haben beide Herangehensweisen – eine auf externe Validität bedachte Untersuchung von Framing-Effekten und eine stark intern valide sozialpsychologische Persuasionsforschung – ihre Berechtigung und können sich gegenseitig ergänzen. Die sozialpsychologische Theoriebildung kann für die Untersuchung von Framing-Effekten bzw. Medienwirkungen genutzt werden. Dabei geht es um die zentrale Frage, ob die Bedingungen im Labor denen der Medienrezeption in natura entsprechen. Durch eine kommunikationswissenschaftliche Experimentalforschung kann die Notwendigkeit empirisch bestimmt werden, auf Basis des psychologischen Theoriebestandes weitere medienspezifische Theoriebildung zu betreiben oder es bei den bestehenden sozialpsychologischen Theorien zu belassen. Die sozialpsychologische Persuasionsforschung kann aus der Übertragung ihres Theoriebestandes auf die Medienrezeption eine Legitimierung der Validität ihrer Befunde erlangen. Dies ist in Anbetracht der hohen internen Validiät dieser Forschung keineswegs eine Selbstverständlichkeit. In jedem Fall können beide Herangehensweisen unserer Ansicht nach stark voneinander profitieren, was als Plädoyer für die zukünftige Forschung zu verstehen ist.

7.3 Die Zukunft des Framing-Ansatzes

Will man ein Phänomen wie das Aushandeln und Definieren von politischen Themen seitens strategischer Kommunikatoren, Journalisten und Rezipienten verstehen und theoretisch sowie empirisch greifen, so muss man sich dem Phänomen interdisziplinär nähern. Dies haben wir zu Beginn der Arbeit als Hauptschwierigkeit, aber auch als Chance beschrieben. Die vorangegangenen Ausführungen haben beides deutlich gemacht: Die Schwierigkeit des Framing-Ansatzes ist begrifflicher Natur. Wenn zu viele Disziplinen und innerhalb der Disziplinen weiter verzweigte Forschungsgebiete auf ein und denselben Begriff „zugreifen", ergibt sich automatisch eine begriffliche Unschärfe. Dies ist vor allem bei der Diskussion des Forschungsstandes deutlich geworden. Unter einem „Frame" werden so derartig viele unterschiedliche „Dinge" verstanden, dass der Begriff sehr stark an Schlagkraft verloren hat. Ein Grund für die begriffliche Heterogenität ist, dass Wissenschaft – diese Pauschalisierung sei hier abschließend erlaubt – hauptsächlich innerhalb von Disziplingrenzen und Paradigmen funktioniert (vgl. Kuhn, 1999). Dies macht es anscheinend nicht nur schwer, andere Arbeiten vor dem Hintergrund des eigenen Begriffsverständnisses einzuordnen und zu würdigen, sondern auch erst einmal zu verfolgen und zu finden. Andere Disziplinen haben andere Publikationsorgane, die nicht immer regelmäßig von disziplinexternen Forschern im Blick behalten werden. Potenziert wird dieses Problem durch das (zu) schnelle Wachsen der Framing-Forschung: Der Frame-Begriff wurde, so ein pointiertes Fazit, schneller für einen breiten empirischen Einsatz verwendet als er dafür reif gewesen wäre. Dies hat dem Ansatz wahrscheinlich mehr geschadet als es ihm genützt hat. Das Ergebnis ist eine breite Vielfalt von verschiedenen Auffassungen, eine enorm große Anzahl an identifizierten Frames, die aber nur bedingt vergleichbar sind und eine starke empirische und theoretische Verästelung. Dies soll jedoch kein Grund sein, in Zukunft von der Framing-Forschung vollkommen abzusehen. Die Vorteile bzw. Chancen des Ansatzes sind nicht von der Hand zu weisen. Der Framing-Ansatz ermöglicht die Untersuchung von ganzen Akteurssinnhorizonten, die einen kohärenten, selektiven Ausschnitt der Realität abbilden, anstatt nur mit Einzelvariablen zu arbeiten. Diese Muster zeichnen sich bei Kommunikatoren, Journalisten, in Medientexten und beim Rezipienten ab. Eine solche übergreifende Perspektive ist nur mit dem Framing-Ansatz zu leisten. Betrachtet man ferner die Entwicklung der Medienwirkungsforschung, so erfolgt durch den Framing-Ansatz eine Rückbesinnung auf durch die Medienberichterstattung hervorgerufene Einstellungswirkungen. Es sind die Frames, die wirkungsrelevant sind und in ihrem wiederholten Auftreten für die Einstellungseffekte sorgen, nicht die singulären Ausprägungen von Einzelvariablen. Damit hat der Framing-Ansatz auch Bedeutung für die Untersuchung von *persuasiven* Medienwirkungen, die in der Medienwirkungsforschung lange Zeit einen schweren Stand hatten. Zudem ermöglicht die integrative Herangehensweise der Framing-Forschung eine interdisziplinäre Vernetzung. Dies kann zu Erkenntnissen und Befunden führen, die man innerhalb einer Disziplin nicht zwangsläufig erlangen würde. Das zeigt auch unsere Arbeit: Die soziologischen Ansätze und Arbeiten zum strategischen Framing waren ausschlaggebend für das erarbeitete Begriffsverständnis von Medien-Frames: Was sich in den Medientexten manifestiert und auf die Rezipienten wirkt, sind die Sichtweisen von strategischen Akteuren, die wir als Frames bezeichnen.

Jedoch muss der Framing-Ansatz noch weiter ausgearbeitet werden, um sein Potenzial ausschöpfen zu können. Dafür wären weniger isolierte und eng umgrenzte Arbeiten wünschenswert, sondern breit angelegte, integrative Studien. In dieser Arbeit haben wir versucht, eine Sondierung vorzunehmen, was als Frame zu verstehen ist und was nicht. Damit wird aber auch ein großer Teil der bisherigen Forschung in Frage gestellt: Themenübergreifende „Frames" sind nichts anderes als Problemdefinitionen, also das Herausgreifen eines Subaspektes eines Themas. Es sind Sub-Themen, keine Frames. Formal-stilistische „Frames" beschreiben die formale Struktur von Medientexten, wobei die dargestellten Inhalte keine Rolle spielen. Dies sind Eigenschaften von Frames, aber keine Frames. Beide, die themenübergreifende und die formal-stilistische Herangehensweise, lassen sich eben nicht für die gesamte Framing-Forschung anwenden, d.h. sie sind nicht auf alle Forschungsstränge des Ansatzes übertragbar. Bei strategischen Kommunikatoren spielen Einstellungen und Positionen eine Rolle und nicht Sub-Themen oder stilistische Eigenschaften eines Textes.

Ganz grundsätzlich ist die Forderung zu stellen, von der Frame-Metapher vollkommen abzusehen, mit der jede Inhaltsanalyse automatisch als Frame-Analyse bezeichnet wird. Immer dann, wenn von Frames die Rede ist, sollte klar definiert werden, ab wann man von einem Frame sprechen kann und wann nicht. Wir plädieren daher für eine stärkere

Rückbesinnung auf den – für alle beteiligten Disziplinen gleichermaßen – zentralen Definitionsversuch von Entman (1993), der einzelne Frame-Elemente identifiziert, die sich leicht und intersubjektiv nachvollziehbar empirisch umsetzen lassen. Für eine weitergehende Definition dieser Elemente haben wir einen Vorschlag unterbreitet. Aber auch an dieser Stelle ist noch nicht das letzte Wort gesprochen. Für die Zukunft der Framing-Forschung wäre es wünschenswert, die Notwendigkeit der einzelnen Frame-Elemente für die Beschreibung von politischen Diskursen deutlicher herzuleiten als dies bislang geschehen ist. Bisher gelten die von Entman (1993) herausgestellten Elemente als „gesetzt". Auch in dieser Arbeit wurde sich weitestgehend an diesen Entwurf angelehnt. Eine Herausforderung wäre es, die Elemente in einer abstrakteren Begrifflichkeit explizit theoretisch herzuleiten. Erst dann könnte man die folgende, ganz grundlegende Frage beantworten: Warum spielen Ursachenzuschreibungen, Lösungszuschreibungen, Handlungsaufforderungen und Bewertungen bei politischen Themen bzw. in der politischen Kommunikation eine so entscheidende Rolle, dass sie sich bei allen beteiligten Akteuren zeigen und als Frames interpretieren lassen?

Insgesamt steht die Framing-Forschung an einem Scheideweg: Entweder es erfolgt eine stärkere theoretische Diskussion der Grundannahmen des Ansatzes, was zu einer schärferen Definition von Frames führt, oder die Framing-Forschung wird ein noch größeres Sammelbecken für ganz verschiedene und letztlich unvereinbare Auffassungen. Eine umfassende und in allen Teilbereichen ausdifferenzierte Einheitstheorie, die die Befunde aus allen Forschungssträngen vorhersagt und disziplinübergreifend integriert, wird und kann es freilich nicht geben. Versteht man den Framing-Ansatz jedoch als Forschungsprogramm, der einen „harten Kern" und einen „Schutzgürtel" fest definiert, so können ausgehend von dieser Kernbegrifflichkeit weitere Theorien „angedockt" oder „eingespeist" werden. Eine solche Eingliederung haben wir beispielsweise in dieser Arbeit mit dem Heranziehen der on-line und gedächtnisbasierten Urteilsbildung vorgenommen. Durch die Trennung von Framing-Kernannahmen und weiteren eingespeisten Theorien bleibt der Zustand des kreativen Reichtums unterschiedlicher Theorien bestehen, die vom Framing-Ansatz genutzt werden können. Zusammengenommen verdeutlichen diese Ausführungen, dass der Framing-Ansatz sich in erster Linie begrifflich verschlanken muss, will er sein integratives Potenzial und damit seinen Mehrwert für die zukünftige Forschung aufrechterhalten. Zwar wurde in dieser Arbeit eine Reihe von neuen Erkenntnissen generiert, jedoch wurde auch der Versuch unternommen, den Frame-Begriff schärfer als bislang herauszuarbeiten. Die Hoffnung dieser Arbeit ist es, sowohl zu einer sinnvollen Erweiterung als auch zu einer zur Gesundung führenden Verschlankung des Framing-Ansatzes beigetragen zu haben.

8. Literatur

Akhavan-Majid, R. & Ramaprasad, J. (1998). Framing and ideology: A comparative analysis of U.S. and Chinese newspaper coverage of the Fourth United Nations Conference on Woman and the NGO Forum. *Mass Communication & Society, 1*(3/4), 131-152.

Allison, P. D. (2003). Missing data techniques for structural equation modeling. *Journal of Abnormal Psychology, 112*(4), 545-557.

Altmeppen, K.-D., Röttger, U. & Bentele, G. (2004). *Schwierige Verhältnisse. Interdependenzen zwischen Journalismus und PR.* Wiesbaden: VS Verlag für Sozialwissenschaften.

Anderson, J. R. (1983). A spreading activation theory of memory. *Journal of Verbal Learning and Verbal Behavior, 22*(2), 262-295.

Anderson, N. H. & Hubert, S. (1963). Effects of concomitant verbal recall on order effects in personality impression formation. *Journal of Verbal Learning and Verbal Behavior, 2*, 379-391.

Andreß, H.-J., Hagenaars, J. A. & Kühnel, S. (1997). *Analyse von Tabellen und kategorialen Daten. Log-lineare Modelle, latente Klassenanalyse, logistische Regression und GSK-Ansatz.* Berlin: Springer.

Andrews, J., Durvasula, S. & Akhter, S. H. (1990). A framework for conceptualizing and measuring the involvement construct in advertising research. *Journal of Advertising, 19*(1), 18-26.

Andsager, J. L. (2000). How interest groups attempt to share public opinion with competing news frames. *Journalism & Mass Communication Quarterly, 77*(3), 577-592.

Andsager, J. L. & Powers, A. (1999). Social or economic concerns: How news and women's magazines framed breast cancer in the 1990s. *Journalism & Mass Communication Quarterly, 76*(3), 531-550.

Arbuckle, J. L. & Wothke, W. (1999). *Amos 4.0 user's guide.* Chicago, IL: Small Waters.

Ashley, L. & Olson, B. (1998). Constructing reality: Print media's framing of the Women's Movement, 1966 to 1986. *Journalism & Mass Communication Quarterly, 75*(2), 263-277.

Bardhan, N. (2001). Transnational AIDS-HIV news narratives: A critical exploration of overarching frames. *Mass Communication & Society, 4*(3), 283-309.

Barnett, B. (2005). Feminists shaping news: A framing analysis of news releases from the National Organization for Women. *Journal of Public Relations Research, 17*(4), 341-362.

Bassili, J. N. & Roy, J.-P. (1998). On the representation of strong and weak attitudes about policy in memory. *Political Psychology, 19*(4), 669-681.

Bauer, M. W. & Gaskell, G. (Hrsg.). (2002). *Biotechnology. The making of a global controversy.* Cambridge, UK: Cambridge University Press.

Baumann, E., Harden, L. & Scherer, H. (2003). Zwischen Promi-Tick und Gen-Defekt. Zur Darstellung von Essstörungen in der Presse. *Medien & Kommunikationswissenschaft, 51*(3-4), 431-454.

Becker, B. J. (2000). Multivariate meta-analysis. In H. E. A. Tinsley & S. Brown (Hrsg.), *Handbook of applied multivariate statistics and mathematical modeling* (S. 499-525). San Diego: Academic Press.

Benford, R. D. (1997). An insider's critique of the social movement framing perspective. *Sociological Inquiry, 67*(4), 409-430.

Benford, R. D. & Snow, D. A. (2000). Framing processes and social movements: An overview and assessment. *Annual Review of Sociology, 26*, 611-639.

Bentele, G. (1988a). *Objektivität und Glaubwürdigkeit von Medien. Eine theoretische und empirische Studie zum Verhältnis von Realität und Medienrealität.* Unveröffentlichtes Manuskript. Freie Universität Berlin, Fachbereich Kommunikationswissenschaften.

Bentele, G. (1988b). Der Faktor Glaubwürdigkeit. Forschungsergebnisse und Fragen für die Sozialisationsperspektive. *Publizistik, 33*(4), S. 406-426.

Bentele, G. (1994). Objektivitätsanspruch und Glaubwürdigkeit. In O. Jarren (Hrsg.), *Medien und Journalismus 1. Eine Einführung* (S. 295-312). Opladen: Westdeutscher Verlag.

Bentele, G., Fröhlich, R. & Szyszka, P. (2005). *Handbuch der Public Relations. Wissenschaftliche Grundlagen und berufliches Handeln.* Wiesbaden: VS Verlag für Sozialwissenschaften.

Bentele, G. (2005). Rekonstruktiver Ansatz. In G. Bentele, R. Fröhlich & P. Szyszka (Hrsg.), *Handbuch der Public Relations. Wissenschaftliche Grundlagen und berufliches Handeln. Mit Lexikon* (S. 147-160). Wiesbaden: Verlag für Sozialwissenschaften.

Benton, M. & Frazier, P. J. (1976). The agenda-setting function of the mass media at three levels of information-holding. *Communication Research, 3*(3), 261-274.

Bielby, W. T. & Hauser, R. M. (1977). Structural equation models. *Annual Review of Sociology, 3*, 137-161.

Biernacki, C. & Govaert, G. (1999). Choosing models in model-based clustering and discriminant analysis. *Journal of Statistical Computation and Simulation, 64*, 49-71.

Bilandzic, H., Koschel, F. & Scheufele, B. (2001). Theoretisch-heuristische Segmentierung im Prozeß der empiriegeleiteten Kategorienbildung. In W. Wirth & E. Lauf (Hrsg.), *Inhaltsanalyse: Perspektiven, Probleme, Potentiale* (S. 98-116). Köln: Halem.

Bizer, G. Y., Tormala, Z. L., Rucker, D. D. & Petty, R. E. (2006). Memory-based versus on-line processing: Implications for attitude strength. *Journal of Experimental Social Psychology, 42*, 646-653.

Blöbaum, B. (1994). *Journalismus als soziales System. Geschichte, Ausdifferenzierung und Verselbständigung*. Opladen: Westdeutscher Verlag.

Bohner, G., Ruder, M. & Erb, H.-P. (2002). When expertise backfires: Contrast and assimilation effects in persuasion. *British Journal of Social Psychology, 41*(4), 495-519.

Bohner, G. & Wänke, M. (2002). *Attitudes and attitude change*. Hove, UK: Psychology Press.

Bollen, K. A. & Curran, P. J. (2004). Autoregressive latent trajectory (ALT) models: A synthesis of two traditions. *Sociological Methods & Research, 32*(3), 336-383.

Bollen, K. A. & Lennox, R. (1991). Conventional wisdom on measurement: A structural equation perspective. *Psychological Bulletin, 110*(2), 305-314.

Bonfadelli, H. (2002). *Medieninhaltsforschung*. Konstanz: UVK.

Bonfadelli, H. & Meier, W. (1984). Metaforschung in der Publizistikwissenschaft. Zur Problemstellung der Synthese von empirischer Forschung. *Rundfunk und Fernsehen, 32*(3), 537-550.

Boni, F. (2002). Framing media masculinities. Men's lifestyle magazines and the biopolitics of the male body. *European Journal of Communication, 17*(4), 465-478.

Brewer, P. R., Graf, J. & Willnat, L. (2003). Priming or framing. Media influence on attitudes toward foreign countries. *Gazette: The International Journal for Communication Studies, 65*(6), 493-508.

Brewer, P. R. (2002). Framing, value words, and citizens' explanations of their issue opinions. *Political Communication,19*(3), 303-316.

Bronstein, C. (2005). Representing the third Wave: Mainstream print media framing of a new feminist movement. *Journalism & Mass Communication Quarterly, 82*(4), 783-803.

Brosius, H.-B. (2005). Agenda Setting und Framing als Konzepte der Wirkungsforschung. In J. Wilke (Hrsg.), *Die Aktualität der Anfänge. 40 Jahre Publizistikwissenschaft an der Johannes-Gutenberg-Universität Mainz* (S. 125-143). Hamburg: Halem.

Brosius, H.-B. (1991). Schema Theorie - ein brauchbarer Ansatz in der Wirkungsforschung? *Publizistik, 36*, 285-297.

Brosius, H.-B. & Eps, P. (1993). Verändern Schlüsselereignisse journalistische Selektionskriterien? Framing am Beispiel der Berichterstattung über Anschläge gegen Ausländer und Asylanten. *Rundfunk und Fernsehen, 41*(4), 512-530.

Brosius, H.-B. & Eps, P. (1995). Framing auch bei Rezipienten? Der Einfluss der Berichterstattung über fremdenfeindliche Anschläge auf die Vorstellungen der Rezipienten. *Medienpsychologie. Zeitschrift für Individual- und Massenkommunikation, 7*, 169-183.

Brown, R. L. (1994). Efficacy of the indirect approach for estimating structural equation models with missing data: A comparison of five methods. *Structural Equation Modeling, 1*(2), 287-316.

Browne, M. W. & Cudeck, R. (1993). Alternative ways of assessing model fit. In K. A. Bollen & J. S. Long (Hrsg.), *Testing structural equation models* (S. 136-162). Newbury Park: Sage.

Bryant, J. & Miron, D. (2004). Theory and research in mass communication. *Journal of Communication, 54*(4), 662-704.

Bundesministerium des Innern. (2004). *Nach dem 11. September 2001. Maßnahmen gegen den Terror*. Berlin: Bundesministerium des Innern.

Burkholder, G. & Harlow, L. (2003). An illustration of a longitudinal cross-lagged model design for larger structural equation models. *Structural Equation Modeling, 10*(3), 465-486.

Burr, J. A. & Nesselroade, J. R. (1990). Change measurement. In A. von Eye (Hrsg.), *Statistical methods in longitudinal research* (S. 3-34). New York: Academic Press.

Büschken, J. & von Thaden, C. (1999). Clusteranalyse. In A. Hermann & C. Homburg (Hrsg.), *Marktforschung* (S. 339-380). Wiesbaden: Gabler.

Byrne, B. M. (2001). *Structural equation modeling with AMOS. Basic concepts, applications, and programming*. Mahwah, NJ: Erlbaum.

Bystrom, D. G., Robertson, T. A. & Banwart, M. C. (2001). Framing the fight. An analysis of media coverage of female and male candidates in primary races for Governor and U.S. Senate in 2000. *American Behavioral Scientist, 44*(12), 1999-2013.

Callaghan, K. & Schnell, F. (2001). Assessing the democratic debate: How the news media frame elite policy discourse. *Political Communication, 18*(2), 183-212.

Callaghan, K. & Schnell, F. (2005). Introduction: Framing political issues in American politics. In K. Callaghan & F. Schnell (Hrsg.), *Framing American politics* (S. 1-17). Pittsburgh, PA: University of Pittsburgh Press.

Campbell, R. T. & Mutran, E. (1982). Analyzing panel data in studies of aging: Applications of the LISREL model. *Research on Aging, 4*(1), 3-41.

Cappella, J. N. & Jamieson, K. H. (1997). *Spiral of cynicism. The press and the public good.* Oxford: Oxford University Press.

Carragee, K. M. & Roefs, W. (2004). The neglect of power in recent framing research. *Journal of Communication, 54*(2), 214-233.

Chaffee, S. H. (1992). Review of the book, Is anyone responsible? How television frames political issues, by Shanto Iyengar. *Journal of Broadcasting & Electronic Media, 36*(2), 239-241.

Chaiken, S. (1980). Heuristic versus systematic information processing and the use of source versus message cues in persuasion. *Journal of Personality and Social Psychology, 39*, 752-766.

Chalmers, A. F. (1999). *Wege der Wissenschaft: Einführung in die Wissenschaftstheorie.* Berlin: Springer.

Chebat, J. C., Filiatrault, P. & Perrien, J. (1990). Limits of credibility: The case of political persuasion. *Journal of Social Psychology, 130*(2), 157-167.

Chen, C. H. (2005). Framing Falun Gong: Xinhua news agency's coverage of the new religious movement in China. *Asian Journal of Communication, 15*(1), 16-36.

Chen, S. & Chaiken, S. (1999). The heuristic-systematic model in its broader context. In S. Chaiken & Y. Trop (Hrsg.), *Dual-process theories in social psychology* (S. 73-97). New York: Guilford.

Cheung, G. W. & Rensvold, R. B. (2002). Evaluating goodness-of-fit indexes for testing measurement invariance. *Structural Equation Modeling, 9*(2), 233–255.

Christ, O., Schmidt, P., Schlüter, E. & Wagner, U. (2006). Analyse von Prozessen und Veränderungen: Zur Anwendung autoregressiver latenter Wachstumskurvenmodelle. *Zeitschrift für Sozialpsychologie, 37*(3), 173-184.

Chyi, H. I. & McCombs, M. (2004). Media salience and the process of framing: Coverage of the Columbine school shootings. *Journalism & Mass Communication Quarterly, 81*(1), 22-35.

Cialdini, R. B., Petty, R. E. & Cacioppo, J. T. (1981). Attitude and attitude change. *Annual Review of Psychology, 32*, 357-404.

Clark, L. A. & Watson, D. (1995). Constructing validity: Basic issues in objective scale development. *Psychological Assessment, 7*(3), 309-319.

Clogg, C. C. (1995). Latent class models. In G. Arminger, C. C. Clogg & M. E. Sobel (Hrsg.), *Handbook of statistical modeling for the social and behavioral sciences* (S. 311-359). New York, London: Plenum Press.

Cohen, B. (1963). *The press and foreign policy.* Princeton, NJ: Princeton University Press.

Coleman, C.-L. & Dysart, E. V. (2005). Framing of Kennewick man against the backdrop of a scientific and cultural controversy. *Science Communication, 27*(1), 3-26.

Collins, L. M. (2006). Analysis of longitudinal data: The integration of theoretical model, temporal design, and statistical model. *Annual Review of Psychology, 57*, 505-528.

Conroy, D. E., Metzler, J. N. & Hofer, S. M. (2003). Factorial invariance and latent mean stability of performance failure appraisals. *Structural Equation Modeling, 10*(3), 401-422.

Constas, M. A. (1992). Qualitative analysis as a public event: the documentation of category development procedures. *American Educational Research Journal, 29*(2), 253-266.

Converse, P. E. (1964). The nature of belief systems in mass publics. In D. E. Apter (Hrsg.), *Ideology and discontent* (S. 206-261). New York: Free Press.

Conway, M. (2006). The subjective precision of computers: A methodological comparison with human coding in content analysis. *Journalism & Mass Communication Quarterly, 83*(1), 186-200.

Cress, D. M. & Snow, D. A. (2000). The outcomes of homeless mobilization: The influence of organization, disruption, political mediation, and framing. *American Journal of Sociology, 105*(4), 1063-1104.

Cromrey, A. L. (1988). Factor-analytic methods of scale development in Personality and Clinical Psychology. *Journal of Consulting and Clinical Psychology, 56*(5), 754-761.

Cronbach, L. J. & Furby, L. (1970). How we should measure "change" - or should we? *Psychological Bulletin, 74*(1), 68-80.

Curran, P. J. & Bollen, K. A. (2001). The best of both worlds. Combining autoregressive and latent curve models. In L. M. Collins & A. G. Sayer (Hrsg.), *New methods for the analysis of change* (S. 107-135). Washington D.C.: American Psychological Association.

D'Angelo, P. (2002). News framing as a multi-paradigmatic research program: A response to Entman. *Journal of Communication, 52*(4), 870-888.

D'Angelo, P., Calderone, M. & Territola, A. (2005). Strategy and issue framing: An exploratory analysis of topics and frames in campaign 2004 print news. *Atlantic Journal of Communication, 13*(4), 199-219.

d'Haenens, L. & Verelst, C. (2002). Portrayal of Indonesia's reform in the Dutch print media. *Gazette: The International Journal for Communication Studies, 64*(2), 183-197.

Dahinden, U. (2006). *Framing. Eine integrative Theorie der Massenkommunikation.* Konstanz: UVK Verlagsgesellschaft.

Dalton, R. J., Beck, P. A. & Huckfeldt, R. (1998). Partisan cues and the media: Information flows in the 1992 presidential election. *American Political Science Review 92*(1), 111-126.

de Vreese, C. H. (2004). The effects of strategic news on political cynicism, issue evaluations, and policy support: a two-wave experiment. *Mass Communication & Society, 7*(2), 191-214.

de Vreese, C. H. (2005). News framing: Theory and typology. *Information Design Journal + Document Design, 13*(1), 51-62.

de Vreese, C. H. & Boomgaarden, H. (2003). Valenced news frames and public support for the EU. *Communications, 28*(4), 361-381.

de Vreese, C. H., Peter, J. & Semetko, H. A. (2001). Framing politics at the launch of the Euro: a cross-national comparative study of frames in the news. *Political Communication, 18*(2), 107-122.

Dearing, J. W. & Rogers, E. M. (1996). *Agenda-setting.* Thousand Oaks, CA: Sage.

Dernbach, B. (2000). Themen der Publizistik - Wie entsteht die Agenda öffentlicher Kommunikation? *Publizistik, 45*(1), 38-50.

Devitt, J. (2002). Framing gender on the campaign trail: Female gubernatorial candidates and the press. *Journalism & Mass Communication Quarterly, 79*(2), 445-463.

Dimitrova, D. V., Lee Kaid, L., Williams, A. P. & Trammell, K. D. (2005). War on the web. The immediate news framing of Gulf War II. *Harvard International Journal of Press/Politics, 10*(1), 22-44.

Domke, D., Shah, D. V. & Wackman, D. B. (1998). Media priming effects: Accessibility, association, and activation. *International Journal of Public Opinion Research, 10*(1), 51-74.

Donsbach, W. (1991). *Medienwirkung trotz Selektion. Einflussfaktoren auf die Zuwendung zu Zeitungsinhalten.* Köln: Böhlau.

Donsbach, W. (2004). Psychology of news decisions. Factors behind journalists' professional behavior. *Journalism, 5*(2), 131-157.

Downs, D. (2002). Representing gun owners. Frame identification as social responsibility in news media discourse. *Written Communication, 19*(1), 44-75.

Druckman, J. N. (2001). On the limits of framing effects: Who can frame? *The Journal of Politics, 63*(4), 1041-1066.

Druckman, J. N. & Nelson, K. R. (2003). Framing and deliberation: How citizens' conversations limit elite influence. *American Journal of Political Science, 47*(4), 729-745.

Druckman, J. N. & Lupia, A. (2000). Preference formation. *Annual Review of Political Science, 3*, 1-24.

Dunwoody, S. (1992). The media and public perceptions of risk: How journalists frame risk stories. In D. W. Bromley & K. Segerson (Hrsg.), *The social response to environmental risk: policy formulation in an age of uncertainty* (S. 75-100). Boston: Kluwer.

Eagly, A. H. & Chaiken, S. (1993). *The psychology of attitudes.* Fort Worth, TX: Harcourt Brace Jovanovich.

Eagly, A. H. & Chaiken, S. (1998). Attitude structure and function. In D. T. Gilbert, S. T. Fiske & G. Lindzey (Hrsg.), *Handbook of Social Psychology* (S. 269-281). Bosten: McGraw-Hill.

Edelman, M. (1993). Contestable categories and public opinion. *Political Communication, 10*(3), 231-242.

Eichhorn, W. (1996). *Agenda-Setting-Prozess. Eine theoretische Analyse individueller und gesellschaftlicher Themenstrukturierungen.* München: Fischer.

Eid, M., Langeheine, R. & Diener, E. (2003). Comparing typological structures across cultures by latent class analysis: A primer. *Journal of Cross-Cultural Psychology, 34*(2), 195-210.

Eilders, C. & Lüter, A. (2000). Germany at war: Competing framing strategies in German public discourse. *European Journal of Communication, 15*(3), 415-428.

Eilders, C. & Wirth, W. (1999). Die Nachrichtenwertforschung auf dem Weg zum Publikum: Eine experimentelle Überprüfung des Einflusses von Nachrichtenfaktoren bei der Rezeption *Publizistik, 44*(1), 35-57.

Eiser, J. R., Fazio, R. H., Stafford, T. & Prescott, T. J. (2003). Connectionist simulation of attitude learning: Asymmetries in the acquisition of positive and negative evaluations. *Personality and Social Psychology Bulletin, 29*(10), 1221-1235.

Enders, C. K. & Bandalos, D. L. (2001). The relative performance of full information maximum likelihood estimation for missing data in structural equation models. *Structural Equation Modeling, 8*(3), 430-457).

Enders, C. K. & Peugh, J. L. (2004). Using a EM covariance matrix to estimate structural equation models with missing data: Choosing an adjusted sample size to improve the accuracy of inferences. *Structural Equation Modeling, 11*(1), 1-19.

Engel, U. & Reinecke, J. (1994). *Panelanalyse.* Berlin: Walter de Gruyter.

Entman, R. M. (1991). Framing U.S. coverage of international news: Contrasts in narratives of the KAL and Iran Air incidents. *Journal of Communication, 41*(4), 6-27.

Entman, R. M. (1993). Framing: toward clarification of a fractured paradigm. *Journal of Communication, 43*(4), 51-58.

Entman, R. M. (2003). Cascading activation: Contesting the White House's frame after 9/11. *Political Communication, 20*(4), 415-432.

Entman, R. M. (2004). *Projections of power: Framing news, public opinion, and U.S. foreign policy.* Chicago: University of Chicago Press.

Erb, H.-P. & Kruglanski, A. W. (2005). Persuasion: Ein oder zwei Prozesse? *Zeitschrift für Sozialpsychologie, 36*(3), 117-131.

Erbring, L., Goldenberg, E. N. & Miller, A. H. (1980). Front-page news and real-world Cues: A new look at agenda-Setting by the media. *American Journal of Political Science, 24*, 16-49.

Ericson, R. V. (1993). Review of the book, Is anyone responsible? How television frames political issues, by Shanto Iyengar. *The American Journal of Sociology, 98*(6), 1459-1463.

Esrock, S. L., Hart, J. L., D'Silva, M. U. & Werking, K. J. (2002). The saga of the Crown Pilot: Framing, reframing, and reconsideration. *Public Relations Review, 28*(3), 209-227.

Esser, F. & D'Angelo, P. (2003). Framing the press and the publicity process. A content analysis of meta-coverage in campaign 2000 network news. *American Behavioral Scientist, 46*(5), 617-641.

Esser, F., Schwabe, C. & Wilke, J. (2005). Metaberichterstattung im Krieg. Wie Tageszeitungen die Rolle der Nachrichtenmedien und der Militär-PR in den Irakkonflikten 1991 und 2003 framen. *Medien und Kommunikationswissenschaft, 53*(2-3), 314-332.

Esser, H. (1987). Zum Verhältnis von qualitativen und quantitativen Methoden in der Sozialforschung, oder: Über den Nutzen methodologischer Regeln bei Diskussion von Scheinkontroversen. In W. Voges (Hrsg.), *Methoden der Biographie- und Lebenslaufforschung* (S. 87-101). Opladen: Leske und Budrich.

Everitt, B. S. (1992). *Cluster analysis.* New York: Halsted.

Eysenck, M. W. & Keane, M. T. (2002). *Cognitive psychology: A student's handbook.* Hove: Psychology Press.

Fazio, R. H. (2001). The automatic activation of associated evaluations: An overview. *Cognition and Emotion, 15*(2), 115-141.

Feick, L. F. (1989). Latent class analysis of survey questions that include don't know responses. *Public Opinion Quarterly, 53*(4), 525–547.

Festinger, L. (1957). *A theory of cognitive dissonance.* Evanston, IL: Row, Peterson.

Fisher, K. (1997). Locating frames in the discursive universe. *Sociological Research Online, 2*(3), [www.socresonline.org.uk/socresonline/2/3/4.html].

Fiske, S. T. & Taylor, S. E. (1991). *Social Cognition.* New York: McGraw.

Formann, A. K. (1984). *Die Latent-Class-Analyse. Einführung in Theorie und Anwendung.* Weinheim: Beltz.

Formann, A. K. & Kohlmann, T. (1996). Latent class analysis in medical research. *Stat Methods Med Res, 5*(2), 107-127.

Fortunato, J. (2005). *Making media content: The influence of constituency groups on the mass media.* Mahwah, N.J.: Erlbaum.

Fröhlich, R. & Rüdiger, B. (2006). Framing political public relations: Measuring success of strategies in Germany. *Public Relations Review, 32*(1), 18-25.

Früh, W. (1992). Realitätsvermittlung durch Massenmedien. Abbild oder Konstruktion? In W. H. Schulz (Hrsg.), *Medienwirkungen. Einflüsse von Presse, Radio und Fernsehen auf Individuum und Gesellschaft* (S. 71-89). Weinheim: VCH Verlagsgemeinschaft.

Früh, W. (1994). *Realitätsvermittlung durch Massenmedien. Die permanente Transformation der Wirklichkeit.* Opladen: Westdeutscher Verlag.

Früh, W. (2001). *Inhaltsanalyse. Theorie und Praxis.* (4., überarbeitete Auflage Auflage). Konstanz: UVK.

Fürsich, E. (2002). Nation, capitalism, myth: Covering news of economic globalization. *Journalism & Mass Communication Quarterly, 79*(2), 353-373.

Gabler, S. & Haeder, S. (2002). Idiosyncrasies in telephone sampling – the case of Germany. *International Journal of Public Opinion Research, 14*(3), 339-345.

Galtung, J. & Ruge, M. H. (1970). The structure of foreign news. In J. Tunstall (Hrsg.), *Media Sociology* (S. 259-298.). London: Constable.

Gamson, W. A. (1988). A constructionist approach to mass media and public opinion. *Symbolic Interaction, 11*(2), 161-174.

Gamson, W. A. (1989). News as framing. Comments on Graber. *American Behavioral Scientist, 33*(2), 157-161.

Gamson, W. A. (1992). *Talking politics.* Cambridge: Cambridge University Press.

Gamson, W. A. (1996). Media discourse as a framing resource. In A. N. Crigler (Hrsg.), *The psychology of political communication* (S. 111-132). Ann Arbor: University of Michigan Press

Gamson, W. A. (2006). Review of the book, Frames of protest: Social movements and the framing perspective, edited by Hank Johnston and John A. Noakes. *Political Communication, 23*(4), 461–477.

Gamson, W. A., Croteau, D., Hoynes, W. & Sasson, T. (1992). Media images and the social construction of reality. *Annual Review of Sociology, 18*, 373-393.

Gamson, W. A. & Meyer, D. S. (1996). Framing political opportunity. In D. McAdam, J. D. McCarthy & M. N. Zald (Hrsg.), *Comparative perspectives on social movements. Political opportunities, mobilizing structures, and cultural framings* (S. 275-290). New York: Cambridge University Press.

Gamson, W. A. & Modigliani, A. (1987). The changing culture of affirmative action. In R. G. Braungart & M. M. Braungart (Hrsg.), *Research in political sociology* (S. 137-177). Greenwich, CT: JAI Press.

Gamson, W. A. & Modigliani, A. (1989). Media discourse and public opinion on nuclear power: A constructionist approach. *American Journal of Sociology, 95*, 1-37.

Gan, F., Teo, J. L. & Detenber, B. H. (2005). Framing the battle for the White House. A comparison of two national newspapers' coverage of the 2000 United States presidential election. *Gazette: The International Journal for Communication Studies, 67*(5), 441-467.

Gandy, O. H. J. (2001). Epilogue-Framing at the horizon: A restrospective assessment. In S. D. Reese, O. H. Gandy & A. E. Grant (Hrsg.), *Framing public life: Perspectives of media and our understanding of the social world* (S. 355-378). Mahwah, NJ: Erlbaum.

Geis, A. (2001). Konventionelle versus computerunterstützte Codierung offener Fragen. Ein Vergleich der Codier-Ergebnisse. In W. Wirth & E. Lauf (Hrsg.), *Inhaltsanalyse - Perspektiven, Probleme, Potenziale* (S. 318 - 337). Köln: Halem.

Gerbing, D. W. & Hamilton, J. G. (1996). Viability of exploratory factor analysis as a precursor to confirmatory factor analysis. *Structural Equation Modeling, 3*(1), 62-72.

Gerhards, J. (1993). *Neue Konfliktlinien in der Mobilisierung öffentlicher Meinung: eine Fallstudie.* Opladen: Westdeutscher Verlag.

Gerhards, J. & Rucht, D. (1992). Mesomobilization: Organizing and framing in two protest campaigns in West Germany. *American Journal of Sociology, 98*(3), 555-595.

Gerhards, J. & Schäfer, M. S. (2006). *Die Herstellung einer öffentlichen Hegemonie Humangenomforschung in der deutschen und der US-amerikanischen Presse.* Wiesbaden: VS Verlag für Sozialwissenschaften.

Ghanem, S. (1997). Filling in the tapestry: The second level of agenda setting. In M. E. McCombs, D. Shaw & D. Weaver (Hrsg.), *Communication and democracy* (S. 3-14). Mahwah, N.J.: Erlbaum.

Giddens, A. (1997). *Konsequenzen der Moderne* (2. Auflage). Frankfurt am Main: Suhrkamp.

Gitlin, T. (1980). *The whole world is watching: Mass media in the making and unmaking of the new left.* Berkeley, CA: University of California Press.

Gleissner, M. & de Vreese, C. H. (2005). News about the EU Constitution. Journalistic challenges and media portrayal of the European Union Constitution. *Journalism, 6*(2), 221-242.

Goffman, E. (1980). *Rahmen-Analyse. Ein Versuch über die Organisation von Alltagserfahrungen.* Frankfurt: Suhrkamp.

Golan, G. & Wanta, W. (2001). Second-level agenda setting in the New Hampshire primary: A comparison of coverage in three newspapers and public perceptions of candidates. *Journalism & Mass Communication Quarterly, 78*(2), 247-259.

Gonzenbach, W. J. & McGavin, L. (1997). A brief history of time: A methodological analysis of agenda setting. In M. McCombs, D. V. Shah & D. H. Weaver (Hrsg.), *Communication and democracy. Exploring the intellectual frontiers in agenda-setting theory* (S. 115-135). Mahwah, NJ: Erlbaum.

Gore, P. A. J. (2000). Cluster analysis. In H. E. A. Tinsley & S. D. Brown (Hrsg.), *Handbook of applied multivariate statistics and mathematical modeling* (S. 298-321). San Diego: Academic Press.

Görke, A., Kohring, M. & Ruhrmann, G. (2000). Gentechnologie in der Presse. Eine internationale Langzeitanalyse von 1973 bis 1996. *Publizistik, 45*(1), 20-37.

Görke, A. (1999). *Risikojournalismus und Risikogesellschaft.Sondierung und Theorieentwurf.* Opladen: Westdeutscher Verlag.

Graber, D. A. (1988). *Processing the news: How people tame the information tide.* (2. Auflage). Lanham, MD: University Press of America.

Green, S. B. (2003). A coefficient alpha for test–retest data. *Psychological Methods, 8*(1), 88-101.

Gross, K. & D'Ambrosio, L. (2004). Framing Emotional Response. *Political Psychology, 25*(1), 1-29.

Habermas, J. (2006). Political communication in media society: Does democracy still enjoy an epistemic dimension? The impact of normative theory on empirical research. *Communication Theory, 16*(4), 411-426.

Hackett, R. (1984). Decline of paradigm? Bias and objectivity in news media studies. *Critical Studies in Mass Communication, 1*(3), 229-259.

Hagen, L. (1992). Die opportunen Zeugen. Konstruktionsmechanismen von Bias in der Zeitungsberichterstattung über die Volkszählungsdiskussion. *Publizistik, 37*(4), 444-460.

Hagenaars, J. & Halman, L. C. (1989). Searching for ideal types: The potentialities of latent class analysis. *European Sociological Review, 5*(1), 81-96.

Haigh, M. M., Pfau, M., Danesi, J., Tallmon, R., Brunko, T., Nyberg, S. (2006). A comparison of embedded and nonembedded print coverage of the U.S. invasion and occupation of Iraq. *Harvard International Journal of Press/Politics, 11*(2), 139-153.

Halaby, C. N. (2004). Panel models in sociological research: Theory into practice. *Annual Review of Sociology, 30*, 507-544.

Hall, A. (2000). The mass media, cultural identity and perceptions of national character. An analysis of frames in US and Canadian coverage of audiovisual materials in the GATT. *Gazette: The International Journal for Communication Studies, 62*(3-4), 231-249.

Jamieson, K. H. & Waldman, P. (2002). The morning after: The effect of the network call for Bush. *Political Communication, 19*(1), 113-118.

Hallahan, K. (1999). Seven models of framing: Implications for public relations. *Journal of Public Relations Research, 11*(3), 205-242.

Haller, B. & Ralph, S. (2001). Not worth keeping alive: News framing of physician-assisted suicide in the United States and Great Britain. *Journalism Studies, 2*(3), 407-421.

Hamilton, D. L., Sherman, S. J. & Maddox, K. B. (1999). Dualities and continua: Implications for understanding perceptions of persons and groups. In S. Chaiken & Y. Trope (Hrsg.), *Dual process theories in social psychology* (S. 606-626). New York: Guilford Press.

Hancock, G. R., Kuo, W.-L. & Lawrence, F. R. (2001). An illustration of second-order latent growth models. *Structural Equation Modeling, 8*(3), 470-489.

Hanson, E. C. (1995). Framing the world news: The *Times of India* in changing times. *Political Communication, 12*, 371-393.

Harden, L. (2002). *Rahmen der Orientierung. Eine Längsschnittanalyse von Frames in der Philosophieberichterstattung deutscher Qualitätsmedien.* Opladen: Westdeutscher Verlag.

Hardin, M., Lynn, S., Walsdorf, K. & Hardin, B. (2002). The framing of sexual difference in 'SI for Kids' editorial photos. *Mass Communication & Society, 5*(3), 341-359.

Hastie, R. & Park, B. (1986). The relationship between memory and judgment depends on whether the judgment task is memory-based or on-line. *Psychological Review, 93*(3), 258-268.

Hertel, G. & Bless, H. (2000). "On-line" und erinnerungsgestütze Urteilsbildung: Auslösefaktoren und empirische Unterscheidungsmöglichkeiten. *Psychologische Rundschau, 51*(1), 19-28.

Hertog, J. K. & McLeod, D. M. (2001). A multiperspectival approach to framing analysis: a field guide. In S. D. Reese, O. H. Gandy & A. E. Grant (Hrsg.), *Framing public life: Perspectives of media and our understanding of the social world.* (S. 139-161). Mahwah, NJ: Erlbaum.

Hertzog, C. & Nesselroade, J. R. (2003). Assessing psychological change in adulthood: An overview of methodological issues. *Psychology and Aging, 18*(4), 639-657.

Hiebert, R. E. (2003). Public relations and propaganda in framing the Iraq war: A preliminary review. *Public Relations Review, 29*(3), 243-255.

Higgins, E. T. (1996). Knowledge activation: Accessibility, applicability, and salience. In E. T. Higgins & A. W. Kruglanski (Hrsg.), *Social psychology: Handbook of basic principles* (S. 133-168). New York: Guilford.

Holbert, R. L. & Stephenson, M. T. (2002). Structural equation modeling in the communication sciences, 1995-2000. *Human Communication Research, 28*(4), 531-551.

Holbert, R. L. & Stephenson, M. T. (2003). The importance of indirect effects in media effects research: Testing for mediation in structural equation modeling. *Journal of Broadcasting & Electronic Media, 47*(4), 556-572.

Homer, P. M. & Kahle, L. R. (1990). Source expertise, time of source identification, and involvement in persuasion: An elaborative processing perspective. *Journal of Advertising, 19*(1), 30-39.

Hovland, C. I., Janis, I. L. & Kelley, H. H. (1959). *Communication and persuasion. Psychological studies of opinion change.* New Haven: Yale University Press.

Huang, L.-N. (2000). Examining candidate information search processes: The impact of processing goals and sophistication. *Journal of Communication, 50*(1), 93-114.

Huang, L.-N. & Price, V. (2001). Motivations, goals, information search, and memory about political candidates. *Political Psychology, 22*(4), 665-692.

Huang, Y. & Leung, C. M. (2005). Western-led press coverage of mainland China and Vietnam during the SARS crisis: Reassessing the concept of 'Media Representation of the Other'. *Asian Journal of Communication, 15*(3), 302-318.

Hügel, R., Degenhardt, W. & Weiss, H.-J.-. (1989). Structural equation models for the analysis of the agenda setting process. *European Journal of Communication, 4*, 191-210.

Husselbee, L. P. & Elliott, L. (2002). Looking beyond hate: How national and regional newspapers framed hate crimes in Jasper, Texas, and Laramie, Wyoming. *Journalism & Mass Communication Quarterly, 79*(4), 833-852.

Igartua, J. J., Cheng, L. & Muniz, C. (2005). Framing Latin America in the Spanish press: A cooled down friendship between two fraternal lands. *Communications, 30*(3), 359-372.

Imhof, K. & Eisenegger, M. (2001). Issue Monitoring: Die Basis des Issues Managements. Zur Methodik der Früherkennung organisationsrelevanter Umweltentwicklungen. In U. Röttger (Hrsg.), *Issues Management - Theoretische Konzepte und praktische Umsetzung. Eine Bestandesaufnahme* (S. 257-278). Wiesbaden: Westdeutscher Verlag.

Iorio, S. H. & Huxman, S. S. (1996). Media coverage of political issues and the framing of personal concerns. *Journal of Communication, 46*(1), 97-115.

Iran-Nejad, A. & Winsler, A. (2000). Bartlett's schema theory and modern accounts of learning and remembering. *Journal of Mind & Behavior, 21*, 5-35.

Iyengar, S. (1989). How citizens think about national issues: A matter of responsibility. *American Journal of Political Science, 33*(4), 878-900.

Iyengar, S. (1990). The accessibility bias in politics: Television news and public opinion. *International Journal of Public Opinion Research, 2*(1), 1-15.

Iyengar, S. (1991). *Is anyone responsible? How television frames political issues.* Chicago: University of Chicago Press.

Iyengar, S. (1993). Review of the book, Common knowledge. News and the construction of political meaning, by W.R. Neuman, M. R. Just & A. N. Crigler. *Journal of Broadcasting & Electronic Media, 37*(3), 369-371.

Iyengar, S. (1996). Framing responsibility for political issues. *The Annals of the American Academy of Political and Social Science, 546*, 59-70.

Iyengar, S. & Kinder, D. R. (1985). Psychological accounts of agenda setting. In S. Kraus & R. Perloff (Hrsg.), *Mass Media and Political Thought* (S. 117-140). Beverly Hills: Sage.

Iyengar, S. & Kinder, D. R. (1987). *News that matters. Television and American opinion.* Chicago: Chicago University Press.

Iyengar, S. & Simon, A. (1993). News coverage of gulf crisis and public opinion. A study of agenda-setting, priming, and framing. *Communication Research, 20*(3), 365-383.

Jackson, R. (2005). *Writing the war on terrorism: Language, politics and counter-terrorism.* (New approaches to conflict analysis). Manchester: Manchester University Press.

Jamieson, K. & Waldman, P. (2002). The morning after: The effect of the network call for Bush. *Political Communication, 19*(1), 113-118.

Jarren, O. & Donges, P. (2002). *Politische Kommunikation in der Mediengesellschaft. Eine Einführung.* (Bd. Band 1: Verständnis, Rahmen und Strukturen). Opladen: Westdeutscher Verlag.

Jarren, O. (1996). Auf dem Weg in die "Mediengesellschaft"? Medien als Akteure und institutionalisierter Handlungskontext. Theoretische Anmerkungen zum Wandel des intermediären Systems. In K. Imhof & P. Schulz (Hrsg.), *Politisches Raisonnement in der Informationsgesellschaft* (S. 79-96). Zürich: Seismo.

Jarvis, W. B. G. & Petty, R. E. (1996). The need to evaluate. *Journal of Personality and Social Psychology, 70*(3), 172-194.

Jasperson, A. E., Shah, D. V., Watts, M., Faber, R. J. & Fan, D. P. (1998). Framing and the public agenda: Media effects on the importance of the federal budget deficit. *Political Communication, 15*(2), 205-224.

Jensen, S. (1999). *Erkenntnis-Konstruktivismus-Systemtheorie. Einführung in die Philosophie der konstruktivistischen Wissenschaft.* Opladen: Westdeutscher Verlag.

Johnson, D. R. (1988). Panel analysis in family studies. *Journal of Marriage and the Family, 50*(4), 949-955.

Johnson, D. R. (2005). Two-wave panel analysis: Comparing statistical methods for studying the effects of transitions. *Journal of Marriage and Family, 67*(4), 1061-1075.

Johnston, H. (1995). A methodology for frame analysis: From discourse to cognitive schemata. In E. Laraña, H. Johnston & J. R. Gusfield (Hrsg.), *Social Movements and Culture* (S. 217-246). Minneapolis: University of Minnesota Press.

Johnston, H. (2002). Verification and proof in frame and discourse analysis. In B. Klandermans & S. Staggenborg (Hrsg.), *Methods of Social Movement Research* (S. 62-91). Minneapolis: University of Minnesota Press.

Johnston, H. (2005). Comparative frame analysis. In H. Johnston & J. A. Noakes (Hrsg.), *Frames of protest: social movements and the framing perspective* (S. 237-260). Lanham: Rowman & Littlefield Publishers.

Jöreskog, K. G. (1979). Statistical estimation of structural models in longitudinal-developmental investigations. In J. R. Nesselroade & P. B. Baltes (Hrsg.), *Longitudinal research in the study of behavior and development* (S. 303-351). New York: Academic Press.

Jou, J., Shanteau, J. & Harris, R. J. (1996). An information processing view of framing effects: The role of causal-schemas in decision making. *Memory & Cognition, 24*, 1-15.

Ju, Y. (2005). Policy or politics? A study of the priming of media frames of the South Korean president in the public mind. *International Journal of Public Opinion Research, 18*(1), 49-66.

Jungermann, H., Pfister, H.-R. & Fischer, K. (1998). *Die Psychologie der Entscheidung.* Berlin: Spektrum Akademischer Verlag.

Just, M. R., Crigler, A. N. & Neuman, W. R. (1996). Cognitive and affective dimensions of political conceptualization. In A. N. Crigler (Hrsg.), *The psychology of political communication* (S. 133-148). Ann Arbor: University of Michigan Press

Kalwinsky, R. K. (1998). Framing life and death: Physician-assisted suicide and The New York Times from 1991 to 1996. *Journal of Communication Inquiry, 22*(1), 93-112.

Kensicki, L. J. (2001). Deaf president now! Positive media framing of a social movement within a hegemonic political environment. *Journal of Communication Inquiry, 25*(2), 147-166.

Kepplinger, H. M. (1993). Erkenntnistheorie und Forschungspraxis des Konstruktivismus. In G. Bentele & M. Rühl (Hrsg.), *Theorien öffentlicher Kommunikation* (S. 118-125). München: Verlag Öhlschläger.

Kepplinger, H. M., Brosius, H.-B. & Staab, J. F. (1991). Opinion formation in mediated conflicts and crises: A theory of cognitive-affective media effects. *International Journal of Public Opinion Research, 3*(1), 132-156.

Kepplinger, H. M., Brosius, H.-B., Staab, J. F. & Linke, G. (1992). Instrumentelle Aktualisierung. Grundlagen einer Theorie kognitiv-affektiver Medienwirkungen. In W. Schulz (Hrsg.), *Medienwirkungen. Einflüsse von Presse, Radio und Fernsehen auf Individuum und Gesellschaft* (S. 161-189). Weinheim: VCH.

Kepplinger, H. M. & Habermeier, J. (1995). The impact of key events on the presentation of reality. *European Journal of Communication, 10*(3), 371-390.

Kepplinger, H. M. & Maurer, M. (2001). Saldo oder Mittelwert? Eine vorläufige Antwort auf eine ungestellte Frage. In F. M. ((Hrsg.), *Die Politik der Massenmedien. Heribert Schatz zum 65. Geburtstag* (S. 166-180). Köln: Halem.

Kepplinger, H. M., Maurer, M. & Roessing, T. (1999). Deutschland vor der Wahl. Eine Frame-Analyse der Fernsehnachrichten. In H. M. Kepplinger, E. Noelle-Neumann & W. Donsbach (Hrsg.), *Kampa. Meinungsklima und Medienwirkung im Bundestagswahlkampf 1998* (S. 78-107). Freiburg: Verlag Karl Alber.

Kerbel, M. R., Apee, S. & Ross, M. H. (2000). PBS ain't so different. Public broadcasting, election frames, and democratic empowerment. *Harvard International Journal of Press/Politics, 5*(4), 8-32.

Keum, H., Hillback, E. D., Rojas, H., de Zuniga, H. G., Shah, D. V. & McLeod, D. M. (2005). Personifying the radical. How news framing polarizes security concerns and tolerance judgments. *Human Communication Research, 31*(3), 337-364.

Kim, K. K. (2003). It's all about trade: United States press coverage of cigarette export talks and policy. *Mass Communication & Society, 6*(1), 75-97.

Kim, S.-H., Scheufele, D. A. & Shanahan, J. (2002). Think about it this way: Attribute agenda-setting function of the press and the public's evaluation of a local issue. *Journalism & Mass Communication Quarterly, 79*(1), 7-25.

Kinder, D. R. (1998). Communication and opinion. *Annual Review of Political Science, 1*, 167-197.

King, C. & Lester, P. M. (2005). Photographic coverage during the Persian Gulf and Iraqi Wars in three U.S. newspapers. *Journalism & Mass Communication Quarterly, 82*(3), 623-637.

Kiousis, S., Mitrook, M., Wu, X. & Seltzer, T. (2006). First- and second-level agenda-building and agenda-setting effects: Exploring the linkages among candidate news releases, media coverage, and public opinion during the 2002 Florida gubernatorial election. *Journal of Public Relations Research, 18*(3), 265-285.

Kiousis, S., Bantimaroudis, P. & Ban, H. (1999). Candidate image attributes: Experiments on the substantive dimension of second level agenda setting. *Communication Research, 2*(4), 414-428.

Klapper, J. T. (1960). *The effects of mass communication.* Glencoe, IL: The Free Press.

Kleinnijenhuis, J. (1991). Newspaper complexity and the knowledge gap. *European Journal of Communication, 6*(4), 499-522.

Kline, R. B. (1998). *Principles and practice of structural equation modeling.* London: Guilford Press.

Knight, M. G. (1999). Getting past the impasse: Framing as a tool for public relations. *Public Relations Review, 25*(3), 381-398.

Kohring, M. (2001). *Vertrauen in Medien - Vertrauen in Technologie.* Stuttgart: TA-Akademie.

Kohring, M. (2002). Vertrauen in Journalismus. In A. Scholl (Hrsg.), *Systemtheorie und Konstruktivismus in der Kommunikationswissenschaft: Ansprüche und Herausforderungen* (S. 91-110). Konstanz: UVK.

Kohring, M. (2004). *Vertrauen in Journalismus. Theorie und Empirie.* Konstanz: UVK.

Kohring, M. (2005). *Wissenschaftsjournalismus: Forschungsüberblick und Theorieentwurf.* Konstanz: UVK.

Kohring, M. & Matthes, J. (2002). The face(t)s of biotech in the nineties: How the German press framed modern biotechnology. *Public Understanding of Science, 11*(2), 143-154.

Kohring, M. & Matthes, J. (2004). Revision und Validierung einer Skala zur Erfassung von Vertrauen in Journalismus. *Medien & Kommunikationswissenschaft, 52*(3), 377-385.

Kohring, M. & Matthes, J. (2007). Trust in news media. Development and validation of a multidimensional scale. *Communication Research, 34*(2), 231-252.

Kolb, S. (2004). Verlässlichkeit von Inhaltsanalysedaten. Reliabilitätstests, Errechnen und Interpretation von Reliabilitätskoeffizienten für mehr als zwei Codierer. *Medien & Kommunikationswissenschaft, 52*(3), 335-354.

Kreissl, R. & Sack, F. (1998). Framing. Die kognitiv-soziale Dimension von sozialem Protest. *Forschungsjournal Neue Soziale Bewegungen, 11*(4), 41-54.

Krolak-Schwerdt, S. & Eckes, T. (1992). A graph theoretic criterion for determining the number of clusters in a data set. *Multivariate Behavioral Research, 27*, 541-565.

Kruglanski, A. W. & Thompson, E. P. (1999). Persuasion by a single route: A view from the unimodel. *Psychological Inquiry, 10*(2), 182-193.

Kruse, C. R. (2001). The movement and the media: framing the debate over animal experimentation. *Political Communication, 18*(1), 67-87.

Kuhn, T. S. (1999). *Die Struktur wissenschaftlicher Revolutionen.* Frankfurt am Main: Suhrkamp.

Kuklinski, J. H. (2001). Political attitudes and perceptions: Introduction. In J. H. Kuklinski (Hrsg.), *Citizens and politics: Perspectives from political psychology* (S. 243-254). Cambridge: Cambridge University Press.

Kuklinski, J. H., Luskin, R. C. & Bolland, J. M. (1991). Where is the Schema? Going beyond the "S" word in political psychology. *American Political Science Review, 85*, 1341-1356.

Kurz, K., Prüfer, P. & Rexroth, M. (1999). Zur Validität von Fragen in standardisierten Erhebungen. Ergebnisse des Einsatzes eines kognitiven Pretestinterviews. *ZUMA-Nachrichten, 23*(44), 83-107.

Lakatos, I. (1974). Falsifikation und die Methodologie wissenschaftlicher Forschungsprogramme. In I. Lakatos & A. Musgrave (Hrsg.), *Kritik und Erkenntnisfortschritt* (S. 89-189). Braunschweig: Vieweg.

Langeheine, R., Pannekoek, J. & van de Pol, F. (1996). Bootstrapping goodness-of-fit measures in categorical data analysis. *Sociological Methods & Research, 24*(4), 492-516.

Lavine, H. (2002). On-line versus memory-based process models of political evaluation. In K. R. Monroe (Hrsg.), *Political psychology* (S. 225-274). Mahwah, NJ: Erlbaum.

Lawrence, R. G. (2000). Game-framing the issues: Tracking the strategy frame in public policy news *Political Communication, 17*(2), 93-114.

Lazarsfeld, P. (1950). Logical and mathematical foundations of latent structure analysis. In S. Stouffer, L. Guttman, E. Suchman, P. Lazarsfeld, S. Star & J. Clausen (Hrsg.), *Measurement and prediction* (S. 364-472). Princeton, NJ: Princeton University Press.

Leonarz, M. (2006). *Gentechnik im Fernsehen. Eine Framing-Analyse.* Konstanz: UVK.

Levin, I. P., Schneider, S. L. & Gaeth, G. J. (1998). All frames are not created equal: A typology and critical analysis of framing effects. *Organizational Behavior and Human Decision Processes, 76*, 149-188.

Liebler, C. M. & Bendix, J. (1996). Old-growth forests on network news: News sources and the framing of an environmental controversy. *Journalism & Mass Communication Quarterly, 73*(1), 53-65.

Lind, R. A. & Salo, C. (2002). The framing of feminists and feminism in news and public affairs programs in U.S. electronic media. *Journal of Communication, 52*(1), 211-228.

Locksley, A., Stangor, C., Hepburn, C., Grosovsky, E. & Hochstrasser, M. (1984). The ambiguity of recognition memory tests of schema theories. *Cognitive Psychology, 16*, 421-448.

Lodge, M., Steenbergen, M. R. & Brau, S. (1995). The responsive voter: Campaign information and the dynamics of candidate evaluation. *The American Political Science Review, 89*(2), 309-326.

Lodge, M., McGraw, K. M. & Stroh, P. (1989). An impression-driven model of candidate evaluation. *The American Political Science Review, 83*(2), 399-419.

Löffelholz, M. (2004). Ein privilegiertes Verhältnis. Theorien zur Analyse der Inter-Relationen von Journalismus und Öffentlichkeitsarbeit. In M. Löffelholz (Hrsg.), *Theorien des Journalismus. Ein diskursives Handbuch* (S. 471-485). Wiesbaden: Verlag für Sozialwissenschaften.

Lombard, M., Snyder-Duch, J. & Campanella Bracken, C. (2002). Content analysis in mass communication. Assessment and reporting of intercoder reliability. *Human Communication Research, 28*(4), 587-604.

Loosen, W., Scholl, A. & Woelke, J. (2002). Systemtheoretische und konstruktivistische Methodologie. In A. Scholl (Hrsg.), *Systemtheorie und Konstruktivismus in der Kommunikationswissenschaft* (S. 37-65). Konstanz: UVK.

Lorr, M. (1994). Cluster analysis: Aims, methods, problems. In S. Strack & M. Lorr (Hrsg.), *Differentiating normal and abnormal psychology.* (S. 179-195). New York: Springer.

Luhmann, N. (1974). Öffentliche Meinung. In W. R. Langenbucher (Hrsg.), *Zur Theorie der politischen Kommunikation* (S. 27-54). München: Piper.

Luhmann, N. (1988). *Soziale Systeme Grundriss einer allgemeinen Theorie.* (3. Aufl. Auflage). Frankfurt am Main: Suhrkamp.

Luhmann, N. (1989). *Vertrauen. Ein Mechanismus der Reduktion sozialer Komplexität.* (3. Auflage). Stuttgart: Enke.

Luther, C. A. & Miller, M. M. (2005). Framing of the 2003 U.S.-Iraq war demonstrations: An analysis of news and partisan texts. *Journalism & Mass Communication Quarterly, 82*(1), 78-96.

Mackie, D. M., Sherman, J. W. & Worth, L. T. (1993). On-line and memory-based processes in group variability judgments. *Social Cognition, 11*(1), 44-69.

Mackie, D. M. & Asuncion, A. G. (1990). On-line and memory-based modification of attitudes: Determinants of message recall–attitude change correspondence. *Journal of Personality and Social Psychology, 59*(1), 5-16.

Magidson, J. & Vermunt, J. K. (2002). Latent class models for clustering: A comparison with K-means. *Canadian Journal of Marketing Research, 20*(1), 37-44.

Magidson, J. & Vermunt, J. K. (2003). A nontechnical introduction to latent class models. *Statistical Innovations White Paper*, [http://www.statisticalinnovations.com/articles/lcmodels2.pdf, letzter Zugriff 02.01.2007].

Magidson, J. & Vermunt, J. K. (2004). Latent class models. In D. Kaplan (Hrsg.), *The Sage handbook of quantitative methodology for the social sciences* (S. 175-198). Thousand Oakes: Sage.

Maher, M. T. (2001). Framing: An emerging paradigm or a phase of agenda setting? In S. D. Reese, O. H. Gandy & A. E. Grant (Hrsg.), *Framing public life: Perspectives of media and our understanding of the social world.* (S. 83-94). Mahwah, NJ: Erlbaum.

Marchi, R. M. (2005). Reframing the runway. A case study of the impact of community organizing on news and politics. *Journalism, 6*(4), 465-485.

Marcinkowski, F. (1993). *Publizistik als autopoietisches System. Politik und Massenmedien. Eine systemtheoretische Analyse.* Opladen: Westdeutscher Verlag.

Marcinkowski, F. (2002). Politische Öffentlichkeit. Systemtheoretische Grundlagen und politikwissenschaftliche Konsequenzen. In K.-U. Hellmann & R. Schmalz-Bruns (Hrsg.), *Theorie der Politik. Niklas Luhmanns politische Soziologie* (S. 85-108). Frankfurt am Main: Suhrkamp.

Marsh, H. W. & Grayson, D. (1995). Latent variable models of multitrait-multimethod data. In R. H. Hoyle (Hrsg.), *Structural equation modeling. Concepts, issues, and applications* (S. 177-198). Thousand Oaks, CA: Sage.

Marsh, H. W., Wen, Z. & Hau, K. T. (2004). Structural equation models of latent interactions: Evaluation of alternative estimation strategies and indicator construction. *Psychological Methods, 9*(3), 275-300.

Martin, C. R. (2003). The 1997 United parcel service strike: Framing the story for popular consumption. *Journal of Communication Inquiry, 27*(2), 190-210.

Marullo, S., Pagnucco, R. & Smith, J. (1996). Frame changes and social movement contraction: U.S. peace movement framing after the Cold War. *Sociological Inquiry, 66*(1), 1-28.

Matthes, J. (2004). Die Schema-Theorie in der Medienwirkungsforschung: Ein unscharfer Blick in die "Black Box"? *Medien & Kommunikationswissenschaft, 52*(4), 545-568.

Matthes, J. (2006). The need for orientation. Revising and validating a classic concept. *International Journal of Public Opinion Research, 18*(4), 422-444.

Matthes, J. (2007a). Looking back while moving forward. A content analysis of media framing studies in the world's leading communication journals, 1990-2005. *Paper to be presented to the Mass Communication division at the 57th annual conference of the International Communication Association*, San Francisco, CA, May 24-28; *submitted for publication.*

Matthes, J. (2007b). Beyond accessibility? Toward an on-line and memory-based model of framing effects. *Communications: The European Journal of Communication Research, 32*(1), 51-78.

Matthes, J. (2007c). Schemata and media effects. In W. Donsbach (Hrsg.), *The International Encyclopedia of Communication.* London: Blackwell, *im Druck.*

Matthes, J (2007d). Need for orientation as a predictor of first and second level agenda setting effects. Causal evidence from a two-wave panel study. *Paper presented to the Mass Communication division at the 57th annual conference of the International Communication Association*, San Francisco, CA, May 24-28; *submitted for publication.*

Matthes, J. (2008). Medien-Frames inhaltsanalytisch (be)greifen. Eine Analyse von 135 nationalen und internationalen Fachzeitschriftenaufsätzen, 1990-2005. In J. Matthes, W. Wirth, G. Daschmann & A. Fahr (Hrsg.), *Die Brücke zwischen Theorie und Empirie: Operationalisierung, Messung und Validierung in der Kommunikationswissenschaft.* Köln: Halem Verlag, *im Druck.*

Matthes, J. (im Druck). Eine falsche Dichotomie? Überlegungen zum selbstverständlichen Zusammenspiel qualitativer und quantitativer Methoden. In G. Daschmann, A. Fahr & A. Scholl (Hrsg.), *Zählen oder Verstehen? Zur aktuellen Diskussion um die Verwendung quantitativer und qualitativer Methoden in der empirischen Kommunikationswissenschaft.* Köln: Halem.

Matthes, J. & Kohring, M. (2003). Operationalisierung von Vertrauen in Journalismus. *Medien & Kommunikationswissenschaft, 51*(1), 5-23.

Matthes, J. & Kohring, M. (2004). Die empirische Erfassung von Medien-Frames. *Medien & Kommunikationswissenschaft, 52*(1), 56-75.

Matthes, J. & Kohring, M. (2006a). The content analysis of media frames: Toward improving reliability and validity. *Paper presented to the Communication Theory & Methodology Division at the 2006 AEJMC convention,* 02.-05.08.2006, San Francisco, USA; *submitted for publication.*

Matthes, J. & Kohring, M. (2006b). Seeing is believing? Zum vermeintlichen Glaubwürdigkeitsvorsprung des Fernsehens im Vergleich zu Tageszeitung, Zeitschrift und Radio. In S. Weischenberg, M. Beuthner & W. Loosen (Hrsg.), *Medienqualitäten. Öffentliche Kommunikation zwischen ökonomischem Kalkül und Sozialverantwortung* (S. 367-382). Konstanz: UVK.

Matthes, J., Schemer, C., Willemsen, H. & Wirth, W. (2005). Zur Wirkung von Product Placements. Theoretische Überlegungen und experimentelle Befunde zum Mere Exposure-Effekt in audiovisuellen Medien. *Medien Journal, 4*, 23-37

Matthes, J., Schemer, C. & Wirth, W (2008). More than meets the eye: Investigating the hidden impact of brand placements in television magazines. *International Journal of Advertising, 27*(1), *im Druck.*

Matthes, J., Wirth, W., Daschmann, G. & Fahr, A (2008). *Die Brücke zwischen Theorie und Empirie: Operationalisierung, Messung und Validierung in der Kommunikationswissenschaft.* Köln: Halem Verlag, *im Druck.*

Matthes, J., Wirth, W. & Schemer, C. (2007). Measuring the Unmeasurable? Towards operationalizing on-line and memory-based political judgments in surveys. *International Journal of Public Opinion Research, 19*(2), 247-257.

Maurer, M. (2003). *Politikverdrossenheit durch Medienberichte.* Konstanz: UVK.

Maurer, M. (2004a). Das Paradox der Medienwirkungsforschung. Verändern Massenmedien die Bevölkerungsmeinung, ohne Einzelne zu beeinflussen? *Publizistik, 49*(4), 405-422.

Maurer, M. (2004b). Kausalanalysen langfristiger Medienwirkung - Paneleffekt und Panelmortalität bei telefonischen Befragungen. In W. Wirth, E. Lauf & A. Fahr (Hrsg.), *Forschungslogik und -design in der Kommunikationswissenschaft. Band 1: Einführung, Problematisierungen und Aspekte der Methodenlogik aus kommunikationswissenschaftlicher Perspektive* (S. 197-215). Köln: Halem.

McAdam, D. (1994). Taktiken von Protestbewegungen: Das "Framing" der amerikanischen Bürgerrechtsbewegung. In F. Neidhardt (Hrsg.), *Kölner Zeitschrift für Soziologie und Sozialpsychologie* (Bd. Sonderheft 34: Öffentlichkeit, öffentliche Meinung, soziale Bewegungen) (S. 393-412). Opladen: Westdeutscher Verlag.

McAdam, D., McCarthy, J. D. & Zald, M. N. (1996). Opportunities, mobilizing structures, and framing processes. Toward a synthetic, comparative perspective on social movements. In D. McAdam, J. D. McCarthy & M. N. Zald (Hrsg.), *Comparative perspectives on social movements. Political opportunities, mobilizing structures, and cultural framings* (S. 1-20). New York: Cambridge University Press.

McCombs, M. E. (1992). Explorers and surveyors: Expanding strategies for agenda-setting research. *Journalism Quarterly, 69*, 813-824.

McCombs, M. E. (2000). Agenda Setting: Zusammenhänge zwischen Massenmedien und Weltbild. In A. Schorr (Hrsg.), *Publikums- und Wirkungsforschung* (S. 123-136). Opladen: Westdeutscher Verlag.

McCombs, M. E. (2004). *Setting the agenda: The news media and public opinion.* Malden, MA: Polity Press.

McCombs, M. E. & Ghanem, S. I. (2001). The convergence of agenda setting and framing. In S. D. Reese, O. H. Gandy & A. E. Grant (Hrsg.), *Framing public life: Perspectives of media and our understanding of the social world* (S. 67-81). Mahwah, NJ: Erlbaum.

McCombs, M. E., Llamas, J. P., Lopez-Escobar, E. & Rey, F. (1997). Candidate images in Spanish elections: Second-level agenda-setting effects. *Journalism & Mass Communication Quarterly, 74*(4), 703-717.

McCombs, M. E., Lopez-Escobar, E. & Llamas, J. P. (2000). Setting the agenda of attributes in the 1996 Spanish general election. *Journal of Communication, 50*(2), 77-92.

McCombs, M. E. & Shaw, D. L. (1972). The agenda-setting function of mass media. *Public Opinion Quarterly, 36*, 176-187.

McConnell, A. R. (2001). Implicit theories: Consequences for social judgments of individuals. *Journal of Experimental Social Psychology, 37*(3), 215-227.

McCutcheon, A. L. (1985). A latent class analysis of tolerance for nonconformity in the American public. *Public Opinion Quarterly, 49*(4), 474-488.

McDonald, I. R. & Lawrence, R. G. (2004). Filling the 24 x 7 news hole. Television news coverage following September 11. *American Behavioral Scientist, 48*(3), 327-340.

McGraw, K. (2000). Contributions of the cognitive approach to Political Psychology. *Political Psychology, 21*(4), 805-832.

McGraw, K. M., Hasecke, E. & Conger, K. (2003). Ambivalence, Uncertainty, and Processes of Candidate Evaluation. *Political Psychology, 24*(3), 421-448.

McLeod, L. D., Swygert, K. A. & Thissen, D. (2001). Factor analysis for items scored in two categories. In D. Thissen & H. Wainer (Hrsg.), *Test scoring* (S. 189-216). Mahwah, NJ: Erlbaum.

Mendelsohn, M. (1993). Television's frames in the 1988 Canadian election. *Canadian Journal of Communication, 18*(2), 149-171.

Merten, K. (2001). Determinanten des Issues-Management. In U. Röttger (Hrsg.), *Issues Management. Theoretische Konzepte und praktische Umsetzung. Eine Bestandsaufnahme.* (S. 41-57). Wiesbaden: Westdeutscher Verlag.

Merten, K. (2005). Konstruktivistischer Ansatz. In G. Bentele, R. Fröhlich & P. Szyszka (Hrsg.), *Handbuch der Public Relations. Wissenschaftliche. Grundlagen und berufliches Handeln* (S. 136-160). Wiesbaden: VS Verlag für Sozialwissenschaften.

Meyer, D. S. (1995). Framing national security: Elite public discourse on nuclear weapons during the Cold War. *Political Communication, 12*(2), 173-192.

Miller, J. M. & Krosnick, J. A. (2000). News media impact on the ingredients of presidential evaluations: Politically knowledgeable citizens are guided by a trusted source. *American Journal of Political Science, 44*(2), 295-309.

Miller, M. B. (1995). Coefficient alpha: A basic introduction from the perspectives of classical test theory and structural equation modeling. *Structural Equation Modeling, 2*(3), 255-273.

Miller, M. M. (1997). Frame mapping and analysis of news coverage of contentious issues. *Social Sience Computer Review, 15*(4), 367-378.

Miller, M. M. & Riechert, B. P. (2001). Frame mapping: A quantitative method for investigating issues in the public sphere. In M. D. West (Hrsg.), *Theory, method, and practice in computer content analysis* (S. 61-76). Norwood, NJ: Ablex Publishing.

Minsky, M. (1975). A framework for representing knowledge. In P. H. Winston (Hrsg.), *The psychology of coputer vision* (S. 211-277). New York: McGraw-Hill.

Mooney, P. H. & Hunt, S. A. (1996). A repertoire of interpretations: Master frames and ideological continuity in U.S. agrarian mobilization. *The Sociological Quarterly, 37*(1), 177-197.

Murphy, P. & Maynard, M. (2000). Framing the genetic testing issue. Discourse and cultural clashes among policy communities. *Science Communication, 22*(2), 133-153.

Mutz, D. C. (1992). Mass media and the depoliticalization of personal experience. *American Journal of Political Science, 36*(2), 483-508.

Nabi, R. L. (2003). Exploring the framing effects of emotion. Do discrete emotions differentially influence information accessibility, information seeking, and policy preference? *Communication Research, 30*(2), 224-247.

Nachtigall, C., Kroehne, U., Funke, F. & Steyer, R. (2003). (Why) should we use SEM? Pros and cons of Structural Equation Modeling. *Methods of Psychological Research Online, 8*(2), 1-22 [on-line journal http://www.mpr-online.de].

Nassaji, H. (2002). Schema theory and knowledge based processes in second language reading comprehension: A need for alternative perspectives. *Language Reading, 52*(2), 439-481.

Nelson, T. E. & Willey, E. (2001). Issue frames that strike a value balance: A political perspective. In S. Reese, O. Gandy & A. Grant (Hrsg.), *Framing public life: Perspectives on media and our understanding of the social world* (S. 245-266). Mahwah, NJ: Erlbaum.

Nelson, T. E. (1999). Framing as persuasion. *The Political Psychologist, 4*(2), 9-13.

Nelson, T. E., Clawson, R. A. & Oxley, Z. M. (1997). Media framing of a civil liberties conflict and its effect on tolerance. *American Political Science Review, 91*, 567-583.

Nelson, T. E. & Kinder, D. R. (1996). Issue framing and group-centrism in American public opinion. *Journal of Politics, 58*(4), 1055-1078.

Nelson, T. E. & Oxley, Z. M. (1999). Issue framing effects on belief importance and opinion. *The Journal of Politics, 61*(4), 1040-1067.

Nelson, T. E., Oxley, Z. M. & Clawson, R. A. (1997). Toward a psychology of framing effects. *Political Behavior, 19*(3), 221-246.

Neuberger, C. (2005). Objektivität. In S. Weischenberg, H. J. Kleinsteuber & B. Pörksen (Hrsg.), *Handbuch Journalismus und Medien* (S. 325-328). Frankfurt am Main: UVK.

Neuman, W. R., Just, M. R. & Crigler, A. N. (1992). *Common knowledge: news and the construction of political meaning*. Chicago: University of Chicago Press.

Nisbet, M. C., Brossard, D. & Kroepsch, A. (2003). Framing science: The stem cell controversy in an age of Press/Politics. *Harvard International Journal of Press/Politics, 8*(2), 36-70.

Noakes, J. A. (2000). Official frames in social movement theory: The FBI, HUAC, and the communist threat in Hollywood. *The Sociological Quarterly, 41*(4), 657-680.

Noakes, J. A. & Johnston, H. (2005). Frames of protest: A road map to a perspective. In H. Johnston & J. A. Noakes (Hrsg.), *Frames of protest: social movements and the framing perspective* (S. 1-29). Lanham: Rowman & Littlefield Publishers.

Noar, S. M. (2003). The role of structural equation modelling in scale development. *Structural Equation Modeling, 10*(4), 622-647.

O'Keefe, D. J. (1999). How to handle opposing arguments in persuasive messages: A meta-analytic review of the effects of one-sided and two-sided messages. *Communication Yearbook, 22*, 209-249.

O'Mahony, P. & Schäfer, M. S. (2005). The "Book of Life" in the press: Comparing German and Irish media discourse on human genome research. *Social Studies of Science, 35*(1), 99-130.

Oldenbürger, H. A. (1981). Clusteranalyse. In J. Bredenkamp & H. Feger (Hrsg.), *Enzyklopädie der Psychologie (Themenbereich B, Serie I, Bd. 4)* (S. 391-439). Göttingen: Hogrefe.

Ostrom, T. M., Skowronski, J. J. & Nowak, A. (1994). The cognitive foundations of attitudes: It's a wonderful construct. In P. G. Devine, D. L. Hamilton & T. M. Ostrom (Hrsg.), *Social Cognition: Impact on social psychology* (S. 195-258). San Diego: Academic Press.

Pan, Z. & Kosicki, G. M. (1993). Framing analysis: An approach to news discourse. *Political Communication, 10*, 55-76.

Pan, Z. & Kosicki, G. M. (2001). Framing as a strategic action in public deliberation. In S. D. Reese, O. H. Gandy & A. E. Grant (Hrsg.), *Framing public life: Perspectives of media and our understanding of the social world* (S. 35-65). Mahwah, NJ: Erlbaum.

Pan, Z. & Kosicki, G. (2005). Framing and the understanding of citizenship. In S. Dunwoody, L. B. Becker, D. McLeod & G. M. Kosicki (Hrsg.), *The evolution of key mass communication concepts: Honoring Jack McLeod* (S. 165-204). New York: Hampton Press.

Park, J. (2002). How US television networks cover Korea and Japan: Contrasts in coverage. *Asian Journal of Communication, 12*(1), 1-24.

Parmelee, J. (2002). Presidential primary videocassettes: How candidates in the 2000 U.S. presidential primary elections framed their early campaigns. *Political Communication, 19*(3), 317-331.

Parsons, P. & Xiaoge, X. (2001). News framing of the Chinese embassy bombing by the People's Daily and the New York Times. *Asian Journal of Communication, 11*(1), 51-67.

Pasternack, G. (1995). Wissenschaftsphilosophische Probleme der Empirischen Literaturwissenschaft. In S. J. Schmidt (Hrsg.), *Empirische Literatur- und Medienforschung. Beobachtet aus Anlaß des 10jährigen Bestehens des LUMIS Instituts 1994* (S. 41-55). Siegen. LUMIS-Schriften.

Peng, Z. (2004). Representation of China: An across time analysis of coverage in the New York Times and Los Angeles Times. *Asian Journal of Communication, 14*(1), 53-67.

Perkins, S. C. (2005). Un-presidented: A qualitative framing analysis of the NAACP's public relations response of the 2000 presidential election. *Public Relations Review, 31*(1), 63-71.

Peter, J. (2002). Medien-Priming - Grundlagen, Befunde und Forschungstendenzen. *Publizistik, 47*(1), 21-44.

Peter, J. (2004). Our long 'return to the concept of powerful mass media' - a cross-national comparative investigation of the effects of consonant media coverage. *International Journal of Public Opinion Research, 16*(2), 144-168.

Petty, R. E. & Wegener, C. (1999). The elaboration-likelihood model: Current status and controversies. In S. Chaiken & Y. Trop (Hrsg.), *Dual-process theories in social psychology* (S. 41-72). New York, London: Guilford.

Petty, R. E. & Cacioppo, J. T. (1986). The elaboration likelihood model of persuasion. In L. Berkowitz (Hrsg.), *Advances in experimental social psychology* (Bd. 19, S. 123-205). New York: Academic Press.

Petty, R. E., Cacioppo, J. T. & Goldman, R. (1981). Personal involvement as a determinant of argument-based persuasion. *Journal of Personality and Social Psychology, 41*(5), 847-855.

Pfau, M., Haigh, M. M., Gettle, M., Donnelly, M., Scott, G., Warr, D. et al. (2004). Embedding journalists in military combat units: Impact on newspaper story frames and tone. *Journalism & Mass Communication Quarterly, 81*(1), 74-88.

Pfau, M., Wittenberg, E. M., Jackson, C., Mehringer, P., Lanier, R., Hatfield, M. et al. (2005). Embedding journalists in military combat units: How embedding alters television news stories. *Mass Communication & Society, 8*(3), 179-195.

Phalen, P. F. & Algan, E. (2001). (Mis)taking context for content: framing the fourth World Conference on Women. *Political Communication, 18*(3), 301-319.

Pitts, S. C., West, S. G. & Tein, J.-Y. (1996). Longitudinal measurement models in evaluation research: Examining stability and change. *Evaluation and Program Planning, 19*(4), 333-350.

Pospeschill, M. (2004). *Konnektionismus und Kognition. Eine Einführung.* Stuttgart: Kohlhammer.

Powers, A. & Andsager, J. L. (1999). How newspapers framed breast implants in the 1990s. *Journalism & Mass Communication Quarterly, 76*(3), 551-564.

Price, V., Nir, L. & Cappella, J. N. (2005). Framing public discussion of gay civil unions. *Public Opinion Quarterly, 69*(2), 179-212.

Price, V. & Tewksbury, D. (1997). News values and public opinion: A theoretical account of media priming and framing. In G. Barnett & F. J. Boster (Hrsg.), *Progresses in the Communication Sciences* (S. 173-212). Greenwich, CT: Ablex.

Price, V., Tewksbury, D. & Powers, E. (1997). Switching trains of thought. The impact of news frames on readers' cognitive responses. *Communication Research, 24*(5), 481-506.

Prüfer, P. & Rexroth, M. (1996). Verfahren zur Evaluation von Survey-Fragen. *ZUMA-Nachrichten, 20*(39), 95-116.

Reber, B. H. & Berger, B. K. (2005). Framing analysis of activist rhetoric: How the Sierra Club succeeds or fails at creating salient messages. *Public Relations Review, 31*(2), 185-195.

Redlawsk, D. P. (2001). You must remember this: A test of the on-line model of voting. *The Journal of Politics, 63*(1), 29-58.

Reese, S. D. (2001). Prologue - Framing public life: a bridging model for media research. In S. D. Reese, O. H. Gandy & A. E. Grant (Hrsg.), *Framing public life: Perspectives of media and our understanding of the social world* (S. 7-31). Mahwah, NJ: Erlbaum.

Reese, S. D. & Buckalew, B. (1995). The militarism of local television: The routine framing of the Persian Gulf War. *Critical Studies in Media Communication, 12*(1), 40-59.

Reinecke, J. (1999). Latent class analysis with panel data: Developments and applications. *ZA-Information, 44*, 137-157.

Rhee, J. W. (1997). Strategy and issue frames in election campaign coverage: A social cognitive account of framing effects. *Journal of Communication, 47*(3), 26-48.

Richards, T. & King, B. (2000). An alternative to the fighting frame in news reporting. *Canadian Journal of Communication, 25*(4), 479-496.

Riffe, D. (2004). An editorial comment. *Journalism & Mass Communication Quarterly, 81*, 2-3.

Rigdon, E. E., Schumacker, R. E. & Wothke, W. (1998). A comparative review of interaction and nonlinear modeling. In R. E. Schumacker & G. A. Marcoulides (Hrsg.), *Interaction and nonlinear effects in structural equation modeling* (S. 1-16). Mahwah, NJ: Erlbaum.

Rogosa, D. R. (1980). A critique of cross-lagged correlation. *Psychological Bulletin, 88*(2), 245-258.

Roskos-Ewoldsen, D. (1997). Attitude accessibility and persuasion: Review and a transactive model. In B. R. Burleson & A. W. Kunkel (Hrsg.), *Cummunication Yearbook* (S. 185-225). Thousand Oaks: Sage.

Roskos-Ewoldsen, D. R. (2003). Review of the book Framing public life: Perspectives on media and our understanding of the social world, edited by S. D. Reese, O. .H. Gandy & A. E. Grant. *Journal of Communication, 53*(4), 739-741.

Rössler, P. (1997). *Agenda-Setting. Theoretische Annahmen und empirische Evidenzen einer Medienwirkungshypothese.* Opladen: Westdeutscher Verlag.

Rössler, P. (1999). The individual agenda-designing process. *Communication Research, 26*(6), 666-700.

Rössler, P. (2001). Between online heaven and cyberhell: The framing of „the internet" by traditional media coverage. *New Media & Society, 3*(1), 49-66.

Ruhrmann, G. (1989). *Rezipient und Nachricht. Struktur und Prozess der Nachrichtenkonstruktion.* Opladen: Westdeutscher Verlag.

Ruhrmann, G. (1994). Öffentliche Meinung. In K. Dammann, D. Grunow & K. P. Japp (Hrsg.), *Die Verwaltung des politischen Systems. Neuere systhemtheoretische Zugriffe auf ein altes Thema* (S. 40-52). Opladen: Westdeutscher Verlag.

Ruhrmann, G. (2005). Nachrichtenselektion. In S. Weischenberg, H. J. Kleinsteuber, B. Pörksen (Hrsg.) (Hrsg.), *Handbuch Journalismus und Medien* (S. 317-320.). Konstanz: UVK.

Rumelhart, D. E. (1980). Schemata: The building blocks of cognition. In R. J. Spiro, B. C. Bruce & W. F. Brewer (Hrsg.), *Theoretical issues in eading comprehension: Perspectives from cognitive psychology* (S. 33-58). Hillsdale, NJ: Erlbaum.

Rumelhart, D. E. & Norman, D. A. (1978). Accretion, tuning, and restructuring: Three models of learning. In J. W. Cotton & R. L. Klatzky (Hrsg.), *Semantic factors in cognition* (Bd. 37-53). Hillsdale, NJ: Erlbaum.

Rusch, G. & Schmidt, S. J. (1999). *Konstruktivismus in der Medien- und Kommunikationswissenschaft.* Frankfurt am Main: Suhrkamp.

Sadoski, M., Paivio, A. & Goetz, E. T. (1991). A critique of schema theory in reading and a dual coding alternative. *Reading Reaserch Quarterly, 26*, 463-484.

Satorra, A. & Bentler, P. M. (2001). A scaled difference chi-square test statistic for moment structure analysis. *Psychometrika, 66*(4), 507-514.

Saxer, U. (1993). Fortschritt als Rückschritt? Konstruktivismus als Epistemologie einer Medientheorie. Kommentar zu Klaus Krippendorff. In G. Bentele & M. Rühl (Hrsg.), *Theorien öffentlicher Kommunikation. Problemfelder, Positionen, Perspektiven* (S. 65-73). München: Ölschläger.

Schafer, J. L. & Graham, J. W. (2002). Missing data: Our view of the state of the art. *Psychological Methods, 7*(2), 147-177.

Schemer, C., Wirth, W. & Matthes, J. (2008). Out of the lab, into the field - Operationalisierung von Informationsverarbeitungsprozessen für die Umfrageforschung. In J. Matthes, W. Wirth, G. Daschmann & A. Fahr (Hrsg.), *Die Brücke zwischen Theorie und Empirie: Operationalisierung, Messung und Validierung in der Kommunikationswissenschaft.* Köln: Halem Verlag, *im Druck.*

Schenk, M. (2002). Medienwirkungsforschung. Tübingen: Mohr Siebeck.

Schenk, M. (2003). Media Effects Research 2002: State of the Art. In A. Schorr, A., W. Campbell, & M. Schenk (Hrsg.), *Communication Research and Media Science in Europe* (S. 201-215). Berlin: Mouton de Gruyter.

Scherer, H. (1998). Framing. In O. Jarren, U. Sarcinelli & U. Saxer (Hrsg.), *Politische Kommunikation in der demokratischen Gesellschaft. Ein Handbuch mit Lexikonteil* (S. 651). Opladen: Westdeutscher Verlag.

Scherer, H. (2000). Wählt das Panel anders? In H. Bohrmann, O. Jarren, G. Melischek & J. Seethaler (Hrsg.), *Wahlen und Politikvermittlung durch Massenmedien* (S. 213-234). Wiesbaden: Westdeutscher Verlag.

Scherer, H. (2004). Schwankender Grund statt festem Boden? Eine Analyse der Auswirkungen der Variabilität von Panelintervallen auf die Ergebnisse von Kausalanalysen im Panel. In W. Wirth, E. Lauf & A. Fahr (Hrsg.), *Forschungslogik und -design in der Kommunikationswissenschaft. Band 1: Einführung, Problematisierungen und Aspekte der Methodenlogik aus kommunikationswissenschaftlicher Perspektive* (S. 179-196). Köln: Halem.

Scherer, H., Fröhlich, R., Scheufele, B., Dammert, S. & Thomas, N. (2005). Bundeswehr, Bündnispolitik und Auslandseinsätze. Die Berichterstattung deutscher Qualitätszeitungen zur Sicherheits- und Verteidigungspolitik 1989 bis 2000. *Medien- und Kommunikationswissenschaft, 53*(2-3), 277-297.

Scheufele, B. (1999). (Visual) Media Framing und Politik. Zur Brauchbarkeit des Framing-Ansatzes im Kontext (visuell) vermittelter politischer Kommunikation und Meinungsbildung. In W. Hofmann (Hrsg.), *Die Sichtbarkeit der Macht. Theoretische und empirische Untersuchungen zur visuellen Politik*(S. 91-107). Baden-Baden: Nomos.

Scheufele, B. (2003). *Frames - Framing - Framing-Effekte. Theoretische und methodische Grundlegung des Framing-Ansatzes sowie empirische Befunde zur Nachrichtenproduktion.* Wiesbaden: Westdeutscher Verlag.

Scheufele, B. (2004a). Framing-effects approach: A theoretical and methodological critique. *Communications, 29*(4), 401-428.

Scheufele, B. (2004b). Kurzfristige Effekte inhaltlicher Medien-Frames: Eine experimentelle Untersuchung. *Zeitschrift für Medienpsychologie, 16*(4), 135-141.

Scheufele, B. & Brosius, H.-B. (1999). The frame remains the same? Stabilität und Kontinuität journalistischer Selektionskriterien am Beispiel der Berichterstattung über Anschläge auf Ausländer und Asylbewerber. *Rundfunk & Fernsehen, 47*(3), 409-432.

Scheufele, D. A. (1999). Framing as a theory of media effects. *Journal of Communication, 49*, 103-122.

Scheufele, D. A. (2000). Agenda-setting, priming, and framing revisited: Another look at cognitive effects of political communication. *Mass Communication & Society, 3*(2&3), 297-316.

Schmid, G. (2003). Moderne Dienstleistungen am Arbeitsmarkt: Strategie und Vorschläge der Hartz-Kommission. *Aus Politik und Zeitgeschichte, B 6-7*, 3-6.

Schmidt, S. J. & Weischenberg, S. (1994). Mediengattungen, Berichterstattungsmuster, Darstellungsformen. In K. Merten, S. J. Schmidt & S. Weischenberg (Hrsg.), *Die Wirklichkeit der Medien. Eine Einführung in die Kommunikationswissenschaft* (S. 212-236). Opladen: Westdeutscher Verlag.

Schmidt, S. J. (1992). *Kognition und Gesellschaft.* Der Diskurs des radikalen Konstruktivismus. Frankfurt am Main: Suhrkamp.

Schmitt-Beck, R. (1998). Kommunikation (Neuer) Sozialer Bewegungen. In O. Jarren, U. Sarcinelli & U. Saxer (Hrsg.), *Politische Kommunikation in der demokratischen Gesellschaft. Ein Handbuch mit Lexikonteil* (S. 473-481). Opladen: Westdeutscher Verlag.

Scholl, A. (2004). Die Inklusion des Publikums. Theorien zur Analyse der Beziehungen von Journalismus und Publikum. In M. Löffelholz (Hrsg.), *Theorien des Journalismus. Ein diskursives Handbuch* (S. 517-536). Wiesbaden: Verlag für Sozialwissenschaften.

Schönbach, K. & Semetko, H. A. (1992). Agenda-setting, agenda-reinforcing, or agenda-deflating? A study of the 1990 national election. *Journalism Quarterly, 69*(4), 837-846.

Schrott, P. R. & Meffert, M. F. (1996). *How to test 'real' campaign effects: Linking survey data to content analytical data.* (Zuma-Arbeitsbericht 96/01). Mannheim: Zuma.

Schulz, W. (1989). Massenmedien und Realität. In M. Kaase & W. Schulz (Hrsg.), *Massenkommunikation. Theorien, Methoden, Befunde (Sonderheft 30 der Kölner Zeitschrift für Soziologie und Sozialpsychologie)* (S. 135-149). Opladen: Westdeutscher Verlag

Schwarz, N. (2000). Social judgment and attitudes: Warmer, more social, and less conscious. *European Journal of Social Psychology, 30*(2), 149-176.

Schwarz, N. (in Druck). Attitude construction: Evaluation in context. *Social Cognition.*

Schweizer, K. (1992). A correlation based decision-rule for determining the number of clusters and its efficiency in uni- and multi-level data. *Multivariate Behavioral Research, 27*, 77-94.

Segvic, I. (2005). The framing of politics. A content analysis of three Croatian newspapers. *Gazette: The International Journal for Communication Studies, 67*(5), 469-488.

Semetko, H. A. & Valkenburg, P. M. (2000). Framing European politics: A content analysis of press and television news. *Journal of Communication, 50*(2), 93-109.

Shah, D. V., Domke, D. & Wackman, D. B. (2001). The effects of value-framing on political judgment and reasoning. In S. D. Reese, O. H. Gandy & A. E. Grant (Hrsg.), *Framing public life: Perspectives on media and our understanding of the social world* (S. 227-243). Mahwah, N.J.: Erlbaum.

Shah, D. V., Watts, M. D., Domke, D. & Fan, D. P. (2002). News framing and cueing of issue regimes. Explaining Clinton's public approval in spite of scandal. *Public Opinion Quarterly, 66*(3), 339-370.

Shaw, D. L. & McCombs, M. E. (1977). *The emergence of American political issues: The Agenda-setting function of the press.* St. Paul, MN: West Publishing.

Shen, F. (2004). Chronic accessibility and individual cognitions: Examining the effects of message frames in political advertisements. *Journal of Communication, 54*(1), 123-137.

Shiffrin, R. M. & Schneider, W. (1977). Controlled and automatic human information processing II. Perceptual learning, automatic attending, and a general theory. *Psychological Review, 84*(1), 127-179.

Shrum, L. J. (2004). The cognitive processes underlying cultivation effects are a function of whether the judgements are on-line or memory-based. *Communications, 29*(3), 327-344.

Siegle, G. J. & Hasselmo, M. E. (2002). Using connectionist models to guide assessment of psychological disorder. *Psychological Assessment, 14*(3), 263-278.

Simmel, G. (1999). *Soziologie. Untersuchung über die Formen der Vergesellschaftung* (Orig. 1908). (Bd. 11 der Gesamtausgabe, Hrsg O. Rammstedt). Frankfurt am Main: Suhrkamp.

Simon, A. F. & Xenos, M. (2000). Media framing and effective public deliberation. *Political Communication, 17*(4), 363-376.

Simon, A. F. (2001). A unified method for analyzing media framing. In R. P. Hart & D. R. Shaw (Hrsg.), *Communication in US elections: New agendas* (S. 75-89). Lanham: Maryland Rowman & Littlefield Publishers.

Smith, E. R. (1996). What do connectionism and Social Psychology offer each other? *Journal of Personality and Social Psychology, 70*(5), 893-912.

Smith, E. R. (1994). Social cognition contributions to attribution theory and research. In I. P. Devine, D. L. Hamilton & T. M. Ostrom (Hrsg.), *Social cognition: Impact on social psychology* (S. 77-108). San Diego: AP.

Snow, D. A. & Benford, R. D. (1992). Master frames and cycles of protest. In A. D. Morris & C. McClurg Mueller (Hrsg.), *Frontiers in social movement theory* (S. 133-155). New Haven: Yale University Press.

Snow, D. A. & Benford, R. D. (2005). Clarifying the relationship between framing and ideology. In H. Johnston & J. A. Noakes (Hrsg.), *Frames of protest: social movements and the framing perspective* (S. 205-211). Lanham: Rowman & Littlefield Publishers.

Solomon, W. S. (1992). News frames and media packages: Covering El Salvador. *Critical Studies in Media Communication, 9*(1), 56-74.

Son, Y. J. & Weaver, D. H. (2005). Another look at what moves public opinion: Media agenda setting and polls in the 2000 U.S. election. *International Journal of Public Opinion Research, 18*(2), 174-197.

Speece, D. L. (1994). Cluster analysis in perspective. *Exceptionality, 5*, 31-44.

Stephenson, M. T. & Holbert, R. L. (2003). A Monte Carlo simulation of observable versus latent variable structural equation modeling techniques. *Communication Research, 30*(3), 332-354.

Stevens, M. (2006). Activist Rhetorics and the struggle for meaning: The case of "sustainability" in the reticulate public sphere. *Rhetoric Review, 25*(3), 297-315.

Stocké, V. (2002). *Framing und Rationalität die Bedeutung der Informationsdarstellung für das Entscheidungsverhalten.* München: R. Oldenburg Verlag.

Stone, G. & McCombs, M. E. (1981). Tracing the time lag in agenda-setting. *Journalism Quarterly, 58*(1), 51-55

Taber, C. S. (2003). Information processing and public opinion. In D. O. Sears, L. Huddy & R. L. Jervis (Hrsg.), *Handbook of political psychology* (S. 433-476). London: Oxford University Press.

Taber, C. S., Lodge, M. & Glathar, J. (2001). The motivated construction of political judgments. In J. H. Kuklinski (Hrsg.), *Citizens and politics: Perspectives from political psychology* (S. 198-226). Cambridge: Cambridge University Press.

Takeshita, T. (1997). Exploring the media's roles in defining reality: From issue-agenda setting toattribute-agenda setting. In M. E. McCombs, D. Shaw & D. Weaver (Hrsg.), Communication and democracy (S. 15-28). Mahwah, N.J.: Erlbaum.

Takeshita, T. (2006). Current critical problems in agenda-setting research. International Journal of *Public Opinion Research, 18*(3), 275-296.

Tankard, J. W. (2001). An empirical approach to the study of media framing. In S. D. Reese, O. H. Gandy & A. E. Grant (Hrsg.), *Framing public life: Perspectives of media and our understanding of the social world* (S. 95-106). Mahwah, NJ: Erlbaum.

Taylor, S. E. & Crocker, J. (1981). Schematic bases of social information processing. In E. T. Higgins, C. P. Herman & M. P. Zanna (Hrsg.), *Social cognition: The Ontario Symposium on personality and social psychology, Vol. 1*, (S. 89-134). Hillsdale, NJ: Erlbaum.

Tedesco, J. C. (2001). Issue and strategy agenda-setting in the 2000 presidential primaries. *American Behavioral Scientist, 44*(12), 2048-2067.

Terkildsen, N., Schnell, F. I. & Ling, C. (1998). Interest groups, the media, and policy debate formation: an analysis of message structure, rhetoric, and source cues *Political Communication, 15*(1), 45-61.

Tewksbury, D., Jones, J., Peske, M. W., Raymond, A. & Vig, W. (2000). The interaction of news and advocate frames: manipulating audience perceptions of a local public policy issue. *Journalism & Mass Communication Quarterly, 77*(4), 804-829.

Thorndyke, P. W. & Yekovich, F. R. (1980). A critique of schema-based theories of human story memory. *Poetics, 9*, 23-49.

Tian, Y. & Stewart, C. M. (2005). Framing the SARS crisis: A computer-assisted text analysis of CNN and BBC online news reports of SARS. *Asian Journal of Communication, 15*(3), 289-301.

Tormala, Z. L. & Petty, R. E. (2001). On-line versus memory-based processing: The role of "need to evaluate" in person perception. *Personality and Social Psychology Bulletin, 27*(12), 1599-1622.

Trasciatti, M. A. (2003). Framing the Sacco-Vanzetti executions in the Italian American press. *Critical Studies in Media Communication, 20*(4), 407-430.

Trepte, S. & Wirth, W. (2004). Kommunikationswissenschaftliche Experimentalforschung im Spannungsverhältnis zwischen interner und externer Validität. In W. Wirth, E. Lauf & A. Fahr (Hrsg.), *For-*

schungslogik und -design in der empirischen Kommunikationswissenschaft. Band 1: Einführung, Problematisierungen und Aspekte der Methodenlogik aus kommunikationswissenschaftlicher Perspektive (S. 60-87). Köln: Halem.

Triandafyllidou, A. & Fotiou, A. (1998). Sustainability and modernity in the European Union: A frame theory approach to policy-making. *Sociological Research Online, 3*(1), [www.socresonline.org.uk/socresonline/3/1/2.html].

Tsfati, Y. (2003). Does audience skepticism of the media matters in agenda setting? *Journal of Broadcasting and Electronic Media, 47*(2), 157 - 176.

Tsfati, Y. & Cappella, J. N. (2003). Do people watch what they do not trust? Exploring the association between news media scepticism and exposure. *Communication Research, 30*(5), 504-529.

Tsfati, Y. & Cappella, J. N. (2005). Why do people watch news they do not trust: Need for cognition as a moderator in the association between news media scepticism and exposure. *Media Psychology, 7*(3), 251- 272.

Tuchman, G. (1976). Telling stories. *Journal of Communication, 26*(4), 93-97.

Tucker, L. R. (1998). The framing of Calvin Klein: A frame analysis of media discourse about the August 1995 Calvin Klein Jeans advertising campaign. *Critical Studies in Mass Communication, 15*(2), 141-157.

Tversky, A. & Kahneman, D. (1981). The framing of decisions and the psychology of choice. *Science, 211*, 453 - 458.

Valkenburg, P. M., Semetko, H. A. & de Vreese, C. H. (1999). The effects of news frames on readers' thoughts and recall. *Communication Research, 26*(5), 550-569.

Van Dijk, T. A. & Kintsch, W. (1983). *Strategies of discourse comprehension.* New York: Academic Press.

Van Gorp, B. (2005). Where is the frame? Victims and intruders in the Belgian press coverage of the asylum issue. *European Journal of Communication, 20*(4), 484-507.

Vermunt, J. K. & Magidson, J. (2005). Factor analysis with categorical indicators: A comparison between traditional and latent class approaches. In A. Van der Ark, M. A. Croon & K. Sijtsma (Hrsg.), *New developments in categorical data analysis for the social and behavioral sciences* (S. 41-62). Mahwah, NJ: Erlbaum.

Vermunt, J. K. & Magidson, J. (2002). Latent class cluster analysis. In J. A. Hagenaars & A. L. McCutcheon (Hrsg.), *Applied latent class analysis* (S. 89-106). Cambridge: Cambridge University Press.

Voakes, P. S., Kapfer, J., Kurpius, D. & Shano-yeon Chern, D. (1996). Diversity in the news: A conceptual and methodological framework. *Journalism & Mass Communication Quarterly, 73*(3), 582-593.

Vorderer, P. & Weber, R. (2003). Unterhaltung als kommunikationswissenschaftliches Problem: Ansätze einer konnektionistischen Modellierung. In W. Früh & H.-J. Stiehler (Hrsg.), *Theorie der Unterhaltung. Ein interdisziplinärer Diskurs* (S. 136-159). Köln: Halem.

Walgrave, S. & Manssens, J. (2005). Mobilizing the White March: Media frames as alternatives to movement organizations In H. Johnston & J. A. Noakes (Hrsg.), *Frames of protest: social movements and the framing perspective* (S. 113-140). Lanham: Rowman & Littlefield Publishers.

Wanta, W. & Hu, Y. (1994). The effects of credibility, reliance and exposure on media agenda setting: A path analysis model. *Journalism Quarterly, 71*(1), 90-98.

Watkins, S. C. (2001). Framing protest: News media frames of the Million Man March. *Critical Studies in Media Communication, 18*(1), 83-101.

Watt, J. H., Mazza, M. & Snyder, L. B. (1993). Agenda-setting effects of television news coverage and the effects decay curve. *Communication Research, 20*(3), 408-435.

Wawro, G. (2002). Estimating dynamic panel data models in political science. *Political Analysis, 10*(1), 25-48.

Wegener, C., Petty, R. E., Smoak, N. D. & Fabrigar, L. R. (2004). Multiple routes to resisting attitude change. In E. S. Knowles & J. A. Linn (Hrsg.), *Resistance and persuasion* (S. 13-38). Mahwah, NJ: Erlbaum.

Weischenberg, S. (1994). Journalismus als soziales System. In K. Merten, S. J. Schmidt & S. Weischenberg (Hrsg.), *Die Wirklichkeit der Medien. Eine Einführung in die Kommunikationswissenschaft* (S. 427-454). Opladen: Westdeutscher Verlag.

Weßler, H. (1999). *Öffentlichkeit als Prozess. Deutungsstrukturen und Deutungswandel in der deutschen Drogenberichterstattung.* Opladen: Westdeutscher Verlag.

Wicks, R. H. (1992). Schema Theory and the measurement in mass communication research: Theoretical and methodological issues in news information processing. In S. A. Deetz (Hrsg.), *Communication Yearbook* (S. 115-145). Newbury Park: Sage.

Willems, H. (1997). *Rahmen und Habitus zum theoretischen und methodischen Ansatz Erving Goffmans Vergleiche, Anschlüsse und Anwendungen.* Frankfurt (a.M.): Suhrkamp.

Willems, H. (2000). Medienproduktion, Medienprodukt und Medienrezeption: Überlegungen zu den medienanalytischen Möglichkeiten der ‚Rahmentheorie' und komplementärer Ansätze. *Medien- und Kommunikationswissenschaft, 48*(2), 212-225.

Williams, R. H. & Benford, R. D. (2000). Two faces of collective action frames: A theoretical consideration. *Current Perspectives in Social Theory, 20*, 127-151.

Williams, R. L. (1999). Operational definitions and assessment of higher-order cognitive constructs. *Educational Psychology, 11*(4), 411-427.

Wilson, T. D. & Hodges, S. D. (1992). Attitudes as temporary constructions. In L. L. Martin & A. Tesser (Hrsg.), *The construction of social judgements* (S. 37-65). Hillsdale, NJ: Erlbaum.

Wimmer, J. (2004). Der Rahmen der Determinierung. Zur Nützlichkeit des Framing-Ansatzes bei der Untersuchung von Beeinflussung zwischen PR und Journalismus am Beispiel des G8-Gipfels in Genua 2001. In K.-D. Altmeppen, U. Röttger & G. Bentele (Hrsg.), *Schwierige Verhältnisse. Interdependenzen zwischen Journalismus und PR* (S. 163-181). Wiesbaden: Verlag für Sozialwissenschaften.

Wirth, W. (1997). *Von der Information zum Wissen. Die Rolle der Rezeption für die Entstehung von Wissensunterschieden. Ein Beitrag zur Wissenskluftforschung.* Opladen: Westdeutscher Verlag.

Wirth, W. (1999). Methodologische und konzeptionelle Aspekte der Glaubwürdigkeitsforschung. In P. Rössler & W. Wirth (Hrsg.), *Glaubwürdigkeit im Internet. Fragestellungen, Modelle, empirische Befunde* (S. 47-66). München: Reinhard Fischer Verlag.

Wirth, W. (2001). Der Codierprozess als gelenkte Rezeption. Bausteine für eine Theorie des Codierens. In W. Wirth & E. Lauf (Hrsg.), *Inhaltsanalyse: Perspektiven, Probleme, Potentiale* (S. 157-182). Köln: Halem.

Wirth, W. (2006). Involvement. In J. Bryant & P. Vorderer (Hrsg.), *Psychology of entertainment* (S. 199-213). Mahwah, NJ: Erlbaum.

Wirth, W. & Matthes, J. (2006). Eine wundervolle Utopie? Möglichkeiten und Grenzen einer normativen Theorie der (medienbezogenen) Partizipation im Lichte der neueren Forschung zum Entscheidungs- und Informationshandeln. In K. Imhof, R. Blum, H. Bonfadelli & O. Jarren (Hrsg.), *Demokratie in der Mediengesellschaft* (S. 341-361). Wiesbaden: VS Verlag für Sozialwissenschaften.

Wirth, W. & Schramm, H. (2005). Media and emotions. *Communication Research Trends, 24*(3), 3-39.

Wolling, J. (2002). Methodenkombination in der Medienwirkungsforschung. Der Entscheidungsprozess bei der Verknüpfung von Umfrage und Inhaltsanalysedaten. *ZUMA-Nachrichten, 50*, 54-85.

Worthington, N. (2001). A division of labor: Dividing maternal authority from political activism in the Kenyan Press. *Journal of Communication Inquiry, 25*(2), 167-183.

Wothke, W. (1996). Models for multitrait-multimethod matrix analysis. In G. A. Marcoulides & R. E. Schumacker (Hrsg.), *Advanced structural equation modeling: Issues and techniques* (S. 7-56). Mahwah, NJ: Erlbaum.

Yioutas, J. & Segvic, I. (2003). Revisiting the Clinton/Lewinsky scandal: The convergence of agenda setting and framing. *Journalism & Mass Communication Quarterly, 80*(3), 567-582.

Zald, M. N. (1996). Culture, ideology, and strategic framing. In D. McAdam, J. D. McCarthy & M. N. Zald (Hrsg.), *Comparative perspectives on social movements. Political opportunities, mobilizing structures, and cultural framings* (S. 261-274). New York: Cambridge University Press.

Zaller, J. R. (1992). *The nature and origins of mass opinion.* Cambridge: Cambridge University Press.

Zelizer, B., Park, D. & Gudelunas, D. (2002). How bias shapes the news. Challenging *The New York Times'* status as a newspaper of record on the Middle East. *Journalism, 3*(3), 283-307.

Zillmann, D., Chen, L., Knobloch, S. & Callison, C. (2004). Effects of lead framing on selective exposure to internet news reports. *Communication Research*, Thousand Oaks, CA: Sage *31*(1), 58-81.

Zillmann, D. & Brosius, H.-B. (2000). *Exemplification in communication: The influence of case reports on the perception of issues.* Mahwah, NJ: Erlbaum.

Zoch, L. M. & Molleda, J.-C. (2006). Building a theoretical model of media relations using framing, information subsidies, and agenda-building. In C. H. Botan & V. Hazleton (Hrsg.), *Public Relations Theory II* (S. 279-309). Mahwah, NJ: Erlbaum.

Züll, C. & Alexa, M. (2001). Automatisches Codieren von Textdaten. Ein Überblick über neue Entwicklungen. In W. Wirth & E. Lauf (Hrsg.), *Inhaltsanalyse - Perspektiven, Probleme, Potenziale* (S. 303-317). Köln: Halem.

9. Anhang

9.1 Kodierbuch

Im Folgenden werden lediglich die Codes, nicht aber die detaillierten Kodieranweisungen aufgelistet. Das vollständige Kodierbuch inkl. aller Kodieranweisungen ist beim Autor auf Anfrage erhältlich.

Identifikatoren

1 Kodierer
- Arne Zillich 1
- Theresa Junge 2
- Anne Friedemann 3
- Jörg Matthes 4
- Katrin Feltmann 5

2 Nummer des Beitrages 1-

3 Datumsangabe (Tag) 1-31

4 Datumsangabe (Monat) 5-9

5 Name des Organs
- B.Z 1
- Berliner Morgenpost 2
- Berliner Zeitung 3
- Tagesspiegel 4
- ARD Tagesschau 5
- ARD Tagesthemen 6
- ZDF Heute 7
- ZDF Heute Journal 8
- RTL 9

6 Wie viel Prozent des Beitrages sind dem Thema Arbeitslosigkeit gewidmet?
- Bis ca. 25% des Beitrages 1
- Bis ca. 50% des Beitrages 2
- Bis ca. 75% des Beitrages 3
- Bis ca. 100% des Beitrages 4

FILTER: ZEITUNG

7 Journalistische Form
- Bericht 1
- Interview 2
- Kommentar 3
- Leserbrief 4
- Feature, Portrait 5
- Sonstiges 6

8 Größe des Artikels: Anzahl der Wörter 1-

FILTER: TV

9 Journalistische Form
- Sprechermeldung 1
- Interview/Studiogespräch 2
- Kommentar/Glosse/Satire 3
- Filmbericht/Korrespondentenbericht 4

10 Länge des Beitrages (Sekunden) 1-

11 Hauptakteur

Politische Akteure:

Rot/Grüne Bundesregierung 1
Vertreter der SPD 2
Vertreter CDU/CSU 3
Vertreter B. 90/Grüne 4
Vertreter FDP 5
Vertreter PDS 6
Rot/Grüne Vertreter 7
Rot/Rote Vertreter 8
Rot/Schwarze Vertreter 9
Schwarz/Gelbe Vertreter 10
Die Opposition 11
Vertreter anderer Parteien 12
„die" Politik/"die" Politiker 13

Wirtschaftliche Akteure:

Wirtschaftliche Akteure (Arbeitgeberseite) 14
Wirtschaftliche Akteure (Arbeitnehmerseite) 15

Zentrale Einrichtungen/Institutionen/Kommissionen:

„die" Hartz-Kommission oder einzelne Mitglieder davon 16
Arbeitsämter bzw. deren Mitarbeiter/Arbeitsvermittler 17
Bundesanstalt für Arbeit bzw. deren Mitarbeiter 18
Institute für Wirtschaftsforschung, Wirtschaftsexperten 19

Sonstige Akteure:

Journalist 20
Arbeitslose 21
Auszubildende 22
„die" Ostdeutschen 23
Rentner 24
„die" Bevölkerung 25
Verantwortliche aus dem Bildungssektor 26
„Experten"/sonstige Wissenschaftler 27
Andere sonstige Akteure 28

11_s Andere sonstige Akteure [string]______________________________

12 Prominenz der Sichtweise des Hauptakteurs im gesamten Beitrag (in Bezug auf Arbeitslosigkeit!)

die Sichtweise des Akteurs ist die dominante, zentrale Sichtweise des gesamten Beitrages 1
die Sichtweise des Akteurs ist genauso prominent wie die Sichtweise anderer Akteure 2
die Sichtweise des Akteurs spielt im Beitrag eher eine randständige Rolle 3

13 Wird der Sichtweise des Akteurs widersprochen?

Der Sichtweise wird widersprochen 1
Der Sichtweise wird nicht widersprochen 2
Nicht bestimmbar 0

14 Steht die Sichtweise des Akteurs am Ende des Artikels als Fazit?

Der Sichtweise steht am Ende als Fazit 1
Der Sichtweise steht nicht am Ende als Fazit 2
Nicht bestimmbar 0

15 Thematischer Bezug

Arbeitslosigkeit ist Hauptthema

Arbeitslosenzahlen/Entwicklung des deutschen Arbeitsmarktes 1
Arbeitsmarktpolitik/Reformierung des Arbeitsmarktes-allgemein
(nicht Hartz) 2
Arbeit/Vorschläge der Hartz-Kommission 3
Arbeitsvermittlung/Situationsschilderung der Arbeitsämter 4
Arbeitslosigkeit in den neuen Bundesländern 5
Lokale Arbeitslosigkeit (z. B. in Berlin/Brandenburg)/ Arbeitslosigkeit in bestimmten Sektoren 6

Jugendarbeitslosigkeit 7
Frauenarbeitslosigkeit 8
Altersarbeitslosigkeit/Langzeitarbeitslosigkeit 9
Bildungspolitik/Qualifikationsniveau von Arbeitskräften 10
Arbeitsbeschaffungsmaßnahmen (ABM) 11
Sonstiges/Arbeitslosigkeit allgemein 12

Arbeitslosigkeit wird im Kontext eines anderen Hauptthemas aufgegriffen: Politik

Wahlkampf 13
Regierungstätigkeit der Bundesregierung 14
Gesetzesänderungen (Kündigungsschutz, Arbeitnehmermitbestimmung etc.) 15

Arbeitslosigkeit wird im Kontext eines anderen Hauptthemas aufgegriffen: Wirtschaft

Wirtschafts-/Konjunkturlage 16
Firmenpleiten/Entlassungen/Stellenabbau 17
Tarifabschlüsse/Gewerkschafts-Initiativen 18
Strukturvergleich Ost-West: 19

Andere Themen

„Bündnis für Arbeit" 20
Leiharbeit21
Schwarzarbeit 22
Zuwanderung 23
Bevölkerungsarmut/Verarmung der Gesellschaft 24
Sozialhilfe-Regelungen 25
Rentenbeiträge 26
Sonstige Themen 27

15_s Sonstige Themen[string]______________

16 Verantwortung für Arbeitslosigkeit: Person (Liste Akteure) 1-28

Keine Verantwortungszuschreibung Person bestimmbar 0

17 Wird die Verantwortungszuschreibung begründet?

Verantwortungszuschreibung wird begründet 1
Verantwortungszuschreibung wird nicht begründet 2
Nicht bestimmbar 3

18 Verantwortung für Arbeitslosigkeit: Situation

Keine Verantwortungszuschreibung Situation bestimmbar 0

Politische Ursachen:

Arbeitsvermittlung 1

Wirtschaftliche Ursachen:

Lohnkostenniveau/zu teure Arbeitskräfte in Deutschland 2
Konjunkturschwäche/schlechte Auftragslage allgemein. 3
Situation in Ostdeutschland/Kosten der Wiedervereinigung 4

Diffuse Ursachen:

Bürokratie in Deutschland 5
Pessimismus/Desinteresse 6

Sonstige situative Ursachen 7

18_s Sonstige situative Ursachen [string]______________________________

19 Wird die Verantwortungszuschreibung Situation begründet?

Verantwortungszuschreibung wird begründet 1
Verantwortungszuschreibung wird nicht begründet 2
Nicht bestimmbar 3

20 Explizite Bewertung der zukünftigen Situation des Arbeitsmarktes

keine Bewertung 0
sehr positiv 5
eher positiv 4
teils/teils 3
eher negativ 2

sehr negativ 1

21 Adressat der Kompetenzzuschreibung I: (Liste Akteure) 1-28
keine Kompetenzzuschreibung 0

22 Adressat der Kompetenzabschreibung I: (Liste Akteure) 1-28
keine Kompetenzabschreibung 0

23 Geforderte Maßnahmen zur Bekämpfung der Arbeitslosigkeit

Politische Maßnahmen außer Hartz

a) Mehr staatliche Mittel/Investitionen 1
b) Flexibilisierung des Arbeitsmarktes/Entlastung der Arbeitgeber 1
c) Verbesserung der Arbeitsvermittlung ohne Verweis auf Hartz 1

Politische Maßnahmen: Hartz

d) Umsetzung (aller) Hartz-Vorschläge (allgemein) 1
e) Umsetzung der Hartz-Vorschläge: individuelle Ebene 1
f) Umsetzung der Hartz-Vorschläge: institutionelle Ebene 1
g) Umsetzung von Kompetenzteam-Gegenvorschlägen (allgemein) 1

Maßnahmen der Betroffenen

h) Mehr Einsatz der Arbeitslosen selbst 1
i) Mehr Einsatz/Opferbereitschaft der Arbeitnehmer 1
j) Mehr Einsatz/Opferbereitschaft der Arbeitgeber 1

Gesetzesänderungen mit indirektem Bezug zur Arbeitslosigkeit

k) Aufhebung der Ökosteuer 1
l) Rentenreform 1
m) Steuerreform 1
n) Bekämpfung der Schwarzarbeit 1
o) Stärkeres Engagement für Bildung/Einsatz von Weiterbildungen 1
p) Gesetzesänderungen allgemein 1

Allgemeine und sonstige Vorschläge

q) Regierungswechsel /Ablösung der Bundesregierung 1
r) Entbürokratisierung 1
s) Warten auf Konjunkturverbesserung 1
t) Tarifabschlüsse/verbindliche Mindestlöhne 1
u) Keine weitere ABM-Aufstockung 1
v) Aufbau Ost/Abwanderung aus neuen Bundesländer stoppen 1
w) Sparkurs allgemein 1
x) Weniger Polemik/weniger Schlechtmacherei/mehr Hoffnung/weniger Pathos 1
y) Unbestimmt 1
z) Sonstige 1

23_s Sonstige [string]________________

24 Vehemenz aller geforderten Maßnahmen [nur wenn Maßnahmen gefordert]
Maßnahmen werden eher implizit gefordert 1
Maßnahmen werden eher explizit gefordert 2
Manche Maßnahmen werden implizit, manche explizit gefordert 3

25 Werden die geforderten Maßnahmen begründet?
Maßnahme wird näher begründet 1
Maßnahme wird nicht näher begründet, nur gefordert 2
Nicht bestimmbar 3

26 zu unterlassende Maßnahmen zur Bekämpfung der Arbeitslosigkeit
Liste Maßnahmen (siehe oben) .... a-w

26_s Sonstige [string]________________

27 Vehemenz aller zu unterlassenden Maßnahmen [nur wenn Maßnahmen gefordert]
Maßnahmen werden eher implizit gefordert 1
Maßnahmen werden eher explizit gefordert 2
Manche Maßnahmen werden implizit, manche explizit gefordert 3

28 Werden die zu unterlassenden Maßnahmen begründet?
Maßnahme wird näher begründet 1
Maßnahme wird nicht näher begründet, nur gefordert 2
Nicht bestimmbar 3

29 Kritik an der rot-grünen Bundesregierung oder der rot-roten Landesregierung (Berlin)
keine Bewertung 0
sehr positiv 5
eher positiv 4
teils/teils 3
eher negativ 2
sehr negativ 1

Hauptakteur 2
30 Hauptakteur II (Liste Akteure)
31 Prominenz der Sichtweise des Hauptakteurs im gesamten Beitrag II
32 Wird der Sichtweise des Akteurs widersprochen?
33 Steht die Sichtweise des Akteurs am Ende des Artikels als Fazit?
34 Thematischer Bezug II
35 Verantwortung für Arbeitslosigkeit: Person II
36 Wird die Verantwortungszuschreibung begründet?
37 Verantwortung für Arbeitslosigkeit: Situation II
38 Wird die Verantwortungszuschreibung Situation II begründet?
39 Bewertung der Situation des Arbeitsmarktes II
40 Adressat der Kompetenzzuschreibung II
41 Adressat der Kompetenzabschreibung II
42 geforderte Maßnahmen zur Bekämpfung der Arbeitslosigkeit a bis v II
43 Vehemenz aller geforderten Maßnahmen
44 Werden die geforderten Maßnahmen begründet?
45 zu unterlassende Maßnahmen zur Bekämpfung der Arbeitslosigkeit
46 Vehemenz aller zu unterlassenden Maßnahmen
47 Werden die zu unterlassenden Maßnahmen begründet?
48 Kritik an der Bundesregierung

Hauptakteur 3
49 Hauptakteur III (Liste Akteure)
50 Prominenz der Sichtweise des Hauptakteurs im gesamten Beitrag III
Ergibt sich logisch aus den Kodierungen des ersten Akteurs
51 Wird der Sichtweise des Akteurs widersprochen?
52 Steht die Sichtweise des Akteurs am Ende des Artikels als Fazit?
53 Thematischer Bezug II
54 Verantwortung für Arbeitslosigkeit: Person III
55 Wird die Verantwortungszuschreibung begründet?
56 Verantwortung für Arbeitslosigkeit: Situation III
57 Wird die Verantwortungszuschreibung Situation II begründet?
58 Bewertung der Situation des Arbeitsmarktes III
59 Adressat der Kompetenzzuschreibung III
60 Adressat der Kompetenzabschreibung III
61 geforderte Maßnahmen zur Bekämpfung der Arbeitslosigkeit a bis v III
62 Vehemenz aller geforderten Maßnahmen
63 Werden die geforderten Maßnahmen begründet?
64 zu unterlassende Maßnahmen zur Bekämpfung der Arbeitslosigkeit
65 Vehemenz aller zu unterlassenden Maßnahmen
66 Werden die zu unterlassenden Maßnahmen begründet?
67 Kritik an der Bundesregierung

69 Zeit fürs Kodieren in Minuten

9.2 Fragebogen

Guten Tag, hier ist die Universität Duisburg, mein Name ist ... .Wir führen eine Umfrage zum Thema „Arbeitslosigkeit" durch. Hierbei würden wir auch gerne wissen, wie Sie sich persönlich über dieses Thema informieren.
INTERVIEWER: Wenn Befragter meint „weiß ich nicht so viel darüber" o. ä.: Sie können an der Umfrage auch teilnehmen, wenn Sie nicht so gut über dieses Thema Bescheid wissen.
Dazu möchte ich gerne die Person aus Ihrem Haushalt sprechen, die als letzte Geburtstag hatte und mindestens 16 Jahre alt ist. Sind Sie das selbst, oder ist das ein anderes Haushaltsmitglied? Dann würde ich Ihnen zu diesem Thema gerne ein paar Fragen stellen. Das Interview wird etwa 30 Minuten dauern, und Ihre Angaben werden absolut anonym behandelt. Wenn Sie eine Frage nicht beantworten können, antworten Sie bitte mit „weiß nicht".

1) Zunächst möchten wir Sie nach Ihren generellen Erfahrungen mit Medien fragen. Mit Medien meinen wir Fernseh- oder Radiosender, Zeitungen oder Zeitschriften oder bestimmte Internetseiten. Haben Sie in den letzten zwei Monaten „gar nicht", „manchmal" oder „oft" darüber nachgedacht,

a) ...ob die Medien häufig genug über wichtige Themen berichten?
b) ...und denken Sie gar nicht, manchmal oder oft darüber nach, ob Sie durch die Medien alle wichtigen Informationen zu einem Thema bekommen?
c) ...und ob die Berichterstattung aus mehreren Blickwinkeln erfolgt?
d) ...und ob die Berichte die Fakten so wiedergeben, wie sie wirklich sind?
e) ...und ob die journalistischen Bewertungen für Sie nützlich sind?

2) INTERVIEWER: Wenn Äußerung „Nutze gar keine Medien." o. ä., bitte nachfragen „Überhaupt nicht?" und bei Bestätigung abbrechen – bitte die Anzahl solcher Fälle festhalten.

Nennung 1
Welches konkrete Medium nutzen Sie am meisten, um sich über das aktuelle Geschehen zu informieren? ________________________
(→ Liste, Feldverschlüsselung)
INTERVIEWER: Wenn Äußerung „Fernsehen", „Radio" oder „Zeitung" oder Kombinationen, dann Nachfrage „ Welchen konkreten Sender (Zeitung) nutzen Sie am meisten?"
An wie vielen Tagen in der Woche nutzen Sie normalerweise ______ [MEIST GENUTZTES MEDIUM EINSETZEN], um sich zu informieren?
An diesen ___ [ZAHL EINSETZEN] Tagen – wie viel Zeit – pro Tag – verbringen Sie durchschnittlich mit ______ [MEIST GENUTZTES MEDIUM EINSETZEN], um sich über das aktuelle Geschehen zu informieren?

Nennung 2:
Gibt es noch ein weiteres Medium, das Sie häufig benutzen, um sich über das aktuelle Geschehen zu informieren?
Fragen wiederholen für das zweit meist genutzte Medium (→ Liste, Feldverschlüsselung; bei „Nein" weiter mit Frage 3)

Nennung 3:
Gibt es noch ein weiteres Medium, das Sie häufig benutzen, um sich über das aktuelle Geschehen zu informieren?
Fragen wiederholen für das dritt meist genutzte Medium (→ Liste, Feldverschlüsselung; bei „Nein" weiter mit Frage 3)

3) Die nächsten Fragen beschäftigen sich direkt mit dem Thema Arbeitslosigkeit. Zunächst werde ich Ihnen eine Aussage zur Wichtigkeit des Themas Arbeitslosigkeit vorlesen. Sagen Sie bitte mit den Zahlen von 1 bis 7, inwieweit die Aussage Ihrer Meinung nach zutrifft. Die 1 bedeutet, dass die Aussage Ihrer Meinung nach „überhaupt nicht zutrifft", die 7 bedeutet, dass die Aussage „voll und ganz zutrifft". Mit den Zahlen dazwischen können Sie abstufen.
„Die Arbeitslosigkeit ist das wichtigste Thema für die deutsche Politik."

4) Woran denken Sie besonders beim Thema Arbeitslosigkeit?
[IN STICHWORTEN MITSCHREIBEN]

5) Ich werde Ihnen nun einige Stichworte nennen. Sagen Sie bitte jeweils, wie stark diese Stichworte für Sie mit dem Thema Arbeitslosigkeit zusammenhängen. Antworten Sie bitte mit Zahlen von bis 7. Eine 1 bedeutet, Sie verbinden das Stichwort „überhaupt nicht“ mit dem Thema Arbeitslosigkeit, eine 7 bedeutet, Sie verbinden das Stichwort „sehr stark“ mit dem Thema Arbeitslosigkeit.
[INTERVIEWER: Wenn Befragter sagt „weiß nicht“ oder „kenne ich nicht“ o. ä., entsprechend als „weiß nicht“ = 8 kodieren.]
a) europäischer Arbeitsmarkt
b) Firmenpleiten
c) Wiedervereinigung
d) Arbeitsvermittlung
e) politische Versprechen
f) Hoffnungslosigkeit
g) ABM-Stellen
h) aktuelle Arbeitslosenzahlen
i) Benachteiligung von Frauen
j) Wahlkampf
k) Kapitalismus
l) persönliche Schicksale
m) Arbeitsunwilligkeit
n) Höhe des Arbeitslosengeldes
o) Armut
p) Schwarzarbeit
q) Situation der Familien
r) Globalisierung
s) Wirtschaftsprognosen
t) Streiks
u) Wirtschaftskrise

6) Inwieweit sind die folgenden Personen oder Einrichtungen Ihrer Meinung nach für die Arbeitslosigkeit in Deutschland verantwortlich zu machen? Antworten Sie bitte wieder mit den Zahlen von 1 bis 7. 1 bedeutet „überhaupt nicht“ und 7 bedeutet „sehr stark“. Mit den Zahlen dazwischen können Sie wieder abstufen.
[INTERVIEWER: Wenn Befragter sagt „weiß nicht“ oder „kenne ich nicht“ o. ä., entsprechend als „weiß nicht“ = 8 kodieren.]
a) die Arbeitsämter
b) deutsche Unternehmen
c) Wirtschaftsexperten
d) die jetzige politische Opposition
e) ausländische Unternehmen
f) die Westdeutschen
g) die Arbeitslosen selbst
h) die Ausländer
i) die jetzige Bundesregierung
j) die vorige Bundesregierung
k) die Ostdeutschen
l) das deutsche Bildungssystem

7) Wie viel tun die folgenden Personen oder Einrichtungen Ihrer Meinung nach gegen die Arbeitslosigkeit in Deutschland? Eine 1 bedeutet „sehr wenig“, eine 7 „sehr viel“.
[INTERVIEWER: Wenn Befragter sagt „weiß nicht“ oder „kenne ich nicht“ o. ä., entsprechend als „weiß nicht“ = 8 kodieren.]
a) die Arbeitsämter
b) deutsche Unternehmen
c) Wirtschaftsexperten
d) die jetzige politische Opposition
e) ausländische Unternehmen
f) die Arbeitslosen selbst

g) die jetzige Bundesregierung
h) das deutsche Bildungssystem

8) Ich nenne Ihnen jetzt einige mögliche Maßnahmen zur Bekämpfung der Arbeitslosigkeit in Deutschland. Sagen Sie mir bitte jeweils, für wie wirksam Sie die genannte Maßnahme halten. Verwenden Sie auch hier die Zahlen von 1 bis 7. Eine 1 bedeutet, Sie halten die Maßnahme „für völlig unwirksam", eine 7 bedeutet, Sie halten die Maßnahme für „sehr wirksam".

a) bessere Schulbildung
b) Ablösung der jetzigen Bundesregierung
c) höhere Mobilität von Arbeitnehmern
d) besseres Management in Unternehmen
e) Bekämpfung der Schwarzarbeit
f) effektivere Arbeitsvermittlung
g) mehr staatliche Mittel für neue Arbeitsplätze
h) mehr Engagement der Arbeitslosen
i) kürzere Lebensarbeitszeit
j) weniger Bürokratie
k) flexiblere Arbeitszeitmodelle
l) Senkung des Arbeitslosengelds
m) Senkung des Arbeitgeberanteils an den Sozialabgaben
n) Lockerung des Kündigungsrechts
o) Änderung der Ausländerpolitik
p) Abbau von Überstunden
q) Fortbildung für Arbeitslose oder Arbeitnehmer

9a) Was denken Sie: Wird sich die Situation auf dem Arbeitsmarkt in absehbarer Zeit verbessern, bleibt sie so, oder wird sie schlechter?

9b) Wie sicher sind Sie sich in Ihrer Meinung über das Thema Arbeitslosigkeit? Antworten Sie bitte mit den Zahlen von 1 – das heißt „gar nicht sicher" – bis 7 – das heißt „sehr sicher".

10a) Wie oft haben Sie in den letzten zwei Monaten mit jemandem über das Thema Arbeitslosigkeit gesprochen? Nie, selten, manchmal, oft oder sehr oft?
FILTER SETZEN:
Wenn „Wie oft ... gesprochen?" (10a) = „nie", dann die nächste Frage (10b) weglassen.

10b) Wie nützlich waren diese Gespräche für Ihre Meinungsbildung? Antworten Sie bitte mit den Zahlen von 1 – das heißt „gar nicht nützlich" – bis 7 – das heißt „sehr nützlich".

11) Im Folgenden geht es um Ihren Eindruck von der Berichterstattung über das Thema Arbeitslosigkeit in ____ [MEIST GENUTZTES MEDIUM EINSETZEN]. Ich werde Ihnen einige Aussagen vorlesen. Sagen Sie bitte jeweils mit den Zahlen von 1 bis 7, inwieweit die Aussage Ihrer Meinung nach zutrifft. Die 1 bedeutet, dass die Aussage Ihrer Meinung nach „überhaupt nicht zutrifft", die 7 bedeutet, dass die Aussage „voll und ganz zutrifft". Mit den Zahlen dazwischen können Sie abstufen. Bitte denken Sie ausschließlich an ____ [MEIST GENUTZTES MEDIUM EINSETZEN].
[INTERVIEWER: Nach 7 (bereits rotierten) Items folgende Erinnerung einfügen:]
Es geht immer noch um Ihren Eindruck von der Berichterstattung über Arbeitslosigkeit in ____ [MEIST GENUTZTES MEDIUM EINSETZEN]. 1 heißt „trifft überhaupt nicht zu", 7 heißt, „trifft voll und ganz zu".
[INTERVIEWER: Nach 14 (bereits rotierten) Items folgende Erinnerung einfügen:]
Es geht auch weiterhin um Ihren Eindruck von der Berichterstattung über Arbeitslosigkeit in ____ [MEIST GENUTZTES MEDIUM EINSETZEN].
[INTERVIEWER: Wenn Befragter sagt „weiß nicht" oder „kenne ich nicht" o. ä., entsprechend als „weiß nicht" = 8 kodieren.]

a) Dem Thema Arbeitslosigkeit wird die nötige Aufmerksamkeit geschenkt.
b) Wichtige Entwicklungen werden rechtzeitig aufgegriffen.
c) Die Häufigkeit, mit der über Arbeitslosigkeit berichtet wird, ist angemessen.
d) Über das Thema wird mit der erforderlichen Regelmäßigkeit informiert.

e) Dem Thema Arbeitslosigkeit wird der angemessene Stellenwert zugewiesen.
f) Die Berichterstattung erfolgt aus mehreren Blickwinkeln.
g) Es wird über verschiedene Aspekte von Arbeitslosigkeit informiert.
h) Der Sache wird auf den Grund gegangen.
i) Die wesentlichen Punkte werden berücksichtigt.
j) Zum Thema Arbeitslosigkeit werden mir alle wichtigen Informationen geboten.
k) Wichtige Dinge stehen im Vordergrund.
l) Die mitgeteilten Informationen sind wahr.
m) Die Berichte geben die Fakten so wieder, wie sie sind.
n) Ich erhalte korrekte Daten über Arbeitslosigkeit.
o) Die Angaben in der Berichterstattung würden einer Überprüfung standhalten.
p) Die Berichterstattung über Arbeitslosigkeit stimmt mit meinen persönlichen Erfahrungen überein.
q) Die journalistischen Bewertungen zum Thema Arbeitslosigkeit empfinde ich als nützlich.
r) In den Kommentaren zur Arbeitslosigkeit werden gut überlegte Schlüsse gezogen.
s) Das Thema wird in ausreichendem Maße kommentiert.
t) Wenn Kritik geäußert wird, geschieht das in angemessener Weise.
u) Die Meinungen der Journalisten sind gut begründet.

14) Im Folgenden geht es noch einmal um Ihren Eindruck von der Berichterstattung über das Thema Arbeitslosigkeit, dieses Mal in ... [ZWEITMEIST GENUTZTES MEDIUM EINSETZEN]. Antworten Sie wie gehabt mit Zahlen von 1 „trifft überhaupt nicht zu" bis 7 „trifft voll und ganz zu". Bitte denken Sie aber bei der Beantwortung der Fragen ausschließlich an ... [ZWEITMEIST GENUTZTES MEDIUM EINSETZEN].

a) Die Häufigkeit, mit der über dieses Thema berichtet wird, ist angemessen.
b) Die Berichterstattung erfolgt aus mehreren Blickwinkeln.
c) Zum Thema Arbeitslosigkeit werden mir alle wichtigen Informationen geboten.
d) Die Berichte geben die Fakten so wieder, wie sie sind.
e) Die journalistischen Bewertungen zum Thema Arbeitslosigkeit empfinde ich als nützlich.

15) Denken Sie jetzt bitte ganz allgemein an die Berichterstattung über das Thema Arbeitslosigkeit. Die folgenden Aussagen beschäftigen sich damit, was Sie von der Berichterstattung über das Thema Arbeitslosigkeit generell erwarten. Antworten Sie bitte wie gehabt mit Zahlen von 1 „trifft überhaupt nicht zu" bis 7 „trifft voll und ganz zu".

[INTERVIEWER: Wenn Befragter sagt „weiß nicht" oder „kenne ich nicht" o. ä., entsprechend als „weiß nicht" = 8 kodieren.]

a) Es ist mir sehr wichtig, das Thema regelmäßig zu verfolgen.
b) Ich möchte jeden Tag etwas über das Thema erfahren.
c) Ich will sofort über die neuesten Entwicklungen informiert werden.
d) Ich will bei diesem Thema auf dem Laufenden sein.
e) Ich möchte viele unterschiedliche Sichtweisen zu diesem Thema kennen lernen.
f) Bei diesem Thema erwarte ich auf jeden Fall detaillierte Hintergrundinformationen.
g) Ich halte es für überaus wichtig, mich zu dem Thema aus mehreren Medien zu informieren.
h) Ich würde gern ausgiebig über Einzelheiten informiert werden.
i) An geeigneter Stelle soll der Journalist seine Meinung ausführlich darlegen.
j) Ich lege sehr großen Wert auf Kommentare zu diesem Thema.
k) Es ist äußerst interessant, wie verschiedene Journalisten dieses Thema kommentieren.
l) Was die Journalisten zu diesem Thema denken, ist mir eigentlich egal.

17) Zum Schluss möchten wir Ihnen noch einige Fragen zu Ihrer Person stellen. Zunächst geht es darum, wie Sie sich selbst einschätzen. Antworten Sie bitte wieder mit Zahlen von 1 „trifft überhaupt nicht zu" bis 7 „trifft voll und ganz zu". *[Nur in Welle 2 gefragt]*

[INTERVIEWER: Wenn Befragter sagt „weiß nicht" oder „kenne ich nicht" o. ä., entsprechend als „weiß nicht" = 8 kodieren.]

a) Ich mag Aufgaben, die viel Denken und geistige Anstrengung erfordern.
b) Mir macht es Spaß, angestrengt und stundenlang nachzudenken.
c) Es reizt mich, abstrakt zu denken.
d) Die Aufgabe, neue Lösungen für Probleme zu finden, macht mir wirklich Spaß.

e) Ich mag keine Situationen, bei denen ich nicht weiß, was passieren wird.
f) Es ist mir unangenehm, wenn gewisse Regeln in einer Situation nicht klar sind.
g) Ich mag es, eine klare und geordnete Lebensweise zu haben.
h) Ich hasse es, wenn ich meine Pläne in letzter Minute ändern muss.
i) Ich bilde mir über jedes Thema eine Meinung.
j) Es ist mir sehr wichtig, eine gefestigte Meinung zu haben.
k) Ich lege Wert darauf, immer eine Meinung zu haben, selbst, wenn mich das Thema nicht betrifft.
l) Zu den meisten Themen habe ich einen eindeutigen Standpunkt.

18) Soziodemographie

1. Erheben ohne nachzufragen: Geschlecht der Befragungsperson
2. In welchem Jahr sind Sie geboren?
3. Welchen Schulabschluss haben Sie? Wenn Sie mehrere Abschlüsse haben, nennen Sie nur den höchsten.

a) Hauptschulabschluss / Volksschulabschluss
b) Realschulabschluss (Mittlere Reife)
c) Abschluss Polytechnische Oberschluss 10. Klasse (vor 1965: 8. Klasse)
d) Fachhochschulreife (Abschluss einer Fachoberschule)
e) Abitur, allgemeine oder fachgebundene Hochschulreife (Gymnasium bzw. EOS)
f) anderer Schulabschluss
g) Schule beendet ohne Abschluss
h) noch Schüler

4. Haben Sie eine abgeschlossene Berufsausbildung oder Hochschulausbildung? Wenn ja: Welche? – Falls Sie mehrere Abschlüsse haben, nennen Sie bitte nur den höchsten.

a) Lehre (beruflich-betriebliche Ausbildung)
b) Berufsfachschule, Handelsschule (beruflich-schulische Ausbildung)
c) Fachschule (z.B. meister-, Technikerschule, Berufs- oder Fachakademie)
d) Fachhochschule, Ingenieurschule)
e) Universität, Hochschule
f) anderer Ausbildungsabschluss
g) kein berufliche Abschluss (und nicht in der Ausbildung)
h) noch Auszubildende/r, Student/in

5a. Sind Sie zur Zeit berufstätig?

o ja
o nein (→ 5b)

5b. Welche der folgenden Angaben beschreibt Ihre derzeitige Situation am besten? Sind Sie ...

a) Schüler[in]
b) Student[in]
c) Auszubildende[r]
d) Rentner[in]
e) Hausmann/Hausfrau
f) Wehr- oder Zivildienstleistender
g) arbeitslos
h) nichts von dem trifft zu

6. Sind Sie selbst einmal arbeitslos gewesen?

o ja
o nein

7. Kennen Sie in Ihrem Bekanntenkreis Menschen, die schon einmal arbeitslos gewesen sind?

o ja
o nein

8. Politische Präferenz (Sonntagsfrage)

Wir bedanken uns recht herzlich für Ihre Unterstützung!

Zeitfracht Medien GmbH
Ferdinand-Jühlke-Straße 7
99095 Erfurt, Deutschland
produktsicherheit@kolibri360.de